"十四五"国家重点图书出版规划项目

国家出版基金项目

国家出版基金项目
NATIONAL PUBLICATION FOUNDATION

百年中国播音史

高国庆　主编

百年中国播音创作发展史

罗景昕　著

九州出版社　全国百佳图书出版单位
JIUZHOUPRESS

图书在版编目（CIP）数据

百年中国播音创作发展史／罗景昕著. -- 北京：
九州出版社，2024.3
（百年中国播音史／高国庆主编）
ISBN 978-7-5225-2682-9

Ⅰ.①百⋯　Ⅱ.①罗⋯　Ⅲ.①播音—新闻事业史—中
国　Ⅳ.①G229.296

中国国家版本馆 CIP 数据核字（2024）第 054588 号

百年中国播音创作发展史

作　　者	罗景昕　著	
策划编辑	云岩涛	
责任编辑	姬登杰	
封面题字	程奎东	
封面设计	张万兴　李永刚	
篆　　刻	武生明	
出版发行	九州出版社	
地　　址	北京市西城区阜外大街甲 35 号（100037）	
发行电话	（010）68992190/3/5/6	
网　　址	www.jiuzhoupress.com	
印　　刷	鑫艺佳利（天津）印刷有限公司	
开　　本	710 毫米×1000 毫米　　16 开	
印　　张	29.25	
字　　数	466 千字	
版　　次	2024 年 3 月第 1 版	
印　　次	2024 年 11 月第 1 次印刷	
书　　号	ISBN 978-7-5225-2682-9	
定　　价	148.00 元	

《百年中国播音史》编委会

作者简介

罗景昕,浙江传媒学院播音主持艺术学院副教授,硕士研究生导师,中国播音主持史研究基地秘书长。曾于国家级、省级媒体从事播音主持工作近二十年,著有《中美配音艺术比较研究》《广告配音艺术美》《冯雪锐配音艺术口述历史研究》等。

总　序

高国庆

自中国第一座广播电台于 1923 年 1 月开始播音,到 2023 年,中国播音走过整整 100 年的发展历程。播音是现代科技的产物,在近现代百年中国历史的巨变中,播音既是参与者、见证者,也是时代社会发展的推动因素。

"百年中国播音史"以中国近现代百年历史为研究背景,梳理、总结并研究了中国播音在风云激荡的一百年里发生、发展的自身逻辑、历史动力、社会动力、行业动力、技术动力,以及整个过程中代表性人物所发挥的作用等。"百年中国播音史"对我国播音百年历史进行了学理性的总结,展现了播音传播知识和信息、开展宣传、提供娱乐,以及规范语言文字、开展口语表达教育、提高全民族的语言表达能力,甚至建立现代国家声音形象、传播中华优秀传统文化、讲好中国故事等立体功能的全方位发展变化。

本项目包括《百年中国播音事业发展史》《百年中国播音创作发展史》《百年中国播音学术发展史》《百年中国播音教育发展史》《百年中国播音文献史料集成》(含《20 世纪中国播音学研究论著集成》《民国时期播音研究史料集》),从五个各具特色的方向分别进行研究。本项目从通史的整体研究视域出发,以专题史的研究视角切入,以系列专题史的方式呈现,构建百年中国播音史。

2020 年,"百年中国播音史"选题由中国传媒大学播音主持艺术学院马玉坤教授与浙江传媒学院播音主持艺术学院高国庆研究员正式在九州出版社立项,同年入选国家社科基金重大项目招标选题,这是播音学术研究选题第一次被列为国家社科基金重大招标项目。2021年,"百年中国播音史"入选"十四五"时期国家重点图书出版专项规划,这是播音类图书第一次入选国家出版专项规划。2023年,"百年中国播音史"入选国家出版基金资助项目,这是播音类图书第一次受到国家出版基金资助。

　　"百年中国播音史"是对我国百年播音历史的总结,客观而言,难免挂一漏万,恳请方家指正,同时寄望更多志同道合的学人,在张颂先生构建的播音学学术框架下,相互扶助,共同完善对中国播音史的研究,推动中国播音学进一步繁荣发展。

目　录

自　序

中国播音艺术在全球广播电视体制中，是一个独特的存在，是具有中国特色的创新。从一个岗位发展到一项体制机制完备的事业，"播音"逐渐高于一般口语传播并进入了艺术传播、文化传播领域，成为推动和影响社会发展进步的重要舆论力量。

播音是声音的艺术，是艺术的创造，这本是毋庸置疑的。也许是世人的误解，认为谁还不会说话呢；也许是众人的偏见，觉得读他人所写的文稿只是在照本宣科；也许是流传甚久的"重文轻语"的思想导致人们对播音这一有声语言艺术的忽视。中国播音艺术的创作者与研究者们用了百年的时间为"播音是一种创造性的艺术"而实践、而论证。时至今日，仍在努力着。

中国播音史学研究，近几年成为艺术学科范畴下一个新的研究领域。宏观上讲，它属于历史科学的范围，与政治史、经济史、艺术史、文化史、新闻史，尤其是和广播电视史有着密切的联系；微观而言，它又是播音艺术专业领域研究的一片处女地，有待深挖与开掘，并同播音理论、文体业务等构成中国播音学的整体。作为中国播音史学研究的一部分，创作史研究的任务就是梳理、探讨播音艺术创作的产生、发展的历史过程，从中探寻、总结其历史规律、历史经验。这不仅可以弥补长期以来播音艺术研究重论轻史的不足，同时可为新时代的播音创作提供参考依据。

这部《百年中国播音创作发展史》将研究视角聚焦在 1923 年至 2023 年间广播电视播音"创作"上。从艺术学的角度来看，艺术创作离不开创作主体——艺术家；离不开创作者所使用的工具或传播介质；离不开创作者秉持的创作理念与美学追求，当然也离不开其最初的学习以及成长经历；离不开时代审美与艺术生产的管理者（部门）的影响；离不开前人的创作经验与世人对作品的评判，等等。对播音艺术创作的史学研究，自然也脱离不了这些艺术创作研究的一般规律。但就创作谈创作未免相对狭隘，马克思的艺术生产理论认为，应该把艺术创作—艺术作品—艺术鉴赏作为艺术生产的全过程来进行研究，只有把这三个独立的环节作为一个完整的艺术系统来综合、全面地考量，才能克服种种孤立的、静止的、片面的研究视野与方法。因此，《百年中国播音创作发展史》所聚焦的"创作"，不仅涉及具体的艺术实施一环，更是兼具对富有典型性的播音创作者及其创作思想、技法、作品的根究。此外，本书虽为"播音"创作发展史，但是涉及的内容涵盖了节目主持与体育解说等创作。因为，通常而言，播音是学科的总称，播音、主持、解说是播音创作的具体岗位。

全书共分六章，秉持实事求是的态度，以当前行业公认的中国播音事业发展阶段为基底，按广播诞生时期、民国时期、人民广播初创时期、社会主义探索与建设时期、改革开放新时期、社会主义新时代等不同阶段播音创作的发展而依次推进；同时，将从创作主体（播音员、主持人、解说员）、创作依据（稿件）、接受主体（播音对象，即听众、观众）、创作思想（观念、目的、道路）、创作手法（内心情感、声音形式）、创作语言（汉语普通话、英语、日语等）、创作作品及创作评价（标准、方法）等创作要素的论述而层层展开。在此框架下，追溯播音百年演变的历史脉络，审视其守正创新的传承特征，探究其发展的客观规律，彰显其艺术的独特魅力。需要说明的是，本书的历史分期，虽以年份为界，却非严丝合缝地一刀切，而是在不同的播音创作发展阶段承接处留下了一定的回旋空间，以便前后接续，更清晰地呈现百年中国播音创作发展的整体样貌。

中国播音主持史学研究方兴未艾，期待更多有识之士、有志之士加入。拙作仅算抛砖引玉，恳请大家批评与指正。

罗景昕

2021 年 6 月 8 日于杭州

第一章　广播诞生时期的播音创作

（1923—1928）

20 世纪 20 年代,随着中国广播事业的诞生,播音艺术创作也拉开了序幕。

"大陆报-中国无线电公司广播电台"开始播音;

"哈尔滨无线广播电台"开始播音;

"上海新新公司广播电台"开始播音……

播音——这一电波中的有声语言艺术创作活动,如雨后春笋一般在华夏遍地开花。

然而,一方面,从传播者的角度来讲,无论是北洋政府治下的官办广播还是上海租界中的民营广播,均只是在中国广播诞生初期对"播音"这种新兴"文明利器"的简单利用,从而达到其军事、商业等特殊目的,尚未认识到它广泛的艺术功能和巨大的社会影响力。另一方面,从受众的角度来看,彼时的收音机价格昂贵,能够配置的家庭至少为中产。据相关资料估计,1928年以前,全国有收音机仅 1 万架左右①。这些购买收音机的人多是出于好奇或炫耀——"到有收音机的家庭去,主人开了收音机,却不是介绍某处电台的节目内容如何,而往往跨(夸)奖他的机器如何能听外国某处的电台"②。由此可见,在中国广播诞生时期,播音尚且无法论及"艺术"和"创作",仅为

---

① 赵玉明.中国广播电视通史[M].2 版.北京:中国传媒大学出版社,2006:18.

② 范本中.谈播音教育与娱乐[J].湖北民教,1937,1(9):7.

一种"功利心"下的试验与实践行为。时人多视播音为军事联络、商业攫取的工具,甚至"为新奇之物,仅为贵族化之消闲品耳"①。

第一节 播音创作的开端

无论东方,还是西方,有声语言艺术自古有之。不过,其常以面对面的形式来创作与传播。自无线电广播作为 20 世纪初最先进的大众传播工具被引入中国,播音艺术便依托这项技术在广袤的中华大地上生根发芽,以声情并茂、丰富多彩,老少咸宜、通俗易懂、鲜活生动的声音表现形式,通过"空中传音"的方式飞入千家万户,从而开启了一段有声语言艺术创作的崭新历史。

一、在华外商电台播音创作的尝试

华埠外商将播音技术及设备带入中国,并在上海建立了第一批广播电台。最初,外商台虽非国人运营,但在其服务外国人的同时,收听的主要群体却是中国人;而且,某些外商台对播音对象的考量、播音内容的设置及听众组织的建立等尝试,均对后续国人自办广播电台产生了一定影响。因此,在华外商电台可视为中国播音创作最初的实践平台。然而,外商台起步虽早,但受当局严管,运营时间并不长。可见,播音创作活动若想得以顺利实施,必须得到政府许可。

(一)播音创作的前提条件

1923 年初,美国人奥斯邦(E. G. Osborn)在上海创立"中国无线电公司"(Radio Corporation of China),与英文《大陆报》(The China Press)合作,租用

---

① 苏祖国.广播节目之趋向[M]//上海市档案馆,北京广播学院,上海市广播电视局.旧中国的上海广播事业.北京:档案出版社,中国广播电视出版社,1985:250.

外滩广东路大来洋行的屋顶,开办"大陆报–中国无线电公司广播电台",并于1月23日晚首次播音,"这是上海也是全中国境内的第一座广播无线电台"①,标志着中国播音艺术创作的肇始。那时还没有"广播无线电"的说法,报刊上称它为"空中传音"或"空中播音"。

当时,播音创作的依据——稿件,是由《大陆报》的广播编辑来撰写,包括国内外及上海本埠新闻;播音内容涵盖政治与经济新闻、音乐歌唱及演奏等。据史料记载,1923年1月21日,《大陆报》预告将在1月23日晚"开始播送新闻简报、音乐、演说和其他特别娱乐节目"。1月22日,《新申报》再次对这次破天荒的首播及播音内容进行了预告。1月24日,《大陆报》报道"首次无线电节目昨晚广播大获成功"。与此同时,《申报》也先后于1月22日、25日、26日、28日对此事进行了报道。首播成功后,该台每晚8时15分开始,播音1小时,播音语言为英文,内容有"《大陆报》提供的国内和上海的新闻,大量的则是娱乐节目,星期日设有《布道》《祈祷》等宗教性节目"②。据此可知,当时的播音内容以新闻、娱乐为主,并不丰富,创作时长也较短。值得一提的是,广告播音也是最早的文体业务之一,后有文件规定,将广告播音纳入娱乐播音范畴。当时广告播音的创作方式与话术非常露骨直白,加上广告播音的时间过长以及在节目中播出频率过于频繁,受到了听众、文化学者们的批评。但这些都无法影响广告播音的存在,毕竟这是许多电台,尤其是民营电台赖以生存的经济来源;不过,电台的经营者也对广告播音的创作方式做出过调整,以举办"无线电基本常识讲座"的形式,将直白的销售方式转为隐蔽的销售方式,这可能是最早的"软广"口播。

大陆报–中国无线电公司广播电台开播后,大家都对无线电播音充满了好奇。报纸对创作环境——"播音室"有过具体的描述:"是一间整齐的茶会式房间,不象(像)一般想象的那样充满着发电机等呼呼的轰鸣声,而具有一间平房客厅的模样。无线电机设在一角,不引人注目。此外还有一架钢琴、一台留声机、柳条式家具和时髦住宅内的一切其他配套物件。它不同于一

① 胡道静.上海广播无线电台的发展[J].交通职工月报,1936,4(7):56.
② 赵玉明.中国广播电视通史[M].2版.北京:中国传媒大学出版社,2006:8-9.

般住宅的地方是,四壁垂挂厚厚的宽幅织物以防止回声,因为必须十分注意才能保证将声音和音乐的直达波成功发射。"①看来,最初的播音室除了话筒和吸音物件之外,还承载着音乐演奏及播放的功能。而何为播音,如何播音,在这一时期还未曾做出过解释与说明。

尽管奥斯邦所办电台在租界内迅速掀起热潮,但其未经当局批准、私自播音一事,还是触犯了北洋政府的相关法令。1923年3月14日,交通部通过外交部饬知江苏特派交涉员,严行取缔。约在4月间,该电台被迫停止了播音。另有研究称其停播是因"音质不佳",但这一说法显然是立不住的。因为有明确的史料记载:"前几天,广播电台和各种接收台之间一直在进行试验,所有电台无一例外,都报告说音乐和声调清晰,调幅颇佳。星期五下午,和麦金利总统号轮船的无线电房进行了有趣的试验,当时该船正从吴淞口开进内河。船上的报务员与大来楼顶无线电公司的工作人员进行了交谈,每一个字都宏亮清晰,试验播放的音乐在船上听来也声音响亮、音调优美、调幅稳定。"②"电台之强力将足以远达香港、马尼拉、北京以及中间各处地方。"③均可说明,该电台当时的播出效果是清晰的。其停止播音创作更可信的原因是:北洋政府是禁止外(国)人私设电台的,④特别是无线电材料在海关被列入军用品。该电台被查封后,奥斯邦又拟在永安公司屋顶花园开办另一座广播电台——全国无线电有限公司(National Radio Administration L.T.D.),依然是播出音乐及语音节目。《大陆报》于1923年5月29日还特地刊发了关于"全国无线电公司广播电台即将播音"的报道,原计划于5月31日开播,因受到交通部的多次干预而终未实现。

---

① 上海市档案馆,北京广播学院,上海市广播电视局.旧中国的上海广播事业[M].北京:档案出版社,中国广播电视出版社,1985:3.

② 上海市档案馆,北京广播学院,上海市广播电视局.旧中国的上海广播事业[M].北京:档案出版社,中国广播电视出版社,1985:4.

③ 上海市档案馆,北京广播学院,上海市广播电视局.旧中国的上海广播事业[M].北京:档案出版社,中国广播电视出版社,1985:14.

④ 上海市档案馆,北京广播学院,上海市广播电视局.旧中国的上海广播事业[M].北京:档案出版社,中国广播电视出版社,1985:42-43.

此时,经营电器设备的美商新孚洋行(Electric Equipment Co.)的行主戴维斯(Davis)于 1923 年 5 月创办了一座广播电台。"据有明敏收话者的报告,称在天津方面亦能听收,且颇清晰响亮。而江浙两省居民,因上海报纸鼓吹造势,争先购置收话机以供家庭娱乐者亦不在少数,尤以上海方面为多。该洋行一时营业大盛。"①该台于 1923 年 5 月 30 日在《大陆报》上还刊发过播音内容"试验"的报道:"个人欲进行大小试验,随时可利用电台;但是这种特权必须限于那些对特殊试验负责的当事人提出的合理要求。"②好景不长,1924 年 8 月,新孚洋行广播电台因经费拮据、无力播音而停办。而使其关门的直接原因同样是由于当局的严管,其无线电机很快被上海江海关严厉查扣,导致营业停顿、门窗转租他人,以至于难以维持播音工作的正常运转。

由以上两家知名外商电台的遭遇可见,播音创作的前提条件是得到政府当局的特准。

(二)播音接受主体的考量

在早期的外商电台中,播音时间较长、影响力较大的是 1924 年 4 月开播的美商开洛电话材料公司(Kellogg Switchboard & Supply Co.)所建立的广播电台。开洛公司广播电台先后在《大晚报》《申报》《大陆报》等报馆内设置"发音室"以播报新闻。以《申报》馆分台为例,该台每天上午 9 时 45 分至 10时 15 分、下午 7 时至 8 时 30 分各播音一次,共两小时,播音语言多为英语,播音内容"上午为汇兑市价、钱庄兑现价格、小菜上市等等;晚间为重要新闻,及百代公司留声机新片。凡本外埠各处安装有无线电收声机者,均可听得本馆之报告。除上述各项外,有时更发出音乐、名人演说等"③。若有特别的音乐、演出或其他重要事件播音,该台还会提前一日在报上预告,以便各

---

① 谢鼎新.民国广播事业史研究[M].北京:团结出版社,2021:28.

② 上海市档案馆,北京广播学院,上海市广播电视局.旧中国的上海广播事业[M].北京:档案出版社,中国广播电视出版社,1985:15.

③ 佚名.本馆无线电话报告新闻[N].申报,1924-05-14(13).

处接听。

开洛电台的播音创作一直持续到 1929 年 10 月末,在北洋当局对外商电台严管之下得以存活 5 年之久,堪称奇迹。为什么它会是个例外呢? 客观原因是,北洋政府转变了对播音的认知,从根本上调整了严厉取缔播音行为的相关法令;而主观原因是,该公司经理迪莱(R. E. Delay)在播音创作的方式上着实下了一番苦功,率先采取了节目分包的方式,激励了包干的播音创作主体的创作积极性,尤其是对播音对象需求的考量、使听众参与到内容的设置、节目互动中来等做法,对其播音创作效果产生了积极的影响。

由于开洛电台广播的最初目标是以在华西方人为主,所以允许一个由西方人主办的听众组织——"中国播音会(CBA)"付费点播节目。每天上午和晚上,听众最多的时间所播节目,几乎都是由"中国播音会"来安排的。因此,"多为西乐及外国唱片,中国唱片占极少数"①。但是外国听众人数毕竟有限,为争取中国听众,迪莱又聘请中国人曹仲渊、徐大经分别担任播音台的正副主任,同时对播音创作内容也做了调整,更加注重中国化、本土化改进。增加"报告商情时事,以灵通内地华人之商情,并多播中国唱片,添播弹词节目"②。著名京剧演员程砚秋到上海演出时,也曾应邀到该台播唱京剧。

这些新加入的戏曲节目迎合了中国听众,一经播出便颇受好评与追捧。1924 年 6 月 18 日出版的《申报》中,记录了一位名叫吴淞亚的听众第一次见到收音机,并通过电波聆听昆曲的情景。几日前,当这位听众得知开洛电台《申报》馆分台将于 6 月 11 日晚广播昆曲时,他便辗转托友,寻得可借听收音机之处。当日,昆曲节目播音开始前,他"与友赴其地,入室则(见)墙隅悬一匣,面有针表三具,可以旋转。凡置放音筒状,如留音机之喇叭,有电线通匣。俄而司机者旋转针表至若干度,则匣中真空管发光如电灯,主其事者谓电波已通,可以闻外间无线电台发出之声浪矣……其音调优美,收韵纯细,故不独唱音声声入耳、字字动听,即和音之笛声、弦声与绰板声,亦历历可数

① 微言.聆余漫谈(三):国内播音界之现状[N].申报,1933-11-04(14).
② 金康侯.中国播音协会之兴替[J].无线电问答汇刊,1932(19):361.

焉"①。由此可见,吴淞亚对于这次在收音机中收听节目的初体验十分满意。而从艺术接受的角度而言,此时的播音对象是在一种极其关注的心理状态下收听节目,而且充满了审美期待。从此方面而言,彼时,广播刚刚出现之时,受众对其还充满了好奇,只要对播音对象稍加用心,便可收获良好的播音效果。

当时,有一些中国听众为了与"中国播音会"争夺黄金播音时间,还组织起"中国播音协会(BAC)",在曹仲渊等人的支持下,每天也出钱点播开洛公司广播电台的节目。1926年至1928年间,"中国播音协会"予以经济上的辅助,才维持较久,但终因资金不足,势单力薄,难与"中国播音会"抗衡②。两个听众组织彼此竞相点播节目,在客观上扩大了开洛电台在社会上的影响。这也是在播音创作早期,与受众之间互动从而影响播音内容的典型案例。

如果说大陆报-中国无线电公司、新孚洋行两家广播电台的播音是一种单向"播"的尝试,那么,开洛公司广播电台的播音又向创作的更高层面迈进,它第一次将重要的创作要素——播音对象纳入创作思考的范畴,不得不说是一种进步。

二、我国自办电台播音创作的实践

外国人在中国不断开办广播电台,在激发人们对播音这一新鲜事物兴趣的同时,很快便也引起了国人对"空中主权"的担忧,从而大大提升了国人自己开办广播电台的积极性。官办广播电台的筹建理应顺理成章、先声夺人,可由于军阀混战,此事被一再搁置;民营资本举办广播电台的兴致高涨,但因为受到当局的电信政策阻挠举步维艰。然而,任何艰难曲折都不能阻挡历史前进的车轮,中国人自办的广播电台呼之欲出。

---

① 吴淞亚.无线电话聆曲记[N].申报,1924-06-18(18).
② 金康侯.中国播音协会之兴替[J].无线电问答汇刊,1932(19):361-362.

（一）官办广播电台开始播音

北洋政府管制在华外商电台播音、拟定无线电广播法令的同时，也在积极谋划着筹建自己的官办广播电台①。在奉系军阀的支持下，中国自办的第一座广播电台在哈尔滨悄然而生。

1922年9月，奉系军阀收回了在哈尔滨由俄国控制的哈尔滨无线电台，改称东省铁路护路军总司令部无线电台，即东三省无线电台，由东省铁路护路军总司令部节制，随即派兵17人负责保卫，作为军事通信之用。不久，又建立了奉天（今沈阳）、长春、齐齐哈尔分台。1923年5月，奉系当局将奉天无线电台改为东三省无线电台总台，原哈尔滨的东三省无线电台则改称东三省无线电台哈尔滨分台。东北无线电通信事业的发展，为中国人自己开办广播电台创造了必要的条件。

作为上述俄控哈尔滨无线电台接收人之一的刘瀚②是我国早期的无线电专家，曾在无线电学校任教，具有丰富的无线电工程理论和实践经验。1923年春，他在东省铁路护路军总司令朱庆澜的授意下，着手改装广播发射机。他将马可尼双用机中的电报部分元器件和收音部分分离开来；将马可尼双用机的无线电话发射部分，改装成一个大箱柜；将收音部分单装一个小机箱，改成一部收音机。随后，他把收音机送到护路军总司令部朱庆澜那里，做演示时，在东三省无线电台新改的广播发射机话筒前，有人报了台名，说了几句话，然后就播放唱片。总司令部这里的收音机听得很清晰，朱庆澜

---

① 根据交通部于1946年2月14日公布施行的《广播无线电台设置规则》第三条的界定，交通部所办广播电台称为国营广播电台，其他政府机关所办者称为公营广播电台，允许中国公民或正式立案完全华人组织的公司、厂商、学校和团体设立广播电台称为民营广播电台。此处，暂且将其称为官办广播电台。

② 刘瀚（1891—1941），字东樵，河北通县（今北京市通州区）人，1914年毕业于交通传习所（北京交通大学前身），系中国培养的第一批无线电技术专家，也是中国第一座无线广播电台创建人。1921年到东三省无线电专门学校任教，后任东三省无线电台哈尔滨分台台长。任职期间，刘瀚积极取缔日本人在华私设电台，起草《广播无线电条例》《装设广播无线电收听器规则》和《运销广播无线电收听器规则》，兴建广播专用楼，大力发展民族广播事业。

十分满意,并责令刘瀚建立广播电台。就这样,刘瀚在哈尔滨进行了临时的播音试验,呼号 XOH,发射功率 50 瓦。后经呈报东三省特区长官公署批准,1926 年 10 月 1 日,"哈尔滨广播无线电台"正式播音,呼号 XOH 未变,发射功率改为 100 瓦,并选择了当时的莫斯科商场(今黑龙江省博物馆)转角楼满洲里街一侧的房间作为台址,在楼后院竖起 30 米高的木质发射天线。最初,每日播音时长两小时,播音内容有新闻、音乐、演讲及物价报告等,播音稿件由陈慎修和娜佳组织,播音语言则采用汉语和俄语。这就是中国人自办的第一座广播电台,"翻开了中国广播史的第一页,中国从此有了广播声音文化"①。

　　而由政府所办的第一家正规广播电台系交通部于 1927 年 5 月 1 日开始播音的天津广播无线电台,呼号 COTN,每天下午 3 时起连续播音 7 小时,多为娱乐性节目,电力 500 瓦,其发射范围内的收音机约 3000 架。不久,交通部又在北平(今北京)开办北平广播无线电台,并于同年 9 月 1 日开始播音,呼号 COPK,每天下午 2 时起连续播音 7 小时,附近的收音机约 1000 架。②这两家广播电台的播音内容有新闻、商情、音乐、讲座及戏曲等节目。"北平为文化中枢,天津为华北商务要地,人文荟萃文化商情均有向远方播扬之必要。而平津两地戏曲尤为我国艺术之精华,其余各地欲聆妙音确实难能,正宜藉广播之力遍送各地,而对于国际间亦可宣扬我国文化艺术之长,故广播节目中仍有戏曲,是与其他各广播台特异之点。"③可见,播音内容必须要与地域文化相结合,才能产生更好的创作效果。1928 年 1 月 1 日,新建的哈尔滨广播电台正式启用,发射功率扩大至 1 千瓦,更改呼号为 COHB,播音语言在原有的汉语、俄语的基础上,加入了日语,而又于 1929 年取消了日语播音,改播英语节目。在 1928 年 1 月 1 日,沈阳广播电台也开始正式播音,发射功

①　陈尔泰.中国广播之父:刘瀚传[M].北京:中国广播电视出版社,2006:40.
②　何贻谋.广播与电视[M].台北:三民书局,1978:18-19.
③　佚名.交通部天津广播无线电台小史及进行状况.无线电问答汇刊[J].1932(19):344-345.

率 2 千瓦,呼号 COMK。两台均由东北无线电长途电话监督处①管理。之后,北方各省相继纷纷设台播音。其播音内容同样多侧重于商情与戏曲,至于新闻、演讲等节目尚未涉及。

这一时期,中国自办广播电台除上述 4 座官办电台开始播音之外,一批民营电台播音创作的试验业已展开。

(二)民营广播电台开始播音

20 世纪 20 年代后期,开始出现了民营资本欲兴办广播电台的苗头,"一时上海居民耳目为之一新。声气所届,宁、杭、甬各地亦有购去私装者"②。1926 年 4 月,浙江余姚绅商曾"拟出资在该县购装无线电话播音台,播放无线电话,通达商情"③。不过,北洋政府交通部以"核与《电信条例》第三条之规定不符。在广播无线电信尚未准予私设以前,碍难照准"驳回。直至 1927 年 3 月 18 日④,由上海新新有限公司自行设计、自行安装的广播电台开始播音,地址就设在了南京路公司的六层,尽管它的电力只有 50 瓦,却是中国人自办的第一座民营广播电台。

《申报》于次日对此事进行了报道:"南京路新新有限公司开幕以来,营业日见展达,无线电材料生意亦甚畅旺。近来无线电话播音消息、音乐、歌曲等,颇为社会人士所欢迎。该公司无线电师邝赞君有鉴于此,独出心裁,创制特式无线电发音机,由夏历二月十五日起,按时播传新闻、音乐、歌曲

---

① 该机构成立于 1923 年,设在奉天(今沈阳),是我国早期的地区性无线电广播管理机构,先后筹建哈尔滨、沈阳、天津和北京 4 座广播电台。除筹建广播电台外,它于 1926 年 10 月经奉系军阀镇威上将军(即张作霖)公署批准,颁发了《无线电广播条例》《装设广播无线电收听器规则》和《运销广播无线电收听器规则》三个单项无线电广播法令。这比 1924 年 8 月交通部公布的《装用广播无线电接收机暂行规则》更趋完备,且均在东北和京津地区一定范围内付诸实施,对促进当时广播事业的发展起到了一定的作用。

② 曹仲渊.三年来上海无线电话之情形[J].东方杂志,1924,21(18):50.

③ 任白涛.综合新闻学[M].上海:商务印书馆,1941:18.

④ 关于该台开播之日,曾有广播史书认为是 1927 年夏季或秋季。此处采用赵玉明先生主编《中国广播电视通史》(2 版)中所记日期,详见该书第 17 页。

等,供社会之娱乐,饱各界人士之耳福云。"①同时,附上了播音时间表——
"上午:九点半至十点半,新友社各种杂调;十点半至十一点,国内外重要新
闻;十一点半至十二点,著名粤调西调;十二点至十二点半,新新公司商业特
别行情。下午:二点半至四点,张素兰特别苏滩;四点一刻至五点,范少山男
女苏滩;六点至六点半,周筱红女子杂调;九点至十点,范少山男女苏滩。星
期日:上午十点至十一点,新新公司德育演讲;下午照常。注意:每月初一更
换一次。"②

　　以下是《申报》于1927年9月14日、9月30日、11月23日、12月11日
关于新新公司广播电台播音内容的4篇预告:

　　"除按时播送各种市价、歌曲外,不时敦请名家演唱。今又请名票友数
位清唱,定于今夜(十四)九时半至十时半播送,剧目为钱天培之《捉放落
店》,唐鸿章之《汾河湾》,章尘侠之《别窑》,周梦慧之《骂殿》,章笑侠之《出
关见娘》云。

　　"兹定特别节目,每逢星期一、三、五、六聘请海上著名票友唱各种京调,
时间下午九点半起。今日请叶记祥唱《起解》,屠麐庭《坐宫》,董天慰与周梦
慧之《南天门》,王佩芬女士之《嫦娥奔月》,章笑侠与王佩芳《别窑》,章尘侠
之《南阳关》;胡琴由章尘侠担任。该公司无线电工程师邝赞君近将电台机
等改造扩大电线三百十号云。

　　"每月除按时播送新闻、商情及各种歌曲外,又特加特别节目数种。闻
于今日星期三晚十时一刻请到海上著名之票友,为章四宝之《探母》,王佩芳
女士与钟滋德之《打渔杀家》、王佩芬女士与章笑侠之《别窑》,钱天培之《捉
放曹》,王二小姐之《苏三起解》云。

　　"除每日按时播发新闻、商情、各种音乐、京调、小曲以及粤调外,并逢星
期一、三、五、六晚另加特别节目多种,并召该公司之群芳会会唱,故极受各

---

　　①　上海市档案馆,北京广播学院,上海市广播电视局.旧中国的上海广播事业[M].
北京:档案出版社,中国广播电视出版社,1985:37.
　　②　上海市档案馆,北京广播学院,上海市广播电视局.旧中国的上海广播事业[M].
北京:档案出版社,中国广播电视出版社,1985:37-38.

界欢迎。闻该公司播音台近得各界要求，串加海上著名票友王佩芬、王佩芳二女士及钱天培、章笑侠、钟滋德三君会唱，再加琴师章尘侠君奏技，业已于本星期日晚九时（即十一月十八日）起会唱云。"

由以上史料可见，新新公司播音内容最初为市价、歌曲，后在前期商情及音乐的基础上开始播送新闻，同时增加曲种多样的戏曲节目以招徕听众。固定一周四次的特别节目，不仅有戏曲名家，还有听众票友参与其中。相比较官办广播电台的播音内容而言，看似丰富、热闹许多。不过，该电台最主要的播音内容及创作目的，还是为新新公司本身及店内出售的商品和面向儿童与妇女举办的各项活动作广告宣传。

新新公司广播电台不仅是在播音内容上下足了功夫，而且将"播音室"打造得别出心裁。其四周墙壁全部是由玻璃构成，玲珑剔透，来购物的顾客在室外便可以看到室内播音的情形，因此得名为"玻璃电台"。当时，喜欢新奇的上海人纷纷相邀前来光顾，公司人气直线上升。后来因遭火灾，电台一度停办。抗战胜利后，电台重建，并被命名为"凯旋电台"。据《文汇报》记载，公司地下党支部接到了控制"凯旋电台"并学会使用它的命令，以便及时将上海解放的喜讯向上海市民广播。1949 年 5 月 25 日上海解放前夕，解放军进入了南京路，新新公司内的中共地下党员正是利用此电台，用普通话向上海人民广播："我们上海人民解放了！亲爱的同胞们，上海人民保安队播音开始！人民解放军已来到南京路！"新新公司内的中共地下党员还利用该电台首先播出《中国人民解放军布告》和革命歌曲，可以说，上海解放的第一声便是从新新公司发出的①。此为后话。

1927 年末，北京另一座民营商业电台燕声广播电台开始播音。随后，我国一大批民营电台纷纷开始播音，涵盖了以教育播音、宗教播音、商业播音等主要创作内容，其创作目的及播音对象极具精准化，开启了一段初兴时期。

---

① 上海市文化和旅游局，上海市广播电视局，上海市文物局.新新公司［EB/OL］.（2023-08-13）［2023-09-04］.https://chs.meet-in-shanghai.net/travel-theme/line/detail.php？id=5997.

第二节　播音创作的初始目的

"有声语言创作,必须完全符合创作要素的要求。否则,就不能进入'创作圈',称不上创作。而'创作目的'正是创作的第一要素。"只有"明确了目的,心中有数了,才可能在目的的统率下,继续完成下面的环节,而不致迷失方向,偏离主旨"。播音创作的目的,"总的可以概括为'德、智、体、美'"①。然而,在广播诞生时期,其创作的目的似乎还未上升到此等高度。无论是播音员,还是广播电台的经营者与管理者,无论是北洋政府治下的公营广播,还是上海租界里的民营广播,都只是其军事、商业等内在"私心"的外化。

一、军事及政治目的

播音创作最初的目的绝非单纯地传播新闻、娱乐生活、教育民众,如同无线电通信技术曾作为帝国主义侵略扩张的联络工具一样,无线电播音实际是一种对于国家"空中主权"侵占的宣示,特别是外商电台在中国的开办,无不首先夹带着军事与政治的因素。

广播出现前,在中国已有"电报""电话"作为交通联络工具,它们同以无线电技术作为基础。1906 年,上海英商汇中旅馆私设无线电报机,开外国人在我国私设无线电台之先河②。此后,西方国家使馆、商业殖民者竞相在中国境内私自安装无线电收发报,清政府邮传部③虽多方交涉拟予取缔,却收效不大。当时我国的"空中主权"已被外国列强无视。

1915 年 4 月,北洋政府公布了中国历史上第一个涉及无线电管理的法令《电信条例》。依此规定,无线电器材属军用品,非经特别许可不得自由输

---

① 张颂.播音创作基础[M].3 版.北京:中国传媒大学,2011:4.
② 金家凤.中国交通之发展及其趋向[M].南京:正中书局,1937:246.
③ 该部门于 1906 年建立,内设电政司来掌管电报、电话等相关事宜。

入我国。同时,未经有关当局批准,也不允许外国人在中国境内私自设立无线电台。但是,帝国主义列强私自输入无线电器材和私建无线电台之事有增无减。"在华外人,深觉中国人之易欺,乃各自装设电台……或以军用为名,或借报告气象为群,擅收电报,扰乱空间秩序,无所忌惮。其间迭经交涉,或则顽抗,或则狡赖,卒无结果。"①而不同派系的封建军阀为争权夺利,也多方寻求帝国主义做靠山,利用其无线电通信技术达到自己的军事、政治目的。内外勾结之下,帝国主义列强对中国无线电事业的掠夺愈演愈烈;尤其在"一战"后,以英、美、日三国的侵略最有代表性。

帝国主义列强的这种侵略行径,引起了中国社会舆论和爱国人士的强烈谴责。中国的舆论揭露日本妄图"把持中国国际通讯,使我国之国际喉舌永远受外国钳制,其用心之毒"②;抨击北洋政府借款购买英国无线电机是"以重价拾人之唾遗"③。著名爱国报人、中国共产党秘密党员邵飘萍所办《京报》于1925年2月连续译载相关材料,试图揭露美国利用无线电对中国进行侵略的用心所在。其中,2月5日刊发的张太冲所撰《中美无线电问题》一文指出:"关于国防一层,吾人断难认为无线电合同为有利。盖美国欲侵略东北,非有敏达消息之利器,乌能将渺茫之太平洋联络一气,指挥如意。将来檀香山、旧金山、哈尔滨、上海、斐列滨(即菲律宾)电柱林立,高入云际,与夫太平洋海面美国军舰所装之无线电台相呼应,东发西接,彼动此知,军事之灵敏,已大不利于吾国,何况商业上之得失。"④1924年,以周恩来为首的中共旅欧组织领导广大旅法华人,开展了一场反"共管"、保主权的爱国活动。周恩来在《赤光》杂志上先后发表《列强共管的步骤》《无线电台果将实现共管了》两篇文章,戳穿了美、日、英企图"共管"我国无线电台的阴谋。中国共产党的创始人之一李大钊在中共机关刊物《向导周报》上发表《新闻的侵略》一文指出:"最近如日美争在中国建无线电台,亦是利用传播敏捷消息

---

① 王崇植,恽震.无线电与中国[M].上海:文瑞印书馆,1931:91.
② 王崇植,恽震.无线电与中国[M].上海:文瑞印书馆,1931:87.
③ 王崇植,恽震.无线电与中国[M].上海:文瑞印书馆,1931:85.
④ 赵玉明.中国广播电视通史[M].2版.北京:中国传媒大学出版社,2006:5.

的便利,在平时图操纵中国的金融,商业。战时亦利用以供军事通讯,帮助中国一派军阀得到胜利。"①

而民国政府也曾多次要求帝国主义各国撤销在中国私设的无线电台,均未奏效。早在1919年1月的巴黎和会上,我国代表提出废除外国在华势力范围等7项希望,其中之一即撤销外国邮政电报机关,但未获解决。1922年2月结束的华盛顿会议通过了《九国公约》,名义上表示"尊重中国之主权与独立,及领土与行政之完整",与会代表也同意我国代表提出的"议决废除"在我国境内私自设立的无线电台22处(其中日本11处,美国5处,法国4处,英国2处)②。然而,交通部于1925年再次调查中国境内的外国私设电台时,反而增加至59处,其中以美国(19处,其中1处为美英教会共有;日本14处,英国12处,法国7处)为最多③。

随着帝国主义对中国进行无线电领域的侵略,中国境内出现了外国人创办的第一批广播电台。在空中,似乎始终存在着一场没有硝烟的战争。

二、商业及娱乐目的

广播诞生时期的播音创作还有另一个创作目的——商业,尤其是对于最初在上海开办无线电播音节目的外商电台来说,国人甚至已经意识到"将可视为一种经济侵略"④。为谋求利益最大化、吸引更多人购买收音机,播音创作与生俱来的娱乐性被凸显,正如美商开洛公司远东分公司经理迪莱所说,"中国人民将欢迎广播,因为它不仅证明是一种娱乐的源泉"⑤,毕竟音乐、游艺的播音内容更易被人们所接受。这样一来,其牟取暴利的性质甚至

①　T.C..新闻的侵略[J].向导周报,1924(71):569.

②　王崇植,恽震.无线电与中国[M].上海:文瑞印书馆,1931:92.

③　交通部、铁道部交通史编纂委员会.交通史电政编:第四章[M].南京:交通部总务司,1936:37-42.

④　谢鼎新.民国广播事业史研究[M].北京:团结出版社,2021:35.

⑤　上海市档案馆,北京广播学院,上海市广播电视局.旧中国的上海广播事业[M].北京:档案出版社,中国广播电视出版社,1985:6.

军事目的均被一一淡化了。

的确,播音事业一出现便立即带来了巨大的经济利益。以美国为例,1920 年 11 月 KDKA 广播电台正式开始播音,"查纽约商会之统计。无线电听户在一九二一年仅五万。翌年增至六十万。再翌年增至一百五十万。去年统计销售之数量达美金五万万元之多"①。可见,经营无线电播音事业,政府及商家都会获得一份不菲的收入。因此,"各国为自身利益都绝对严禁外人经营此项事业。但在中国,外人挟其强权,尤其租界地,无视政府的存在和中方利益,从事经营广播,销售电机、接收机,谋取巨额利润"②。

外商电台在沪投入商业运营后,播音创作便开始侧重于娱乐内容的制作以吸引听众,丰富多彩的娱乐播音内容即作为兜售广播设备与接收设备的最大的"卖点"。这一时期,美商开洛公司曾是上海最为知名的广播设备销售商。为了推销其生产的收音机,开洛公司还设有广播电台且名噪一时,其播音内容在 20 世纪 20 年代后半期颇具代表性。开洛公司在 1925 年 8 月 22 日的《申报》广告中,曾将收音机誉为"最高尚最雅致最经济的娱乐品"③以突出其娱乐功能,凡在其公司"购置任何收音机,每日均可在家坐享五六小时之娱乐。凡京剧、苏滩、三弦、拉戏等,应有尽有"④。在开洛公司广播电台《申报》馆分台的广播中,同样设有娱乐类的特别节目。如日后成为上海著名影星的黎明晖、杨耐梅曾多次赴《申报》馆分台播唱⑤,再如京剧名角程砚秋、贯大元、郭仲衡等也曾受邀于《申报》馆分台广播京剧⑥。由于受到这些具有娱乐性质节目的吸引,一些追求时髦的中产者,尤其是戏迷争相购买收音机;与此同时,节目中穿插的商业广告的播音内容对广播电台来说更显

---

① 曹仲渊.吾国无线电之建设事业[J].广东建设厅公报,1927(特刊):13-14.

② 谢鼎新.民国广播事业史研究[M].北京:团结出版社,2021:37.

③ 上海市档案馆,北京广播学院,上海市广播电视局.旧中国的上海广播事业[M].北京:档案出版社,中国广播电视出版社,1985:26.

④ 上海市档案馆,北京广播学院,上海市广播电视局.旧中国的上海广播事业[M].北京:档案出版社,中国广播电视出版社,1985:27.

⑤ 赵君豪.记申报播音[J].无线电问答汇刊,1932(19):357.

⑥ 芳芙.无线电话[N].申报,1925-05-27(本部增刊 1 版).

得有利可图,这使得开洛公司赚得钵满盆满。

暂且不计广告收入,单从"大件"与"小件"的购买来看,一方面,外商电台利用音乐、戏曲等播音内容带火了广播,无线电播音和接收设备需求骤增,"此项收入因装用人士日渐增加,极为丰富"①。以开洛公司为例,有资料显示其美式接收机,"价格不菲,竟有售至五百余金者"②。仅从收音机销售一项来看,"开洛公司每月可获净利在二三万以上至四五万"③。另一方面,当时的中国工业水平较低,播音器材必须进口,"因无线电材料未能自己制造,大小机件无一不须向外洋购办"。因此,外商从中攫取了大量利益,"导致漏卮之巨大,难以计算"④。

面对巨大的经济损失,曹仲渊在《三年来上海无线电话之情形》一文中提到,有美国商人对记者说,中国无线电事业将来将归美国独占。细味其言,令人不寒而栗。国内无线电界不乏聪明才力之士,时不我待,深愿群策群力,急谋振作,勿随其他新事业落外人之手。⑤ 朱其清也呼吁兴办无线电制造厂,"可以抵制外人之垄断,外商以吾国无线电制造厂,各物均任意故昂其价。……故设厂不独可以抵制其狡恶伎俩,且可挽回权利有利民生;可以利国富民,工商勃兴;国内电台可维持久远,机件材料随时配置修理:可供社会遍享幸福,由军用商用,近日为家庭之用品"⑥。曹仲渊后又再次提出:"无线电话播音事业转瞬发达,收音机销售必广一年五万万美金之收入,以吾国人口之众,必且倍之。无线电机制造厂之开办。再不宜缓。"⑦正是在外商经济"掠夺"的倒逼之下,在有识之士的呼求之下,国人开始尝试无线电器材的自主生产,同时兴办充满希望的无线电新实业。

尽管怀着"科学技术救国"理想的年轻实业家努力为群众塑造"广播是

---

① 朱其清.上海广播无线电现状[J].电友,1926,2(8):9.

② 朱其清.无线电之新事业[J].东方杂志,1925,22(6):85.

③ 朱其清.上海广播无线电现状[J].电友,1926,2(8):9.

④ 朱其清.沪上广播无线电事业概论[J].电友,1925,1(6):4.

⑤ 曹仲渊.三年来上海无线电话之情形[J].东方杂志,1924,21(18):56.

⑥ 朱其清.论吾国无线电事业[J].太平导报,1926,1(40):51.

⑦ 曹仲渊.吾国无线电之建设事业[J].广东建设厅公报,1927(特刊):16.

高尚娱乐"的印象,而当中国人自办的上海民营广播电台兴起后,其所具备的天然商业属性不言自明,电台老板也直言不讳地声明:"我们是做生意的。""利用资金、博取利益"的商业性质是民营电台的主要性质,是认识它一切行为的关键①。因此,"娱乐"正是其通过广播"谋利"的最好的嫁衣。如本时期最具代表性的民营电台上海新新公司广播电台的初衷就是"为推广营业谋各界之娱乐起见"②。该台娱乐节目数量相较于开洛公司广播电台更是有过之而无不及,除常设戏曲、音乐节目外,往往加播各种特别娱乐节目——聘请上海著名票友演唱京剧③。

老子讲,艺术创作要"涤除玄鉴",其实,秉持以上的"功利心"是不利于创作的,而这种播音创作的原始目的也显得粗鄙、非艺术性,可人类的社会行为背后总是存在着一定原始的目的性,正是在其支配下,拥有了行动力、创造力,也是符合事物发展规律与历史逻辑性的。

在 1928 年国民党中央广播电台出现之前,北洋军阀统治时期的播音事业仅是初具雏形,播音创作无序、水平一般,属试验性质。从为播音创作提供的创作平台来看,先后有外商、国人举办的广播电台十来座,发射功率通常较小,收听范围也限于广播电台所在城市及其周围地区,传播效力还不明显;更何况,当时尚未出现一个全国性、中央级的创作平台,创作标准难以统一。总之,此时的播音还无法被真正称为"创作",不过,有一点可以确定,无线电播音这一艺术活动已经开始进入百姓的生活,新建国人的传播时空。

---

① 郭镇之.民营广播电台的商业性质[J].现代传播,1982(04):27.

② 上海市档案馆,北京广播学院,上海市广播电视局.旧中国的上海广播事业[M].北京:档案出版社,中国广播电视出版社,1985:38.

③ 朱时宇.兴盛、改良与管理:20 世纪 20 至 30 年代上海民营广播中的娱乐节目[J].新闻与传播研究,2020,27(05):113.

第二章　民国时期的播音创作

（1928—1949）

　　1928 年 8 月 1 日,国民党"中央广播电台"(以下简称"中央电台")在南京开播,并且,设置了从事播音创作的专业部门——传音科播送股。这标志着中央级的、高标准的创作平台开始了播音实践。

　　建台之初,国民党对中央电台的播音创作内容极为重视,力图使其担负起"国家认同"的政治传播使命。而与政治性的播音内容相比,这一时期的新闻、商业、娱乐,特别是教育播音也得到了充分发展。随着电台数量与播音内容的增多,播音创作主体——播音员的队伍不断壮大,播音一职也逐渐成了一个全新的、紧缺的职业岗位,受到了青年求职者们的青睐。尽管这一时期播音员的创作能力与水平参差不齐,却也不乏佼佼者,他们成为家喻户晓的"广播明星"。社会上的知名人士与从业人员也对播音产生了极大的研究兴致,赵元任、徐卓呆、徐学锴等对播音本体及创作方法进行了细致的探究与总结;更有鲁迅、茅盾等文化名人对播音的创作主体、创作技巧、创作内容等提出了建议与批评。

　　尽管,在广播发展时期,对播音创作的认知依然处在探索阶段,但从百年的中国播音创作发展史来看,它对后续播音事业的发展而言起到了不容小觑的作用。

第一节　播音创作主体的出现

播音创作主体,就是指播音员,当时亦称"报告员",他们是在话筒前进行有声语言艺术创作且驾驭节目进程的人。然而,并非有了播音创作的实践,就会自然出现专业的创作主体,它必须是"一定社会历史条件的产物,是生产力发展到一定阶段和社会分工的结果"①。在上一阶段,广播诞生时期,有的电台只播放音乐、戏曲唱片及广告,播音员的创作空间极其有限;有的规模较小的私营电台,播音一职常由台长兼任或工作人员轮值,这种情况下,专业的艺术创作主体难以形成。而随着具有标杆级的播音创作平台中央电台的建立,以及播音专职岗位及管理部门的设置,不仅出现了专门从事播音的创作主体,而且对其选拔有了明确的标准。这些,无疑将会大大提升播音创作的水平及质量。

一、播音员的选拔与聘用

影响艺术创作的重要因素之一便是艺术家的"艺术天赋"。对播音创作主体来说,一副好嗓子与伶俐的口齿自然是先天的优势;但后天的创作能力、文化修养、知识储备等因素对创作来说同样重要。"天赋""才能""修养""通识"这些元素在中央电台及一些外商、民营台播音员的选拔当中无一不有所体现。

---

① 彭吉象.艺术学概论[M].北京:北京大学出版社,1994:121.

（一）中央广播电台的三次招考

据民国时期广播权威刊物《广播周报》①的记载,中央电台分别于 1933 年、1935 年和 1936 年进行了三次较大规模的播音员招考,逐步建立起了其选拔播音员的标准,也处处体现出对于播音创作主体创作能力的需求。

1.第一次招考:要求"国语纯正"

"为了适应需要,民国二十二年（1933 年）由电台总工程师冯简赴北平主持招考播音员工作。"②到底是什么样的"需要",使国民党党媒开始面向社会公开选拔播音员呢?

从史料分析得出,原因有二:其一,从现有播音员的语言表达水平来看,"中央广播电台草创伊始,很多工作远未筹划周全,如和听众直接发生关系的播音工作,迟迟未能步入正轨,除了一位男播音员黄天如先生外,几乎无固定的合格的国语播音人员,张三李四都可以去凑合一阵。于是,每日从那高耸云天的铁塔天线上播散四方的常常是'吴语普通话''江淮普通话'等等。而当时记录新闻占的比例很大,各地收音员不仅要听,而且要记。由于方言的阻隔,他们常常为之困惑,叫苦不迭,每每写信呼吁。有一次,竟由总务科长陆以灏播音,他说的是一口地道的江苏太仓话,还夹带一些方言俚语。听众哗然,批评的信函纷至沓来。显然,这对作为堂堂中华民国喉舌的中央广播电台,可谓大煞风景"③。其二,随着播音事业的发展,播音时长与播音内容大幅增加。中央电台在刚开播的时候平均日播两小时,后逐渐增

---

① 此刊于 1934 年 9 月在南京创办,系国民党中央广播事业管理处编印的我国最早的广播期刊。抗战时期迁重庆出版,战后又迁回南京继续出版,至 1948 年 12 月终刊,共出 312 期(其间,1937 年 9 月至 1938 年 12 月、1941 年 4 月至 1946 年 8 月曾两度停刊)。该刊主要内容为国民党中央广播电台及部分地方台的广播节目表、广播讲演稿、广播专文以及介绍中国和外国广播事业的文章等。

② 江苏省地方志编撰委员会.江苏省志广播电视志[M].南京:江苏古籍出版社,2000:345.

③ 汪学起,是翰生.第四战线:国民党中央广播电台揭实[M].北京:中国文史出版社,2017:31.

至五个半小时,播音时长超出一倍;特别是在 1932 年 11 月 12 日后,75 千瓦大功率中波发射机正式投入使用,中央电台成为当时亚洲发射功率最大的电台,不仅在国内,就连周边的日本及东南亚国家也可收听到,具有强大的影响力。此时,播音内容日益丰富,原有播音员的创作能力及数量不足以满足工作所需,特别是作为最高级别的播音创作平台,播报质量更是其脸面,因此,中央电台选拔播音员一事迫在眉睫。

1933 年,中央电台在报纸上公布了选拔播音员的消息,考试地点并没有安排在南京,而是选择了国语基础较好的北平,考场设在长安街电信局。据记载,有两三千人参加了考试,足见当时报考的火热程度。究其原因,"一者广播在当时属新文明的产物,二者有'中央'的来头,三者是明码标价的高额薪金,当然引起许多人的极大兴趣"①。

考试分为笔试和口试两项内容:笔试包括历史、地理、时事、外语、文学、数学以及用国语注音字母写一篇文章;口试由总工程师冯简亲自主持,他毕业于南洋大学,获美国康奈尔大学硕士学位,又曾任东北大学教授,知识渊博,因此其提问涉及文史哲、数理化等各个学科。经严格筛选,"录取了刘俊英、张莲洁、吴祥祐三人"②。从这次招考结果来看:"考试正规,竞争激烈,几乎是千里挑一。……对播音员能力素质要求全面,注重综合素质考评,对播音员政治素养、语言能力、知识素养都有较高的要求。从三位女播音员的语音标准程度看,当时对播音员的国语水平要求较高,要求语音标准,表达规范。从三位女播音员嗓音基础看,当时对播音员的发声要求较高,要求嗓音圆润,声音纯净。从三位女播音员的文化素质、思想修养看,当时对播音员的文化程度要求较高,要求受过良好的教育,中学以上学历,具备一定文学修养。"③

---

① 汪学起,是翰生.第四战线:国民党中央广播电台掇实[M].北京:中国文史出版社,2017:32.

② 江苏省地方志编撰委员会.江苏省志·广播电视志[M].南京:江苏古籍出版社,2000:345.

③ 祝捷.中国播音主持评价体系发展研究[M].北京:中国广播电视出版社,2013:67.

值得一提的是,由于当时技术条件限制,女声在电波中相对声音更清晰,因此录取者均为女性。据记载,1949 年以前,"电台大多雇佣女性为播音员,少则一二人,多则十来人,语调以软、糯为主要特点"①。这也是民国时期女播的数量远超男播的原因之一,而这一现象导致播音员队伍的男女比例始终失衡。

2.第二次招考:限定"本党党员"

1935 年,中央电台进行了第二次招考,与首次社会选拔有一处明显不同:"凡本党党员"的主体定位成为资格审查的第一标准。与其说是公开招考,莫如说更似党内选拔。

由招考公告②可以推测出中央电台对播音员选拔的标准已发生了一些明显变化:第一,不再是全国大范围的物色人选,而是要求考生"资格"须是"本党党员",且在录取后报到时验收"党证";第二,将考试地点迁回"中央"办公所在地南京,并由专门机构"本处"负责;第三,招考国语播音员的同时还招英语播音员;第四,对播音员的基本要求"史,地,时事,常识丰富;而娴习物理化学者",依然如故;但"大学"学历的标准显示出对文化修养以及年龄需求的变化;文理科背景虽均可,但又补充到"文学或英文特长";第五,偏爱"大学音乐系毕业"的学生,这是对报考者音质、语感的考量;第六,对播音员准入的创作能力基础提出了具体要求:"口齿清朗,国语纯正,而报告时语气能抑扬疾徐适得其当者。"很快,考试的结果于 1935 年 2 月 23 日公布如下:

国语报告员

备取者　郑崇武　陈镜秋

英语报告员

---

① 江苏省地方志编撰委员会.江苏省志·广播电视志[M].南京:江苏古籍出版社,2000:346.

② 中央广播事业管理处.中央广播无线电台管理处招考报告员简则[J].广播周报,1935(17):31.

正取者　王世熙。①

结果显示,本次招考仅录取三人,且中英文播音员招收计划均未录满;其中,国语播音员还仅为"备取",而"正取"空缺。其实,这并不意味着播音员选拔热度骤降,而是因为投考资格"本党党员"一条,加之考试地点由国语基础较好的北平变为南京,使这次考试参加笔试的人员只有 29 名,这与第一次招考时在"二三千人"中选拔三人形成了鲜明对比。据记载,当时,考生的文化修养大相径庭,国语口音参差不齐,无法适合播音需要,英语播音适合人选更是凤毛麟角。

3.第三次招考:需要"有相当之历练者"

也许是对第二次的考试结果并不满意,次年 6 月 20 日,中央电台又进行了第三次招考。为了选拔出能尽快胜任播音创作的人员,首次将工作经验纳入了投考条件——"有相当之历练者"。除此之外,由招考公告②还可明显看出与以往的不同:要求报考者不仅能通晓"英文","倘能兼通法,俄,德,意,日,之一国语文者尤好";考试科目增加了"党义"一项;增设了"演讲"的考试内容,而且是"重要科目"。

原定于 1936 年 7 月 25 日第 96 期《广播周报》上刊发考试结果,但该期又将招考公告重新发布,延期可见求贤若渴。最终,这次招考结果刊载在了8 月 22 日第 99 期《广播周报》上:

传音科补充人员正取六名(以姓字笔画为序):丁秉成　刘恩隆
刘汉臣　钱韵　萧三仪(以上国语)　成锦(英语)
补取五名(以成绩名次为先后):金咏端　周斐　赵振民　周璞(以

---

① 中央广播事业管理处.本处招考国语英语报告员揭晓[J].广播周报,1935(23):14.

② 中央广播事业管理处.中央广播事业管理处招考播音技术补充人员简则[J].广播周报,1936(91):24.

上国语）　黄有荃（英语）。①

通过对中央电台三次招考播音员的公告及录取人员的情况来分析,可以得出当时对播音创作主体能力及定位的基本标准是:"政治方面,国民党党员,年龄二十二岁到三十五岁之间。语言方面,口齿清朗,国语纯正,报告之语调又能抑扬疾徐适得其当者。知识方面,大学文理科毕业或大学音乐系毕业,而且擅长国语、英语、文学或英文,娴习物理化学,史、地、时事、常识丰富……根据以上史料还可以看到,国民党中央广播无线电台招考播音员的考试流程更加严谨:分笔试和口试两个环节,笔试科目有国文、英文、常识、党义、史地、物理、化学、数学等,口试有谈话、读文告、试验播音报告、演讲。从考试流程看,当时招考播音员的考试正规、公开;从考试科目看,当时对播音员知识能力要求较高,要求知识面广、擅长国文;从口试方式看,当时对播音员播报能力和口语表达能力两方面均有较高要求。"②

（二）民营电台播音员的"专职选"与"临时聘"

20 年代末至 30 年代初,一批民营广播电台③陆续开播,其中半数以上集中在上海一地。民营台数量及种类较为繁杂,但从创作内容及目的来看,大致可归为三类:第一类,以文化教育为内容的教育电台,由地方民众教育馆和大中学校开办,非营利性、基本不播商业广告;第二类,以宣扬宗教思想为播音目的的宗教电台;第三类,以娱乐为内容、营利为目的商业电台。其中,最后一类是民营台的主体,占大多数。据 1937 年 6 月统计,抗战全面爆发前,全国共有商业性广播电台 45 座,以上海亚美广播电台、大中华广播电台较为出名。

---

① 中央广播事业管理处.本处录取技术播音人员名单揭晓[J].广播周报,1935（99）:11.

② 祝捷.中国播音主持评价体系发展研究[M].北京:中国广播电视出版社,2013:67.

③ 外商台在本阶段虽基本关闭,但仍有"借壳"办台现象,某些民营台实则是外商资本的幕后支持。所以,此处"民营台"的表述中也将其涵盖在内。

随着民营台的发展,其播音员队伍迅速壮大。相比公营台而言,民营台在用人机制上更为灵活多样,"从播音员所属的劳动关系来看,民国播音员至少可以分为专职播音员与客串播音员两类……专职播音员由电台负责招聘……客串播音员则多指那些并非以播音为主业,只是临时性地客串播音,比如传统游艺界的艺人,他们只是有人请做节目时,才临时去播音"①;在选聘过程中,对播音员创作能力的要求也是各取所需、多种多样。

首先说"专职选"。较中央电台系统的招考来看,民营电台播音员选拔相对简单,缺少正规的考试环节,多以面试为主。"主考人是一位女的,就是周文梅女士(后来叫周文伟)……她一见到我很亲热,叫我用广东话读一篇新闻内容,再用上海话讲解内容,填表格,提出自己的要求。"②。甚至,有优秀者当场即可被录用,"由于我国语纯正,嗓子条件好,英语发音也相当正确,当场就被录取了"③。虽然环节简单,但是其选拔播音创作主体还是具备一定的标准:"本电台现需报告员五人,(资格)能说流利之国语、苏沪土白及普通英语而发音清朗者,年龄在二十至四十之间,不拘性别。"④可见,民营台专职播音员的选拔条件并不逊色于公营台,除对"党员"身份即政治素质未做限制或特殊说明之外,其他的创作能力条件一样不少,甚至除国语、英语之外,对于"苏沪土白""广东话"的播音语言有额外的要求。毕竟,民营台播音传播范围较小、播音对象更本地化,其播音内容及语言也就更通俗、更接地气。

无论是在公营台还是民营台,优秀的播音员都需要有悦耳动听的声音、标准清晰的语音、行云流水的表达。一方面是为了应对广播清晰度的技术需求;另一方面是为了吸引听众。因此,对播音创作能力提出了相应的专业化要求,并逐步成为一种创作准绳。就连在文学作品中,也处处充满了对播音员这种业务素养的想象。"刘素珍是建国广播电台的一个播音员。她的

① 龙伟.新的"明星":民国广播播音员的职业生态与社会生活[J].新闻与传播研究,2013,20(04):78-79.
② 鸥守机.上海闺秀:一个妇人的人生自传[M].上海:上海文艺出版社,2003:50-54.
③ 张芝.从民营电台到人民电台[N].文汇报,2009-10-27(11).
④ 佚名.征求电台报告员[N].申报,1935-05-06(8).

一口流利的国语，真像珠走玉盘般的圆润而动听极了。逢到她的播音，无论演说，报告，广告，宣传莫不悦耳，听来仿佛话剧里面的对白。因此无线电听众逢到她的报告，不但不将它关闭，独爱她的一口悦耳动听的说白，据说比收听名人演说还有意思，可以练习自己的国话，因为她的咬字非常准确，含韵深长，音调甜美，得未曾有。假使说刘素珍到演讲会去演讲，听的人一定踊跃，这是毫无异议的。"①"大家从收音机里听到了老马的滤过电波的声音：道地北平口音，经过琢练的调子，清晰，从容，带点感情，无论从哪方面都还不怕挑剔，大家都点头，说：'不坏。'"②以上二则史料所描写的正是民营台众多优秀播音员的一个缩影，在他们当中还曾产生过"大明星"，如被誉为"上海之莺"的唐霞辉、著名沪语播音员万仰祖，以及专门以播讲故事著称的汤笔花等。

再来说"临时聘"。随着民营电台播音创作的发展需要，许多游艺场的艺人也加入了播音员这一创作群体中。这些"客串"播音员的创作心理与专职者不尽相同。他们中的大多数人认为，播音并非其所从事的一项事业，更不是祖传的一门技艺，而是一种捞外快的副业。他们走出电台，各有各的行当，无非是换了一个"游艺场"而已。"既然播音成了一种职业，又是无日无夜的需要这方面的人才，则上海的游艺界，京剧界，话剧界，歌舞界，音乐界……是相当地有了出路了。也许他们有他们本来的职业，干播音的事不过是想多抓几个钱添补添补；不过实在有许多人，根本就是闲空着；或虽有一点'玩意'想兜揽出去，但苦于领教的人不多，活不了命；一参加到播音事业里，当作副业也好，正业也好，多少是可以抓点钱的。"③这样的创作思想对创作极为不利，或是一种夹杂着"养家糊口"急功近利，或是"闲着也是闲着"的随意，都将直接影响到作品呈现的质量，这也是一部分民国学者批评民营台播音内容低俗的原因之一。

---

① 周天籁.报告小姐（一）：各方面颇为注意[J].大声无线电半月刊，1947（2）：19.

② 刘作楫.记老马（播音员生活）[J].广播周报，1947（239）：16.

③ 佩昔.播音者[N].申报，1935-05-13（增刊）.

二、播音员代表及其创作

广播的特性之一就是"藏不住",它极易暴露出话筒前语言表达者的缺点,也同样会使善言者增光添色,成为妇孺皆知、家喻户晓的"广播明星";甚至在一些民营电台的播音员更是被冠以"播音皇后""报告大王"之称。在本阶段,便涌现出了一批代表人物。

(一)中央广播电台首批播音员

1.黄天如及其"黄派报告"

在公开招考播音员之前,中央电台仅有一位播音员,就是黄天如。他原为中学体育教员,"谙多种方言、兼娴平剧、咬字正确、发音宽宏"。当时,中央电台每晚播音结束后,会继续把已播出过的新闻的重要部分,"采用解释字义,缓慢报告,每句重复二次,专供收音员笔录,有时竟要播到翌晨三时始了"。这种播报方式,被称作"记录新闻"。最初担任播报者的,就是黄天如。"每当夜深人静,独在发音室,从事枯燥乏味报告时,突然插入有板有眼的'大江东去'或'一马离了'的字句。有时插入几句方言土语。原本为自己松气消遣,赶走睡意,却使听者兴趣盎然、精神焕发。平常播音讲述时,亦把情感输入字里行间,动人听闻,成为中央电台名播音员,受同业的推重,向他学习。"①

对于黄天如的播音,在当时有"黄派报告"之称。"中央大电台于民国二十一年开幕后,播音员黄天如无论报告新闻宣读文稿,都是抑扬顿挫恰到好处,慷慨处声振屋瓦;悲愤处眦裂发竖,得意处眉飞色舞;伤心处声泪俱下!听众都能在收音机里体会得到。假使那时有明星雅号,他不愧为我国第一位广播明星。因之各电台报告员纷纷向他学习模仿,而成为黄派报告。"②可见,黄天如不仅资历老,其创作水平也高,可谓是声情并茂、自成一派,成为

① 郭哲.中广六十年[M].台北:"中国广播公司",1988:31.
② 吴道一.中广四十年[M].台北:"中国广播公司",1968:412-413.

播音员们争相模仿的对象。新中国成立前,黄天如曾任贵州广播电台台长,令人遗憾的是,"黄天如对电台控制很严。在贵阳解放前夕,电台的大多数员工与黄天如进行护台与毁台的斗争"①。

2.刘俊英、张莲洁、吴祥祜

刘俊英、张莲洁、吴祥祜是中央电台第一批女播音员,在首次公开招考中千里挑一,脱颖而出。这三位播音员的共同特点是:"编播合一,能写稿、能播音、能歌咏、能演话剧。"其播音可谓:"谈天说地,道古论今,清晰流畅,娓娓动听,引起社会广泛注目。"②

刘俊英,女,河北沧县人,在北平度过小学、中学时光,后进入北平女子师范大学教育系读书,被中央电台录取后辍学。1933年10月1日,刘俊英来南京报到,当上了播音员,踏上了为当时无数青年所仰慕的其实于她是坎坷不平的道路。4年后,因眼疾离开播音创作岗位。

张莲洁,女,哈尔滨人,东北沦陷后逃难至北平,幸运地被中央电台选中,3年后随母亲回哈尔滨而离开播音创作岗位。

吴祥祜,女,祖籍广西桂林,生于北平,播音名吴暄谷。1933年,毕业于北平女子师范大学附中并考取中央电台播音员,时年20岁。1937年,加入国民党,升为三等播音员。抗战爆发后,先后在长沙、重庆、昆明广播电台担任播音员。抗战胜利后,担任国民党中央电台播音股股长。与黄天如等人的选择不同的是,1949年,吴祥祜加入了人民广播播音员的队伍,后成为广西壮族自治区广播电视厅干部。

三位女播音员的加入,令当时中央电台的播音耳目一新。"尤其是刘俊英,她才思敏捷,文笔流畅,嗓音圆润,多年的北平生活,为她的准确发音打下坚实的基础,良好的文化素质,使她恰到好处地把握语言的抑扬分寸,特别是儿童节目,自编自播。那些趣味横生、知识丰富的文章,通过那娓娓动

---

① 龙菊珍.1950元旦—2020元旦,电波飘过七十年[EB/OL].(2019-12-31)[2021-05-13].https://www.gzstv.com/a/f8521d736456453d95c9c3be06326605.

② 江苏省地方志编撰委员会.江苏省志·广播电视志[M].南京:江苏古籍出版社,2000:345.

听、令人陶醉的声音表现出来,不但使少儿听众为之着迷,多少成年听众也深感兴趣。这档节目大多安排在晚饭后的'黄金时间'播出,听众几乎无所不知。每逢此时,早就有不少人静候恭听,几乎成为一种时尚。"①

当时,中央电台是亚洲发射功率最大的电台,辐射范围包括整个东亚和南亚,刘俊英的播音更是引起了日本主流媒体的关注,继而由其高超的语言表达引申出"日语难及中国国语音韵优美"②的结论。事后,《申报》对此事做了报道,"上月东京朝日新闻,有某语言学家,发表了一篇《美声的女播音员》,竭力赞美我国国语声调的美妙,引起全日本的注意。他说中央电台有一个不知道名的女播音员,操着纯粹流利的北平话,声音的清脆美妙,字字作金石声,像佐保姬③振铃的声音,听了之后,令人生甜蜜的美感。从前在大阪用四灯机就可收得,在东京却非用六灯机不可,中国国语因为有四声八音的区别,所以音韵的优美,殊非日本语言所及"④。

(二)"国际主义"播音员——绿川英子

1938年,在中央电台西迁重庆后,汉口广播电台成了抗日广播宣传的前沿阵地,重要消息均由这里率先播发。此时,汉口台有一位日籍女播音员,"她用那犀利流畅的日语,热情报告中国人民英勇抗敌的事迹,愤怒揭露日本侵略者的罪行,并且卓有预见地指出:'这场侵略战争必将以日本帝国主义的失败而告终。'她的播音像锋利的钢刀直刺敌人的心脏,引起了日本侵略军极大的惊恐和不安——为抗日战争时期的中国广播史谱写了战斗的篇章。这位国际主义广播女战士就是年仅26岁的日本世界语者绿川英子"⑤。

---

① 汪学起,是翰生.第四战线:国民党中央广播电台掇实[M].北京:中国文史出版社,2017:25.

② 宫崎.南京的夜莺[N].朝日新闻,1935-04-15(11).

③ 佐保姬,即日本古代传说中的春之女神,形象为穿着洁白柔和春霞之衣的年轻女性。相传,佐保姬有着"像银色铃铛一样华丽的声音"。

④ 吉云.全日闻名的"南京之莺"[N].申报,1935-05-20(3).

⑤ 赵玉明.国际主义广播战士:绿川英子[M]//赵玉明,艾红红.中国抗战广播史料选编.北京:中国广播影视出版社,2017:261.

1.内心情感——"用世界语为中国的解放而斗争"

绿川英子,本名长谷川照子,1912 年 3 月生于日本。她在奈良女子高等师范学校学习世界语时,开始接触革命思想,并毅然投身于反对日本军国主义的斗争中。她 20 岁那年,以"思想问题"罪名被逮捕。获释后,她反而更加积极地参与世界语组织举办的各种活动。

1936 年秋,绿川英子来到中国,投身于抗日救亡运动中。在上海,她目睹了日本侵略者的残暴罪行,怒不可遏,并下定决心"用世界语为中国的解放而斗争"。她曾在日记中写道:"如果可能的话,我愿意加入中国人民军队,因为它为民族解放而战斗,不是反对日本人民,而是为反对日本帝国主义者而战斗。……我与同志们一起,向日本的弟兄们大声疾呼:别错洒了热血,你们的敌人不在隔海的这里! ……谁愿意叫我卖国贼,就让他去叫吧!我对此无所畏惧。"①这表明,在绿川英子的内心已经涌动起惊涛骇浪一般的情感,对创作者来说这是一种极佳的状态,所谓"感之于内,受之于外",这些"不吐不快"的创作欲望与内心情感将为其日后在话筒前用播音去战斗而积蓄力量。

经郭沫若推荐,绿川英子担任了"汉口广播电台"的日语播音员。早在1934 年 1 月,她曾投考日本广播协会②播音一职,虽初试合格,但顾其被捕经历,绿川英子决定放弃复试机会。这说明,绿川英子不仅有一颗想要呐喊的心,还有一张能够胜任播音的嘴,她的日语语音、表达能力是具有日本国家级、专业级创作平台水准的。从此,她满怀着对中国人民的同情、对日本军国主义的仇恨,在电波中向侵华日军作出宣战。播音室成了她的战壕,话筒是她的武器,语言就是弹药,以此来瓦解日军的心防。

2.语言表达——"句句金玉献给仍有良知的心灵"

由于绿川英子的日语标准、规范,且具备日本广播协会级别的声音与表

---

① 赵玉明.国际主义广播战士:绿川英子[M]//赵玉明,艾红红.中国抗战广播史料选编.北京:中国广播影视出版社,2017:261.

② 日本广播协会(NHK),又名日本放送协会,是日本第一家覆盖全国的广播电视公共媒体机构。其第一条广播节目于 1925 年由前身东京放送局播出。1935 年开办对外广播,1945 年停播,1952 年重新开办。

达水准,再加上她内心涌动着的强烈的创作欲望与情感,她的播音在侵华日军中引起了强烈反响。听了绿川英子的播音,一些日军士兵低头沉默,思考起他们的命运及前途。"好的播音效果,不一定是听众的广度,而是少数收听者感受的深度。只有达到一定深度的感受,才说明语言具备了穿透力。"①在华日军的一名通信兵崛锐之助,曾写下一首短歌表达他收听绿川英子播音后的心情:

> 重庆广播,
> 偷偷倾听,
> 那流畅的日语,
> 心中不能平静。

一位笔名为安偶生的朝鲜世界语者写了一首名叫《和平鸽》的诗赞美绿川英子的播音:

> 如今你站在麦克风前开始翻译、播音,向你的同胞们把真理预言。
> 你那温柔的嗓音,却足以制造电闪雷鸣。
> 你句句金玉献给仍有良知的心灵。
> 你的声音是不会白费的呵,
> 因为它是能将那喝血入迷、制造痛苦的狼心打得粉碎,撕得干净。

以上史料均可以从侧面反映出,绿川英子播音创作的能力及其语言表达的感染力与鼓动性。绿川英子的播音不仅在民间引起了强烈反响,还使日本军国主义者恼怒、惶恐。他们四处侦探,妄图获知她的真实身份,直到占领汉口后,才知道伶牙俐齿的绿川英子就是曾经的长谷川照子。1938年11月1日,日本反动报纸《都新闻》以"怪放送"为题在头版显著位置刊登绿

---

① 姚喜双,苏海珍.话筒前的人生:著名播音艺术家林如和她的播音生涯[M].北京:中国广播电视出版社,2000:142.

川英子的照片和有关报道,恶毒污蔑她是"娇声卖国贼""赤色败类"。由于搜捕不到绿川英子,疯狂的日本军国主义分子甚至去逼迫她的父亲"引咎自杀"。1941 年 7 月 27 日,周恩来曾勉励绿川英子说:"日本帝国主义者把你称为'娇声卖国贼',其实你是日本人民忠实好女儿,真正的爱国者。"绿川英子激动地回答说:"我愿做中日两国人民的忠实女儿。"邓颖超也深情地对她说:"我们并肩作战!"①

绿川英子作为一位著名的国际主义播音战士得到了国统区和解放区人民的崇敬和热爱。抗战胜利后,绿川英子前往东北开展反对内战、争取和平的工作。1947 年 1 月 10 日,绿川英子不幸逝世,终年仅 35 岁。

(三)民营广播电台的播音员代表

"孤岛"时期,因日伪广播监督处的蛮横干涉及电台间的激烈竞争,上海各民营台只能开源节流、小本经营。有的电台甚至一个人承担所有工作,播音员以兼职客串者居多。据 1938 年 4 月统计,除东陆广播电台播音员黄元鼎、何凤倩,中西广播电台播音员姚国英之外,明远、华东、东方、华兴、新新等多家民营台的播音员均为各游艺员②。这些客串的游艺员极大地扩充了播音员队伍,使其数量与日俱增。截至 1941 年 11 月,"专以播音为生涯的游艺员,据我们所知道向电台公会登记的约近四千左右"③。在这些播音员中,唐霞辉、汤笔花和万仰祖三人知名度最高。

1."上海之莺"——唐霞辉

唐霞辉,女,1918 年生,上海人。她 16 岁时,因父离世而中断了学业,并以糊牙粉袋、缝制手套等手工活养家糊口。后于 1936 年,进入民营华东无线电公司灌音部做记账员。偶然的一个机会,三友实业社聘请的在华东电台播音(播唱越剧,中间插播该社药品广告)的越剧名角袁雪芬因病无法到场,

---

① 赵玉明.国际主义广播战士:绿川英子[M]//赵玉明,艾红红.中国抗战广播史料选编.北京:中国广播影视出版社,2017:264.

② 赵凯.上海广播电视志[M].上海:上海社会科学院出版社,1999:303-306.

③ 佚名.各电台被选举报告员姓名一览表[J].广播无线电,1941(9):33.

广告部主任一时又找不到适当的替代人选，便让唐霞辉去"救场"，谁知她一举成名，从此与播音结下不解之缘①。喜爱收听唐霞辉播音的听众称她为"唐小姐""万能小姐""上海之莺""报告皇后"，也有媒体称她为"上海空中情人"②。当广播中播放她的节目时，常有人站在收音机售卖店的门口，"鹄立在人行道上，呆呆地向扩音器望着，魔力不小"③。足见，唐霞辉的播音水平之高。可她自己却极为谦虚地讲："我只感到当时所以能够所谓'煊赫一时'，是全仗着'三友社'方面的努力。"④

作为上海本埠的民营广播电台的播音员，唐霞辉自然以上海话来从事播音创作，且驾驭的节目形式与播音内容极为丰富。除广告节目播音外，她还要完成新闻播读、故事演播及播讲"夫妇之道"，随时回答听众的来信等。有时，唐霞辉还会邀请沪上名家来播唱沪剧、越剧，并为电台灌制唱片。她自己也是能歌善舞，"且能自弹自唱，相当不差"⑤。她口齿伶俐，语调婉转，播音风格亲切而自然，绝无矫揉造作。对于调动听众情绪，唐霞辉也有自己的妙招，"报告时常带一种轻微而庄重的笑声，更是美妙，在别人听得没精打彩（采）的时候，你就来一声笑声。听众们就会像打了一针吗啡针似的，立感兴奋"⑥。相比于那些常以插科打诨为噱头的播音员，唐霞辉的播音则显得清纯典雅，活泼天真。如讲到做丈夫怎样才算"内行"时，她说："诺！最要紧要懂得孝顺爷娘，会得和睦亲邻，懂得生活原理，还有，夫人的知识假使不足，会得补充她，习惯不良的，能够纠正她，品性不善的，会得开导她，夫人的言语、行动、品性，要统统能够负责，还要做样子给她看……好了，我末这样瞎讲讲，听众也只好瞎听听，因为我根本不是内行……"⑦

---

① 艾红红.中国民营广播史［M］//赵玉明，艾红红.中国抗战广播史料选编.北京：中国广播影视出版社，2017：192.

② 凤雏.上海空中情人：唐小姐新婚燕尔［J］.上海特写，1946（3）：7.

③ 三友人.上海之莺：唐小姐［M］//赵玉明，艾红红.中国抗战广播史料选编.北京：中国广播影视出版社，2017：193.

④ 唐霞辉.这些美丽忧伤的过去［J］.播音天地，1949（6）：6.

⑤ 素英.余音袅袅：华东女报告员唐霞辉［J］.影舞新闻，1936，2（1）：14.

⑥ 佚名.唐小姐讲夫妇之道［J］.无线电特刊，1940，1（1-12）：436.

⑦ 佚名.唐小姐讲夫妇之道［J］.无线电特刊，1940，1（1-12）：210-211.

由于知名度高,外埠如宁波、南京、无锡等地听众来信时不必注明"唐霞辉",只需写"上海唐小姐收"即可。三友社老板更是借着听众对唐霞辉的喜爱而大做广告,曾特地聘请屈伯刚、徐卓呆、范烟桥、李肖白等著名国学家为唐霞辉上国文课。三友社还规定凡买满 50 瓶"三友补丸",可请唐小姐朗诵《滕王阁序》等古文一段,"简直使听众着了迷。每当播音时间一到,听众们便等候在收音机旁,打开《古文观止》,静听唐小姐朗读,一听就是二个小时"①。凡购货 1 瓶者,即赠送《唐小姐问答集》小册子一本。"当时究竟印赠了有多少本的《唐小姐问答集》? 我仅记得秦老先生说笑过,'这数量,足够压得死一个人'。"②

然而,1940 年 11 月,唐霞辉因不愿给日本侵略者填写"忠诚登记"及"志愿者"表单而离开了电台,忍痛惜别了她心爱的播音事业。此间,英大使馆派人来交涉,邀请她去使馆电台工作;上海西人华美电台、大上海电台相继也来请她,唐霞辉明确地回答说:"我什么台也不去,宁可失业!""她忘不了'9·18'的硝烟,也忘不了日寇烧毁她家的烈火!"③并在其新入行的银行金融领域从事地下工作。人们为其惋惜的同时,更加深深地敬佩这位具有民族气节的播音员。《万象》杂志在 1941 年第 1 期中以《唐小姐的情书》为醒目的标题,回顾了这位家喻户晓、名噪一时的播音明星:"'上海之莺'——唐霞辉小姐,提起了她,应该是大家所熟稔的吧?! 过去,她曾在华东电台担任过一个长时期的播音工作,有时候讲几句笑话,有时候读一遍《滕王阁序》。她的清轻流利的声容笑貌,在每一个无线台听众的脑海里荡漾着,她拥有许多的群众,赞美她的信札一封封地投进他(她)的播音室,访谒她的人络绎不绝地找上电台,而她的'阿是'的口头禅甚至成为一种作风似的被沿用着。"④

由以上史料可见,唐霞辉不仅播音创作水平高超,为人谦虚低调,而且

①　吴庆棠.春申何处唐小姐[J].新闻记者,1989(06):38.

②　唐霞辉.这些美丽忧伤的过去[J].播音天地,1949(6):6.

③　吴庆棠.春申何处唐小姐[J].新闻记者,1989(06):38.

④　佚名.唐小姐的情书[J].万象,1941,1(1):84.

能够在把控好节目质量的同时使电台及广告商获得相应的巨额利润,特别是她还有着一颗拳拳赤子之心,实为播音员的楷模。新中国成立后,她服从组织需要,来到上海人民广播电台少年儿童部工作。10 多年的沉寂后,唐霞辉的名字又重在上海滩飞扬起来。

2.“报告大王”——万仰祖

在这一时期崭露头角的播音员还有一位,名叫万仰祖,世称“报告大王”。《大声无线电半月刊》于 1947 年曾这样评价他:“担任报告出过风头的万仰祖,人称‘小万’,小胖子身坯报告两声,的确软绵绵而嗲漓漓,实可执全沪沪语男报告之牛耳。”①而《播音天地》在 1949 年对 15 位上海民营电台播音员进行“一字评”时,评万仰祖的播音为一“净”字:“报告两声干干净净,切切实实,有骨子,有份(分)量,听起来不嫌多,不觉少,却到好处。”②到底是“软绵绵、嗲漓漓”还是“有骨子、有份(分)量”,或许播音内容不同,或许前后风格有变,或许仁者见仁,不过,有一点是相同的,均对其“报告”给予了充分肯定。

万仰祖,1919 年生,上海人。他走上了播音创作之路,实为无心插柳。万仰祖的哥哥是上海华光和富星两家民营电台的播音员。一次偶然的机会,万仰祖好奇地拿了哥哥的话筒,读起“广告词”来。没想到,竟“一鸣惊人”! 于是,1937 年,年仅 18 岁的万仰祖进入了民营电台从事沪语播音工作,开启了他近半个世纪的播音创作生涯。

万仰祖以他清晰的口齿、明朗的嗓音、儒雅的上海话语,立刻受到了听众欢迎,并且得到了广告商的认可③。1940 年,华明烟草公司为推销其“大百万金”牌香烟,便在大中国、亚洲等多家电台买下固定时段,开辟并冠名了《空中书场》节目,同时特邀万仰祖主持。“该公司之播音广告,全权委托‘小万’策划,如建成,中国文化之《空中书场》,亚洲电台之唱片节目,宣传广告,

---

① 麦格风.万仰祖·赶三关[J].大声无线电半月刊,1947(5):3.
② 西平.播音员一字评(续):万仰祖:“净”[J].播音天地,1949(3):1.
③ 彭望立.万仰祖和他的空中书场[J].上海滩,1992(12):43.

全由小万亲自担任，故一日之间，连赶三家电台，东奔西走，形同'赶三关①'一样。"②这是上海首创的评弹直播节目，当时评弹在上海拥有众多的听众，演出阵容又是当年沪上有力的"响档③"，空中书场十分"叫座④"。它播出的是黄金时间（18点到23点），逢星期日还有一台特别节目。万仰祖也借着播音内容高收听率的优势成为黄浦江畔名噪一时的播音员。

不过，万仰祖之所以能够获得巨大的成功，有其自身的魅力。论艺术天赋，万仰祖声音沉着，沪音清楚，形象大气；论后天努力，他对评弹这一表演形式苦心钻研，专门约定评弹艺人排练节目，其播音方可与评弹名家们的表演珠联璧合。"那时的几位评弹大牌如蒋月泉、张鉴庭等经常在播音中开仰祖兄玩笑，戏呼仰祖兄为'万阿狗⑤'。"⑥可见，万仰祖与播音室嘉宾之间的关系和谐到了何等程度。论播音技巧，万仰祖不仅言语简练，表达诙谐，而且总能从作为"受众"一方的播音对象的角度来考虑播音问题。例如，播放评话的弹词是逐日连续的；再如，为了避免插播广告而引起听众的反感，他总是播前礼貌地提示"我只说两句"，也仅有8个字"烟丝金黄，烟味芬芳"而

---

① "赶三关"，京剧有此剧。演薛平贵从征西凉时，因魏虎陷害而被俘，西凉王将女代战公主配平贵为妻。后平贵继承王位。一日，有鸿雁带王宝钏血书飞至。平贵得书，不胜感伤，乃趁机私逃回国。公主得知平贵遁走，连赶三关而追及。（来源：齐森华，陈多，叶长海.中国曲学大辞典[M].杭州：浙江教育出版社，1997：574.）此处用以形容极端忙碌

② 麦格风.万仰祖·赶三关[J].大声无线电半月刊，1947（5）：3.

③ 该词用以形容具有一定的艺术水平，在听众中具有较大名声及影响的演员（档子）。响，并非指嗓音响亮，而是指名气响亮。（来源：吴宗锡.评弹小辞典[M].上海：上海辞书出版社，2011：10.）

④ 该词用以形容旧时戏曲行谓观众上座率高。（来源：曲彦斌.中国隐语行话大辞典[M].沈阳：辽宁教育出版社，1995：309.）

⑤ 此处"阿狗"并非带有"瞧不上"的轻蔑语气（沪语中确有"随便什么人"这一含义），而是极为亲近的一种表现。由于过去医疗条件差加之兵荒马乱，老百姓喜欢给孩子起带有猪、狗的"贱名"，以希望人类的宝宝能像那些动物幼崽一样生命力顽强、茁壮成长。因此，这里的"阿狗"更似"乳名"，抑或似长辈与晚辈、名角大家与无名之辈的戏耍与调侃。

⑥ 马芳踪.万仰祖与上海电台[J].上海滩，1993（3）：35.

已。此外,因为广播只能听其声不能见其人,为了加强听众与播音员、说书人的紧密联系,万仰祖还特别印制了自己与来《大百万金空中书场》献艺的说书人的合影照片,供听众来信索取。真可谓是在播音内容、播音对象等方方面面均下了一番功夫。

抗战胜利后,上海亚洲电台的《空中书场》仍旧存在,始终由万仰祖主持。新中国成立后,万仰祖认识到广播是党的喉舌,是为人民服务的光荣岗位,踏进了人民广播电台的大门。由其创办的《空中书场》在这时改为了《广播书场》,仍由其主持。某种意义上讲,万仰祖对上海评弹的发展与弘扬功不可没,后因主持上海人民广播电台对农村广播节目《阿富根谈生产》梅开二度,再次闻名沪上、家喻户晓①。

老报人蔺颇先生在《新民晚报》上写道:"初听到此人(指万仰祖)声音时,还在三十年代前期的上海。弹指半个世纪,他还健在不奇,奇在空气中传来的声波,咬字发音,仍然清准不异当年……"写出了无数听众的心声。从《空中书场》到《阿富根谈生产》,万仰祖的心,始终和百万听众跳在同一节奏上②。

3. "故事大王"——汤笔花

据 1940 年 3 月 14 日《字林西报》的记载,当时,日伪广播监督处重点审查的是"有损于大东亚民族的尊严"或"传播共产主义,宣扬迷信、离间民族间友好关系、危及公共安全和造成其他不良影响"的播音内容,而对不涉政治的娱乐播音则放任自流,甚至希望借歌舞升平来制造和平共荣的假象。在残酷的现实面前,民营电台中的商业台为了生存,只能苟且偷生,靠播放那些醉生梦死、灯红酒绿的低级庸俗的娱乐节目以招徕听众。故事播讲正是娱乐播音的重要内容之一,尤其是一到深夜则鬼故事盛行。实际上,若是依据 1937 年 4 月 12 日交通部公布实施《民营广播电台违背〈指导全国广播电台播送节目办法〉之处分简则》中的规定,"节目中播讲鬼神荒诞不经的故事或词语粗鲁不文明,就会受到停止播音的处分"。然而,在日伪时期,"什

---

① 胡福贤.访上海台的"阿富根":万仰祖[J].广播电视杂志,1981(6):17-18.
② 彭望立.万仰祖和他的空中书场[J].上海滩,1992(12):44.

么僵死、摸壁一类鬼魂统在此时出现"①。一位以故事播音为兼职的播音员——汤笔花，因讲故事尤其是神鬼故事而红极一时，人称"故事大王"。

汤笔花，1897 年生，原名汤福源，浙江萧山人。1915 年入上海商务印书馆工作，继而在中华书局任职，后考入上海中华电影学校②。曾在《民国日报》任电影周刊主编，又创办上海第一本电影杂志《影戏春秋》，在影戏界初露头角，誉溢文坛。从 1933 年开始，他开始兼任民营电台的报告员及故事员。与报告相比，汤笔花还是最擅长故事播讲，其口齿伶俐，咬字准确，讲的故事生动活泼，很受听众欢迎③。他曾在元昌电台播讲《聊斋》，在新新、国华、东方、大中华、亚美、麟记等 10 多家电台播讲《伊索寓言》《岳传》《人猿泰山》《霍桑探案》以及《红楼梦》《玉梨魂》《谈奇说怪》《儿女英雄传》等。足见其播讲的故事涉及古今中外的神话、寓言、情感、冒险等各种类型。

曾经与胡蝶、汤杰、萧英、高梨痕、孙敏、徐琴芳、黄筠贞为同学，一心想成为电影明星的汤笔花，万万没想到会投身播音圈，且最初也不是播故事，而是讲电影。"老友张元贤创办元昌电台于东台路，（旧安纳金路）要我尝试播音，于是又引起了我的兴趣，就一股勇气的（地）答应下来，所讲的是'电影讲座'。播讲之后，果然拥有大量听众电话点讲，铃声不绝，来函询问，雪片飞来，又经张氏昆仲大捧特捧，于是各工厂商店都来委托我播音宣传，这就是造成了我十四年来的播音工作。"④

10 余年的播音工作，使汤笔花熟知播音界的行情内幕；又因是兼职，使得其能够游离在播音圈外，冷眼来观圈中事。"局外人以为播音生活是多么写（惬）意，四十分钟，只要嘴巴开开口，法币就会送上门来。其实此中痛苦，

① 土土.时代的鬼［M］//上海市档案馆,北京广播学院,上海市广播电视局.旧中国的上海广播事业.北京:档案出版社,中国广播电视出版社,1985:490.

② 该校于 1924 年秋成立,校址设在上海的爱多亚路(今延安东路)652 号,由上海大戏院经理曾焕堂创办,顾肯夫主持。修学期限为半年。教师有陈寿荫、洪深、陆澹安、严独鹤、汪煦昌、徐琥、卜万苍等。胡蝶等都是其学员。

③ 章达庵.记九一老人汤笔花［M］//中国人民政治协商会议萧山市委员会文史工作委员会.萧山文史资料选辑(一).内部发行,1988:70-71.

④ 汤笔花.我如何投入播音圈［J］.大声无线电半月刊,1947(6):9.

正不足与外人道也。"①在其发表于《申报》1939 年 2 月 3 日、5 日的《播音生活》一文中，他讲述了播音员的工作和报酬情况，对于播音员的甘苦，也深有体会："对播音员而言，第一件事就是招揽广告。这全靠牌子的响亮与否和平日的交际手腕灵敏与否。讲到兜广告，实在是一件最困难的事情，也有给人包去的，也有不喜欢播音的。除非真正响档（即牌子响亮者）会有人请教，否则，上门兜广告，难于其难……播音员好容易揽得广告之后，第二步手续就是找电台、买钟点，可又发生困难了。电台有大小，钟点有好歹。大电台，好钟点，电费贵得要哭出来，少了不是生意经，休想给你上话筒，而且档档客满，出了重价，买不到钟点，奇货可居，一副狰狞可怕的资本家面孔，令人退避三舍……播音员多数是替电台做生意，好象（像）房客之房东。"②以故事播讲而著称"大王"的汤笔花，对此项工作也不免唏嘘不已："播音节目的钟点最迟的，要算讲故事了，甚至会播到翌晨四点钟。最可怜的，就是这些夜节目，听的人果然是夜神仙，资产阶级居多，可是播的人却苦得不亦乐乎。同是一个人，何其苦乐不匀，何况又是戒严期内，没有通行证的，播完了音坐以待旦，或是在播音室中的沙发上，甚至地板上睡一下，等到天亮回去，一路上睡眼朦胧（蒙眬），多么可怜呀。不佞对于播音生活快近六年了，所播的节目是故事，幸亏是业余性质，当做（作）兼职，否则，哪能生活。看到许多播音员的生活，实在太觉凄惨。"③

　　除影戏、播音之外，汤笔花还热心慈善事业，曾与丰子恺、周信芳等创办"上海贫儿工读院"，为旧上海的贫苦孤儿做了件大好事，造就了许多人才。新中国成立后，汤笔花一度担任过越剧学校"群立越艺社"的校长，培养越剧

---

　　① 汤笔花.播音生活［M］//上海市档案馆,北京广播学院,上海市广播电视局.旧中国的上海广播事业.北京:档案出版社,中国广播电视出版社,1985:487.
　　② 汤笔花.播音生活［M］//上海市档案馆,北京广播学院,上海市广播电视局.旧中国的上海广播事业.北京:档案出版社,中国广播电视出版社,1985:487-488.
　　③ 汤笔花.播音生活［M］//上海市档案馆,北京广播学院,上海市广播电视局.旧中国的上海广播事业.北京:档案出版社,中国广播电视出版社,1985:488.

新秀①。

从汤笔花、万仰祖、唐霞辉三位民营电台著名播音员的从业经历来看，时代对于艺术创作主体而言是有极大影响的。对于播音艺术创作来说，不可否认，播音员若是生于国运昌盛的时代，其创作将会具有更大的艺术空间；而在特殊的岁月里，他们或选择了放弃所爱事业，或是流于播讲庸俗内容，过着食不果腹的生活，令人扼腕叹息。

三、播音员创作能力的提出

20世纪30年代，中央广播电台要求报考播音岗位的考生必须"口齿清朗、国语纯正，而报告时语气能抑扬急徐适得其当"；当时电力最强的民营台上海福音电台要求播音员"能说流利之国语、苏沪土白及普通英语而发音清朗者"，语言表达"清晰、流利、不刻板"。以上，单是口齿、语音及表达这三个条件就已将大部分人隔离在创作圈外了。不过，这些也只是播音创作主体所必须具备的基础创作能力，还有更广泛、更高层的专业素养被播音员自己及其管理者、教育者所逐一提出。

（一）"理想中的播音员"

除了语言表达等基础能力外，一个优秀的播音员还应具备什么样的创作能力呢？1946年，播音员星芒在《理想中的播音员》一文中，从播音创作者的角度给出了这样的答案：

"首先，他应是一个博学的人。一个播音员所报告的一切，真是包罗万象，无论是自然科学，社会科学，文学，美术……任何一方面的言论或消息，都要靠他的一张嘴，传给千万的听众，先在脑中消化，然后再详细地解释出来，在这种情形下，他应该具有政治家的眼光，他应该具有科学家的头脑，他应该有教育家的热诚……总之，他必须是一个博学的人。否则他对某

---

① 章达庵.记九一老人汤笔花[M]//中国人民政治协商会议萧山市委员会文史工作委员会.萧山文史资料选辑（一）.内部发行,1988:71.

一方面的理解不够,仅以为他的责任为传达,那么就会失掉他工作上的效果!

"第二,他必须是一个诙谐家。工作对于人类多半是机械的,呆板的;这表现在社会各部门,都是这样;所以人们时时在寻求着新的刺激和趣味。广播的主要的目的,当然应该是教育,但是我们也要顾到予人们以生活上调剂,所以在平淡干燥的报告词中,播音员应该怎样去发挥他诙谐的才能,使听众感到趣味而并不觉得他在说教。

"第三,他还是一个声乐家、戏剧演员、演说家。我们时常感到播音员报告太生硬,语气欠连贯,音调太平淡,发声的肌肉,因为过分紧张,显得不自然,或流为怪腔软调,最易犯的毛病,就是单用口腔发音,不靠胸腔共鸣,听起来好像在哼旧剧怪难听的。所以我们希望,一位播音员的发音,应该洪亮圆润,犹如歌唱,使人听了有说不出的舒适;他的语气更应该善于表情,像表演话剧,使人听了有说不出的感动。他的口齿应该流畅爽利,像著名演说家的演说,使人听了有一种深刻不磨的印象。记得有一个意大利广播公司的播音员,曾这样述说他的经验:当我进公司口试的时候,第一个问题便是:你学过唱歌吗?做过戏剧演员吗?那么就请你唱一支歌,读一段台词听听,我们从这一点可以看出,在欧美各国,播音员发声的优良,是一个先决的条件。

"第四,他须是一个音乐欣赏家。音乐节目在广播上所占百分比,比任何节目都要多,这是不可否认的事实,可见它在节目中的地位重要,但无论是实演或录音的音乐,往往包括各个时代音乐大家的作品,内容自古典派、浪漫派、印象派,以至于表现派;也包括各种形式的歌或曲,各交响曲 Symphony、奏鸣曲 Sonata、协奏曲 Concerto、组曲 Suite 以及歌剧或教堂音乐等等。播音员不但要熟悉这些,而且要能欣赏它们,因为能欣赏,才能为正确清楚的介绍和解释。"

文章最后,星芒也坦言其对播音员理想中的能力标准似乎过高了一点;但转而又强调,根据欧美各广播公司的要求,这已经是做一个播音员最起码的条件了[①]。

---

① 星芒.理想中的播音员[J].广播周报,1946(201):6-7.

(二)播音员应具备的基本条件

陈沅,时任中央广播电台传音科科长,金陵大学影音专业①"播音技术"特聘教师,《广播周报》编辑。这三个身份足以说明陈沅在播音领域的权威性。

1947年,陈沅对"播音员应具备的基本条件"作出诠释:"一个全才的播音人员,不但是可以担任播音工作,而且是可以担任戏剧工作;一个全才的播音员,不但是评论撰述员,而且是一采访员。换句话来说,一个播音员应具备的基本条件,至少能够有下面的几个条件:(一)国语要纯正;(二)常识要丰富;(三)思想要正确;(四)行动要敏捷;(五)对于时事有认识;(六)要有随机应变智能;(七)编撰讲材要迅速;(八)对于音乐戏剧有修养;(九)有播放音盘的技巧;(十)要有刻苦耐劳的精神。"②

除上述10条外,陈沅主张播音员在编排节目时还应具有"听众意识"。"编排播音节目,应该以迎合听众的心理为原则,而不是迎合自己之所好,而来安排的。其次,就应该注意播音节目的对象,语言,时间等等问题。"③如果,只是在话筒前"自嗨",而不考虑听众的耳朵的话,再美的声音都是一种聒噪。因此,了解播音对象及其收听心理,也是播音员应具备的一种能力。"这一问题,是相当的困难,因为无线电听众的智识水准不同,爱好不同,生活习惯不同,那么,在编排播音节目的时候,必须要注意到。因此,以音乐方面来说,高尚的音乐固然需要,而其他较为轻松的音乐也需要,所以,要把它配合起来。以讲话节目来说,比较庄严的口吻的讲材,固然需要,而轻松,活泼戏剧化的讲材也需要。所以撰写播音讲材,与编排播音节目表,是有互相关联的。"④

---

① 国民政府教育部于1938年与金陵大学理学院合作创办电影影音专修科,学制二年。1947年,金陵大学教育电影部改为影音部,电化教育专修科随之改名为电影播音专修科。

② 陈沅.播音技术:播音员应具备的基本条件[J].影音,1947,6(1、2):17.

③ 陈沅.播音技术:编排播音节目与节目之延请[J].影音,1947,6(3、4):35.

④ 陈沅.播音技术:编排播音节目与节目之延请[J].影音,1947,6(3、4):35.

陈沉曾在《漫谈播音》一文中指出,播音是有技术性存在的,不只是国语好、能识字那么简单,播音技术常常为世人所忽略。"一般人都认为播音,是很简单的,只要纯正的国语,清楚的口齿,认识几个字,就可以担任播音工作了,殊不知,播音是有技巧的,唯其有技巧,所以才要谈一谈播音技术。"①他解释了对播音技术忽略的原因在于当时的播音员毫无受训经历,只是凭借着理想就走到了话筒前;更无专门的技术研究与理论传授,仅依靠实践积累的经验摸索前行。"中央广播电台的五百瓦特电力电台播音以后,播音人员,也没有经过充分训练的,更不是有什么研究的,也没有学习过播音的。在当时,也不过是选择国语纯正,常识较丰富的人员,以创作的天才,来担任播音工作罢了。所以,在中国广播事业里的播音人员,从来没有读过什么播音课程,或是研究过播音技术的。一直到现在,中央广播电台的播音人员都是凭着经验,凭着理想来办理播音节目的。"②陈沉认为,播音技术的训练应该得到重视。"金陵大学影音课程里,有'播音技术'一课,这是学校当局,对于播音事业的重视。的确,播音技术问题,是很值得研究和讨论的。因为播音技术的好坏,节目的编排,新闻的报导,音乐戏剧的播出,都关系着电台的声誉。所以,一个有充分训练和富有技术经验的播音员,它的声调,语气,表情,读字,都与寻常没有训练过的,迥然不同的。"③

以上是陈沉对播音员应具备的基本条件所提出的看法,具有很强的指导性,其目的是:"为了使大家了解播音人才不易造就,为了大家认识播音工作者,没有一定的路线可资遵循。因此,以管见所及说明播音乃是一种技术,并且也约略的说明了播音人员应具备之起码条件,以供提倡与爱好广播事业者之参考与讨论。"④

---

① 陈沉.播音技术:漫谈广播[J].电影,1947(1、2):11.
② 陈沉.播音技术:漫谈广播[J].电影,1947(1、2):11.
③ 陈沉.播音技术:漫谈广播[J].电影,1947(1、2):11.
④ 陈沉.播音技术:播音员应具备的基本条件[J].影音,1947,6(1、2):20.

第二节　播音创作语言的确立

播音语言的选择并不是随意的,而是具有传播目的性的。在广播诞生时期,播音语言以外语、上海土语为主。这是因为办台者多为外商,且办台地均在上海,播音对象是在华外国人与本地人。而随着国民政府国语统一政策的推行,公营电台的播音语言被规定必须以国语为主;民营电台则兼有外语、国语以及上海话、广东话等。1935 年 4 月 25 日,交通部发布《通饬各广播电台用国语报告令》①,以法令形式规范各广播电台要使用国语播音,广州等地方政府相关条例也相继出台,确立了国语播音的绝对地位,并要求播音员必须掌握且有责任推广。

一、赵元任与国语推广

谈及"国语",无法绕开一人——赵元任②。1920 年,赵元任首次与"国语研究会"③成员见面时,便被吸纳入会。同年,"9 月 17 日接汪怡电话通知,入选教育部国语统一筹备会。9 月 18 日第一次到城内参加国语统一筹备会会议,黎锦熙、汪怡、钱玄同等先后到会,讨论语音标准、声调问题一整天"④。在其 1938 年移居美国前,赵元任一直在为国语统一及电台中的国语推广不遗余力地工作。通过赵元任研究及推广国语的轨迹,可寻得国语的发展,尤其是作为播音语言的一些历史脉络。

---

① 上海市档案馆,北京广播学院,上海市广播电视局.旧中国的上海广播事业[M].北京:档案出版社,中国广播电视出版社,1985:814.

② 赵元任(1892—1982),字宣仲,中国现代语言学先驱,被誉为"中国现代语言学之父"。

③ 该研究会成立于 1917 年 1 月,即"中华民国国语研究会",其宗旨为"研究本国语言,选定标准,以备教育界采用",会长蔡元培。

④ 赵新娜,黄培云.赵元任年谱[M].北京:商务印书馆,2001:101.

(一)《国语留声片课本》与《国语留声片》

1922年,商务印书馆正式出版了赵元任所编《国语留声片课本》与留声片。其中,《国语留声片》是其1921年在纽约哥伦比亚唱片公司录制完成的,共12面。可见,赵元任善于利用现代技术推广国语。这种"课本+留声片"的教学方式一直被用于播音教学中,沿用至今。

赵元任在《国语留声片课本》自序中明确指出了"口读"的重要性:"人说'耳闻不如目见'。我说未必尽然。……'目见不如耳闻,耳闻不如口读'……我们的大病在于偏重目见,偏重纸上的字形。例如'他借去了三本书,至今还不曾还我',上'还'字与下'还'字在纸上是一样的,在国音字典上也是一样的,但是耳朵里听起来,嘴上说起来,可是两样的了。"①这种认知也使得赵元任在日后电台中的播音演讲十分注重口语化、可听性,受到了听众的喜爱。另外,赵元任还解释了为何叫"国语"而不叫"国音"的原因:"这新片所注重的是活用的国语,不是单念的国音字。"②

在这部课本中,"赵先生的最大贡献就在论声调的第七、八两课。这两课虽很简单,却包含着许多重要的学理。第一,他的分别五声的方法,用音乐来说明'阴阳赏去入'的腔调,又发明一个'赏半'的变声。第二,他对于'赏'声的研究最有价值。他整理出两条通则:(1)赏声下连阴阳去入声或轻音字,就成'赏半';(2)赏声下连赏声,第一赏声变阳声。故赏声在句子的里头,几乎不存在了。第三,他又指出凡五声的字,在不应该重读的地位,一概为'轻音'……以上三条都是很重要的,因为这三条都可以教大家了解'声'究竟是什么东西;又可以教我们知道'声'不是呆板的,是活用的;不使用机械的点声符号来死记的,是要随着语言的自然变动的"③。

然而,1922年发行的《国语留声片》是赵元任按国音统一会1913年通过的人工语音"老国音"录制的。这种"老国音"是以北京语音为基础又兼顾南

---

① 赵新娜,黄培云.赵元任年谱[M].北京:商务印书馆,2001:117.

② 赵新娜,黄培云.赵元任年谱[M].北京:商务印书馆,2001:119.

③ 赵新娜,黄培云.赵元任年谱[M].北京:商务印书馆,2001:118.

方官话的人工国音系统，不是哪个地方人的语音，科学且抽象，所以"老国音"完全没有推广的可能。1924 年 3 月 24 日开始，赵元任以北京音系为基础的"新国音"对《国语留声片课本》进行修改，并于同年 5 月 26、27 日在哥伦比亚唱片公司重新灌制留声片，改名《新国语留声片课本》再次出版。"这次跟他学的人很多。对北京音系的研究，是推行国语标准音的重要前提。他对北京音系的研究，尤其是北京话语调的研究，轻声儿化以及变调的研究，音位理论的研究，都为国语标准音的确定和推行作出了重要贡献。"①

（二）播音演讲推广国语

赵元任不仅善用技术，而且懂得将文字语言进行口语转化。在利用广播推广国语时，赵元任的播音演讲打破了教科书式的沉闷，形式活泼，内容精练，通俗易懂，生动幽默，收到了良好的推广效果。

1934 年 9 月 14 日，赵元任第一次到中央电台做播音演讲，题目是《矫枉过正的国音》②。当时很多人在讲国音时，简单地、机械照搬地将自己的方言音归纳转化为国音，这种做法，不但不科学，而且还存在矫枉过正的现象。赵元任在演讲中科学地阐述了方言与国音的关系，并通过举实例，归纳总结方言转变到国音时读音变与不变的 4 种情况，以免为说国语而出现矫枉过正的现象。

1935 年 2 月 8 日，赵元任到中央电台做《国语语调》③的播音演讲。赵元任在演讲中首先肯定了国音、词类、语法是一种语言的根本，但语言的精气神是要靠"语调"来体现，他将国语的语调分"字调、中性语调、表情语调"三个方面。赵元任关于语调的讲解具有开创性的奠基作用，是在读准语音基础上，向内容表达精准的过渡，为口语表达指明了方向。

1936 年，他在中央电台做了题为《全国转播中央广播电台节目对于促进国语统一的影响》的演讲，他说："在现时代要建设一个统一而立得住的国

---

①　苏金智.赵元任学术思想评传[M].北京:北京图书馆出版社,1999:202.

②　赵元任.矫枉过正的国音[J].广播周报,1934（1）:15-19.

③　赵元任.国语语调[J].广播周报,1935(23):15.

家,统一的国语也是一个极要紧的条件,在各种促进统一国语的工具当中以无线电广播的影响为最广,再加上了现在各地转播中央电台的帮助,这个影响当然一定是很大的。"①由于当时中国交通、教育落后,推广统一国语难度很大,而收听中央电台的广播节目,就成为当时推广统一国语的最好办法,因为中央电台的播音员的国语是当时最标准的。1936 年 8 月 7 日,赵元任作为考官参加了中央电台对播音员英文和中文的口试。

赵元任又分别于 1935 年 11 月 13 日至 19 日、1936 年 7 月 15 日至 31日、1937 年 2 月 2 日至 23 日到中央电台作《国语训练》的广播讲座,每次 10讲。内容主要包括:(1)引子和声母;(2)韵母;(3)声调;(4)拼音;(5)极常用字读音;(6)声调变化;(7)矫正方言(上);(8)矫正方言(下);(9)练习;(10)温理和答复疑问。最后列有练习国音的参考书目,内容相当全面。《国语训练》的讲座播音,使国语语音有了标准,播音语言有了依据。整理后的《国语训练大纲》于 4 月在《播音教育月刊》②上发表,又以教育部教育播音小丛书出版。

赵元任在记音方法和记音工具上也有重要的贡献,除了《注音符号歌》③,他还设计了一套五度制标调字母,为记录汉语以及其他有字调的语言提供了准确、方便的工具。直到现在,播音主持专业教学中,"五度标记法"依然被用于普通话语音与发声的学习。

二、方言与外语播音

民营广播电台的播音语言以上海话、广东话等方言土语或创办人、租界地所属国语言为主,使用国语较少。如"申报馆用上海土音报告汇兑市价船舶班期等,大晚报馆用英语报告汇兑及市场消息并演奏音乐,新孚洋行用英

① 赵元任.全国转播中央广播电台节目对于促进国语统一的影响[J].广播周报,1936(91):19.

② 此刊于 1936 年 11 月 1 日创办于上海。淞沪抗战爆发后,随即停刊。总共出版10 期。内容以教育部聘请到中央广播电台讲座专家的讲稿为主。

③ 赵新娜,黄培云.赵元任年谱[M].北京:商务印书馆,2001:204.

语报告新闻并演唱歌曲,申报馆用上海土语报告新闻并演唱歌乐,巴黎饭店用英语报告新闻并奏演歌曲,神户电气公司用日语报告新闻并奏唱日本音乐"①。再如,"大上海广播电台有日本男女,也有不少中国人。有十多个中国男女播音员,播国语——现称普通话、广东话、上海话,播英语的有两个外国小姐,还有几位日本女子是播日语的"②。

播音员用哪种语言进行创作,主要取决于"对谁播",也就是要明确节目的播音对象。"不论是中国的广播事业,或是国外的广播事业,在其播音节目上,有其一定的目标和对象的,一种是 Home Service 对国内的,一种是 Over-Sea Service 对海外的,一种是 General Service 对一般的几种。"③由于播音对象和播音目的不同,播音员采用的语言也不同。随着广播事业的发展、壮大及时局变换,为了不同的播音目的,针对不同的播音对象,播音语言也日渐丰富起来。"普通一个广播电台,至少有两种语言,一种是国语,一种是英语,但是以京沪区来说,一个广播电台,至少有三种以上的语言,比如,在上海的电台,有沪语,国语,英语,粤语等等。我们往往在上海各家商业广播电台里可以听到这几种语言。因为上海是商业中心,各方人士皆有,所以它需要不同的语言。以中央电台而论,在其播音节目上,因有其对象,所用的语言,也就有多种了。比如在战时的首都重庆,在那个时期里的播音节目,所有国内海外,一般的几种节目,所以所用的语言,有国语,回语,藏语,蒙语,粤语,闽语,客家语,马来语,暹罗语,英语,法语,德语,俄语,日语,荷兰语等等,这许多语言,都是各有其对象的。把以上所说的这许多语言来分别的说,就是用英,法,德,俄,荷各种语就是对欧美的。用马来语,闽,粤,客语,就是对海外侨胞的。日语及其他就是对日本,及本国听众的。"④

而对于中央电台使用粤语、闽语等播音,有人则持反对意见,认为"于一隅之方言报告,未免近于削足适履,且迩者推行国语,更不宜有此迁就者"⑤。

①　曹仲渊.三年来上海无线电话之情形[J].东方杂志,1924,21(18):52.

②　鸥守机.上海闺秀:一个妇人的人生自传[M].上海:上海文艺出版社,2003:56.

③　陈沅.播音技术:编排播音节目与节目之延请[J].影音,1947,6(3、4):35.

④　陈沅.播音技术:编排播音节目与节目之延请[J].影音,1947,6(3、4):36.

⑤　传音科.小言(续)[J].广播周报,1935(66):6.

对此,中央电台传音科是这样解释的:"推行国语,固属当务之急。其如尚有未谙国语;而地处偏僻,消息之传递又复迟滞者,其于国内外事势,不亦太隔阂耶? 故本台此项报告不以逐日,而以一周,且同于一小时内举行者,即兼筹并顾之意耳。"①采用粤语、闽语甚至客家语等方言播音,完全是出于对当地国语普及程度的考虑,而并非有意迎合、迁就。

播音语言再多,也需要主次分明:国语应占绝对的比例、其他为辅。因为,"推行国语系巩固国家统一之要图"②。当时,国民政府要求民营台必须加入国语播音,并且要保证一定播音时长;同时,还要开设国语教育节目,"教育局所请每遇星期日在播音台教授国语半小时自应照准"③。

第三节　播音创作理论的探索

广播发展时期,研究播音艺术创作的著作不在少数,而最著名的当数一本手册、一本专著及一本译著,即《广播须知》《无线电播音》《广播常识》。虽然处在探索阶段,但这三部著述对播音创作的某些认知,在今天看来依然熠熠生辉。

一、赵元任与《广播须知》

当时,国民政府教育部曾借助广播开展播音教育,聘请多位知名学者、社会名流到中央电台做播音演讲。许多名家在公众面前滔滔不绝,可奇怪的是一旦坐在播音室,面对话筒,其演讲水平大打折扣。这是因为演讲者缺少话筒前的播音技巧和撰写播音文稿经验所致。为使演讲者能掌握播音的科学方法,教育部特聘请赵元任撰写《广播须知》。如前文所述,赵元任不但

---

① 传音科.小言(续)[J].广播周报,1935(66):6.
② 林云陔.公胲公用:播音台加入国语播音案[J].市政公报,1930(360):99.
③ 林云陔.公胲公用:播音台加入国语播音案[J].市政公报,1930(360):99-100.

擅长研究语言与无线电技术,而且深谙话筒前的语言表达技巧,他的播音演讲深受听众喜欢。因此,赵元任自然成了撰写《广播须知》的不二人选。

1936 年,《广播须知》出版并作为教育部指定播音指导性文件,是赵元任在播音领域最具开创性的论述之一。该论述著作对播音要点的讲解既权威,又通俗易懂,特别是具有很强的实操性。为了让更多人了解什么是播音、怎样播音,赵元任又将《广播须知》改写成 30 条,于 1937 年分别发表在了《播音教育月刊》第 1 卷第 7 期、《广播周报》第 135 期以及《教育与民众》第 8 卷第 9 期上。

《广播须知》从机械、声音、语言、讲稿、材料、礼貌等 6 个方面对播音创作提出了具体要求。条目如下[①]:

"(A)机械方面。(一)说话离微音器以一尺至二尺远为最合宜。(二)说话时候,嘴要在微音器的正前面。(三)切不要喷气到微音器上。(四)少咳嗽。(五)不要让纸有声音。(六)稿子不可放在口与微音器之间。

"(B)声音方面。(七)声音大小,以对小屋里三五人谈话所需的声音为标准。(八)说话里着重的字眼,可以在措词上或在声调上表示它,不宜在单个字上特别捶打。(九)声音平均高低,以用本人的低音部为宜。(一○)声音高低的平均虽要低,但必须常有变动,全部的音程范围要大。(一一)说什么声音做什么样脸。(一二)平均速度要比平常说话慢一点。(一三)平均速度虽要慢,但句中各个字句务求其长短快慢不齐。

"(C)语言方面。(一四)字音以能多分辨为原则。(一五)在广播以前把讲稿中对于国音没有把握的字都注起国音来练习。(一六)注音国音轻声字。(一七)极常用易错字表。

"(D)讲稿方面。(一八)用白话。(一九)用声音饱满响亮而同音字不多的词字。(二○)第一次用冷词先略微停一停。说时要说得慢,咬得清。最好重复说。如说明字的写法,要用最明白的说法,不要求雅。(二一)写讲稿须写得照字读即成自然讲话用的句子。(二二)讲稿的分量以十分钟(实际说)一五○○至二○○○字为最适当。

---

① 赵元任.广播须知[J].播音教育月刊,1937,1(7):145-150.

"(E)材料方面。(二三)题目不要太大。(二四)注重各段和全体结束部分。(二五)介绍读物。(二六)找点事给听众做。

"(F)礼貌方面。(二七)守时间。(二八)对听众应该以诚恳坦白的态度说话,不要打官话。(二九)事先排演。(三〇)不要做教训人的样子。"

为便于读者理解,赵元任在每条须知条目后均作了详细说明,有的还列举形象的例子。如在强调嘴与话筒间的距离时,他写道:"说话离微音器以一尺至二尺远为最合宜。说明:距离太远,屋里的回声跟杂音成分就会加多。太近则距离比例不容易保持平均,并且吸气等音也会太响。"在如何避免翻纸的声音时,他建议:"不要让纸有声音。说明:平常不觉得纸声音大,但一经微音器,纸略微有点动,出来的声音就非常大。讲究的人在布上打字,或把稿纸贴在纸版上。简单一点的法子是把一张一张的稿子松松的(地)摆在桌上(只写一面)说完了轻轻望旁边一抽,让底下一张露出来。"这种"须知+解释"的方式,不仅使学习者知其然,还能知其所以然。

由于《广播须知》是播音创作的科普性手册,因此,赵元任书写得非常浅显易懂且实用,尤其对初试播音的人来说帮助极大。不仅针对播音演讲,就是对日常节目播音同样适用。时至今日,条目中的每一项都仍未过时。

二、徐卓呆与《无线电播音》

若《广播须知》是一次对播音创作常识的科普,那么,1937 年 6 月,商务印书馆发行的徐卓呆①所著《无线电播音》一书,便是"迄今为止发现的最早论述播音理论的代表性著作"②。全书仅有 17129 个字,分为 10 章,包括:无线电播音之特长、无线电播音之利用、现在无线电播音之状态、听众心理、何者为不良材料、如何淘汰不良播音、无线电播音之检查方法、娱乐材料改善

---

① 徐卓呆(1881—1958),名傅霖,号筑岩,别署半梅、阿呆、李阿毛、徐梦岩等。电影理论家,剧作家,小说家。被誉为"文坛笑匠""东方卓别林"。

② 王文利.中国广播电视学术研究史稿(1920—2011)[M].北京:新华出版社,2013:33.

之大难题、我们需要的游艺播音、无线电播音之教育的活用①。条目可见,它涵盖了播音创作的整个过程。而在广播比我国诞生早三年的美国,播音论著的出版却相对滞后,"1946年,《广播播音》正式出版,这是目前所能见到的最早播音专著"②,这比《无线电播音》一书晚了9年。因此,《无线电播音》的出版,无论是对民国时期播音创作的研究,还是对中国播音学的历史传承,乃至对世界范围的无线电播音研究,都具有重大的参考价值。

该书第四章"听众心理"中曾强调"研究听众心理当然非常要紧",并具体论述。徐卓呆首先分析了谁是收音机的购买者,得出"有闲阶级"是听众主体,而妇女则是主体中的重点,除了"娱乐游艺"节目外,什么样的节目最受欢迎?"假使把日常可以应用的技术,教授她们,一定可以得到她们的好感。"上述分析,体现了对播音对象心理的深刻描写。

谁来播?播什么?直接影响着播音效果与社会舆论。对这两方面应是有严格限定的,电台该如何把握播音员的素质、播音内容的优劣及舆论导向?徐卓呆在第六章"如何淘汰不良播音"中做了详细的论述。当时在电台播音的人多是"吃开口饭"的艺人,他们并没有受过高深的教育,所以"要把社会教育的重任,托付给他们,实在是笑话"。那么,问题该如何解决呢?"播音的人,种类很复杂……先叫他们知道自己地位的重要,不良材料影响的恶劣,然后叫他们自己努力设法去淘汰不良材料,采用合乎现代的新材料……播音台必须完全负责。这样一来,他们当然认真办去,断不会放任一班播音的人了。"③与此同时,徐卓呆也考虑到仅依靠播音员与电台的自律是不够的,还要设立专门机构来监察播音内容。"设立一所监察所;检查所中,备有收音机,自朝至暮,派人听着。"④

谈到为何有的人播音不受欢迎时,《无线电播音》指出:"演讲人的土音,往往一般听众不能够明白的(地)了解,所以凭他讲得怎样天花乱坠,也已经

---

① 徐卓呆.无线电播音[M].上海:商务印书馆,1937:6.

② 徐树华.美国早期广播播音研究概述[J].中国广播,2011(09):87.

③ 徐卓呆.无线电播音[M].上海:商务印书馆,1937:21.

④ 徐卓呆.无线电播音[M].上海:商务印书馆,1937:26.

把原意打了折扣。"①以往的研究者也曾主张要使用国语国音,但并未解释方言、土语影响播音效果的弊端,而徐卓呆应该是第一个提出"土音"在广播中影响传播效果的人。不仅是吐字发音的问题,"还有新闻的稿子,和播音人的技术,也大有关系……要在播音台播音,假使稿子很平淡,而播送的人,又是老老实实,不过照着稿子上念念……人家听得毫无兴趣,就此把收音机关了。而且从此以后,每天在这时候,不愿再听了。所以越是乏味的新闻,稿子越要写得活泼,那播送之人,更应当讲得神气活现,才可以吸引听众的注意。因为选定的消息,当然很重要,不能不播,欲免听众乏味,只有在播送的时候,十二分的把它添加兴味"②。这样的论述实际上就是20世纪80年代中国播音学中提出的播音创作技巧的问题,如果播音员技巧娴熟,也会给枯燥的稿件增色不少,正所谓"有稿播音锦上添花"。不只是对播报新闻,《无线电播音》还对娱乐播音内容的分类及如何发挥广播的教育功能等也做了较深入的研究和论述。"徐卓呆的《无线电播音》可谓是中国播音创作基础理论的肇始。"③

三、徐学铠与《广播常识》

1943年,徐学铠④陪同中央广播事业管理处副处长吴道一考察欧美广播事业。在这一过程中,徐学铠认识到"播音技巧"对于创作的重要性,便通过收听美国广播,从中获取播音知识,研究他国播音技巧为我所用。同时,他还将沃尔多·马克·阿伯特(Waldo Mark Abbot)所著的《广播手册》⑤(*Handbook of Broadcasting*)翻译后,结合自身的播音经验,对中美两国播音创

---

① 徐卓呆.无线电播音[M].上海:商务印书馆,1937:15.

② 徐卓呆.无线电播音[M].上海:商务印书馆,1937:6.

③ 高国庆.中国播音学史研究[M].北京:九州出版社,2016:22.

④ 徐学铠(1906—1955),字明庸,1924年毕业于宁波效实中学,青岛大学毕业后作为招聘练习生进入中央广播电台工作,20世纪30年代任中央广播事业管理处传音科科长。

⑤ 此书曾4度再版,至今仍被57所大学或学院当作教材所使用。

作技巧、内容等多方面进行了比较,并于 1947 年 3 月以《广播常识》为书名在国民图书出版社出版。这无疑为播音创作理论研究再添浓墨重彩的一笔。

全书共分 12 章,包括:广播电台,广播网,电录音,广播收音,波长与周率,播音演讲,怎样写广播剧本,广播剧之演播,广播乐,儿童节目,学校广播,节目的编排;附录则转载了赵元任的《广播须知》。就当时播音创作范畴而言,该书内容已十分全面,尤以创作技巧的研究最具特色。其中,第六章和第八章重点涉及两方面内容:播音讲话的形式问题与播音讲话应注意之点。

该采用什么样的"播音讲话的形式"与听众交流呢?"播音讲话需要亲切而随便的语调,和平时谈话一样,对听众必须温存同情和真诚不要有一点虚夸的痕迹。他毋须特别提高声音——这种直觉的动作是绝对要不得的,因为传话器的灵敏性会使它缺乏亲切的成分显露无遗。我们所需要的是一种安闲平和的声音。不过,要造成一种当面谈话的语气,就需要正常的心境,必须对其讲材和听众发生真切的兴趣。还有当他继续不断地讲读文稿的时候,很容易会在语气里泄露虚伪厌倦轻视傲慢等等的神态,这一点尤应特别注意。"①因为虚情假意的声音是传递不了真实情感的,这在播音学中要求播音员要"言为心声"。

"播音讲话应注意"的主要有两点:一是呼吸。"所谓正常的呼吸,就是一种自然的呼吸,不受体力的拘束和意志的控制。假如演讲者用口来一次深深的呼吸,那末,这呼吸的声音就可以在收音机里听得很清楚。所以他必须很小心的作恬静而自然的呼吸,不应把一口气逼得太久。讲话的人往往因为领扣太紧的缘故,受到一种阻碍,所以他应该把领扣放松,使呼吸自由。不要使传话器直接受到呼吸的影响,否则收音机里就会发出一种类似刮大风的声音,还有姿势也很要紧,要坐得端正,头微仰,以免喉间受到压迫,两足着地。"二是语速。"过快或过慢都会让收听者感到厌烦,作为一位播音演讲者,把握合理的语速至关重要。"另外,讲话的速度因人而异,"有的特别

① 徐学铠.广播常识[M].南京:国民图书出版社,1947:56.

快,说话一快,自然就减少了诚挚的成分。说话快慢和节目性质也大有关系,比如报告新闻述评往往可以报到二百二十五字之多,播音讲话最适宜的平均速度是:外国语每分钟一百四十字;中国语每分钟一百六十字"。由此可见,当时播报新闻的语速并不慢。"有时,紧张的情绪往往会影响讲话者原有的速度,速度一变,就不能在预定的时限内播讲完毕了。播音时,报告地名,尤其不可太速,快报容易读破句,太慢了也容易使听众着急。播音首重时间,不容有一秒之差,所以最好的办法是把每份讲稿预习一遍,以测定其应有之速度,正式播音的时候,其速度必须和预习时一样。十五分钟节目的实际的时间是十四分三十秒,因为从甲节目过渡到乙节目,在机件接转时需要相当的时间,其余的三十秒钟就是作了那种用处了。报告员介绍节目和声明结束约需一分钟,所以十五分钟节目的实际讲话时间是十三分钟半。"①

　　徐学铠编译的《广播常识》证明,"早在 20 世纪 30 年代美国就有这样详细科学的关于播音学的论述,这是对'播音无学'和'外国没有播音专业'的无知论调的最好回应。我们细读该书时发现,许多关于播音研究的论述,完全能弥补今天播音研究的不足"②。

第四节　播音内容及文体初成

　　通过中央广播事业管理处处长吴保丰③于 1937 年所撰写的《十年来的

---

①　徐学铠.广播常识[M].南京:国民图书出版社,1947:58.
②　高国庆.中国播音学史研究[M].北京:九州出版社,2016:31.
③　吴保丰(1899—1963),江苏昆山人。1921 年毕业于上海交通大学电机系,后赴美国深造。1936 年 1 月任国民党中央广播事业管理处处长,2 月起任中央广播事业指导委员会副主任委员。1943 年辞去上述职务,改任重庆交通大学校长、天津开滦矿务局顾问等职。抗战胜利后,历任上海交通大学校长等职。1949 年 5 月上海解放后,加入中国国民党革命委员会,先后任华东人民广播电台顾问、华东新闻出版局广播事业顾问。著有《我国广播事业今后应取之途径》《十年来的中国广播事业》等文。

中国广播事业》一文可知,当时的播音内容可归纳为 5 种类型,即宣传、演讲、教育、新闻和娱乐。由此,也形成了这几种不同的播音文体。"凡关于阐扬主义、报告政治及警策语等,均属于宣传类。关于常识科学及其他各种社会问题之讲述,则属于演讲类。至教育节目,其内容多属于有连续性之教材,而须逐字逐句讲解者。新闻节目,则内容包括甚广,自气象商情,以至时事报告,一周大事等皆属之……至于娱乐节目,大别之可分戏剧和乐曲两种;而戏剧又分平剧与话剧,乐曲除音乐歌咏之外,则有昆曲、大鼓、弹词等,种类甚多,每日于杂曲节目中轮流播唱之。"①鉴于宣传、教育、讲演播音的创作主体并非播音员,常是政治领袖、学术专家及宗教人士,不在本书研究范围内。因此,以下仅对"新闻播音"和"娱乐播音"两大创作内容及文体进行阐释。

一、新闻播音

新闻是新近发生的事实报道,求新,求快。似乎当时再没有比广播这种新媒体更快、更广的传播平台了。自广播诞生以来,报告新闻就成了播音员重要的创作内容之一。由于当时文盲数量众多,不识字者大都是通过新闻播音获得外界消息。据记载,中央广播电台每日播音 19 小时 25 分,其中新闻节目占 24%;国际台每日播音 6 小时 35 分,其中新闻节目占 43%②。那么,播音员都报告哪些新闻,又是怎样报告新闻的呢? 中央电台传音科曾在《广播周报》上刊载文章,详细介绍了新闻播音的创作流程。

新闻稿件作为播音创作依据有长短之分,播报方式也各有不同:"分简明新闻与新闻两种,简明新闻,每逢星期一二三四五晚八时起报告十分钟,以当天简要新闻快报一遍,为普遍听众所设,使其能略知一日间中外大事……至晚间二十一点四十分一节之新闻,系用中央社第一二两次稿中,择

---

① 吴保丰.十年来的中国广播事业[M]//中国文化建设协会.十年来的中国.上海:商务印书馆,1937:704.

② 行政院新闻局.广播事业[M].南京:行政院新闻局,1947:33-37.

具重要者报之,其播告方式乃用复句慢报,使各地报馆收音员得以记录无误。"①也由此而产生了"快报"与"慢报"之别。

除时政新闻外,中央电台还播报科学新闻、时事述评、商业新闻等。"科学新闻:旨在灌输科学上之具体事实,而引起听众对于科学之兴趣。"②"时事述评:此节于每星期一至五下午八时十分播讲。意在对国内外重要事件,予以客观而正确之论评,以引起听众之注意与认识。"③这一周五期的述评节目内容也各有侧重:星期一专事提倡国货宣传,促起国人服用国货之爱好心。星期二论列国内事件,加以评断,期予听众以正确之观念,而免致误信谣诼,思想入于悖谬。星期三为赈灾委员会节目,以引起听众胞与之怀,谋博施济众之举。星期四就国际事件论述,以引起听众对于世界现势之认识。星期五则评述各种社会问题:何者为是,从而褒扬之,使听者知所崇向。④

那么,怎样才能将新闻播报好呢?《广播周报》复刊第2期刊登署名编者的文章《广播新闻的编辑和报告》对此有过清晰的描述:"播音员报告新闻,不消说和报告其他东西一样,需要丰富的常识,正确的字音,清晰的口齿,流利而稳定的神韵,而最要紧的还是气势,这种气势却和演讲的气势不同,演讲的气势往往是主观的,如果是宣传演讲,则主观的成分更为浓厚,我们所报告的如果不是根据新闻编写的时论而是纯粹新闻的话,嬉笑怒骂在新闻里是用不着的;不要因为想增高气势插入批评似的浅薄语句,听众所急于知道的是新闻的本身,而不是个人对于新闻的意见,然而气势却不能没有,因为它会增加听众收听的热诚,没有气势的新闻报告,好像和尚念经,会使人感觉疲倦而打盹。这种毛病最容易犯,我们应当力予防止的。"⑤

真实是新闻的生命,播音员在报告新闻时,只有依据新闻稿件内容,通过创作技巧,把不是自己亲身经历的事件用语言加工成似乎是自己亲自采访、亲身经历的事件一样,告诉听众,这就要求新闻播报要有"真切感"。何

① 传音科.小言[J].广播周报,1935(65):7.
② 传音科.小言(续)[J].广播周报,1935(66):6.
③ 传音科.小言(续)[J].广播周报,1935(67):15.
④ 传音科.小言(续)[J].广播周报,1935(67):15.
⑤ 佚名.广播新闻的编辑和报告[J].广播周报,1946(198):11.

谓真切感呢？"就是把新闻里的事情当作目击或亲历的一样，比如我们在街上看见大火或有人被汽车辗死，回家诉述的时候，一定是说得非常真切，决不会有气无力地报告的，那么，我们广播新闻为什么就不容易这样真切呢？原因大概是因为广播新闻有稿子，易为稿子的文字所拘束。要克服这个困难，就得讲求稿子的编辑，务使达到内容有条理而字句也非常说得上口的程度，省得播讲的时候，临时分心，变换句法。"①这一点，相当于现如今在播音创作技巧中所讲的"情景再现"。

"上口"与"入耳"是播音语言的根本特点。因此，播音员必须要将稿件文字作口语化转换，否则会直接影响收听效果。"播音员在拿到新闻稿之后，应当熟读，简直要把它看成歌词曲谱，练得非常纯熟了以后，才可以进发音室报告，其流利的程度要和唱歌一样。标准不高的播音员，只知道照着新闻稿子逐字的(地)念，仿佛听众手里也有一份同样的稿子看着听似的，结果当然不会很好。我们应该十二分体念到听众所依赖的只有听觉，我们决不可把需要视觉帮助才能明了的字句向传话器吐露。换句话说，我们要完全口语化，只有完全口语化才能使听众不费脑筋在舒适的心境下听取消息，否则听众会感觉'满耳'荆棘，终于把收音机一关了。"②而所谓口语化，不是绝对的，也要因地制宜。比如，"我们看到'物价可望平抑'，可以改作'物价可以希望平下去'；'结果不详'可以改为'结果不知道'；看见'祝捷'可以改为'庆祝胜利'。还有电报用字很简略，往往把地名人名缩成两字或一字，例如'波境''华府''马司'等等，我们更要说出他的全名。否则听众更会不得要领的。但是有的语句表面看去是道地的文言，而实则已口语化，如'随机应变''花天酒地''岂有此理'等等，这类语句还是不去改它的好，如果勉强翻成白话，说的不上口，听的也不顺耳，反而失去了原来的目的。经验告诉我们，国语报告比外国语报告要难，听的方面更难，因为国语多单音字同音字，我们如果不把单音字改成两个字以上的口语，简直会使听众不知所云，所以我们一定要把'敌''实''国'等字改为'敌人''实在''国家'。还有文言的

---

①　佚名.广播新闻的编辑和报告[J].广播周报,1946(198):11.
②　佚名.广播新闻的编辑和报告[J].广播周报,1946(198):11.

虚字往往和口语的虚字不同,我们也应当用相当的口语虚字来代替文言虚字。例如以'因为'或'用'来代表'以';以'在'来代替'于';以'他的'来代替'其'等等。"①

新闻内容五花八门,除掌握准备稿件、播音技巧外,还要提高识字认读的能力,新闻播音绝不可以读错字音。"担任电台报告员之职,决非一般人的理想是一件轻而易举的工作,只要一开话筒就负起重大的责任来⋯⋯一个字也不能马虎,读别字更不可能。"②

值得一提的是,当时也流行传统媒体——报纸拥抱新媒体——广播一说。《申报》用沪语"报告新闻及行市,晚间并演唱各种音乐,以飨当地居民。其结果之佳,虽以大连离沪二千余里之远亦能收听"③。其优点在于"不仅是它本身传递得迅速,并且免除了印刷与发行的手续,所以广播新闻员把新鲜的消息传达到备有收音机者的耳朵里,再也不是任何高速度的印刷新闻堪与赛跑了。因此,现在的报纸里,很多的消息是引用广播新闻的"④;特别在战乱封锁期,广播中的新闻播报为人们提供了一个与外界保持联系的有力渠道。

二、娱乐播音

娱乐播音,在当时常被称作"游艺播音"。缺乏财力支撑、依赖广告收入维持生存的民营台,尤其是商业电台的节目偏重于娱乐内容,而公营台娱乐播音较少,甚至没有。

1934年,俞子夷⑤曾就娱乐节目比重问题做过统计,以上海28家广播电

---

① 佚名.广播新闻的编辑和报告[J].广播周报,1946(198):11.

② 周汝杰.提供几个普通的错误贡献给播音同志参考[J].大声无线电半月刊,1947(7):11.

③ 曹仲渊.三年来上海无线电话之情形[J].东方杂志,1924,21(18):49-66.

④ 胡道静.新闻史上的新时代[M].上海:世界书局,1946:5.

⑤ 俞子夷(1886—1970),又名旨一,字迺秉,祖籍江苏苏州,后迁居浙江。中国近代著名民主革命家、教育家。

台的节目为样本进行分析,结果显示:"弹词 90,评话 17,开篇 7,歌唱 19,其他娱乐 10,讲演问答 12,儿童节目 1.5,申曲 26,苏州文书 9,四明文书 7,播音剧、话剧等 9,教国语、英语等 13,其他教授 6.5,苏滩 7,宣卷 5,南方歌剧陶情 4,故事 7.5,新闻 6,娱乐的共 217.5、非娱乐的共 39。"①其中,"数目是指档数,每档约三刻或一点钟,每星期五次或六次者作一档算,不过二三者作半档论"②。为了更直观,俞子夷在纵向统计之后又进行了横向对比,"非娱乐的,每家平均不过 1.3 档罢了。娱乐的每家平均有 7.75 档。每日每家平均播送七八时的娱乐,娱乐的机会真多。娱乐中弹词占第一,私订终身后花园,落难公子中状元,可以说是大众最欢迎的了"。据此推算,娱乐节目播音是非娱乐节目的近 6 倍。足可见广播已经成为人们日常生活娱乐的重要方式之一。

广播是作为声音进行传播的大众媒介,与音乐、曲艺、戏曲、话剧等有声艺术形式存在天然的联系。所有适合听觉接受的艺术形式在广播中均占据了大部分时长,成为娱乐播音的主要内容。而对于播音员来说,他们在这些节目中,或是负责"串场",或是要亲自表演。

生于 1936 年的中国播音学奠基人张颂教授在接受《光明日报》记者采访时曾回忆说,少年时的他喜欢模仿广播里的声音,"比如王喈奎(笔者注:王杰魁)的《七侠五义》、赵英坡的《聊斋志异》,这一稍纵即逝、幽妙未知的奇妙之物深深地将他攫住。他大概想不到,若干年后,自己的声音也会出现在那个'话匣子'里,并与之结缘一生"③。张颂回忆中的王杰魁,在 20 世纪 30 年代,北京一些商业电台尤其喜欢连续播放他的评书录音。因沿街的许多商店都用扩音器播放,街上的行人常常驻足聆听,以致每到王杰魁的评书播放时间,街上几乎无人行走,他也因此被誉为"净街王"。那么,他的评说演播高超在何处呢?王杰魁熟悉平民百姓的生活,在说书中表现三街六市、五行八作及民间习俗有独到之处,由此形成了他的流派特色。他的说书以

---

① 俞子夷.谈广播节目[J].中国无线电,1934,2(9):384.

② 俞子夷.谈广播节目[J].中国无线电,1934,2(9):384.

③ 赵玙,蔡闯.张颂:"我要尽心尽力送你们一程"[N].光明日报,2012-12-06(13).

说表细腻、平稳翔实、不瘟不火而著称。说书细中有细,吐字慢,慢而中听,娓娓道来,别具艺术魅力。他善用"变口"变换语音声调和以不同方言体现人物身份性格,他又善用对白来塑造书中的各类人物。演播具有独特的艺术风格,因此深得人们的敬重。看过他表演的老书座曾评论道:"别看他是素身,也能分出生、旦、净、丑。"许多京剧演员都喜欢听王杰魁的评书,20世纪40年代名武丑叶盛章挑班,组织金升社,改编了《藏珍楼》《徐良出世》《智化盗冠》等剧目,都从王杰魁的评书中汲取了丰富的营养①。

除评书演播外,吴保丰在《十年来的中国广播事业》一文中提到"播音剧"是娱乐播音的半壁江山。1933年1月20日,为纪念"一·二八"事变,由苏祖圭创作的《恐怖的回忆》是至今发现最早的播音剧作品。当时,播音员不仅要报告新闻,还要参加播音剧的演播。因此,演播能力也是一个合格的播音员所应该具备的。"播音剧是着重在声音表情,语气语调的配合以及和谐音乐的陪衬,清楚口齿的对白,来把整个剧情表现出来"②,那么,何为"声音表情"呢?例如,饰演老妇人的演员,"在她本人并不是年纪老了的人,而是一位顶年轻美丽的小姐,可是她在声音表情里,使人们听了之后,认为是一位六七十岁的老太婆。这就是利用她的声音技巧,在传话器前的技术表演。并且声音高低远近,也要会利用它。否则使听众们只能听到一种声音,无分高低远近的毛病了。所以一个播音话剧的演员,不但要有播音的经验,而且要能饰演两种以上不同音色的演员"③。如果一个演员要演两个角色,在舞台上是比较容易些,因为有化装的方法来改变它的本来面目。可是在播音剧里,就靠演播的人把声音来变换,使听众感觉到是两个角色,所以,有播音经验的演员,它的声音可以远,可以近,可以高,可以低。在技巧方面来说,不一定要远离话筒,就是表示远了,或是声音低了,而是在于如何运用嗓子。这些声音造型及声音表演技术等方面的需求,无疑也为播音员提出了更高的技术要求。

---

① 刘波.中国当代文化艺术名人大辞典[M].北京:国际文化出版公司,1993:646.
② 陈沅.播音技术:播音剧与舞台剧[J].影音,1947,6(5、6):57.
③ 陈沅.播音技术:播音剧与舞台剧[J].影音,1947,6(5、6):57.

虽然娱乐播音内容丰富、喜闻乐见,但也衍生出了关于播音员素质较低、节目内容低俗等一系列的问题,遭到了社会各界人士的批评与反对。

第五节　播音艺术批评的显现

艺术批评是艺术生产系统中一个十分重要且相当活跃的因素,它需要在艺术鉴赏的基础上,在一定的艺术理论指导下,对艺术作品和艺术现象进行细致深入的研究分析,属于艺术接受的高级阶段。狭义上看,虽然艺术接受是艺术创作的下一环节,但是,对于艺术创作主体及其创作来说有着十分重要的意义。在广播发展时期,就已出现播音艺术批评的萌芽,实属难得。面对播音这项新事物,当时文化界的知名人士对播音创作主体、创作内容等发表了自己的看法,有的恳切,有的犀利,这无疑对播音创作的良性发展起到了积极的推动作用。

一、关于播音创作主体的评价

播音员不仅是播音创作的主体,更是节目内容输出的最后一道关卡,至关重要。当时,播音员队伍的组成相对复杂,有层层选拔的、有直接录取的、有兼职客串的,播音水平良莠不齐。更有甚者,"凡能唱几句不入流品之曲词,居然播滑稽节目矣;能哼几支新歌,备一架音乐器具,居然播歌唱节目矣;能讲一段齐东野人之语,遂以故事家自命;能说几句国语,遂以话剧家自号。牛溲马渤,充溢于播音机中,虽属洋洋大观,但可以取乐一时者,则殊不多观"①。这都是对一些播音员创作能力不足、技不如人的直接批评。而针对播音员用声状态,尤其是广播中女播音员嗲声嗲气的现象,被形容为"滴滴娇"与"娇滴滴":"其实滴滴娇与娇滴滴的声音,在话剧中需要外,报告广

① 上海市档案馆,北京广播学院,上海市广播电视局.旧中国的上海广播事业[M].北京:档案出版社,中国广播电视出版社,1985:465.

告还是以少用这种声浪播出为妙;因为滴滴娇、娇滴滴的声音过于柔顺,有时候需要惊人的语句,如其用滴滴娇的音调,缺乏刚性难以引人入胜。"①在当时人们心中,播音员只要口齿伶俐,就能胜任,根本没有考虑到声调和语气,"因为声调过于尖锐,必致刺耳难闻,沙毛令人厌恶,洪钟大吕,又刮(聒)燥不堪,所以播音者的声调,须要圆润、清晰,并忌拖泥带水"②。

听众收听广播,是希望能够从播音员的声音中获取时事、知识或者娱乐,有时更是一种言语的陪伴和慰藉,但回荡在耳边的声音不都是天籁,也有"无赖"。"这些老气横秋的播音家,似乎多半是痰迷专家,终年患着伤风咳嗽,时常把咳声和吐痰声播送出来,让听惯咳嗽吐痰声的本国听众随时可以听见。幸而播音机决不会播送微生虫和病菌到听众家里去,这是可以放心的。然而老牌播音家中似乎还有不少是黑籍同志,他们在饱餐福寿膏之后,走到播音机前,吐了几口痰之后,便张开尊口,从宽驰的喉咙里发生一种低调的龙钟之声,或是外加沙音,听众恭聆之下无需利用电视,便可以领会到又是一位瘾君子在提腔发话了,比较敏感的时代听众,至少会发生厌恶的感觉,因为这种播出的声音是代表一种不健全的声音,病态的、不合卫生的。"③

以上诸多现象产生的原因,专业能力是一方面,更为直接的应是播音员的教育水平低。据1937年1月22日《申报》记载,上海电报局"鉴于本市广播电台所有广播人员之程度高下,对于题材选择及影响群众思想生活颇巨,最近特制成表格分发调查。对于教育程度一点最加注意,结果于四百五十七人中,计出身私塾者一百五十九人,占播音界全体人员三分之一;出身小学者九十九人,占全体人员五分之一,其中小学未毕业者七十四人;出身中学者一百二十人,占全体人员四分之一;曾受大学教育者十八名,占全数的

---

① 上海市档案馆,北京广播学院,上海市广播电视局.旧中国的上海广播事业[M].北京:档案出版社,中国广播电视出版社,1985:470—471

② 上海市档案馆,北京广播学院,上海市广播电视局.旧中国的上海广播事业[M].北京:档案出版社,中国广播电视出版社,1985:470.

③ 柳絮.无线电听众的烦闷[M]//上海市档案馆,北京广播学院,上海市广播电视局.旧中国的上海广播事业.北京:档案出版社,中国广播电视出版社,1985:480.

二十五分之一;其他不识字者及未受教育者共六十一人。故统观本市播音人员教育程度,尚甚不齐,当局认为有设法救济必要"①。由此可见,这一时期的播音员所受教育程度普遍不高。

除了播音员本身的学识修养、工作态度及创作能力外,更深层的原因还是利益的驱使。当时,各广播电台之间同业竞争激烈,"于是投机商人乃即利用此负担极轻获效极广之机会,乘时令之需要,粗制滥造一种出品,拟就耸动听闻之播音底稿,交播音者从事宣传。播音者更为见好于委托客家,画蛇添足,予以渲染,因此一般盲于目而不盲于耳之听众,均不免于受欺"②。不仅是为广告"金主"在播音中大肆吹嘘,在利益的驱使之下,播音员在节目内容的创作中也开始迎合某些听众的低级趣味,放弃道德准则,"于播送节目时间,往往加入几张粗俗而肉麻的唱片,与不堪入耳的污秽言词,或者竟肆口谩骂。还有几个播音者,时常唤街头卖唱之流,来唱一曲小调,歌一段情词,算是播送特别节目。请问这一种不良好的现象,如何能够得到听众的同情与好感呢?"③播音员的职业操守出现动摇,使得播音内容乌烟瘴气,成年人都觉得面红耳赤、污秽不堪,况且心智尚未成熟的孩子呢? 一些家长在家中安装收音机原本就是为了孩子能够远离十里洋场带来的喧扰,以为广播会传播高尚的知识和有益的儿童节目,但实际却大相径庭。

新闻节目播音员是不是就能够坚守住职业道德的底线呢? 事实上,有些播音员同样令人失望。他们为了引起听众注意,竟然肆意杜撰、故弄玄虚、添油加醋,"有时候仍有几条不翔实的新闻夹杂其中,有时候还加上一二则带些吓人口气新闻,这是极易引起听众的疑虑而恐慌的"④。

上面提及的问题是当时一些播音员真实的历史写照。如何解决呢? 吴

---

① 佚名.调查播音人员完竣[N].申报,1937-01-22(16).

② 上海市档案馆,北京广播学院,上海市广播电视局.旧中国的上海广播事业[M].北京:档案出版社,中国广播电视出版社,1985:465-466.

③ 吴侍中.广播无线电播音者与收音者应有之道德[J].无线电问答汇刊,1932(广播特刊):362.

④ 吴侍中.广播无线电播音者与收音者应有之道德[J].无线电问答汇刊,1932(广播特刊):363.

侍中提出了中肯的建议:"极希望各播音者多多播送有益的节目,与确实的消息,免去几种无谓而易生恶习的节目。这虽是鄙人希望,恐怕亦就是多数听众所希望的吧。总之,还望播音者常常存着道德心,用娱乐的机会,来养成一班对于国家有益的青年。"①

二、关于新闻播音的意见

广播发展时期,新闻播音也被称作时事播音。1937 年 8 月 28 日,作家茅盾在《救亡日报》上发表《对于时事播音的一点意见》一文,他对当时的时事播音进行了评价,并提出了改进意见。

茅盾首先是肯定,说"无线电播音在抗战宣传上确实起了很大的作用,这方面的工作人员也确实尽了最大的努力……上海战事发生以来,播音界确入了战时状态,平剧、大鼓、蹦蹦戏这一类的唱片不再播送了,代替的是救亡歌曲;风花雪月情调的开篇也没有了,代替(的)是有关抗战的新的东西;什么'桂圆大王',什么化妆品的宣传也没有了,代替的是时事消息和慰劳品募集的成绩报告;讲解《古文观止》也停止了,代替的是防空防毒等等常识的演说";然而,茅盾又说,时事新闻的播报"还不能说没有缺点",照本宣科、见字出声便是其中之一,"这些消息的来源大都是当日的早报和晚报,除将文言翻成半文半白而外,别无贡献。这对于不太容易看到上海早报、晚报的地方自然很好。但当天重要新闻既有中央电台和交通部上海电台在负责报告也就够了,上海其他的民营电台很可以不必死板板地讲读报纸,很应该把作风变换一变换"②。

茅盾在当时提出新闻播音应该"变换作风",可谓超前;对比后期新闻播音的发展,确实出现了中央级媒体坚守传统播报而地方台说新闻的样态。同时,他还给出了一些表达形式的建议,似后来出现的新闻通讯、新闻评书、

---

① 吴侍中.广播无线电播音者与收音者应有之道德[J].无线电问答汇刊,1932(广播特刊):363.

② 茅盾.对于时事播音的一点意见[N].救亡日报,1937-08-28(4).

新闻专题之类的播音形式。以播送抗击日本侵略者的英勇新闻为例，茅盾主张不应该也不必要都是死板地读报纸，应该转变播报方式，用生动通俗的语言将战士的英雄事迹鲜活地讲述出去，达到鼓舞士气的作用。"倘如演述，便是最感人的故事。我有一次曾经听到有将报纸上一段记载（述士兵的英勇的）用说书的方式在 retold，觉得既能通俗，又热情横溢，比之死板板的逐句讲读实在好多了。我以为每天的重要战事新闻也可以用这方法。例如，近日吴淞及罗店之战，据中央社的报道，已足演述为动人的故事。但此事须得文艺界同人和游艺界同人（特别是说书人）联系起来干。文艺界同人担任把当天重要新闻编成故事式，在不背事实的原则下加一点想象和渲染是必要的；而为了使故事生动，加一点环境描写也是必要的。例如，我军进展至汇山码头，已将敌东西联络截断，一语便很可以把汇山码头的形势及附近的形势描写一下，使这条硬性的新闻变为生动的故事。余如罗店之战、南口之胜那就更容易发挥环境描写的特长了。这样编成了故事仍是一个大纲，在播送时尚须多加渲染，这一部分工作便可由游艺界同人应用他们特长的技巧来完成它。播送时事消息也不应限于上海战事，北方的战局亦应播送，乃至英国政府的上海中立化的提议，美国当局对远东事态的动向都可以半报告、半解释与分析地编成了故事的形式。"①但茅盾也强调，播报可以因具体内容而适度渲染，但绝不能失实。

张颂教授曾就此评价茅盾先生的这"一点意见"："提出了抗战文艺深入民间和文艺的通俗化、大众化问题，已经涉及到播音再创造和播报样态的问题。"②

三、关于娱乐播音的质疑

娱乐播音本应是"为调和国民情感之事"③。然而，在当时，除亚美等少

---

① 茅盾.对于时事播音的一点意见[N].救亡日报,1937-08-28(4).

② 张颂.中国播音学发展简史[J/OL].(2011-09-17)[2021-05-29].https://rirt.cuc.edu.cn/2011/0917/c3801a93457/page.htm.

③ 陆伯英.关于广播娱乐节目之见解[J].广播周报,1934(9):28.

数商业电台外,大多数上海民营广播为追求经济利益所播出的戏曲、弹词等娱乐节目内容多低级庸俗,与 20 年代末 30 年代初泛滥一时的黄色音乐沆瀣一气,社会影响很坏,引起公众的极大不满。以鲁迅为代表的文化名人纷纷发表文章,对这一现象进行抨击和批评。鲁迅曾于 1934 年发表了多篇杂文,如《偶感》《知了世界》《儒术》《奇怪》等,"批判了广播迎合低级趣味的现状,播音应也在其中"①。

在《偶感》一文中,鲁迅写道:"无线电播音所日日传播的,不往往是《狸猫换太子》《玉堂春》《谢谢毛毛雨》吗?老子曰:'为之斗斛以量之,则并与斗斛而窃之。'罗兰夫人曰:'自由自由,多少罪恶,假汝之名以行!'每一新制度,新学术,新名词,传入中国,便如落在黑色染缸,立刻乌黑一团,化为济私助焰之具,科学,亦不过其一而已。此弊不去,中国是无药可救的。"②在《知了世界》中,鲁迅通过在炎热的夏季,富人收听广播消闲享乐,穷人则挣扎在死亡线上的强烈对比,揭示出旧中国广播为剥削阶级服务的本质。他说:"况且,'出诸动物之口'的智识,在我们中国,也常常不是真智识。天气热得要命,窗门都打开了,装着无线电播音机的人家,便都把音波放到街头,'与民同乐'。咿咿哎哎,唱呀唱呀。外国我不知道,中国的播音,竟是从早到夜,都有戏唱的,它一会儿尖,一会儿沙,只要你愿意,简直能够使你耳根没有一刻清净。同时开了风扇,吃着冰淇淋,不但和'水位大涨''旱象已成'之处毫不相干,就是和窗外流着油汗,整天在挣扎过活的人们的地方,也完全是两个世界。"③

陆伯英在《关于广播娱乐节目之见解》一文中提出:"以宣传教育为重要欤?抑以娱乐为重要欤?则说者谓当此国难严重时期,创巨痛深,国民皆当尝胆卧薪,枕戈以待,又何娱乐之足云,是当舍娱乐而专重宣传教育矣。惟娱乐为人生活动之源泉,音乐播音,足以陶冶性情,使身心得安慰调畅,而为

① 张颂.语言传播文论:第 3 集[M].北京:中国传媒大学出版社,2006:176.

② 鲁迅.偶感[M/OL].(2014-05-01)[2021-06-01].https://read.douban.com/reader/ebook/7548790/.

③ 鲁迅.知了世界[M/OL].(2014-05-01)[2021-06-01].https://read.douban.com/reader/ebook/7548790/.

种种活动之根基。故,总理诏示吾人以人生六大需要,于衣食住行外,不废娱乐也。苟人人知国之存亡,与自身关系之密切,于娱乐之时,不忘救国之大义,或因之感触兴奋,则适足以相成。否则虽终日痛哭流涕,张脉偾兴,于事庸有何济,且正当娱乐,如节目中之高尚音乐,实足以振民心励民志,使于国难方殷之际,发扬蹈厉,以尽其国民应尽之职责,则于救亡图存,正见事半而功倍,此播音节目,不当轻视娱乐,而偏重于宣传教育也。"①

俞子夷针对娱乐播音也发表了自己的看法:"播送娱乐节目本来无可非议,因为无线电原来是公余休闲用的,一定要勉强人家在休闲时收听严正的演讲,或者似乎有些不近人情。寓教育于休闲娱乐,本来是民众教育的妙法,借播送娱乐而施民众教育,的确是将来值得研究的问题。就上海而论,电台要靠商店广告来维持,当然不能拿民众教育作唯一的目标。我们唯一的希望,在文学家艺术家多创作些新作品,如新弹词,新评话等等,把封建思想渐渐淘汰,因此使大众欣赏的趣味换换方向。"②

尽管娱乐播音的问题颇多,不过,让人欣慰的一点是,在抗战爆发之时,播音界人士主动取消了娱乐播音内容。

四、关于广告播音的争论

广告播音同样是一种信息的传播,一种声音艺术的创作。但要注意的是商业广告播音与社会广告播音在创作目的上的不同。前者则更注重谋取利益。我们当然主张广告播音③的功利性与艺术性的统一,但在当时,广告播音更加功利。尤其是商业电台所播放的广告,已经严重影响到节目整体的质量及电台自身的办台品质。

1934年10月1日,原本只播放党义政策、学术文化、中外消息的中央广播电台开始在电波中播放广告,这一现象立刻引起了世人的讨论。"有以牟

---

① 陆伯英.关于广播娱乐节目之见解[J].广播周报,1934(9):28.

② 俞子夷.谈广播节目[J].中国无线电,1934,2(9):384.

③ 本节"广告播音"尤指商业广告播音。

利为,廉促变更者,有以宣传为重请取消者,有以措辞宜慎须改善者,有以对象较狭可抉择者,有以提倡国货当先审核者,有以发展工商应有标准者,有以步武欧美不妨扩充者,有以裨益公私自宜推广者。"①那么,作为当时中央级党媒的中央电台,是否该继续保留广告播音内容呢? 陆以振在《对于广告播音之我见》一文中从受众收听习惯与需要的角度分析,"故支配节目,恒估最适宜之时间,不过连续播送,易使听众深感枯寂而厌倦,不得不间以娱乐节目,以引其兴趣,现在广播事业,尚未充分发达,每日播音时间,仅十小时左右,半应普遍之需要,半应个别之需要,听众本各依其所好而收听,今于娱乐之中,间以广告,与宣传之效率,自无影响"。可见,广告不仅满足听众的需要,还可以调剂播音时间与内容,同时,在完成中央电台主要任务的前提下,在娱乐节目播音中插播广告应该并无坏处,反而可以起到一定的传播效果,"则广告之增加,适足以扩大播音之功效,而裨益宣传,自无取消之必要"②。不过,陆以振还是考虑到广告毕竟是在影响范围较大的广播中播出,因此无论是广告内容还是言辞都要慎重处理,认真审核后播出,而且,广告播音不应涉及国际时事、民族风俗等。

然而,以上的观点只是一种对广告播音所期待的理想状态,也许适用于有财政支持的公营电台,但对于商业电台来说难以抵抗利益的驱使和竞争的压力,广告播音所带来的问题越来越多。"恐怕没有一个国度的广告播音会象(像)上海若干国货播音台那么多而且滥。每只唱片播送之后,便有大批商品的广告开始播送,连篇累牍地口诵着,过了半刻钟或一刻钟之后口诵完毕,方才把无辜的听众从压迫中解放出来,让他们再听一只唱片,或是一个歌曲,几分钟播送完毕,又是一大篇商品广告的口诵。当我们听了一出《四郎探母》的名曲后,我们的广告播音员便急促地发出沙音的警告,叫听众要赶紧到××路××号××针织厂去买丝袜,要买的原因是该厂丝袜特别便宜,不买的便须记好该厂的电话号码;接着又叫你去买酱鸭和肉骨头;又叫你去

---

① 陆以振.对于广告播音之我见[J].广播周报,1934(9):26.

② 陆以振.对于广告播音之我见[J].广播周报,1934(9):26.

买祖传的人参补药。把你麻烦一阵子之后,方才肯给你再听《贵妃醉酒》的名歌。"①原本可以为听众带来便利的广告,变成了听众耳边的聒噪,"他会用极度急促的声音,把无数广告一气念完,口若悬河,滔滔不绝,流而不利,绝无喘息的余暇,热心贤劳实在可嘉,怎奈听众并不个个是速记学的专科生,要想把这一大半的广告都听进耳朵那是绝难之事。神经衰弱的听众也许要听出毛病来,只累了那些商店,白赔了广告费而绝不收效"②。这样看来,不只是听众被"麻烦"、商家"白赔",还损失了对电台和播音员的好感度,更会导致失信于听众而遭淘汰的恶性循环,"播音广告如不再整饬,必致殷实工厂商号相局不敢尝试,投机者之伎俩亦为听众所看破,而无人问津;循至广播电台因电费无着而闭歇,播音人员因客家减少而失业;除非若干家公司作为宣传机关者尚能维持外,余则皆日趋淘汰"③。可谓,杀鸡取卵,得不偿失。

不过,关于广告播音的创作也有好的案例。前文介绍过的素有"上海之莺"美誉的唐霞辉在主持广告节目时,就十分注意资料的重新组织与编排,播得颇有情趣,与众不同,逐渐引起一些想要在电台做广告企业的重视。当时,三友实业社和童春堂国药店正力倡国药,特地派人与华东电台商借唐小姐去播广告。左劝右说,华东电台经理最后只同意让唐霞辉每天去大亚电台播两小时。唐霞辉把广告编成节目播出,声情并茂,趣味横生,听众兴趣大增,国药销售也随之节节上升。三友实业社把从早上6点到晚上12点的广告节目时间全部包下来,而每晚7点至9点钟由唐小姐主持播音。有一次,一位听众无钱买药,向唐霞辉求助,她即在广播中动员大家捐助,听众纷纷响应。从此问病求医的信件像雪片般飞向电台。为此电台特设"唐小姐秘书处",专事处理听众来信,由唐小姐公开答复。并聘请一位医师任医药顾问,唐霞辉根据顾问提供的资料,在节目播音的过程中耐心回答听众的提

① 柳絮.无线电听众的烦闷[M]//上海市档案馆,北京广播学院,上海市广播电视局.旧中国的上海广播事业.北京:档案出版社,中国广播电视出版社,1985:480-481.

② 柳絮.无线电听众的烦闷[M]//上海市档案馆,北京广播学院,上海市广播电视局.旧中国的上海广播事业.北京:档案出版社,中国广播电视出版社,1985:481.

③ 上海市档案馆,北京广播学院,上海市广播电视局.旧中国的上海广播事业[M].北京:档案出版社,中国广播电视出版社,1985:466.

问。一时间,这档医药广告节目及唐霞辉本人风靡上海。一年后,三友实业社将唐小姐的播音稿编辑出版了一本《唐小姐问答集》,赠送给顾客,甚受欢迎。经理得意扬扬地说:"上海有多少人心在我手中!"①那年头,无线电广播充斥广告,听众厌烦,可以将广告做成节目而且播得如此令人心悦诚服的可谓罕见。《大百万金空中书场》的播音员万仰祖也深知听众心理,每当"紧要关子"插入广告时,他总是先向观众打招呼:"各位听众,请勿要'格'过去,我只说两句……"他彬彬有礼而又毫不拖泥带水的话,吸引着听众的注意力。据一位古稀老人回忆,万仰祖用于"大百万金"的广告词只有两句——"烟丝金黄,烟味芬芳"。要言不烦,深深印入听众脑中。万仰祖特约播音广告,有其独特的取胜之道,即"做消费者的知心朋友"。②

可见,广告播音本身并不是问题,如若节目设计新颖,播音员表达独到,不仅可以收到丰厚的经济效益,还可以获得不小的社会效益。只是有些播音创作主体缺乏这种能力或者服务意识罢了。

第六节　播音创作的管理与制约

为了加强对无线电播音事业的管控,1928 年 7 月,国民政府建设委员会设立了无线电管理处,统管国内及国际包括广播电台在内的全部业务。但自民国以来,无线电事业一直属交通部所辖,于是便形成了交通部同建设委员会争权的双管局面。后由国民党三届二次会议议决,该事业归由交通部管理,从 1929 年 8 月 1 日起移交;随即,国民政府在 8 月 5 日公布的《电信条例》中更是明文规定:凡装设电信事业(包括有线电、无线电通信在内)皆须经交通部或其委托的机关核准。一段"维权"闹剧结束,交通部也开始颁布广播相关法令。

1931 年 7 月,国民党中央执行委员会常务委员会决议组建中央广播电

---

① 　吴庆棠.春申何处唐小姐[J].新闻记者,1989(06):38.

② 　彭望立.万仰祖和他的空中书场[J].上海滩,1992(12):43.

台管理处组织,并于1932年夏正式成立了"中央广播无线电台管理处",直属于中央执行委员会,下设总务、技术、传音三科;其中,传音科有收集、播送两股,而播送股正可谓是第一个专门的播音员及其创作的指导与管理机构。1936年1月,该处更名为中国国民党中央执行委员会广播事业管理处,简称"中央广播事业管理处"。1936年2月,"为谋广播事业之统一运用,整齐其步伐,健全其组织"①,国民党中常会决议设置中央执行委员会广播事业指导委员会(简称"中央广播事业指导委员会")管理播音事务。由中央广播事业管理处、中央宣传部、交通部、教育部、内政部等相关部门组成,以期加强对播音创作的管理。

本阶段,建设委员会、交通部、中央广播事业指导委员会,这三家播音管理的中枢机构先后颁布了《中华民国广播无线电台条例》等管理规定,对公营及私营广播电台的播音创作主体、播音内容、播音时长及播音语言等均有明确限制,这些法令条例无疑曾对播音创作产生过极大的影响。

一、《中华民国广播无线电台条例》

1928年12月13日,建设委员会发布了《中华民国广播无线电台条例》②(以下简称《条例》)。《条例》共分25条,从电台分类、开设许可、节目审查、播音内容、发射技术、监督处罚等都作出了相应规定。

《条例》首先将现有广播电台分为"甲种"与"乙种",前者经费自给、不再向听户征收听费,而后者则以营业为目的。与北洋政府时期管制不同的是,此次,《条例》允许了私人团体或私人设立广播电台,但依旧规定"事前须经国民政府建设委员会无线电管理处之特许,违者由当地负责机关制止其设立"。表面上看,这在无形中确实对发展民营广播播音事业起到了助推作

---

① 吴保丰.十年来的中国广播事业[M]//中国文化建设协会.十年来的中国.上海:商务印书馆,1937:696.

② 江苏省地方志编撰委员会.江苏省志·广播电视志[M].南京:江苏古籍出版社,2000:581-583.

用,不过,似乎事实远非如此乐观;很快,民营广播电台的经营者们便会发现,他们也只不过是国民党宣传布局中的一颗棋子而已。

《条例》中与播音创作最为直接相关的内容体现在第十一条上,对广播电台的业务作出了如下限定:"一、公益演讲;二、新闻、商情、气象等项之报告;三、音乐、歌曲及其他娱乐节目;四、商业广告,但不得逾每日广播时间十分之一。"随即,第十二条还特别规定:"广播电台不得广播一切违背党义、危害治安、有伤风化之一切事项,违者送交法庭讯办。"①由行文措辞的两个"一切"可见,不得违背党义、危害治安、有伤风化将作为播音创作的底线,尤其不得违背党义是播音创作的第一红线,否则将会法办。在接下来的第十三条和第十四条中,国民政府对于民营广播电台的"小心思"昭然若揭,"政府如有紧急事件须即广播者,私家广播电台应为尽先广播,不得拒绝⋯⋯无线电管理处于必要时得收管或停业私家之广播电台"。由此可见,与其说扶植民族工商业,不如说这些民营电台是国民党可资利用的宣传工具,以备不时之需。而另一头,民营电台"对各类'国策法令'宣传虽不热衷,倒还算积极的。他们有机会接触国民党政府的上层人物,时不时地充当官方喉舌,很有点'勤于王事'的味道"②。甚至,有些民营电台播报"国策法令""名人演讲"是引以为荣的,"可以提高电台的政治地位,从而加强公司在商业竞争中的有利条件"③。

作为国民政府颁布的第一部重要的广播无线电台管理的法令,尽管关于播音创作细节的指导少之又少,毕竟《条例》是基于提纲挈领一般无线电事业的通盘考虑而制定的相关细则,不过,还是对播音创作的一环产生了"蝴蝶效应"一般的影响。

① 江苏省地方志编撰委员会.江苏省志·广播电视志[M].南京:江苏古籍出版社,2000:581.

② 郭镇之.民营广播电台的商业性质[J].现代传播,1982(04):27.

③ 郭镇之.民营广播电台的商业性质[J].现代传播,1982(04):27.

二、《指导全国广播电台播送节目办法》

1936 年以前，广播节目的播音创作内容极为简单，编排与支配均漫无标准，甚至有民营电台"专播粗俗小调，迷信荒诞之故事，诲淫诲盗之小说，以迎合低级趣味为能事"①。可谓散漫畸形、无通盘筹设。针对播音内容的管理，国民政府起初是采用"涤秽除恶"的办法，即对那些败坏风气的电台播音进行限制，而对应该创作什么样的内容，如何体现社会价值观等，并无中心主旨。1936 年 5 月，中央广播事业指导委员会第四次会议通过了《指导全国广播电台播送节目办法》（以下简称《办法》），由交通部于 1936 年 10 月 28 日公布施行，并令各台遵照办理。随后，该会函告各家电台，自 1936 年 12 月 15 日起"各电台播音节目改由本会接管审查"。《办法》的出台，主要是针对当时广播电台节目不规范而制定的，因为当时"各地民营广播电台逐日播送之节目，往往偏重于游艺方面，尤多采用低级趣味之歌曲唱词及迷信荒诞之故事，不但不能收播音教育之宏效，且不免有诲淫诲盗之流弊。交通部有鉴于斯，特订定《指导全国广播电台播送节目办法》一种"②。这个《办法》的制定和实施，标志着国民党当局开始以法律形式着重从播音内容上调整、控制播音创作。

《办法》内分三项，包括编排节目、节目内容及播送时间，广播节目各个运行环节皆有章可循。其中，与播音创作直接相关的内容是，《办法》对公营与私营电台的播音内容与播音语言均做出了相应规定："1.播音节目之成分，关于宣传教育演讲及新闻报告方面，公营广播电台应占多数，民营广播电台，亦不得少于百分之四十。其娱乐节目，至多不得超过百分之六十，广告节目，应包括在娱乐节目内，不得超过娱乐节目三分之一。2.各广播电台除娱乐节目外，对于宣传教育演讲节目，应以国语播送为原则，暂时兼用当地

---

① 吴保丰.十年来的中国广播事业[M]//中国文化建设协会.十年来的中国.上海：商务印书馆,1937:719-720.

② 葆真.指导全国广播电台播送节目办法之公布[N].申报,1937-02-01(5).

方言者,应另加教授国语节目。3.各广播电台,不得播送有干禁例,或偏激之言论、诲淫诲盗、迷信荒诞之故事,及歌曲唱词。"①值得一提的是,《办法》还规定:"各广播电台播音节目时间内,应照交通部之规定,转播中央广播电台播音……凡遇中央广播电台有特别重要节目,经中央广播事业指导委员会认为有转播之必要时,得随时通知办理之。"②

为扩大《办法》知晓度,《申报》特别刊发其全文,并表示"故本刊对于该项办法,乐为介绍,以供众览"③。目的是希望从业者不要违法乱纪,否则将会"自取其咎"。同时,为了细化《办法》的施行,1937年4月12日交通部公布实施《民营广播电台违背〈指导全国广播电台播送节目办法〉之处分简则》④。若不遵守,处罚分为三种:警告、停播、取消执照。例如,播出内容与审定的播音稿本不一致,会受到警告处分;节目中播讲鬼神荒诞不经的故事或词语粗鲁不文明,会受到停播处分;而最严重的是,播音内容有为他国宣传危害本国安全、诋毁或违背政府法令、诋毁或违反本党主义、妨害社会治安的语言,就会被直接取缔。自中央广播事业指导委员会成立至抗日战争全面爆发前的一年多的时间里,民营广播电台因违反该会有关规定,"被明令撤销者有9座,暂停播音者4座,受警告处分者3座,国民党当局企图以此来迫使民营台就范,使其广播节目纳入国民党宣传的轨道"⑤。

此外,各广播电台的播音时间也应与中央广播电台每日播音时间相校对。同时,国民党当局还在南京、上海等地设置专门的机构,侦听各台播音,一旦发现有违规者,即报告交通部查处。

①　吴保丰.十年来的中国广播事业[M]//中国文化建设协会.十年来的中国.上海:商务印书馆,1937:723-724.

②　吴保丰.十年来的中国广播事业[M]//中国文化建设协会.十年来的中国.上海:商务印书馆,1937:723.

③　葆真.指导全国广播电台播送节目办法之公布[N].申报,1937-02-01(5).

④　江苏省地方志编撰委员会.江苏省志·广播电视志[M].南京:江苏古籍出版社,2000:584-585.

⑤　赵玉明.中国广播电视通史[M].2版.北京:中国传媒大学出版社,2006:40.

三、《播音节目内容审查标准》

继上述《指导全国广播电台播送节目办法》《民营广播电台违背〈指导全国广播电台播送节目办法〉之处分简则》之后，1937 年 4 月 12 日，交通部又公布施行《播音节目内容审查标准》（以下简称《标准》），全文如下：

> 各广播电台节目其演说歌曲唱词广告等，如有下列各项情形之一者，应予修正或全部禁止：一、违反本党主义者；二、危害本国安全者；三、妨害社会治安者；四、违反善良风俗者；五、侮辱他人或先哲者；六、宣传迷信者；七、词句猥亵者；八、违禁物品或违禁出版品之广告；九、危害身心之药物或场所之广告；十、其他违背政府法令者。①

《标准》进一步明确了播音内容的审查方向，尤其是作为娱乐节目创作素材的播音剧、歌曲、曲艺等内容将作为审查的重点。如本章第四节所述，当时，各广播电台的播音内容主要分为新闻和娱乐两大类。而公营广播电台的重点在新闻播音，鲜有娱乐内容，即使是民营台播出的国内外重要新闻也是"均根据中央社社稿或采用当地报纸上之'中央社电'或收录中央电台之广播新闻"②，也就是说，无论公营与私营电台的新闻节目几乎无须审查（但评论除外）。民营广播电台自然偏重娱乐播音。显然，对民营广播电台的播音创作的审查更为严格，《标准》与《民营广播电台违背〈指导全国广播电台播送节目办法〉之处分简则》同一天发布也就不足为奇了。

依据《标准》，哪些播音内容准播、暂播、试播、限时播出、修改后播、补交全稿复核以及直接被禁播，中央广播事业指导委员会对各台上报的播音内容均会做出判断。一方面，着重强调了播音内容的纯洁性，而另一方面也为

---

① 江苏省地方志编撰委员会.江苏省志·广播电视志［M］.南京：江苏古籍出版社，2000：586.

② 中央广播事业指导委员会.教育节目材料标准［J］.广播周报，1937（136）：35-36.

国民党当局对各电台所播内容的严控埋下伏笔。依该会在《广播周报》1937年122期至147期连载的《已审播音稿本一览》可见,审查节目的重点确实是围绕娱乐播音内容(包括杂曲类、剧类、弹词类、滑稽类、相声类、申曲、扬州曲)而展开。如禁播的有:歌曲《生之哀歌》"词意冷酷、无益人心",播音剧《王三》"事涉凶残"①、《彩云球》"诲淫诲盗"②,申曲《酒缸记》"淫邪凶杀"③,平(评)剧《乌盆计》"有涉迷信"④;如需修改的有:弹词《描金凤》"暂准删减试播"⑤,歌曲《儿童工歌》"准照改正播唱"⑥;如限时播出的有:杂曲《四季相思》"暂准每两周内播一次并限于下午五时前"⑦;如需补送全稿复核的有:故事《人间地狱》"补送全稿"⑧,等等。可很直观感受到,《标准》起到了指导播音创作的作用。不过,从已"准播"的近千篇播音文稿的"稿本名称"中仍可见大量低级趣味、浅薄无聊的播音内容,如《四大美人》《一身都是爱》《月下幽情》《我陶醉了》等,较过去并无二致。反而如《中国人不打中国人》《五月的鲜花》《一致奋起》《中国新青年》等反对内战、一致抗日的进步歌曲,却被判为"词意欠纯正"而"不准"播出⑨。再有,于伶创作的剧本《在关内过年》需要"补送全词"后"应避免过激宣传及露骨有伤国际感情之词句后暂准试播"⑩。田汉创作的独幕话剧《一九三二年的月光曲》《战友》均被判为"剧旨不妥"。讽刺日本侵略者的杂曲《日本倭奴哭七七》又被污蔑为"词意曲调均不佳"⑪,统统"不宜播出"。甚至,为了"治安",诸如"为国除奸、为民除害"传统评书《大八义》《小八义》也以"多残杀淫邪,易使青年思

① 中央广播事业指导委员会.已审播音稿本一览[J].广播周报,1937(129):22.

② 中央广播事业指导委员会.已审播音稿本一览[J].广播周报,1937(123):29.

③ 中央广播事业指导委员会.已审播音稿本一览[J].广播周报,1937(126):22.

④ 中央广播事业指导委员会.已审播音稿本一览[J].广播周报,1937(122):24.

⑤ 中央广播事业指导委员会.已审播音稿本一览[J].广播周报,1937(126):22.

⑥ 中央广播事业指导委员会.已审播音稿本一览[J].广播周报,1937(124):29.

⑦ 中央广播事业指导委员会.已审播音稿本一览[J].广播周报,1937(126):22.

⑧ 中央广播事业指导委员会.已审播音稿本一览[J].广播周报,1937(125):28.

⑨ 中央广播事业指导委员会.已审播音稿本一览[J].广播周报,1937(139):32.

⑩ 中央广播事业指导委员会.已审播音稿本一览[J].广播周报,1937(131):22.

⑪ 中央广播事业指导委员会.已审播音稿本一览[J].广播周报,1937(135):37.

想趋于乖张背谬,坏法乱纪"①为由同样遭禁。可能是慑于全国人民日益高涨的抗日怒潮,在准予播出的歌曲中也有极少数反映救亡运动的如《义勇军进行曲》《毕业歌》②等。

据统计,截至1937年,全国有广播电台78家,公营台占23家,民营台占55家③。无疑,随着播音事业的迅猛发展,《标准》的出台为播音创作提供了一定的依据。

四、《广播无线电台设置规则》

1946年2月14日,由交通部公布施行《广播无线电台设置规则》(以下简称《规则》),共含44条。从电台分类、装设申请、内容设置、监督查处等方面,与之前的法令条例相比,有扩充,更全面。

较1928年发布的《中华民国广播无线电台条例》中"甲种""乙种"的电台分类方式而言,《规则》的第三条首次明确界定了国营、公营及民营电台:交通部所办广播电台称为国营广播电台;其他政府机关所办者称为公营广播电台;允许中国公民或正式立案完全华人组织的公司、厂商、学校和团体设立广播电台,称为民营广播电台。同时,第四条明确禁止外籍机关、人民及非完全华人组织的公司、厂商、学校和团体在中国境内设立广播电台。

当时,无论国营、公营,还是民营广播电台的播音创作都存在着一些亟待解决的通病:其一,播送大量广告,严重影响了节目播音质量;其二,播音语言五花八门,除各地方言外,使用外语播音的电台也大量存在;其三,播音从业人员来源复杂,没有统一的登记和管理。针对上述情况,《规则》均做出了详细规定。其中,第二十三条要求广播电台播音内容应以下列各项为限:"1.教育及公益演讲;2.新闻报告;(以上两项之每日播音时间公营电台应占

---

① 中央广播事业指导委员会.已审播音稿本一览[J].广播周报,1937(127):20.

② 中央广播事业指导委员会.已审播音稿本一览[J].广播周报,1937(140):33.

③ 吴保丰.十年来的中国广播事业[M]//中国文化建设协会.十年来的中国.上海:商务印书馆,1937:718.

多数,民营电台亦不得少于全日播音时间20%)3.音乐歌曲及其他娱乐节目;4.商业报告。(民营电台播送以上两项节目至多不得超过每日播音时间80%,公营电台应不予播送商业广告)"第一次明确了公营电台的公益属性,不能以营利为目的播出商业广告,保持了公营电台的独立性。同时,在第二十六条补充了"广播电台不得播送不正确之消息或违反政府法令、危害治安、有伤风化之一切言论消息歌曲文词"。第二十五条还明文规定广播电台在播音时间内至多每隔30分钟必须将台名呼号及所用周率报告一次。此外,第二十四条要求广播电台,"除经交通部核定有特种使命者外,其播音语言应以中国语言为主",确定了中国语言在播音语言中的排他性与绝对的地位,净化了语言环境。第三十五条,"广播电台技术及播音人员交通部得令其登记"。过去各广播电台的技术人员和播音员的管理一直处于一种松散的状态,对在电台中承担最主要工作的技术人员与播音员进行统一的登记和管理,对规范广播电台节目生产、制作及运营起到了重要的把关作用。

从《中华民国广播无线电台条例》到《广播无线电台设置规则》,在广播发展时期,以上颁布的几部重要的管理规定极大地规范了播音创作主体队伍及播音创作。播音创作已不再是早先无序发展的状态。

第七节　播音创作的代表作品

"艺术作品是指艺术生产的成果或产品,它是艺术家运用一定的物质媒介和艺术语言,通过艺术构思和艺术创作,将头脑中形成的主客体统一的审美意象物态化,创造出来的审美鉴赏的对象。"①也就是说,一方面艺术作品是艺术家创造劳动的产物;另一方面,它又是欣赏者完成艺术鉴赏的基础和起点。播音作品正是播音创作主体运用有声语言所创作出来的艺术成果,也是其与受众思想沟通的桥梁。因此,我们有必要对播音作品进行认真的分析研究。遗憾的是,由于早期声音作品难以保存,第一手的音频资料已难

---

① 彭吉象.艺术学概论[M].北京:北京大学出版社,1994:321.

觅其踪，一些播音经典之作更不可复制；因此，我们只能通过挖掘整理碎片化的文字记录，加以拼接还原，去品读当时的播音作品。

一、奥运会报道与"报告员联合会"的成立

奥运会不仅是运动员的赛场，也逐渐成为各国媒体展现实力的竞技场。1936 年柏林奥运会（时称"世运会"）期间，中国广播媒体首次在世界登台亮相。这在中国播音创作史上，对大型体育赛事的播音、实况解说、现场报道来说，都值得大书一笔。此外，在这次奥运会期间，"世界各国无线电报告员之与会者曾聚会一次"，成立了世界性的组织——"无线电报告员联合会"①。"作为播音员、主持人某种组织的前身，起到加强同行联系、探讨传播业务的积极作用。"②

（一）直播报道，技术先行

技术保障是播音创作得以实现的前提。奥运会组委会为各国媒体转播做了技术上的充分准备：会场四周，"已特装电缆 350 根，传话器之装置，在游泳池旁 15 架，大操场内有 10 架，普通运动比赛场内有 14 架，而比赛场内则有 30 架，主要播送机之电缆装置，能同时分送 30 处，希望能达 300 处之德国及国外电台"③；会场中，装置中有"280 只传话器，8000 公里之双纽电缆，2400 公里之电线，10000 个插头插座，并聘请 580 位工程师，管理广播机件"④。会场内还设有转播中心。"当时世运会内之无线电中心，亦即世界瞩目之中心点，除所设巨大分布播送器外，更有远程通话之中心设备，由此转接，可与国内外交换通话。关于线路设备充分完善，凡各国无线电报告员，概可在所服务之地点，由传声器向各该国内报告消息。"⑤正是有了相对专

---

① 佚名.无线电报告员联合会[J].无线电，1936，3（10）：83-84.
② 谢鼎新.民国广播事业史研究[M].北京：团结出版社，2021：102.
③ 佚名.转播柏林世运会节目[J].无线电，1936，3（7）：19.
④ 佚名.世界运动会之广播[J].无线电，1936，3（7）：68.
⑤ 胡润桐.德国世运会无线电转播设备之概况[J].中国无线电，1937，5（12）：560.

门、独立的创作空间,播音才更有效率、更具水平,"自八月一日至十六日,估计国际交换播送约 2500 至 3000 次,国内播送节目计 380 次,平均每日约须播送十一小时"①。

有了如此完备的技术与基础设施的保障,直播已不成问题。《申报》于 1936 年 8 月 1 日奥运会开幕当天,以《世运会今日开幕,吾国中央电台今日起播大会消息》为题刊登了中央电台转播的时间安排:"自一日起逐日转播世运会消息,至闭幕时止,除一日为夜十一时起至次晨一时止外,余各日均为下午七时至七时三十分。"②从播出时间来看,本次广播的确采用的是直播的形式。"依据同时期民国时期的广播节目表,一般都在晚 23 点前全天播音结束,如中央电台在 22 点 30 分结束。这个时段,不是正常的广播时间而进行广播,结合前面所提的'第一日转播开幕式',很明显'夜十一时起至次晨一时止'是转播时间,是考虑时差因素,安排同步直播开幕式的特别需要。"③开幕次日,《申报》对开幕式的播音情况进行了描述:"第十一届亚林比克运动会,昨日下午四时(本埠时间深晚十一时许)在德京柏林开幕,五十二国四千八百余名选手,其盛况如何,莫可理想,昨日晚十时许,南京中央广播电台本埠交通部广播电台及一西商电台,俱同时直接转接播送大会开幕时会场之盛况,德英两国文学并用,场中掌声雷动……奥林匹克之歌唱,嘹亮雄伟,当时盛况,可见一斑。"④"直接转接播送"与"直播"内涵相对一致,为开国际报道直播之先河,对中国播音创作史而言也有着里程碑的意义,标志着播音事业发展到这一时期,在技术设备、组织协调、传播观念等方面都达到新的高度。

不过,在技术水平上留有遗憾的是,本届奥运会某些国家首次采用了崭露头角的电视媒介进行报道,而"吾们既离柏林太远,又无该种收影设备,只

---

① 胡润桐.德国世运会无线电转播设备之概况[J].中国无线电,1937,5(12):559.

② 佚名.世运会今日开幕吾国中央电台今日起播大会消息[N].申报,1936-08-01(18).

③ 谢鼎新.民国广播事业史研究[M].北京:团结出版社,2021:97-98.

④ 佚名.昨日午后四时希特勒宣告世运会开幕[N].申报,1936-08-02(17).

好望洋兴叹了"①。

(二)冯氏报告,别具一格

在本届奥运会的报道中,随团出征的中央社记者冯有真②的现场报道可谓独具特色,得到了国人及媒体同行们的认可。

在奥运首日,有关开幕式的直播盛况,冯有真首先以"全景"视角将"现场环境"报告一番:"全国同胞,现在开始报告世运大会开会情形,世运大会会场,建筑极为庄严富丽,东南西北各有一门,东门为会场正门,大门外各会场林立,交通极为方便"③;随后,将报道目光聚焦舞台,"大会会场东西有一音乐台,台上有千余青年男女,欢唱乐曲,会场各飘扬红绿彩纸,望之美丽壮观,同时空中有多只飞机翱翔上下"。在介绍运动员入场时,他说道:"我国代表队亦受到上万观众狂呼欢迎,同时我国选手系由李惠堂执旗领队,至主席台前,脱帽敬礼,制服整洁美观,步伐整齐,精神焕发。"④语言表达简洁明了,并且具有画面感。即使今天借助文字阅读,仍可清晰地在脑海中勾勒出现场情景,使人身临其境一般被现场热闹的氛围所感染。

除开幕式直播外,8月2日至16日,中央电台每晚19点至19点20分还开设了特别节目《转播世界运动会消息》,播放由冯有真从德国发来的录音报道。据《中央日报》记载,"冯氏于昨日下午七时至七时二十分(按,柏林时间与南京时间相差约七小时,故冯氏在柏林报告时,约为上午十一时半至十二时间,仅能报告上午情形),由德国广播台,将前昨两日大会开会详情,经上海刘行国际收讯台(注:国际电台浏河收报台),接至南京中央广播电台,转播全国。兹将报告词录志如次……"⑤

在第一次报道的起始处,冯有真使用了"全国同胞"作为招呼词;在随后

---

① 佚名.点滴[J].无线电杂志,1936,11(3):6.

② 冯有真(1905—1948),江苏常熟人,民国中央通讯社记者,中国第一个报道奥运会的新闻人。

③ 佚名.中央社特派员播送世运消息[N].中央日报,1936-08-03(4).

④ 佚名.中央社特派员播送世运消息[N].中央日报,1936-08-03(4).

⑤ 佚名.中央社特派员报送世运消息[N].中央日报,1936-08-03(4).

的连续报道中,该词被频繁地、有意识地使用。"全国同胞,世界运动会已在热烈欢祝中,进至第四日,四日来田径超绝纪录迭出,震惊世界……。"①这是一种区别于当时纸媒撰写新闻报道时的言语表达,可以视为广播新闻现场报道的一种典型的建立。此外,冯有真的报道善用进行式语态,呈现事件现场声响及氛围。在奥运会期间的每天 19 点的转播时段,冯有真在柏林现场会充分地运用有声语言的话语交流方式和技巧,将运动会的进程动态呈现出来,给听众一种身临其境的强烈感受。同时又圈点赛事,提示重点,有期待、悬念,有高潮、结局,讲述得跌宕起伏,听众大受吸引,听得津津有味。如此报道效果,有媒体评价称:"冯有真的广播报告,富有章回小说意味。"②

除叙述赛事、动态报道之外,冯有真还时常在报道中发表评论。在 8 月8 日的报道中,冯有真就中日篮球述评,中国队本是东亚劲旅,稳操胜券,国人更是特别关注,可结果失利,令人痛心。为此,冯有真评论说:"失败原因可分两点:第一,日本队球技猛晋,攻守政策变化万端……第二,我队员在比赛时,全体情绪尤过分紧张。"并满含期待地表示:"吾人此后亟应如何努力训练,猛求进步,俾于四年后在东京举行之下次世界运动会时,一战而胜日本,以雪今日之奇耻,切盼国人在此四年期中,刻苦奋斗,举惊人成绩,表现于世界,而扬我国光荣历史。"③其中有分析、有展望,报道者将现场第一感受同听众交流,建构起不同于报刊文字"事后"报道样态的传播特质。

某种意义上讲,冯有真在声音文本体裁、时态语态运用、报道内容品质等方面的探索与实践所形成的模式,在今天的现场报道中依旧可见。

除了冯有真的现场及录音报道外,在播音内容及节目安排上,中央电台还在奥运报道期间播出时评、专家特约讲座等体裁形式。1936 年 8 月 13日,中央电台播发《如何增强国民体格》的时事述评,时评通过运动比赛,将对体育问题的思考引向深入④。总之,这一届奥运会的报道,充分发挥了广

① 佚名.冯有真报告第三日详情[N].中央日报,1936-08-05(4).

② 佚名.冯有真的广播报告富有章回小说意味[N].中央日报,1936-08-06(4).

③ 佚名.我国篮球失败后各队员痛哭流涕[N].中央日报,1936-08-09(4).

④ 佚名.如何增强国民体格[J].广播周报,1936(100):19.

播媒介的快捷性与传真性的特点,令国人耳目一新。

二、日本投降消息的播报

1945 年 8 月 10 日,中央广播电台播出《日本乞降照会》,全文虽不长,却意义重大。内容大意为:本日上午,日本外相东乡茂德通过中立国瑞典、瑞士广播电台,代表日本政府宣布接受波茨坦公告,无条件投降。面对这一特大喜讯,重庆各报还来不及印制号外,中央电台抢先一步,将这惊天动地的消息广播了出去。而第一个播报这条消息的播音员是靳迈。

靳迈,1921 年生,北京人。1943 年考入中央广播电台任国语广播员。1945 年 9 月任新改组南京广播电台传音科代理科长。"他播音时的声音,有点低沉,这似乎与他和一个女孩子初次见面时一样害羞。"①《广播周报》曾举办一次"最受欢迎之报告员"的评选,获此殊荣的播音员有 5 位,靳迈位列其中②。

当晚 18 时,靳迈开始第一次播音,并与潘启元一同将这条新闻反复播送出去。每隔一小时重播一次,每次重复多遍,中间穿插播送抗战歌曲唱片与市民狂欢的情况。这惊天动地的消息,通过电波传向全国,传向全世界,一直到清晨 5 时播音结束。

(一)播音者,"情动于中而形于言"

艺术作品,是一种感性形式与理性内容的辩证统一。正如黑格尔所说:"美就是理念的感性显现。"③也就是说,艺术作品一方面是感性的,另一方面是诉之于心灵的。播音艺术作品正是对这句话最完美的诠释。它不仅需要在声音形式中表现出一种情感,更需要一种理性的思考。先来说情感一面。中国古代《乐论》认为:"情动于中,故形于声。"白居易曾说:"感人心者,莫

---

① 潘启元.广播人物素描[J].广播周报,1946(203):16.
② 佚名.听众意见汇集统计报告[J].广播周报,1946(213):18.
③ 黑格尔.美学:第一卷[M].北京:商务印书馆,1979:142.

先乎情。"类似这样的论述不胜枚举,均阐述了情感在艺术作品中的重要地位。而对于播音创作来说,必须要做到"情感先行"。因此,也就有了"内三"(情景再现、对象感、内在语)这样调动情感的技巧。

不过,对于靳迈这次创作而言,情感似乎已无须调动,而是早就积蓄甚至压抑太久。靳迈在播音时,"眼睛也是饱含泪水,湿润得连稿件都看不清楚了。我想,这场战争,使我们的国家,我们的人民,遭受了多么大的损失,这胜利来之不易啊!全国人民也是同样,会想的(得)很多……"对于播音创作主体来说,拥有创作的欲望是能够发挥主动性、创造性的第一要务,更何况对于靳迈来说这种不吐不快、想要与人分享的心情是如此的强烈。韩愈有"大凡物不得其平则鸣"的创作思想。而这种"不平则鸣"的播音创作欲望正是与其过往的生活经历密不可分。"1943年,我从北平'中华新闻学院'毕业,被分配到天津《庸报》做外勤记者。当时我虽只有二十三岁,却饱经了国破家亡之痛,早就不想呆在平、津沦陷区了。于是,通过封锁线跑到国统区的洛阳,又流浪到成都。最后到了重庆,投考了国民党中央广播电台想当播音员。因为我是北京人,又学过新闻学,在二百多人投考仅录取两人的情况下,竟被录取了。到电台后,心里唯一的盼望是抗战胜利,能和北平的家人团聚。"[1]正是靳迈将自身情感融入话筒前的创作中时,播音者"体验过的感情传染了观众或听众,这就是艺术"[2]。当然,尽管靳迈如此饱含浓浓的情感,但在话筒中的表达依旧有所控制,仍不可能像外面街上狂欢的市民一般,这正是艺术作品有感性,也有理性的一面。

(二)接受者,"同是天涯沦落人"

艺术作品仅停留在创作阶段还不能称为完全意义上的作品,必须要通过艺术接受的环节,与受众产生联络才能够升华为真正的作品。对于播音创作而言,不是播音创作主体的孤芳自赏,而是必须将讯息传达到受众才可以,而能否使受众产生"共鸣"将是评价作品优劣、播音员创作水平高低的重

---

① 靳迈.在重庆广播日本投降的消息[J].世纪,1997(5):57.
② 列夫·托尔斯泰.艺术论[M].丰陈宝,译.北京:人民文学出版社,1958:47.

要依据。从心理学的角度来说,能够产生"共鸣"是要有"异质同构"或"同形同构"的心灵共振。而极度"注意"的接受环境,也往往可以产生审美接受的艺术升华。靳迈播音时,殊不知还有几位特殊的听众使用耳机默默"偷听"(此行为可视为一种极端"注意"的艺术接受,会产生出乎意料的传播效果),并且暗下决心"一定要想办法尽快让同胞们分享到胜利的喜悦"。

当时,迫于生计在南京汪伪"中国广播事业建设协会"做播音员的谭宝林与他的同事们,"谁也不甘做亡国奴,民族感情是相通的。我们都心照不宣地利用收转设备暗中收听重庆或盟国的广播"。1945 年 8 月 10 日晚,恰巧轮到谭宝林值班。18 时是敌伪电台《大东亚联播》节目时间,照例转播东京电台的新闻,而这一时间也正是重庆中央电台播放新闻的时间。在开始转播东京节目后,谭宝林迅速把另一部转播机调到重庆电台位置上,抢听头条新闻。耳机中突然传来日本投降的惊人消息。谭宝林顿时热血沸腾,在得知机房里没有日本人后,就把《大东亚联播》节目停下来,改播重庆电台的新闻。这条特大新闻在几分钟之内反复播了几遍! 由于异常激动,当时谭宝林根本未考虑个人安危,唯一的想法就是让沦陷区人民及时听到这大快人心的好消息! 新闻播放过后,不多一会儿,气氛有了变化。谭宝林站在临街的窗口,逐渐听到爆竹声和欢呼声从四面传来。下班后,他经过大行宫、太平路走回白下路的住处,一路上鞭炮齐鸣,一群群市民,人人喜形于色,欢呼雀跃……真是一个不寻常的夜晚。谭宝林同样沉醉在欢乐之中,思绪万千,彻夜无眠。

播音创作不是播音员单方面的劳动创造,还需要艺术的鉴赏者、传播的受众共同参与,才能完成全部过程。在接受这一环,"共鸣"是审美升华阶段时发生的一种现象,"是指在艺术鉴赏过程中,鉴赏主体在审美直觉和审美体验的基础上,进而深深地被艺术品所感动、所吸引,以至于达到忘我的境界,使鉴赏主体与艺术形象之间契合一致、物我同一,物我两忘"①,是一种艺术鉴赏活动的高峰和极致。正是这种"同仇敌忾"使谭宝林忘记了身处沦陷区的危险,使"经历八年离乱的老百姓,都涌到上清寺广播大厦前,满腹辛

---

① 　彭吉象.艺术学概论[M].北京:北京大学出版社,1994:260.

酸,几乎都眼含着泪水。广播电台立刻在门前装了大喇叭,播送随时收到的消息和唱片。人越聚越多,人声鼎沸,兴奋之情难以言状"①。

显然,这一次的创作暂且不论播音创作主体创作能力的高下,单是这"同是天涯沦落人,相逢何必曾相识"的共同遭遇,就足以让全天下的中华儿女"座中泣下谁最多,江州司马青衫湿"了,更可以让全世界饱受帝国主义侵略压迫摧残的人们"至乎动荡血脉,流通精神,使人可以喜,可以悲,或歌或泣,不知手足鼓舞之所然"。可见,这一次的播音效果是无法用语言来形容的,而且相信在每一个接收者的心中都会经久不衰地持续下去。这就是播音作品所呈现出的撼动人心的强大力量。

---

① 靳迈.在重庆广播日本投降的消息[J].世纪,1997(5):57.

第三章　人民广播初创时期的播音创作

（1940—1949）

在抗战的艰难岁月中，人民广播的播音创作应运而生。从播音设备的购置、运送到播音内容的制定、开播，乃至语言表达的内在情感与外在形式等各环节，无不凝聚着中国共产党的领导者，广播战线上的编辑、记者、播音员、技术员、通讯员，以及警卫员们共同的心血。正是在这种集体力量的支撑下，播音员们克服了艰苦的创作环境，在话筒前用以理服人、以情动人、激励人心、爱憎分明的声音形式传递出了坚定的信念与必胜的信心，开启了人民广播播音创作的征程。

人民广播播音创作的初创时期，是指从 1940 年 12 月 30 日延安新华广播电台①（以下简称"延安台"）开播至 1949 年 10 月 1 日新中国成立近 10 年的历程。其间，人民广播播音为革命的胜利作出了重要贡献，它是争取民心的法宝，是舆论战的阵地，更是取得胜利的重要武器。在血与火的洗礼中，人民广播的播音员们在战地前方揣摩播音创作、研究业务、相互学习、共同

---

① 　该台是中国共产党创办的第一座人民广播电台，1940 年 12 月 30 日在延安开始播音，呼号 XNCR，是中央人民广播电台的前身。1943 年春，因电子管损坏而暂停播音，1945 年 8 月中旬恢复。解放战争时期，1947 年 3 月中旬迁至瓦窑堡（现子长县）继续播音，于 3 月 21 日改名为陕北新华广播电台。此后，随着战局形势的发展，曾先后转移到河北省涉县、平山县境内播音。1949 年 3 月 25 日，陕北台迁进北平（今北京），改名为北平新华广播电台。同年 9 月 1 日起改称北平新华广播电台第一台，9 月 27 日改名为北京新华广播电台第一台，12 月 5 日定名为中央人民广播电台。

进步,在批评与自我批评中,用强劲的声音、高昂的斗志、激奋的情绪、真挚的情感震慑敌人、鼓舞军民;与此同时,他们积累了丰富的播音实践经验,逐渐形成了属于人民广播播音创作的特征。那种诞生在战火纷飞的年代、蕴含着同仇敌忾的民族气质与鲜明的战斗风格的播音方式就此形成,并成为日后人民播音创作的业务指南。

这一时期播音创作的主题可概括为:做好战时宣传,提高战斗力。

第一节　政令、规章与播音创作

人民广播成立之初正值抗战时期,最主要的播音创作内容及创作依据应属党的政令。在对这些重要文件的播音过程中,播音员的创作也得到了党的高层领导人的关怀与指导;其中,一些重要的播出批示与收听反馈更是成为日后播音创作的理念与准绳。此外,为了让延安台更加及时、准确地发出党的声音,中国共产党对播音工作下达了一些明确的指令,明确了创作方向与目的,形成了制度和规章,使播音创作有的放矢、井然有序。

一、《中共中央宣传部关于电台广播的指示》

在解放区广播的史料中,最早与播音创作直接相关的指令是 1941 年 5 月 25 日发布的《中共中央宣传部关于广播电台的指示》(以下简称《指示》),明确指出,广播电台的播音"是各抗日根据地目前对外宣传的最有力的武器"。为强化播音工作,除必须立即执行《中共中央关于统一各根据地内对外宣传的指示》之外,还应实行下列各点:(一)播音创作内容应为:"(以)当地战争及政治、军事、经济、文化教育等各方面的具体活动为中心,并及具体事实来宣传根据地的意义与作用。"(二)播音创作依据,即文稿材料,"应力求短小精彩,生动具体,切忌长篇大论,令人生厌的空谈"。同时,《指示》还对稿件写作风格及字数提出了具体要求:"均采取短小的电讯形式,每节平常以三百至五百字为适当,至多不得超过一千字;当地负责同志的讲演与论文,如有特别重要意义的,应摘要广播,至多亦不得超过一千字。"最后,《指示》对播音创作的时效性也做出了相应规定:"每节电讯应一次广播完结,不得拖延时日,至多不超过两天广播的时间。"①

《指示》首次明确了播音稿件的基本字数,这在某种程度上决定了在有限的播音时长内有声语言表达的语速和节奏。同时,还强调了播音创作的时效性、分寸感,以及要言之有物、生动具体、避免空谈等。

二、《新华总社语言广播部暂行工作细则》

延安台的播音稿件主要是由新华总社编辑科提供,编辑科下设口头广播组。1946 年 6 月,为了适应解放战争宣传工作的需要,新华社将原口头广播组扩建为语言广播部(通称"口播部"),延安台成为新华总社的一个部门。当时制定的《新华总社语言广播部暂行工作细则》(以下简称《细则》)是人民广播播音史上第一个关于编播工作的制度,其中,明确规定了播音创作的任务、口播文稿的撰写注意事项及播音员的编制与管理等。

《细则》首先阐释了播音创作的任务是:"宣传党的政策和主张,报道国内外时局的动向,有计划与有系统地宣扬我党我军与解放区的事业和功绩,揭发国民党的腐败黑暗统治并宣传与鼓励其统治区广大人民的民主运动。"此外,还暂定了语言广播部的具体业务为研究国内各主要语言以及国外华语广播宣传工作;编写语言广播的新闻、通讯、报告、论文等稿件并组织其他广播节目;指导各广播电台的播音创作。

《细则》的第四部分"关于广播稿件编写"中的第四项"编写的技术"中涉及有声语言表达:"c.要用普通话的口语,句子要短,用字用词要力求念起来一听就懂,并要注意音韵优美与响亮。d.要生动、有趣味。e.电文中有文言或难懂字句,应加注必要的通俗的口语翻译。f.记录新闻更要讲求适合于

---

① 中国社会科学院新闻研究所编.中国共产党新闻工作文件汇编:上卷(1921-1949)[M].北京:新华出版社,1980:100.

进步的及中间的报纸采用。"①可见,根据广播语言要"入耳"的特点,当时非常注重普通话的使用及播音语言口语化的要求,还要兼顾语言表达的优美、响亮及生趣。

三、《中共中央宣传部关于文件口播的指示》

上述《新华总社语言广播部暂行工作细则》中曾规定了播音语言表达应口语化,然而,并非所有的稿件播读均是如此处理。1948年2月28日陕北台②播送中央关于老区半老区土改和整党工作指示时,曾将个别词句略加口语化,并有个别地方增删,中宣部提出,其中有几处改动是不应该的。因此,1948年3月,中共中央宣传部发布了《中共中央宣传部关于文件口播的指示》(以下简称《指示》)。

《指示》对"文件"的口播首次做出了"原则性"的限定:"凡文件及文件性质的东西,陕北台口头广播时应严格依照文件本身,不要改动删节增添,这是原则。"并详细解释了编辑与播音员不能随意修改与增删文件类口播稿件的原因:"既属文件性质,解释之权属于文件发出者。而且各处收到文字广播,可能有些错漏,要靠口播校正,如果改动删节增添,可能使别处报纸发生错误。"③

与此同时,《指示》还举例强调了播音员在将文字稿件有声化的创作过程中要保证其准确性,而这种"准确"往往包含了字音的准确、意思的准确,以及不可错漏、改动、删节、增添等一系列的规范。这也为后续陕北台制定的《播音手续》中"播音时必须严格依照原稿,不得错漏或更改一字"一条,提供了依据。

---

① 中央人民广播电台研究室,北京广播学院新闻系.解放区广播历史资料选编(一九四〇——一九四九)[M].北京:中国广播电视出版社,1985:117.

② 延安新华广播电台于1947年3月21日起改称陕北新华广播电台继续播音。

③ 中央人民广播电台研究室,北京广播学院新闻系.解放区广播历史资料选编(一九四〇——一九四九)[M].北京:中国广播电视出版社,1985:30.

四、《播音手续》

1948年3月下旬，随着人民广播事业的持续发展，播音员的队伍也在不断壮大。尤其是邯郸新华广播电台和晋察冀新华广播电台先后并入陕北新华广播电台后，来自各地新华广播电台的播音员汇聚于延安。播音内容增多了，播音时间也增加了。尽管同为人民广播的播音员，但仍有各地工作习惯与创作水平的参差，特别是一些新晋播音员同样需要对创作流程给予一定的培训。因此，为了使播音创作过程严谨有序、不出差错，1948年七八月间，陕北台制定了一整套《播音手续》，内容包括：

（一）前奏曲后：a.呼叫三遍；b.报告播音时间，波长，千周；c.报告当天的节目。（二）每个节目之前呼叫一遍，并报时。每个节目完了之后，报告下一个节目的时间和题目及唱片种类。（三）最后结束时呼叫一遍，报告播音时间，波长，千周，并报时，说：再会。（四）播音时必须严格依照原稿，不得错漏或更改一字。（五）如发现播错，应立即重播，不必说"更正"，若是记录新闻，应说："刚才×××播错了，应当是×××，请改正，并请原谅。"播错了如当时自己未发现，如不是重大错误以后不必更正。若系重大错误，应请示编辑部负责人，正式发表更正。（六）如机器发生故障，在两分钟内呼叫一次。如超过两分钟者呼叫三次以上（看时间长短决定呼叫次数），呼叫后说："刚才机器发生故障，停播×分钟，请各位原谅（如在两分钟以内，这句不说），现在继续播送……。"（七）播音时间尽量不要闭开关，严格遵守播音时即开，停止时即关。（八）播音时不要移动话筒，并避免发生其他杂音。①

《播音手续》规定了陕北台播音员每天从事播音创作的程序，以及如何处理在创作过程中遇到的突发问题。这些规则的制定和实施，不仅使陕北台和其他解放区广播电台的播音创作更加具体化、责任化、规范化，还培养出了一支业务训练有素、创作流程规范、工作认真负责、作风一丝不苟的播音员队伍。

---

① 中央人民广播电台研究室，北京广播学院新闻系.解放区广播历史资料选编（一九四○——一九四九）[M].北京：中国广播电视出版社，1985：159.

第二节　播音创作主体选派及其经验总结

播音创作是由作为创作主体的播音员将文字稿件转化为有声语言的创造过程,因此,由"谁"播将决定着创作的质量水平及传播效果。若想播音工作能够顺利开展,播音员的选拔与培养成了人民广播播音事业建立之初的当务之急。从史料可见,"历史清白、政治可靠,操流利、准确的普通话"①是选拔、评价、培养播音员的重要条件。

一、延安台(陕北台、北平台)播音员代表

延安台是人民广播初创时期 40 多家新华广播电台中开播最早、级别最高、播音员业务能力最强的创作平台,因此,也最具研究的代表性。

温济泽②曾将延安台播音创作的历史分作两个阶段:"第一阶段是从 1940 年春天开始筹建到 1943 年春天,后来由于技术设备的原因暂停播音",其播音对象主要是敌后根据地军民,也包括国民党统治区人民和日本侵略军。"第二阶段,是从 1945 年 8 月恢复广播;1947 年 3 月中旬,延安台改名为陕北台,一直到 1949 年 3 月 25 日迁进北平,改称北平新华广播电台为止。"③其播音对象主要是国统区人民,还有国民党军队。接下来,以这两个阶段为时间线索来追溯延安台(包括陕北台、北平台)播音员的选派、创作、

---

① 祝捷.中国播音主持评价体系发展研究[M].北京:中国广播电视出版社,2013:3.

② 温济泽(1914—1999),祖籍广东梅县,生于江苏淮阴。1929 年参加革命。1946 年 6 月至 1949 年 3 月,任新华社语言广播部(即延安台编辑部)主任。后在广播战线工作 30 余年,曾任中央广播事业管理处联络部长兼北平人民广播电台管委、中央人民广播电台副总编辑、中央广播事业局副局长、全国记协副秘书长等职,是人民广播事业发展的重要亲历者、见证人。

③ 中国广播电视学会史学研究委员会,北京广播学院新闻传播学院新闻系.延安(陕北)新华广播电台回忆录新编[M].北京:中国广播电视出版社,2000:9.

经验及培养。

(一) 第一批播音员代表

延安台的第一阶段共有 5 位播音员,均为女性,即徐瑞璋(麦风)、姚雯、萧岩、孙茜,还有对日军广播日语节目的原清志。她们也是第一批人民广播的播音员。其中 4 位汉语播音员的选拔方式均为上级指派。她们具有共同特征:"政治可靠,抱有高度的政治热情,爱党敬业,艰苦奋斗;普通话标准,声音洪亮,吐字清晰;中国女子大学学生,知识丰富。"①可见,"政治可靠"是当时选拔播音员的先决条件,"普通话标准"是必要条件,而"知识水平"可被视为重要条件。

1.徐瑞璋、姚雯

在人民广播初创时期的延安,尚未有人尝试过话筒前的播音创作。到底该选择谁来发出人民广播的第一声呢?

1940 年 12 月 30 日晚,在延安王皮湾村的一个角落,一个清脆、嘹亮的声音,通过红色电波传向四面八方:"刚才最后一响是上海时间 19 点整,延安新华广播电台,XNCR,现在开始播音。请记住,我们的频率是:波长 61 米,周率 4940 千周。全中国的同胞们! 日本侵略者在我们中国的神圣土地上已经横行霸道几年之久。虽然我们的武器薄弱,但我们的军队不怕牺牲,英勇杀敌的精神,势不可阻,愈战愈勇……。"②发出这红色电波"第一声"的播音员是徐瑞璋。"她同当时弥漫在中国天空的反动、虚伪、庸俗、没落的声音形成了鲜明的对照;这声音,代表着中国几万万劳苦大众的心声;这声音,体现着中国共产党坚定豪迈、堂堂正正的真理之声;这声音,宣告了中国人民广播的诞生,标志着人民广播播音的开始。"③

徐瑞璋在延安时期的名字叫"麦风",这极易使人联想到话筒在当时的

① 祝捷.中国播音主持评价体系发展研究[M].北京:中国广播电视出版社,2013:81.
② 韩雪,刁莹.延安新华广播电台正式开始播音[EB/OL].(2021-12-30)[2021-12-30].http://m.cnr.cn/news/20211230/t20211230_525702856.html.
③ 张颂.中国播音学[M].北京:北京广播学院出版社,1994:7.

音译词"麦克风"。事实上,这并不是她特意取的播音名,而是她在1939年夏天赴西北前线途经关中平原时偶得的。当时正值麦收时节,大片麦田被风吹拂,金浪滚滚。"生平第一次见到如此美景,我惊喜不已。同行的诗人遂为我起了'麦风'这个化名。"①徐瑞璋觉得这个名字既有诗意又有纪念意义,便欣然接受。意想不到的是,日后,"麦风"竟成了"麦克风"。那是1940年秋,正在延安女子大学学习的徐瑞璋参加了业余剧团。一次,她在果戈理名剧《钦差大臣》中扮演铜匠妻子。一场戏中,铜匠妻子在钦差大臣面前告市长的状,有大段的道白。这段台词像连珠炮似的从徐瑞璋口中迸发出来,声音洪亮、吐字清楚、情绪激昂,赢得了满堂彩。台上的徐瑞璋并不知道,这段表演成了她并不知情的一场考试。就这样,她被四处寻找播音员的军委三局"择优"录取了。1940年冬,18岁的徐瑞璋进入延安台,开始了她的播音创作生涯。

延安台采用的是两人轮流播音的方式,另一位播音员是姚雯。和徐瑞璋一样,姚雯也是众多奔赴革命圣地延安的有志青年之一。抗大毕业后,按照组织安排,她也被选派到延安台做播音员。她深知这是革命的需要,便愉快地接受了,而且认为凭着自己的革命热情和清楚流利的口语表达,能够在人民广播播音的战线中做出一番成绩。

徐瑞璋、姚雯二人被选调到延安台后,立即投入了紧张的播音工作中,可谓边摸索、边实践。当时,在正式播音前,有"试播"一环。"她们在试播工作中是那么认真,一篇稿子播送前总要经过反复的揣摩和预播,生怕表达不出原稿的感情。在业余时间,除了参加种地、纺线等劳动以外,一有空就钻研业务。"②徐瑞璋与姚雯此前都没有接受过正规的播音训练,也未曾有过播音创作经历。九分队的"秀才"汤翰璋便耐心地教她们如何吐字发音,怎样掌握语速。遇到不认识的字与拿不准的读音,就查字典,电台仅有的一本小字典几乎被她们翻烂了。二人每天还通过读《新中华报》的方式来练习播音

① 徐瑞璋.50年前的红色电波:忆延安新华广播电台[J].党史纵横,1991(04):15.
② 傅英豪.第一座红色广播电台[M]//北京广播学院新闻系.中国人民广播回忆录:第三集.北京:北京广播学院出版社,1990:15.

业务,在稿件上标出抑扬顿挫、速度快慢的记号,相互切磋,很快就掌握了播音的基本要领。

令徐、姚二人印象最深刻的是关于"皖南事变"的播音。1941年1月的一天下午,通讯员骑马来到电台,送来了当天的播音稿——当时,播音稿件是每天由通讯员从设在清凉山的新华社广播科送来的。播音稿由报务组向各根据地搜集毛泽东亲自撰写的《中国共产党中央革命军事委员会发言人对新华社记者的谈话》。"皖南事变发生后,国民党当局开动宣传机器,造了很多谣言,还加强了对我们的封锁,我早就憋了一肚子的气。接到稿件,我们连晚饭都不想吃了,早早地入播音室,点上小油灯,一遍又一遍地备稿。播音时间一到,我先播了一遍,小姚又重播了一遍。我们几乎拼了全身的力气,想使每句话、每个字都像子弹一样,射进国民党顽固派的胸膛! 冬夜的窑洞是寒冷的,可是我们播完音的时候,却已经满头大汗了。"[1]显见,徐瑞璋与姚雯在播音前就已极具创作的欲望,而且备稿认真、充分,表达时全神贯注、沉着镇定、淋漓尽致、一气呵成,句句义正词严,字字铿锵有力,产生了极佳的播音效果。

由以上回忆可知,播音员当时创作的第一标准就是把字读准。因此,播前准备时,要求助于字典,不能含糊其词;吐字发声和播报语速需借助或请教编辑等"外耳"的帮助,以期更好的效果,并且确保表达"一气呵成";预播时,认真做好相应的符号提示,"白天她们把当夜要播的内容作了多次练习,并在重要的字句旁画上表示抑扬顿挫的各种符号"[2];坚定的政治信念和对敌人的憎恨,是语言表达的情感动力,"早就憋了一肚子的气"是一种强烈的创作欲望在心中升腾,它能够将稿件转化为创作主体自身的言语;"沉着镇定、全神贯注"是对播音员在话筒前创作心理最佳状态的描述。以上种种,成为这一阶段播音的重要创作目标,也成为评价播音效果的重要标准。

---

① 徐瑞璋.重返延安忆当年[M]//北京广播学院新闻系.中国人民广播回忆录:第三集.北京:北京广播学院出版社,1990:34.

② 丁戈.听到我们自己的广播了[M]//中国广播电视学会史学研究委员会,北京广播学院新闻传播学院新闻系.延安(陕北)新华广播电台回忆录新编.北京:中国广播电视出版社,2000:100.

2.萧 岩

延安台第三位播音员名叫萧岩(一称"肖岩"),据其回忆:"在我之前有两位播音员,一位叫姚雯,她是江苏人,由于口音关系,不久就调离九分队了。另一位叫麦风(徐瑞璋)。在我之后,孙茜也调来做过播音员,但不久也调离了。所以很长时间就是我一个人播音,前后大概有两年的时间。"①也就是说,在第一阶段的4位汉语播音员中,萧岩的播音时间最长。

萧岩,本名常丽华。"七七事变"爆发后,受爱国学生运动和新思潮的影响,正在通州女子师范学校就读的她决定奔赴延安,并为自己重新起名为"晓岩",寓意为"东方破晓"和"如路边的岩石一样坚强的革命青年"双重含义。由于"晓"不是姓氏用字,后改为"萧"。抵达延安后,萧岩加入了中国共产党,并进入抗日军政大学、中国女子大学学习。1941年夏的一天,组织科的同志和萧岩谈话,说要分配她到延安新华广播电台去做播音员。这个决定出乎她的预料,当时的她对播音工作一窍不通,认为那不过是念念稿子,这样平凡的"技术活儿"与自己的抱负大相径庭。尽管思想上不认同,作为一个共产党员,她还是服从了组织的决定。

萧岩到达设在盐店子的中央军委三局机关报到时,局长王净温和地说道:"播音工作可不是什么单纯的技术工作呀!而应该是一件头等重要的政治工作呀。你知道,日本侵略者和国民党反动派正在对边区实行封锁,延安出版的报纸运出去很困难。新闻封锁的结果就意味着我们党失去了自己的喉舌。为了使抗日根据地、国民党统治区和敌占区的人民尽快听到党的声音,打击敌伪和国民党反动派,毛主席和周副主席才开辟了这条广播战线,决定在延安建立广播电台呀。你可能还不知道,广播电台用的发射机,是共产国际援助的,是周恩来副主席费尽千辛万苦,冲破敌人的重重阻碍从苏联运回来的。我们就是要通过广播和敌伪展开空间宣传战,宣传党的方针政策,组织群众对敌斗争,争取抗战胜利呀。你是女大培养出来的干部,又是

---

① 萧岩.延安播音生活回忆[M]//中国广播电视学会史学研究委员会,北京广播学院新闻传播学院新闻系.延安(陕北)新华广播电台回忆录新编.北京:中国广播电视出版社,2000:6.

一名即将出征走上空间战场打击敌人的战士。党期待你在这个战场立战功啊!"①王诤的一席话可谓是将广播播音作为"第四战线"的重要性解释得清清楚楚。当天下午,萧岩就奔赴了代号为九分队的延安新华广播电台,成了一名延安台的播音员。

此时的人民广播虽诞生只有短短半年,对播音员普通话的标准就提出了较高要求。萧岩之前的播音员姚雯正是由于口音的关系离开了播音队伍。萧岩曾在北平读书,普通话相对较好,这便具备了播音创作的基本条件。加上工作认真努力,原本没有播音经验的萧岩,很快就摸索出一套工作规律。萧岩的体会是,为了节省时间、避免出错,备稿要从拿到稿件的一刻开始。那时,电台没有录音设备,都是直播,一旦出了差错就无法挽回。萧岩严肃认真地对待每一次播音,在两年多的播音创作中,从没读错过字。而她最大的感悟是,播音工作最重要的是要有高度的政治责任感,人民广播必须传递中国共产党的声音,号召全国人民一致抗战,高度的政治责任感是播音员的第一生命。

赵戈在《我们的广播诞生了》一文中就萧岩的播音曾评价道:"她的音质很好,吐字清楚,发音准确,善于把思想感情贯穿到播音之中。特别是对工作非常认真,每接到稿件,都要仔细阅读,认真练习之后,才正式播出。她的声音时而慷慨激昂,时而悲愤填膺,有力地传达了我党的声音,鼓舞人们奋勇前进,我自己从中深深地体会到语言广播的魅力,十分热爱这一工作。"②几句简单的评价既包含了萧岩在传达党的声音时,吐字清楚、发音准确的基本功,又诠释了有声语言的情感在播音创作中的主导地位"慷慨激昂,义愤填膺",更说明了播音员作为党的"喉舌"的基本功能,这些既是萧岩的个性特征,也是延安台第一批播音员共有的特质,均为人民广播播音创作风格的形成奠定了基础。

① 刘辰莹.她从人民广播的原点走来:访人民广播第一代播音员萧岩[J].中国广播,2010(12):37-38.
② 赵戈.我们的广播电台诞生了[M]//北京广播学院新闻系.中国人民广播回忆录:第三集.北京:北京广播学院出版社,1990:23.

（二）第二批播音员代表

1945 年 9 月 11 日，延安台在抗战胜利后的喜悦中恢复了播音。每天上下午各一次，共计两小时。播音室设在离清凉山编辑部 20 多里的盐店子山上。播音内容有时事新闻、解放区消息、时评、名人讲演和记录新闻等。后来，播音时间每天延长到三个小时。恢复播音的延安台选拔播音员的方式依然是组织选派，标准是："历史清白，政治可靠，要有一定的政治水平；能操流利的国语，音色清晰；相当于初中以上的文化程度和文艺修养。"①最终选调来的播音员有李慕琳、孟启予、于毅（一称"于一"）、钱家楣、杨慧琳、王恂、吴作贤等②。其中，王恂为男播③，其余均为女播。

值得注意的是，在经过了第一阶段的熟悉与探索之后，从本阶段开始，播音员在创作时已开始更加注重内部情感的调动及语言表达外部技巧的呈现。

1.孟启予

孟启予，又名陈元，女，1920 年生，福建人。1938 年加入中国共产党。1945 年 9 月起，先后任延安台播音员、播音组长。其播音风格可谓独树一帜，声音高亢清脆，音调义正词严，擅长播送毛泽东的幽默、辛辣的文章和中央文告。由她播音的"五评白皮书"不仅语言犀利，而且"有理、有利、有节"地表达出中国共产党人的气魄，同时又保持了女声的特色。她与当时的一批播音员为人民广播播音风格的形成，起到了开创和奠基的作用。

延安台复播第一天，首播稿件内容是朱德总司令 8 月 10 日发布的限令敌伪投降的命令，播音员正是孟启予。然而在开播前，由于没有开始曲，孟启予便对着话筒持续呼叫："延安新华广播电台，XNCR！"一连呼上两三分

---

① 祝捷.中国播音主持评价体系发展研究［M］.北京：中国广播电视出版社，2013：85.

② 张颂.中国播音学［M］.北京：北京广播学院出版社，1994：8.

③ 若从入行时间上来说，王恂应为人民广播的第一位男播音员，但由于其从事话筒前的创作工作时间极短，因此，在业界与学界仍公认齐越为人民广播的首位男播音员。

钟。这样的呼号方式持续了一段时间,直到延安台有了第一首开始曲《渔光曲》之后,她也就不必再费这口舌了。此后,孟启予又播读了以朱德总司令名义发布的一系列紧急命令,还播发了《介绍 XNCR》和《大家办广播》等著名文章,向广大听众说明了延安台办台方针,尤其向国统区的听众播报国际、国内局势的真实动向,并着重介绍中国共产党及其领导下的人民军队和解放区的情况。

谈及最初话筒前的创作时,孟启予回忆说:"播音员就得口齿流利、声音准确,这头一着就使我为难了。加上刚播音,沉不住气,在播音前把字音纠正了,念得好好的,一坐到话筒前面,心里一慌,就忘得精光了。什么语气啦,情感啦,根本就谈不上了。播完音下来,面孔发烧,手脚冰冷,自己觉得对不起听众,心里很难受。"[1]看来,孟启予也曾经历过话筒前不知所措,也曾感受过找不到合适的语气、节奏等最初的阶段。尽管如此,同志们却总是安慰她,鼓励她,耐心地帮助她。发报的、搞机务的同志都热心地帮助她克服困难,帮她准备稿子,纠正字音,查字典,仔仔细细地收听她的播音。"编辑部的同志们也常来信鼓励我们,经常寄来各种参考材料,帮助我们分析政治形势,加强我们对党的政策的理解和政治理论的修养。"[2]而孟启予自己也从最基本的学起,不贪多,下细功,专门学习播音的技巧。她随时随地用纠正好的字音说话,认真仔细领会稿件的精神,认清对象是说给谁听的。她曾经在稿子上做过许多只有她自己看得懂的记号:哪里要重读,哪里要快读,哪里要稍稍停顿,哪个字音怎么读……但是,结果还是不理想,虽然字正腔圆,但播出的效果还是生硬不自然的。后来,孟启予终于明白是自己没有用"心",没有把自己完全投入,只是机械地按符号去读,用符号播音,是播不好的,渐渐地,她对自己的播音工作有了深刻的认识和领悟,不断取得进步,播

---

① 孟启予.我在延安新华广播电台播音的时候[M]//中国广播电视学会史学研究委员会,北京广播学院新闻传播学院新闻系.延安(陕北)新华广播电台回忆录新编.北京:中国广播电视出版社,2000:144.

② 孟启予.我在延安新华广播电台播音的时候[M]//中国广播电视学会史学研究委员会,北京广播学院新闻传播学院新闻系.延安(陕北)新华广播电台回忆录新编.北京:中国广播电视出版社,2000:144.

音时也不那么发慌了。

在孟启予的播音创作生涯中,"四八烈士"那条播音,在其脑海中留下了深刻的印象。那是 1946 年 4 月 8 日,刚出狱不久的新四军军长叶挺等人冒着恶劣天气,飞返延安。这条重要新闻正是孟启予播报的。令人意想不到是,这架飞机坠落在了山西省兴县的黑茶山上,机上 18 人全部罹难,史称"四八空难"。不久,中共中央召开追悼会,纪念"四八烈士",又是由孟启予播报这条新闻。此时,她抑制不住内心的悲痛,走进播音室,她一拿起播出稿,就十分伤心,几乎要失声痛哭。然而,这怎么可以呢?她心想:"此时此刻,我的任务是要把真实的消息,一字一句、清清楚楚地报告给听众。但是,也不能无动于衷地向大家报告这一令人悲痛的消息。"于是,她竭力抑制自己的悲痛,终于把这条消息完整地播送出去了。这次播音,使她进一步了解播音必须要有感情,而感情的表达则必须要有适当的"度",必须控制自己的感情,才能恰到好处地把自己的感受传达给听众。①

另一方面,孟启予为提高延安台播音员的创作水平与创作质量也作出了巨大贡献。1947 年 6 月起,孟启予担任陕北新华广播电台播音组组长。她按口播部领导的指示安排工作,传达重要文件精神,组织学习每天收到稿件后,和播音员一起备稿,遇有疑难词句,帮助查字典、词典;遇有错漏的文字,时间如果来得及就打电话给编辑部更正,否则,就改正播出。大家一起听播音员(包括她自己)播读,接受大家的意见。播出中,组织监听,如果有错漏或不流畅的地方都要认真记下来,每月把这些情况做出总结汇报给编辑部。这成为播音组的一种工作制度。② 在负责播音组工作期间,她为播音组的建设、创作的指导以及播音员的培养呕心沥血。后加入的王恂、钱家楣、杨慧琳、齐越等播音员都是在孟启予的指导下,逐步走上播音岗位的。在孟启予的领导下,播音组的工作得到了上级及群众的肯定:"一、播音有感

---

① 周迅.大海的一朵浪花:孟启予的广播电视生涯[M].北京:中国广播电视出版社,2008:80-81.

② 周迅.大海的一朵浪花:孟启予的广播电视生涯[M].北京:中国广播电视出版社,2008:86.

情;二、口语化好;三、播音速度合适;四、编写简要。"①

1946年初,在离盐店子村约5里路以外的裴庄的一个枣树林旁,造好了新的播音室,两间平房,一大一小,镶着明晃晃的玻璃窗,挂着土布窗帘,墙上地上钉着、铺着羊毛毡,播音条件大为改善。这时,男播音员王恂去参军,女播音员李慕琳调离,延安台播音岗位上只剩下孟启予一人。播音内容无所不包,这使孟启予意识到播音员应该有广泛的知识,这样播音才会越有成就。那段日子的锻炼使孟启予的播音水平大幅提高,而且业务更加全面。然而,由于劳动强度太大,孟启予播着播着嗓子就哑了。不久,又调来了另一位女播音员钱家楣。

2.钱家楣

钱家楣,女,1927年生,北京人。1942年在延安参加革命,1946年被调到延安台从事播音工作。她操着一口纯正、标准的普通话,声音悦耳动听,语言表达富有感情色彩,擅长通讯和重要文告的播音创作。

1946年6月初,钱家楣刚到延安台不久,蒋介石发动的反革命内战就全面爆发了。延安台的播音员便担负起向国民党统治区人民和国民党军队的宣传任务,工作紧张而繁重。当时,播音室设在离延安城西北20多里远的裴庄,播音员有钱家楣和孟启予、于毅。同年9月,播音室搬到离编辑部较近的文化沟,同时又新调来一位播音员杨慧琳。在所有的播音创作中,令钱家楣最为难忘的便是那段从延安向瓦窑堡转移时的"坚守"。

为彻底粉碎胡宗南军队对陕甘宁边区的进犯,党中央决定主动撤出延安。1947年3月13日,编辑部派人到离延安90公里的瓦窑堡(今子长县)利用早已准备好的战备电台接替延安台播音的工作。3月14日晚,从瓦窑堡好坪沟的土地庙里传出了坚定的呼号:"延安新华广播电台,XNCR!……"用以迷惑国民党军队。此时的延安,播音员只留下钱家楣一人。"广播电台是敌机轰炸的目标之一,敌机每次来都要到我们所在的山头上空盘

---

① 萧风.保证真理的声音不中断[M]//中国广播电视学会史学研究委员会,北京广播学院新闻传播学院新闻系.延安(陕北)新华广播电台回忆录新编.北京:中国广播电视出版社,2000:183.

旋投弹。十三号那天,几十架敌机轮番轰炸,从上午八时起,历时八小时之久,投弹几十枚。十四号,接着又来,从上午九点钟开始,到下午四点钟止,一直轰炸了七个小时,并且用机枪低空扫射。有一次轰炸,震得我们窑洞顶上的土都簌簌掉下来。敌人的疯狂轰炸,始终没有打断我们的正常播音工作。"①尽管如此,钱家楣依旧镇定自若,坚持播音。直到 3 月 17 日,钱家楣才撤离延安。3 月 19 日,国民党军队占领延安后,却找不到延安台的任何踪迹,于是,派出一辆流动广播车,一方面盗用延安台呼号、模仿延安台播音员的声调播音,企图混淆视听;另一方面,造谣称延安台已被炸毁。然而,谣言不攻自破。3 月 19 日傍晚抵达瓦窑堡的钱家楣,在 3 月 20 日延安台的电波中再次开始播音:"人民解放军在给予敌人重大杀伤以后,主动撤离了延安。"并宣布:"中共中央机关完好无损,仍然留在陕北,继续指挥全国的爱国自卫战争。"②此后,大部队继续向晋察冀转移,留下钱家楣再次坚守。

从 1947 年 3 月 21 日开始,延安台改用"陕北新华广播电台"的呼号,每晚坚持播音。虽远处依旧传来隆隆炮声,但从那座极其简陋的小庙里,临时搭建的播音室中,播出的全国战场上令人振奋人心的捷报,以及党中央和解放军总部发言人的重要言论,却传遍了大江南北、长城内外,为人们送去了慰藉和希望,那个声音正是钱家楣的。"这个小土地庙分上下两层,下层隔成内外两间,里面作了发射间,外面就是机务员同志的宿舍。没有床,同志们都是铺着稻草睡在地上。上层也分作两间,前面一间作了我们的播音室,这是我们广播史上最简陋的播音室。连门也没有,只有一块羊毛毡作门帘。放话筒的桌子只有三条半腿,那条断桌腿用土坯垫着。后面一间是我们播音员的宿舍,正面墙上涂绘着阴森恐怖的十八层地狱面目狰狞的牛头马面等妖魔鬼怪。好在我们都是无神论者,并不怕。"③钱家楣与其他广播工作者就是在这样的艰苦条件下,坚持工作,保证人民广播不中断。

---

① 钱家楣.陕北战争时期播音工作的片断回忆[J].现代传播,1980(3):7.

② 周迅.大海的一朵浪花:孟启予的广播电视生涯[M].北京:中国广播电视出版社,2008:84.

③ 钱家楣.陕北战争时期播音工作的片断回忆[J].现代传播,1980(3):8.

1947年3月25日下午,周恩来与朱德来到好坪沟专门看望广播战士,并叮嘱:"广播一天也不能中断!"①朱总司令还到播音室听钱家楣的播音,满面笑容地告诉她,我军刚在青化砭打了一个大胜仗,清查战果后就要广播捷报。3月28日中午,陕北台接到上级的"播完当天晚上的节目以后立即转移"的紧急命令。下午,通讯员从编辑部所在地史家畔把稿件送到好坪沟,钱家楣一看,果然是青化砭大捷的消息。她控制不住激动的心情,立即反复阅读,准备播出。到了预定播出的时间,从那座破庙里,传出了钱家楣充满自豪的声音:"陕北新华广播电台,XNCR,现在开始播音,播送我军在延安东北青化砭取得歼灭敌军四千多人的捷报。陕甘宁人民解放军在延安东北七十里的青化砭,完全歼灭胡宗南的第三十旅旅部和一个整团,约四千余人。"②完成此处"最后"的播音任务后,语言广播部主任温济泽带领编辑、播音员和机务人员一共8人的小分队出发南下,连夜撤离战斗了两个星期的史家畔和好坪沟,开始第二次转移。他们于3月底渡过黄河,日夜兼程,横穿晋南,在1947年4月底赶到了河北涉县沙河村。值得一提的是,早在3月初,晋冀鲁豫解放区接到中央指示着手筹建新的广播电台的任务。经过紧张的准备工作,陕北台新址与邯郸新华广播电台一起设在了太行山麓的沙河村,邯郸台分出人和机器接替陕北台播音。1947年3月29日,邯郸台播音员柏立,连续反复呼叫XNCR长达10分钟之久,然后播出了前一天晚上由钱家楣播音的"青化砭大捷"一稿。但由于柏立的声音长期在邯郸台出现,为防止暴露军事机密,暂停了他在陕北台的播音。③3月30日,邯郸台又特意挑选了新播音员于韵琴、兰林以及由《人民日报》社临时调去担任陕北台播音的胡迦陵发出了"陕北新华广播电台"的呼号,播出正常的新闻节目,保证了人民广播一天也没有中断,这在人民广播史上写下了光辉的一页。

---

① 周迅.大海的一朵浪花:孟启予的广播电视生涯[M].北京:中国广播电视出版社,2008:84.

② 周迅.大海的一朵浪花:孟启予的广播电视生涯[M].北京:中国广播电视出版社,2008:84.

③ 柏立.播音工作的片段回忆[M]//北京广播学院新闻系.中国人民广播回忆录:续集.北京:中国广播电视出版社,1986:207.

1947 年 5 月的一天,钱家楣在陕北台播送蟠龙大捷和真武洞祝捷大会的消息和评论,播送到国民党反动派背信弃义、发动内战时,严词痛斥、慷慨激昂;讲到真武洞欢庆胜利的时候,热情奔放、鼓舞人心。毛泽东听后称赞说:"这个女同志好厉害,骂起敌人来义正词严! 讲到我们的胜利也很能鼓舞人心。真是憎爱分明。这样的播音员要多培养几个!"①从此,"鼓舞人心""爱憎分明"成了这一时期播音创作的一大标准,更成了延安台播音员一种创作风格的体现。

(三)第三批播音员代表

随着人民解放战争的进展,人民广播的播音事业也日益发展。1947 年 3 月,延安新华广播台更名为陕北新华广播电台。4 月底,陕北台人员到达沙河村。这时,播音员除孟启予、钱家楣之外,又增加了齐越、夏沙(一称"夏莎")、于韵琴、兰林(一称"兰翎")、胡迦陵、柏立等。1948 年 3 月,晋察冀新华广播电台、邯郸新华广播电台的播音员先后并入陕北新华广播电台播音组。由孟启予任组长,丁一岚任副组长,播音员有齐越、钱家楣、李惠一、柏立、秋原、杨洁、柏培思、智世民等。1949 年初,陕北台迁入北平,3 月 25 日改称北平新华广播电台(原北平新华广播电台改名北平人民广播电台),又吸收了费寄平等一批年轻的播音员。上述这些播音员,"早年参加革命,具有爱国主义热情和坚定的共产主义信念;普通话标准;声音洪亮;大学学历,知识水平较高"②。后加入的播音员均有播音创作经验及艰苦战斗的经历,如丁一岚早在 1945 年 8 月 30 日就发出了晋察冀张家口新华广播电台的第一声。

1.齐　越

齐越,本名齐斌濡,1922 年生,河北高阳人。1947 年开始担任陕北新华

---

① 杨兆麟,赵玉明.人民大众的号角:延安(陕北)广播史话[M].增订版.北京:中国广播电视出版社,2000:56.

② 祝捷.中国播音主持评价体系发展研究[M].北京:中国广播电视出版社,2013:85.

广播电台播音员,出色地完成了《敦促杜聿明等投降书》等重要文件和新闻的播音工作。1975年调北京广播学院播音专业任教,1978年成为播音教育史上的第一位播音学教授,1980年成为播音专业第一位硕士研究生导师,为中国的播音事业作出了重大贡献。

根据齐越所撰写的《播音员日记——解放战争年代的播音工作》中"开始了话筒前的战斗生活"一篇的记录可知,他的播音创作生涯是从1947年8月16日在沙河村开始的。当时,口语广播部由梅益领导,梅益一来到沙河村就开始物色男播音员。近两个月的时间里,梅益在编辑部选了4位能说北平话的男同志试音,最终选中了齐越。梅益握住齐越的手,语重心长地说:"这是一个重要而光荣的岗位,你将成为中国共产党的第一个男播音员,我们的广播代表党中央发言,你一定要做好这个工作!"①当晚,齐越便体验了话筒前的第一次创作。时任播音组组长的孟启予交给齐越两件记录新闻,并向他讲授了记录新闻的播法及要求,还帮助他练习了两遍,然后,将他带入播音室。待前面的女播音员播完,齐越便坐在话筒前初试播音。播后,齐越的感受是:"满头大汗,手脚有点发凉,看看表,才不过十来分钟,却觉得好像几个钟头似的。组长说:'按照内容和字数要求,你播得快了,不要紧,慢慢就会熟练的。'这时,编辑部也打来电话说:'口音挺清楚,就是有点发颤,可能是有点紧张吧?'可不是紧张嘛,岂止'有点'!"②

经过自身的努力,外加孟启予等同志的指导,齐越的业务水平和理论水平不断提高,并且总结了大量的创作经验,他撰写的《十天播音工作个人总结》成了中国播音创作重要的研究史料。功夫不负有心人,齐越不但很快学会播记录新闻,而且很快就参加了对国民党军队的播音工作。孟启予认为,齐越的声音浓重宽厚,语调刚柔并济,适合播《对国民党军广播》节目。齐越认为,对国民党军队播音的工作可以起到瓦解敌人、涣散敌人斗志,使敌军弃暗投明的重要作用,决不能有丝毫松懈,因此,他播音时格外严肃认真、全神贯注。就这样,三个月后,中共中央宣传部部长陆定一打来电报表扬他,

---

① 齐越.寄语青年播音员[M].北京:北京广播学院出版社,1986:16.

② 齐越.寄语青年播音员[M].北京:北京广播学院出版社,1986:16.

说:"这个男声播得好,很有培养前途!"①

齐越的确不负众望,日后还担任了开国大典实况广播的播音工作。他的播音气势磅礴,坚定豪迈,爱憎分明,准确生动,开创了人民广播播音的一代新风。由他播送的《谁是最可爱的人》等通讯,更是感动了无数听众。

2.费寄平

费寄平,本名费淑瑛,女,1929年生,北京人。1949年2月到北平新华广播电台担任播音员。1952年被派往苏联莫斯科广播电台华语部,担负对华广播的播音工作,1954年任组长。1956年被全苏莫斯科广播电台艺术委员会评为特级播音员,不久回国担任中央人民广播电台播音组对外组副组长。1957年再度赴苏联莫斯科广播电台华语部做播音工作。1959年回到中央人民广播电台播音部从事播音工作,担任党支部书记、播音部部务会议成员等职。

1949年春,陕北台接管国民党北平广播电台不久,"一天上午,一位胖胖的圆脸庞、短头发的小姑娘,来到西长安街北平新华广播电台报到,说是我党城工部推荐来试音的。说着拿出了介绍信,信上说:北平解放前,她就参加了我党领导下的革命青年联盟,是政治上可靠的革命同志,如声音条件尚好,希望留做电台播音员"②。

播音组组长孟启予立即通知开机试音,费寄平手捧那篇给她试音用的稿件,慢步走进播音室,腼腆地坐在话筒前。顷刻间,喇叭里传出纯正流畅的北平话,声音朴实无华。孟启予征求在座同志们的意见,副组长丁一岚说:"这个女声真不错,留下吧!"大家一致同意。于是,第二天费寄平就来电台上班,从此开始了她的播音生涯。她是陕北台进入北平后吸收的第一个播音员。

当时战争仍在进行,解放大军长驱南下,势如破竹。前线部队和待解放城市的地下党,急需抄收我党广播电台播送的《记录新闻》,以便及时了解党

---

① 周迅.大海的一朵浪花:孟启予的广播电视生涯[M].北京:中国广播电视出版社,2008:87.

② 齐越,沙林.情系七彩人生[M].北京:经济管理出版社,1993:13.

的方针政策。费寄平一开始播音,就担负起这一重要任务,她工作出色,经常受到收音员,特别是部队收音员来信表扬。当时,人们都称她是"记录新闻专家"。除了播新闻外,她后来播出的小说《叛徒的母亲》、朝鲜大型歌剧《春香传》的解说、电影《农奴》录音剪辑,以及其他大量的音乐、戏曲解说,感情真挚纯朴,语调贴切,陶冶人的情操,给人以美的享受。

费寄平在创作时,极为强调对于稿件的深入理解。她认为理解的是什么就决定了表达的是什么,只有通过认真分析稿件,体会出要对谁播、播什么,才能决定如何去表达。她还认为,在表达的过程中,需要运用技巧,但不应使听众感觉到技巧的存在。她尤其排斥某些播音员甚至在稿件上要注明"感情提示",认为这种简单粗暴的方法不可取。分析稿件时要特别注意严密的逻辑关系,但在播出时就不仅仅播的是逻辑。为了鲜明、生动,往往形象思维的东西、心理重音和心理顿歇更占上风[1]。在这样的思考与实践中,费寄平的播音创作态度严谨,富有特色,逐步形成了一种平易、亲切、深沉、细腻的"谈话式"的播音风格。后来,费寄平与齐越、夏青、林田并称播音风格的"四大高峰"。她那独特的女中音播音风格,她那朴实无华、亲切感人、娓娓动听的播音,永远留在广大听众记忆中。

新中国成立后不久,因工作需要,她以专家身份被派往莫斯科台担任华语广播。在苏联,她不以专家自居,虚心向苏联播音员学习,播音业务大有进步,并熟练掌握了俄语日常会话。她在华语部工作勤奋出色,被莫斯科台评为特级播音员。她曾先后两次赴苏工作10多年。

费寄平向青年播音员传思想、授业务,诲人不倦,满腔热情地为党培养出一批又一批优秀播音员。他们当中的许多人后来都成为播音战线的骨干力量。她在实践中不懈地探索,发表了一些具有独到见解并对实践有指导意义的文章,著有《播音基础理论探讨》《谈谈人民广播的传统风格》《怎样播送文艺广播》,还翻译了苏联播音员托尔斯多娃的《怎样播送音乐广播》一文,这些都是播音战线的财富。

---

① 费寄平.播音基础理论探讨[J].现代传播,1980(1):34-38.

二、播音创作经验

播音艺术创作以实践为主，绝不是纸上谈兵。在反复的实践过程中，老一辈播音员积累了大量的创作经验、感悟及反思，而这些最初的感性认识、直接经验经过自身及后人的不断整理、总结、修正，升华为播音创作理论及创作规律，又将指导后继培养的新播音员，使他们有章可循，少走弯路，避免错误。因此，这些经验显得难能可贵，似中国播音事业发展的星星之火。在这些宝贵的经验财富中，当属《十天播音工作个人总结》与"邯郸经验"最为重要。

(一)《十天播音工作个人总结》

《十天播音工作个人总结》是延安时期每一位播音员都要认真撰写的播后总结，其中，以齐越的总结最具代表性，"它直接从新闻播音实践中来，真实地反映了当时播音员实现新闻播音语言规范的具体情况，是研究人民广播新闻播音语言规范系统和其要素形成的十分珍贵的文献"①。齐越的总结详细记录了他在话筒前的"播音的缺点与错误""犯错误原因及今后改正办法"以及编辑的监听意见等。

齐越的总结细致而全面，从字音、语速到情感、语气、状态面面俱到。"播音已较前有进步，固定的调子基本上已克服，错误、结巴亦较前减少，速度基本已适当掌握。播得较好的有下列几篇，速度稳，没有播错一字，没有结巴重复，语气表达适当：(一)社论说明；(二)中央指示；(三)苏联领导人士驳斥美国国务院之声明；(四)对东北国民党军奖惩办法；(五)于泽霖谈话。"同时，他的总结也极为坦诚，既不羞于肯定进步，也不掩饰失误："(一)有个别语句不自然。(二)有一些语句过于分断。(三)有某些字的四声不准(地方音)。(四)播通讯放不开，呆板、生硬。(五)所播大错误有三：中央指

---

① 姚喜双.新闻播音语言规范研究的奠基之作：读齐越《十天播音工作个人总结》[J].现代传播,2007(03)：80.

示中'农民'播'人民'(这个错误应由我负责,看稿子疏忽——济泽①)。《人民公敌蒋介石》的预告中'中华民族'播'中国人民'。(这还不能算大错误——济泽)。呼号'XNCR'播成,'XNMR②'。(这个播得不好——济泽)"③

由齐越的《十天播音工作个人总结》可见,任何艺术创作经过一定阶段都会固定在一种模式上,难以突破,播音创作也不例外,克服固定的腔调已经成为齐越当时所关注的重点。这种对艺术创作的认知是超前的,他敏锐地察觉到固有腔调在播音创作道路上的危害,应及时克服,这种先进的创作意识也是齐越后来能够成为"四座高峰"之一、自成一派的主要因素,尤其是在通讯播音的创作上,齐越在当年就已经认识到放不开、呆板、生硬的缺点,这些问题产生的原因主要是播音员缺少真实的感受,缺少融入作品的真情实感。齐越就是在这点滴的积累中克服缺点,使他后来的通讯播音作品深深地感染了全国的听众。

齐越在分析了出现差错的原因后,做了深刻的反思,这也是其个人总结的重要价值所在。首先他从政治的高度重新理解了人民广播的政治属性:"这次的教训,使我更深深地认识到我们的广播电台是和一般电台根本不同的,我们的电台是我党的喉舌,是服务于人民革命事业,代表党中央发言的。一个播音员应当时时刻刻小心谨慎,认真负责,不容许有丝毫错误发生,即便是一字之错,也是全党和人民的损失,影响我党的威信,对不起人民的。"确立了坚定的政治方向、党性原则后,便要在日后的播音创作中秉持一丝不苟、认真负责的态度,"今后,首先应当时时刻刻坚持认真负责的精神,并将此精神贯穿到播音的每一个字,每一句,每一呼号中"。艺术创作的最高境界是自然,作为有声语言艺术的一种创造,播音也要遵循艺术创作的基本原则。播音语言表达的自然,是在艺术创作基础上的自然,不是无约束的自然。"我们在播音技术上所要求的自然,是在严肃负责基础之上的自然,而

---

① 括号内为温济泽的批注。

② XNMR 是东北新华广播电台呼号。

③ 齐越.寄语青年播音员[M].北京:北京广播学院出版社,1986:24-25.

非任意放开,随随便便顺口溜的自然,否则,我们就要发生错误。"细节决定成败,播音工作更是如此,在话筒前,声音一出,是没办法收回的,而且影响范围之广是难以想象的,因此从小事入手,在细微处见功夫,哪怕一点的疏漏,都会酿成大错,因此"我们的播音,首先要稳重沉着,不出错误,在这样的基础上进一步提高。今后为避免发生类似错误,要加强自己认真负责的工作态度,并将容易顺口溜播错的一些名词上,在准备稿子时作提醒注意的记号。另外,每个节目前的呼号一定写在稿子前面,看着呼叫"。编辑部主任温济泽也在上面齐越提到的"自然"后写下一行批语,"'自然'必须建立在'沉着稳重'的基础上,片面强调技术('自然')是有毛病的"①。

可以说,齐越的《十天播音工作个人总结》,"总结了播音的缺点和错误,分析了出现错误的原因,提出了改进办法。涉及字音错误、语句错漏、语气把握等方面,认识到了责任承担、认真备稿、心态调控的重要性。这些个人总结最早涉及播音本体研究,虽然以个人经验总结的形式出现,但鉴于其一方面具有普遍性,另一方面以传授的方式对年轻播音员所产生的普遍影响"②,具有十分重要的研究意义。

值得一提的是,延安时期播音员的《十天播音工作个人总结》与编辑的监听形成了一种创作上的"监督"与"反思"机制,有效地促进了播音员业务水平的提升。

(二)"邯郸经验"

1947 年 3 月 14 日,《人民日报》发表题为《邯郸广播电台 深受全国赞扬——订出奋斗目标再提高一步》的消息,称赞该台的播音获得全国人士的好评。报道称,邯郸台将进一步做到节目多样丰富,新闻及时,词句尽量口语化,简短明快,播音时咬字清楚,口齿流利,抑扬顿挫,充满感情③。可见,

---

①　齐越.寄语青年播音员[M].北京:北京广播学院出版社,1986:26-27.

②　韩静.建国前中国播音研究史论[D].开封:河南大学,2009.

③　佚名.邯郸广播电台 深受全国赞扬:订出奋斗目标再提高一步[J].人民日报,1947-03-14(1).

邯郸台播音员的业务能力十分出众,而且有机会与陕北台的播音员一同学习、创作。在这样天时地利人和的条件下,邯郸台形成了播音创作史上闻名遐迩的"邯郸经验"。

为了进一步提升创作水平,1947年4月21日,邯郸台发布了《邯郸台口播编辑技术初步经验》①(以下简称《口播编辑》)和《邯郸台播音技术的点滴经验》②(以下简称《播音技术》)。《口播编辑》从播音创作依据的角度,对播音稿件提出了明确具体的编辑要求;《播音技术》则是对播音创作的经验总结和播音技巧的清晰阐释。这两份"经验"对人民广播播音的创作指导以及创作水平的提升效力巨大;同时,"对人民广播播音理论的形成具有重要的奠基作用。其中对播音的总结和提出的要求,细化了新闻播音语言的规范要素,对于解放区新闻播音语言规范系统的建立具有重要作用"③。

《口播编辑》包含两部分内容。

其一,口语化。口语化主要从字词、句子、文法、文言译口语、注释内容等5个方面进行归纳和总结。在字词方面,《口播编辑》列出5条注意事项:第一,不要用不容易听懂的、晦涩的,要用响亮而双声叠韵的。第二,注意同音异义的字与词,如"副业""复业""保卫""包围",尽量用得具体与明确。第三,动词、数词可以用在前面,战报中的缴获多少,数目字可以用在后面。第四,少用代名词与转折语,如"他""他们"可以多用原名;如"而""则""并",尽量少用甚至不用。第五,"该"字可以改用"这个"。在内容方面,《口播编辑》强调:"口语化要使播音时充满感情而表达出来,还须注意内容的生动具体。如果内容生动具体了,播音时即能显得更口语化,同时也就可

---

① 中央人民广播电台研究室,北京广播学院新闻系.解放区广播历史资料选编(一九四〇——一九四九)[M].北京:中国广播电视出版社,1985:281-283.

② 中央人民广播电台研究室,北京广播学院新闻系.解放区广播历史资料选编(一九四〇——一九四九)[M].北京:中国广播电视出版社,1985:284-285.

③ 姚喜双.新闻播音语言规范的奠基性文献:析《口播经验》和《播音经验》[J].现代传播,2006(04):72.

能充满感情。"①可见,在那个战火纷飞、条件艰苦的年代,早期的播音创作者们已经在实践当中认识到,对于稿件的播读"绝不仅仅限于见字出声,而应当是通过文字表达一种感情,一种信念,这样才能更好地传达本方的利益诉求和价值判断,才能有效地加强传播效果"②。

其二,简练。《口播编辑》指出:"须突出一个中心,即突出一点、一事,因此,必须在看稿时注意:全篇大意,中心重点,材料取舍,结构次序,宣传效果等各方面,然后修改或改写。"这是对创作准备中"备稿"内容的最初描述。接下来对如何改写进行了切实有效的指导:"如果一稿中偶尔有两件事,两个中心,可以分开编写,或者注意内容的次序和对比,编在一个稿件中。事件的发展,有两事可以顺次序写,事件的正反可以作对比写。"在追求内容"简练"的过程中,如何把握稿件字数,《口播编辑》给出了具体的回答:"新闻稿件平均二百字左右为最好,必要时五六百字,一般在六百字以上的可以改写成综合报道或通讯。"

《播音技术》则对播音员的创作条件、能力及水平做了较为详细科学的界定。"播音技术,在总的要求上,最先提出的是:咬字清楚,口齿流利,抑扬顿挫,充满感情,快慢适当。这次提出了:流利、自然、充满感情。这一个时间,在播音工作上,是作出了:熟练、稳当、感情、抑扬顿挫、快慢适当的成绩,特别是于同志的有声有色,气魄大,使听众易于感动而提出了赞扬。"③这段话基本涵盖了对播音技艺的基本要求:咬字清楚、口齿流利——口腔控制;抑扬顿挫——停连、重音;充满感情、快慢适当——情感、语气、节奏;流利、自然、充满感情是指播音创作态度正确;熟练、稳当、感情、抑扬顿挫是指播音情感表达正确;有声有色、气魄大是指播音基调把握的准确。④

《播音技术》中关于播音创作有以下亮点:

①　中央人民广播电台研究室,北京广播学院新闻系.解放区广播历史资料选编(一九四〇——一九四九)[M].北京:中国广播电视出版社,1985:282.

②　郑伟.中国播音学学术发展研究[D].北京:中国传媒大学,2012.

③　中央人民广播电台研究室,北京广播学院新闻系.解放区广播历史资料选编(一九四〇——一九四九)[M].北京:中国广播电视出版社,1985:284.

④　高国庆.中国播音学史研究[M].北京:九州出版社,2016:97.

　　第一，第一次对播音创作主体进行科学的角色定位，"思想上，播音员是主角，如演剧，要有两重人格，一面是自己，一面是剧中人"。无论是播送新闻，还是播送通讯、播讲故事，这些内容都不是播音员亲身经历的，播音员只是以转述的身份告诉听众这个内容，而不是播音员本体，就好比"一面是自己，一面是剧中人"，科学地界定了播音员转述的角色定位。第二，播音绝不是照本宣科，不是简单地念字读词，它是一种经过播音员由脑到口的再创作。"播送新闻、故事、通讯等是'讲'而不是'念'，所以要熟悉稿件，想象内容、从自己的口中'讲出来'。"第三，对"内部技巧"进行了早期描述。由于播音内容不是播音员亲身经历的事，要想达到良好的播讲效果，"要熟悉稿件，想象内容，从自己的口中'讲出来'"，这里说的想象，就是播音学中所讲的"情景再现"，通过这种播音技巧，把稿件中描写人、事、物的文字通过想象，再现出当时的情景画面，用生动的语言"讲"出去。第四，对"外部技巧"进行了早期描述，提出语言表达要自然大度、富于变化，特别是"语气上，主要是有声有色，气魄大，不同身份用不同语气，要求自然（不要做作），流利（切忌生疏、打顿），稳当（不要张皇），沉着（切忌轻浮）"。对播音的节奏、停连、重音均提出了要求，"解释时的，介绍放下武器蒋军军官，与记录新闻，共念三遍，前两遍慢，后一遍快，解释要先详后略，稿中未加注释的不必解释，避免临时想，影响速度与不妥当，但必要时可以机动；间隙，每句、每段、每件及新闻提要，注意间隙适当，过长了会增加听众疲劳，与感觉突然，没有间隙，则会分不开。如果每句半到一拍，则每段一到二拍。每件可有一拍，提要亦停一拍"。第五，对吐字归音、语势声调提出了细致要求。"在念词句上要注意：不能分开或拖长，中间不打螺旋，末两字不要短促、生硬，注意尾声；咬字力求准确、清楚，注意字音与四声。"第六，对播音前的备稿有明确要求，"准备工作，播音前要：多读，了解内容，试播，多修改"。可见，《播音技术》确实是从"技术"方面提出了切实可行的提升方法；也能看出，与人民广播初创期相比，人民广播恢复期的播音创作在技巧的运用上有了具体要求。

　　从以上两篇"经验"显见，"今天常用的播音表达规律与理论在早期播音员的经验当中基本都能找到雏形，早期的播音工作者用朴实的语言将这些点滴经验忠实地记录了下来,成为了'中国播音学'的'奠基性文献'"①,更是播音创作的有效指南。

三、播音员创作能力的训练与培养

艺术创作能力,是艺术创作主体创造艺术形象的一种能力,它是先天禀赋与后天训练培养相互融合而形成的艺术创造力。单靠天赋是不足以支撑这种创作力的,还需要后天的刻苦学习、勤奋实践、辛勤探索,才能使艺术的技艺炉火纯青。播音艺术也是如此,播音员创作的能力虽与天生的嗓音条件密不可分,但更有赖于长期的艰苦训练、科学的培养与勤奋的实践。

在人民广播的初创阶段,播音员都是摸着石头过河,边实践边自我总结、修正、提升。而到了陕北台时期,播音创作水平大幅提高,也有了相对稳定的、成熟的播音员队伍,如果仍将新选拔的播音员以半训练、半实践的方式直接带到播音工作中来已不合时宜,甚至开始影响播音创作的效果了。因此,陕北台播音组提出了要开始系统培养和训练播音员的意见,北平新华广播电台也出台了训练播音员的方法。

(一)《陕北台播音组关于训练和培养播音员的意见》

1948 年 10 月 7 日,《陕北台播音组关于训练和培养播音员的意见》②(以下简称《意见》)提出,"应全盘有计划有步骤有组织地训练一批播音员",以备接收国民党电台和建立新台时任用;明确规定了播音员选拔时应具备的条件:有一定的政治水平,能操流利的国语,相当于初中以上的文化程度和文艺修养。

《意见》指出:应尽可能招收一定人数的男女播音员,成立训练班,集中训练。而训练的内容围绕在政治、业务及技术三方面,"除政治政策等科目

---

① 郑伟.中国播音学学术发展研究[D].北京:中国传媒大学,2012.

② 中央人民广播电台研究室,北京广播学院新闻系.解放区广播历史资料选编(一九四〇——一九四九)[M].北京:中国广播电视出版社,1985:186-187.

外,播音技术座谈,练习,收听,还需了解一般浅显的无线电常识及机器使用及简单原理"。训练结束后,须对教学成果进行检验,考试通过方能分派各台。同时,陕北台在当时已经意识到播音员男女性别比例悬殊的问题,提出:"应注意配备一定数量的男播音员。各台至少应有两个男播音员。"经过考核合格之后,也并不意味着即刻可以上岗,还要"见习后",才能成为正式的播音员。

由《意见》可以看出,当时极为注重播音员的政治素质和业务素质的双重培养,且已具备了从选拔、练习、试播、考核、见习、上岗一整套切实可行的实施方案。《意见》对播音员上岗后的继续培养也有所考虑,不仅要定期学习宣传方针、宣传策略和有关业务的各种报告,还要求编辑部在稿件编写及效果反馈上与播音组密切联系、形成制度,以利于播音员在创作上的改进。《意见》还规定播音员"须兼编辑或播音记者",且要落实到位,认真执行,"而不是仅仅提出这样一个方向",不得不说,这种播音员"采编播"综合能力的培养意识可谓超前。

综上,《意见》对这一时期及接下来的播音员选拔、训练及培养提出了新要求,指明了新方向,对提升播音创作水平起到了积极的推动作用。

(二)《北平新华广播电台训练播音员的方法》

继《陕北台播音组关于训练和培养播音员的意见》提出后,1949 年 8 月 15 日,《北平新华广播电台训练播音员的方法》①(以下简称《方法》)正式出台。陕北台于 1949 年进入北平后,改名北平新华广播电台,两者属一脉相承。因此,《方法》正是《意见》被采纳并落实的具体方案。

《方法》首先明确了训练方式:"本台训练新播音员的方法是带徒弟、集体讨论、在工作中学习,并借总结经验逐步加以提高。"接下来,从 4 个部分对播音员的选拔、考核、训练、见习以及训练播音员必须注意的事项加以严格规定。

---

① 中央人民广播电台研究室,北京广播学院新闻系.解放区广播历史资料选编(一九四〇——九四九)[M].北京:中国广播电视出版社,1985:188–189.

第一部分是"选择播音员的标准"："一、历史清白政治可靠者,二、能操流利之普通话,音色清晰者,三、具有高中的文化程度,四、有一定的政治水平。(各台可根据具体情况规定自己的标准,如地方台可用地方方言播音,不一定用普通话。)"可见,《方法》较《意见》提出时,标准有所提升,添加了"历史清白政治可靠""音色清晰"二项,文化程度由初中起点改为高中。

第二部分是"见习"的条件、内容及步骤。具备了播音员的选拔条件之后,经一定机关介绍及考试合格者方可成为见习播音员。考试项目分口试与稿件选读两种,考试成绩将决定见习期之长短。而见习内容及步骤包括："一、收听本台及其他台的播音。二、无线电常识及有关播音及收听所需的机器之使用法及其简单原理。三、一般播音应注意事项(如怎样准备稿件,如何掌握抑、扬、顿、挫、快、慢、轻、重,如何表达语气情感)以及播音手续,播音员应遵守的制度等。四、根据本人条件及工作需要分别练习一个节目。如有记录新闻的,可从记录新闻着手。"

第三部分是"带徒弟"的方法。"可指定专人或由现任该节目的播音员帮助练习并收听本台或其他台同一节目的播音,每一稿件在话筒上试播,经负责人认为满意后再换另一稿件,到这一节目的各种稿件都播的(得)合乎标准时,即可开始工作。在该节目完全胜任熟练时,除担任该节目之外,同时练习另一节目,至另一节目练习成功后,即可换播该节目,直至全部节目均能胜任为止。"

第四部分提出了训练播音员应该注意的内容："一、新老播音员必须互相帮助,虚心研究。二、练习时必须认真、坚持,应作为工作成绩考核项目之一。三、以工作中的生动实例举出好坏典型加以说明。四、召开技术座谈会,发挥集体智慧,提高播音技术。五、向其他台学习,研究其他台的播音技术,交换经验及意见。"实际上,这也是对前文训练方法的再提醒、再补充。

通过该《方法》的内容可明显看出,虽只有一年之隔,但陕北台播音组关于训练和培养播音员的意见得到落实,并且这一套人民广播训练播音员的方法已相对科学完备。

第三节　对外播音创作的开始

人民广播的对外播音创作同样诞生于战火纷飞的年代,播音员用准确、清晰的日语、英语……通过红色电波冲破日本侵略者、国民党反动派的新闻封锁,直接、迅速地将真实的中国革命形势和解放区人民生活的情况介绍给国内外的进步人士,把中国人民的声音传向世界的各个角落。

一、延安台的日语播音

1940 年春,日共领导人野坂参三随周恩来抵达延安,他建议在延安台创办日语广播。中共中央对此事非常重视,决定由八路军总政治部主任王稼祥筹办日语播音一事,具体实施由总政敌工部负责。中共方面参加编播工作的先后有刘愚、王文庶、张纪明等,日共方面参加编播工作的有森健、高山等,野坂负责审定播音文稿;而播音员是来自日本的女共产党员原清志①。

1941 年 12 月 3 日,伴随着"新华放送局,XNCR"的呼号,延安台的日语节目正式开播,时间为每周五的 17 时至 17 时 30 分。这标志着人民广播对外播音创作的开始。②

(一)播音内容、依据及目的

日语播音的创作目的是"宣传中共的政策和主张,揭露、瓦解敌人";播

---

①　史料中也有"袁青子""原青子""原清子"等字样的记录,为同一人。

②　1995 年 3 月 15 日,经广播电影电视部党组批准,将 1941 年 12 月 3 日延安台日语广播开播时间定为中国人民对外广播开播纪念日。有关材料参见《中国广播电视年鉴》1997 年版第 678—679 页所载胡耀亭《关于中国人民对外广播开播时间的调查报告》。

音内容包括"抗日战报,对日军的政策,日本反战同盟活动等"。① 播音稿件由王家坪敌工部提供。负责当时战报编发和时事述评的编辑张纪明回忆:"稿件来源是新华社发的稿子,还有《参考消息》以及延安《解放日报》刊登的消息,由我摘要编成中文并译成日文,两种稿件均交给野坂参三的秘书,中文稿作为底稿留存。当时我住在野坂参三的隔壁窑洞里,相互联系非常方便。稿件只由我一个人编写,不是每天都有,大约一周三四次。编出以后,由一位叫森健的日本人送给野坂,由野坂审定。"②野坂不仅负责审定稿件,为了更好地组织播音内容、办好节目,还搜集了大量资料,既有从国民党地区买来的书报杂志,也有他通过收听日本广播所得到的内容记录,以此为创作依据来认真研究播音内容与播音方式。

为了达到更好的播音效果,张纪明曾向野坂征求对稿件的意见,野坂说:"新闻要短,只讲事实,不加评论。日本的习惯是新闻只讲事实,如果夹叙夹议,给人的印象就不客观。评论、述评要和新闻分开,不要混为一谈。"野坂强调:"写评论或述评时,不讲或少讲某一次战斗的胜利有多大意义,要考虑日军的心理。……国内日军家属最关心的是前方的亲人是否安全。……我们广播要具体说明在一次战斗中打死了多少日本兵,增加这些家属的忧虑,激发、鼓励日军的思乡、厌战情绪。"野坂还嘱咐:"把对内报道原封不动地拿来对日军广播是不行的,要很好地研究敌情动态、日军心理。……日本人最关心的是太平洋战争和日本在中国的战争。我八路军的反'扫荡'战斗要报道,太平洋战场的消息可多些。欧洲战场重大事件可报道,一般情况不必报道。"野坂还要编辑、播音员注意研究日本大本营的战报。张纪明说:"野坂的话等于给我上了一堂新闻课,对我启发很大。"③时任专门教育被俘日军的工农学校校长赵安博曾这样评价野坂参三:"广播稿由野坂审定,有时由他口述,原清志记录下来,然后广播。野坂脑子非常好,出

---

① 胡耀亭.原清志谈延安日语播音[M]//北京广播学院新闻系.中国人民广播回忆录:第四集.北京:中国广播电视出版社,1995:118.
② 胡耀亭.张纪明同志谈延安时期日语广播编辑工作[J].国际广播,1994(5):45-46.
③ 胡耀亭.张纪明同志谈延安时期日语广播编辑工作[J].国际广播,1994(5):46.

口成章,记录下来就是一篇好文章。"①有了专攻日军心理的广播稿件,对于播音员而言就有了最好的创作依据。

除了日常稿件经过了精心安排与撰写之外,敌工部每两周还会进行一次日本情况研究会,播音员每次都需要参加。被俘的日军在会上常会讲述他们在自己的军队中被虐待的情形以及他们的心理状态,这些将有利于播音员正确理解稿件,使播音目的更明确、播音对象更清晰,并在创作时为态度的传递提供相应的心理依据。

(二)日语播音员——原清志

当原清志用日语呼出"这里是新华广播电台"的时候,29 岁的她怎么也想不到,就是这一次播音,使她成为中国人民广播对外广播播音史上的第一位播音员。

原清志随丈夫程明升来到延安后,朱德总司令安排她担任日语播音员。当时的文字广播报务员、九分队的党支部书记毛动之对原清志的播音印象很深,"每次日语播音时我都要听一听,虽然我听不懂它的内容,但悦耳的声音很清脆柔和"②。

作为日本人的原清志,心理上首先经历了一种创作前的考验。在延安的日子,原清志明白了日本帝国主义在进行无耻的侵略。那时,她坚定了一个信念:自己也要投身到革命事业中去。在中国人民遭受她的国家侵略的时候,她选择站到了中国人民这一边,用自己的声音传达了正义和真理。但是,仅仅具备一种创作前的心理准备与情感建设还远远不够,毕竟,播音创作需要的是将内心情感以声音的形式外化,是要见字而发声的。摆在原清志面前的第一道难关就是认字。"因为我的文化水平不高,每次广播前都要念好几遍,为了发音正确,还找来一本日语字典,尽量做到自然、流畅,像日

---

① 胡耀亭.延安日语广播是有效果的:赵安博同志的回忆[J].国际广播,1994(3):28.

② 毛动之.关于延安台开设日语广播的回忆[J].国际广播,1994(2):46.

常谈话那样。"①为了完成播音任务,原清志就整天抱着字典查找不认识的字。为了播报一篇稿件,她要查上几个小时的字典。每次播音前她都会把稿件彻彻底底地全部翻译透彻之后才开口播音,足见她的播前准备做得非常认真。工作之余,她也会参加敌工部每两周进行一次的日本情况研究会,研究日军心理,同时也向野坂参三与其他编辑们请教。苦练之下,原清志很快便胜任了播音工作。有一次,编辑森健还特意跑来对原清志说:"你很沉着,播得不错。"②赵安博也在评价其播音时说:"她的发音很好,很清晰。"③

日语播音约坚持大半年,整风运动开始后,原清志离开了电台。接替她的正是负责编辑工作的森健。按理说,编辑应比播音员更加理解稿件的实质内容;然而,"他的嗓门粗,播音效果不是很好,时间不长就停播了"④。所以说,播音创作不仅要"理解稿件",还必须要"形之于声",才能"及于受众",未必所有人的"声"都能使受众动容。

(三) 播音对象及播音效果

延安的日语广播主要是对日军广播,而日语播音的目的正是要瓦解敌人,通过电波向其说明日本侵略中国是非正义的,并号召日军中有良知的官兵起来反战。从实际的播音效果来看,原清志的播音在日军中产生了相当大的影响。当时,日军中就出现了小林、杉本、中小路等一大批弃恶从善的人,从而也就起到了瓦解日军、涣散日军军心的作用。据赵安博回忆:"当时被俘日军中有不少人听,他们有收音机。有的士兵听了之后反正过来。我记得有个叫南××的日本士兵就是这么投降过来的。名字记不清了。当时,太平洋战争爆发,日本的士兵情绪低落,集体投降八路军的人不少,我们的

① 胡耀亭.原清志谈延安日语播音[M]//北京广播学院新闻系.中国人民广播回忆录:第四集.北京:中国广播电视出版社,1995:118.
② 胡耀亭.原清志谈延安日语播音[M]//北京广播学院新闻系.中国人民广播回忆录:第四集.北京:中国广播电视出版社,1995:118.
③ 胡耀亭.延安日语广播是有效果的:赵安博同志的回忆[J].国际广播,1994(3):28.
④ 胡耀亭.原清志谈延安日语播音[M]//北京广播学院新闻系.中国人民广播回忆录:第四集.北京:中国广播电视出版社,1995:118.

广播在这中间也起了作用。"①

除了针对在华日军外,是否也会对日本本土的听众产生影响呢? 这便涉及原清志在播音创作过程中对"对象感"中"量"的思考。"'对日广播'一词,这是不是意味着广播对象有直接对日广播的可能,即不仅是对日军广播。声音虽弱,但用的是短波,发射距离较远,所以直接对日广播也是可能的。"的确如此,原清志的播音不仅对在华日军起到了预想中的作用,在日本国内也引起了当局者的注意,使得日军的高层在恼羞成怒的同时也深感恐惧。他们害怕身在中国侵略的日本官兵和在日本国内的老百姓,尤其是军人家属知道战争的真相。据军委三局第一处的《一九四一年工作总结》中记载:"根据对日广播频率附近突增的干扰情况推测,这种广播已有相当的成效。"②这些播音效果的反馈,也从侧面反映出原清志高超的播音创作水平。

尽管延安台的日语广播已被日本方面发现,日本人用大功率设备干扰的同时还在本土报纸上进行了"怪放送"的评论,但是,原清志与她的战友们依然坚守播音战线,用她强有力的声音唤醒人间正义。

二、陕北台的英语播音

1947 年 9 月 11 日,在河北省涉县沙河村,陕北台正式创办了英语口语广播。每晚普通话播音结束后,20 时 40 分至 21 时播音。播音员有魏琳、李敦白(美国人)、钱行、王禹。其创作目的及内容是:宣传中国共产党对内、对外的政策和主张,传播人民武装力量胜利进军的消息和解放区人民的新生活等。英语播音是继日语播音后,党中央直接领导下的对外播音创作的延续。

(一) 开始曲与开篇话

英语播音的开始曲非常独特,选用了意大利歌剧《阿依达》(*Aida*)中的

---

① 胡耀亭.延安日语广播是有效果的:赵安博同志的回忆[J].国际广播,1994(3):28.

② 毛动之.关于延安台开设日语广播的回忆[J].国际广播,1994(2):47.

《凯旋进行曲》——是该剧第二幕第二场拉达米斯出征凯旋时的音乐①,顾名思义,寓意着中国人民解放事业正在胜利前进。开始曲结束后,播音员柔和而清丽的声音——This is XNCR, New China Broadcasting Station...出现在电波中。以下是陕北台英语节目开播时"开篇的话",译文如下:

> 各位听众,晚上好!
>
> 这是 XNCR,陕北新华广播电台。
>
> 今天,9 月 11 日,我们开始播送新办的英语新闻节目,由新华通讯社专为讲英语的朋友们提供关于中国方面的新闻。
>
> 我们要通过这个电台在上海时间 8 点 40 分,就是 20 时 40 分向讲英语的世界各地播送有关中国时事的简明、真实的报道,因为我们相信这样的材料是不容易从其他地方得到的。
>
> 我们准备向听众报道中国正在前进——全人类五分之一的人民正在排除一切障碍走向新的民主生活,这将对今后世界发展的道路发生深刻的影响。
>
> 我们的目的是为你们服务,我们衷心希望你们向我们提出建议和批评。
>
> XNCR 电台每天广播用的波长是 40 米,频率 7500 千周。这次广播同时由 XGNC 晋察冀广播电台用波长 35 米,频率 8660 千周转播,并由 XGHT 邯郸广播电台用波长 49.2 米、频率 6096 千周转播。
>
> 现在播送今天的新闻提要:人民军队已收复十个陕北城市;胡宗南在陕北的三十六师被歼灭;从封建主义制度下解放出来的东北自由农民;游击队支援人民军队的作用日益增大。②

---

① 左漠野.当代中国的广播电视:上 [M].北京:中国社会科学出版社,1987:404.
② 魏琳.一篇英语广播稿引起的回忆 [M]//中国广播电视学会史学研究委员会,北京广播学院新闻传播学院新闻系.延安(陕北)新华广播电台回忆录新编.北京:中国广播电视出版社,2000:189-190.

由以上"开篇的话"能够深深地感受到：一方面，英语播音依然保持"大家办广播"①的一贯主张，集思广益之下，无疑对播音创作质量的提升会有帮助；另一方面，英语播音的创作目的是要"为你们服务"，是要"向讲英语的世界各地播送有关中国时事的真实的报道"。由于国民党反动派的新闻封锁，中共的主张和解放区真实的民主生活是不为外界所熟知的，也就是为什么讲这些播音内容"是不容易从其他地方得到的"。

播音创作必须要联系时代背景，此时正是中国共产党领导的人民解放战争从战略防御转入战略进攻阶段。为了打破新闻封锁，把中国人民革命斗争的真实情况传播到中国以外的世界，将一个被人为隔离的新世界的真实信息传播到外国听众朋友的耳中，"This is XNCR"出现了。这声音发自陕北新华广播电台，一时间引起了国际社会的巨大兴趣与关注。它也对中国人民正在进行的伟大斗争的最终胜利有着深远意义。

（二）英语播音员——魏琳

播出以上"开篇的话"的播音员叫魏琳，她被誉为"红色广电英语广播第一人"②。

魏琳，原名蒋琳琳，1926 年生，上海人。在去往解放区前，她将"蒋"姓改为"魏"（随母姓）；同时将名字中的一个"琳"字去掉，是为了与听上去"小资"的名字划清界限。在张家口晋察冀军政干部学校外语干部训练班学习一段时间后，魏琳进入张家口新华广播电台。实际上，1946 年 7 月 22 日，该台就开设了英语节目，魏琳从那时起就开启了她的英语播音创作生涯。

魏琳英语播音所要面对的是"讲英语的朋友们"。正是通过魏琳的声音，"讲英语的朋友们"才增加了对解放区真实情况的了解。然而，在发出这"柔和而清丽"的声音背后，魏琳的创作环境是这些"朋友们"无法想象的，可

---

①　《大家办广播》是延安《解放日报》1945 年 10 月 25 日发表的论述延安新华广播电台办广播方针的文章。其中指出，"XNCR 是我们的，是中国人民的，要合力经营，要大家办"。"大家办广播"包括充分地享受它、充分地利用它、建立广泛的广播网等核心理念。

②　刘继生.陕北新华广播电台：英语广播第一声［EB/OL］.（2021-06-11）［2021-06-23］.https://new.qq.com/omn/20210611/20210611A004HZ00.html.

谓是危机四伏:一来,陕北台是国民党飞机重要轰炸的目标;二来,播音室周围还经常有野兽出没。魏琳和战友们既要躲避敌机的轰炸,还要防止上播途中遭遇猛兽的袭击。当时,沙河村的播音室与编辑部不在一个村里,中间隔着四五里的山野小路,路上有时有野狼出来伤人。而这条小路又是他们每天黄昏从编辑部去播音室的必经之路。听说狼怕火光,魏琳就打着手电筒,一边走一边唱着歌来给自己壮胆。播音室就设在沙河村南的一座窑洞里,设备非常简陋,窑洞里连扇门都没有,播音时就挂上一条土制的羊毛毡子当门帘,有时把室外的羊叫和嘈杂声都一起传了出去。当时,没有录音设备,播革命歌曲都是文艺工作者在话筒前现场演唱的。"编辑部有的办公桌是用土坯和木板搭成的。我们是在小油灯下打字。胡小为同志虽然眼睛不好,但她的打字却相当出色,把改得像地图似的英文稿打得清清楚楚,准确无误,受到大家的一致称赞。我拿着她打出的广播稿播音,心情非常愉快舒畅。她那认真负责,工作精益求精的精神,给我留下深刻的印象。"①这一点,想必有过纸质稿件播音经历的播音员都深有感触,有的编辑龙飞凤舞的"鬼画符"着实给播音创作带来了额外的难度,尤其是在直播、急稿的情况下,往往会给播音员的创作带来不必要的阻碍。

其实,播音创作不只是脑力和心力的协作,还需要体力的支撑。然而,当时魏琳和战友们常吃的是小米饭、窝窝头、白水煮空心菜。虽然条件艰苦,但面对各自的工作,每个人都会自觉地严格要求自己。魏琳有时也会为自己在播音时出现差错而流泪,更会自己主动把差错记录下来,写出检查,找出原因和防止差错的措施。人民广播播音员严肃认真的好作风,一丝不苟、求真务实撰写播后总结的好习惯,就是在战争年代形成的。

随着人民解放战争的胜利推进,陕北台从沙河村又辗转了几个地方,最后由河北省平山迁入北平。魏琳与她的战友一直留守平山,坚守播音岗位,直至听到北平新华广播电台的英语广播后才撤离平山,并于 4 月 16 日进入

① 魏琳.一篇英语广播稿引起的回忆[M]//中国广播电视学会史学研究委员会,北京广播学院新闻传播学院新闻系.延安(陕北)新华广播电台回忆录新编.北京:中国广播电视出版社,2000:191.

北平,随即继续投入播音工作。如前文所述,这种坚守是对中共中央转战别处起到了一定的掩护作用;但是对于留守的广播人员来说,却是时刻处于被炮火炸死的危险之中。

解放区团结、紧张、严肃、活泼的播音情景给魏琳留下了难以磨灭的印象,她忘不了在张胡庄的山沟旁播送《解放济南,活捉王耀武》的兴奋;忘不了与普通话播音员丁一岚、齐越等人播送一个接一个胜利捷报时共同欢庆的喜悦;忘不了在北平播音间里播送毛主席的文章《别了,司徒雷登!》时那无比激动和自豪的心情。① 新中国成立后,魏琳先后在中央人民广播电台和中国国际广播电台担任英语播音员、英语播音组组长,播过新闻,也主持过文艺节目,始终在用英语讲述中国故事,传递中国声音。

(三) 英语播音的追溯

实际上,在陕北台英语节目正式创办之前,1946 年底到 1947 年初,延安台就曾有过英语广播。1946 年 9 月,遵照中共中央指示,新华社在延安就已经开办了英语口语广播。新华社英文口播稿件由英播部提供。除担任部门领导的沈建图和陈龙外,编辑有郑德芳、彭迪、钱行等人。早期只有一名英语播音员,就是钱行。

当时英播部的工作,还得到了两位国际友人的帮助,一位是美国作家安娜·路易斯·斯特朗。1946 年她来延安采访,8 月,毛泽东在同她谈话时,提出了"一切反动派都是纸老虎"的著名论断,9 月 29 日出版的《参考消息》上,刊登了她写的《毛泽东访问记》一文,详细报道了这次谈话的内容。社长廖承志同沈建图商量,想邀请斯特朗给英播部的工作人员讲课,每周一次。斯特朗欣然同意。课堂是在清凉山一个小窑洞。斯特朗讲课的教材就是新华社已经播发的稿件。她一篇篇地分析,直言不讳,批评尖锐,并提出改写的具体建议;同时,她也举出写得好的稿件,说明好在哪里。她的评析使大家获益匪浅。另一位是于 1946 年 10 月来到延安的美国共产党员李敦白。

---

① 尤华骏.身伴话筒写春秋:记我国第一位英语播音员魏琳[J].中国广播电视,1982(4):18-19.

尽管他是地道的美国人，但平时也身穿灰色棉军衣裤和老土布棉鞋，住在简陋的民房中，说着一口流利的中国话，还帮老乡挑水、打扫院子，老乡们都亲热地称他为"老李"。① 在英播部工作期间，李敦白主要承担对外英文广播稿件的审校、润色和播音工作，有时也辅导播音员的英语播音，为新华社的对外英语广播事业作出了贡献。②

而英文广播较英语口语广播早二年，为口语播音稿件的撰写奠定了文字基础。担任英播部领导工作的沈建图就是在英文广播早期的编辑工作中，刻苦钻研业务，积累了编辑、撰稿的经验。其体会是：一、从"团结自己，争取朋友，打击敌人"的方针出发，选择最重要、最有国际意义的新闻编发。二、译文要忠实于原稿，消息必须绝对准确。对战果的估计（如击败、击溃、歼灭等）、战利品的统计数字，都要十分精确，比中文消息更为细致，如不能笼统用"歼灭多少"，而用"毙、伤、俘敌各多少"。三、文字应清晰易懂，照顾读者的理解程度。一些特殊名词，如"三三制"等要加以解释。这些为后续办好英语口语播音提供了极有价值的参考。

第四节　播音创作的代表作品

战争年代，播音创作自然围绕着战事而展开，其作品涉及一篇篇政令、论文等大文章，也包含常给大家带来惊喜的一则则捷报在内的"号外"，更有常规坚守的新闻节目、文艺节目以及对象性节目等。尽管当时的创作条件异常艰苦，但人民广播的第一代播音员们不仅出色地完成了一次次话筒前的创作，其中的一些播音作品成了不可复制的经典。而正是在对这些作品精益求精的创作过程中，树立了播音创作的标准，奠定了人民广播播音创作

① 纪清.邯郸台播音工作散记[M]//北京广播学院新闻系.中国人民广播回忆录.北京:广播出版社,1983:154-155.

② 新华社通讯史编写组.新华社通讯史:第一卷[M].北京:新华出版社,2010:295-296.

的风格。这些作品也处处闪耀着播音创作主体的智慧、心血与技艺的光芒。

一、《中共中央关于一九四八年土地改革工作和整党工作的指示》与"不要播错一个字"的创作标准

1948年5月25日，毛泽东亲自起草《中共中央关于一九四八年土地改革工作和整党工作的指示》（以下简称《指示》），并亲笔写下宣传指令："新华社广播（文字及口头，但不发英文广播），在一切报纸上边发表。注意不要译错及发错。此件派人送新华社。"随即，时任新华社副社长的范长江在原件上又写下："抄两份，要一字不错，字字清楚。此件校三遍，由我自己校一遍。"①可见，对此文件的播发，中央各级均给予了高度重视。尽管"准确"是自人民广播开播之日起播音员就始终恪守的一条创作标准，但正是在对这篇《指示》的播音创作过程中，"不要播错一个字"从业务标准被提升为政治标准，被载入历史。

（一）"不要播错一个字"——艺术传达与接受的前提

1948年5月29日，播音组在收到编辑部送来的稿件的同时，也收到了时任新华总社语言广播部即陕北新华广播电台编辑部主任温济泽就如何播出《指示》的信。信中说："今天播送的中央指示，非常重要。主席亲笔指示，叫不要播错一个字。请你们万分注意。二十点到二十点三十分，由齐越同志播，播慢些，标点符号不播，长句子要注意语气连贯。……三十一号二十点开始，全文播一遍供校对，标点也播，由齐越播，望早些准备。"又在信件的结尾处再次强调："今天播时，我当注意收听，并按文件一字一字核对，望千万不要错一个字。"②温济泽当晚在收听记录中写道："今天齐越播指示，声音

---

① 中央人民广播电台研究室,北京广播学院新闻系.解放区广播历史资料选编(一九四〇——一九四九).北京:中国广播电视出版社,1985:31.

② 中央人民广播电台研究室,北京广播学院新闻系.解放区广播历史资料选编(一九四〇——一九四九).北京:中国广播电视出版社,1985:147.

清楚,没有错一个字,很好!"①按照温济泽信中播音频次的安排,齐越连续无差错播出了两遍,圆满地完成了这次播音创作的任务。

艺术传达活动在艺术创作中占有重要地位。离开了艺术传达,艺术创作主体再好的体验与构思也得不到表现,只能停留在创作主体的脑海中,形成不了作品供人欣赏。这就是为何有的播音员心里想着"不要播错一个字",可是开口就错的原因所在,这是在艺术传达环节出现了问题。作为创作过程的最后一个阶段,艺术传达活动是指艺术家借助一定的物质材料和艺术媒介,运用艺术技巧和艺术手法,将自己在艺术构思活动中形成的审美意象物态化,成为可供其他人欣赏的艺术作品和艺术形象。播音艺术的传达,就是依托声音、运用有声语言表达来将文字稿件的内容形之于声,成为客观存在的播音作品。"不要播错一个字"对于播音艺术而言,正是艺术传达过程能否通畅的前提。

在张胡庄②的播音室里,齐越出色地完成了这次播音创作的"政治任务"后,人民播音风格中"准确"的标准被重新确立:不仅是字音的准确、意思的准确,更多了一份政治责任。对于播音创作而言,毕竟是将文字稿件有声化的二度创作。在形态转化的过程中,听觉上有时会产生歧义,因此,如何使政治方向意识"不错"至关重要。

(二)"不要播错一个字"——全部注意力集中到内容上

《指示》全文有 3300 字,而当齐越得到温济泽的播音指令并拿到文件时,仅剩下一小时的播前准备时间。面对"不要播错一个字"的指示,齐越回忆:"我当时几乎动员了全部的意志和力量进行准备,就文件的精神和具体播法跟同志们交换意见,在一小时内做了所能做的一切,但心里总是有点嘀咕,怕达不到毛主席的要求。在进播音室的前 5 分钟,同志们提醒我说:不要怕,你已经准备好了,你不会播错的! 把全部注意力集中到内容上! 要有坚

---

① 中央人民广播电台研究室,北京广播学院新闻系.解放区广播历史资料选编(一九四〇——一九四九).北京:中国广播电视出版社,1985:147.

② 自 1948 年 5 月 23 日起,陕北台开始在张胡庄播音。此前,在涉县沙河村。

决完成党的任务的信心！这'临阵'前战友的叮嘱，真是太宝贵了！主席的批示教育了我,文件的精神鼓舞着我,战友的关怀又给了我力量,使我顺利地完成了这次播出任务。"①

在 1948 年 5 月 31 日召开的工作总结会上,大家一致认为,由齐越播音的《指示》没有播错一个字,较好地完成了任务。齐越对这一次的创作也做了深刻总结:"播音第一位的是准确,理解要准确,表达要准确。因此,就要深刻理解稿件的内容,掌握它的精神和实质,准备得很纯熟,到话筒前思想高度集中于内容,能够如此,播起来才能自如,语气才能自然。在播的时候,越是专心一意想着稿件内容,播音的感情、语气也会表达得越好。否则,片面注意技巧,只动嘴、不动脑,顺口溜,反而要出毛病。正因为如此,平时就要加强政策和时事政治学习,注意语言的锻炼,这些方面学习得好,播音水平才能真正提高。"②在创作时,正是将全部的注意力均集中在了稿件的内容上,而不要想着"不要播错一个字"这件事,更不要有其他杂念,问题也就迎刃而解了。这次播音创作及其播后总结是齐越参加播音工作以来的一个转折点。从此,他明确了:"播音从语言形式出发的路子走不通,比较自觉地注意从稿件内容出发了。"③

然而,对初入职场的播音员而言,往往太在意的是形式问题,而非内容。齐越曾就有的播音员经过简单培训就上节目、越播越油提出过批评:"这是不愿化(花)气力、只想偷懒的门路！要走这样的'窍门',就辜负了党和人民的重托。"④这样"油腻"的播音也许的确一个字都不错,但只能说是出声念稿,并没有真正理解内容实质,与创造性的播音是背道而驰的。齐越认为,攀登播音创作的高峰只能是锲而不舍,精益求精,没有捷径可走。只有在这样的勤学苦练之下,等待一次外界的刺激与自我的顿悟,方可从量变到质变,而"不要播错一个字"的指示可谓醍醐灌顶。正是这一次的严格要求,使

---

① 齐越.寄语青年播音员[M].北京:北京广播学院出版社,1986:22-23.

② 齐越.寄语青年播音员[M].北京:北京广播学院出版社,1986:23.

③ 齐越.寄语青年播音员[M].北京:北京广播学院出版社,1986:23.

④ 齐越.播音创作漫谈——学习随笔之一[M]//北京广播学院学报编辑部.播音创作漫谈.北京:内部出版物,1979:4.

齐越的播音业务能力有了质的飞跃。对于艺术创作主体而言,当有过一次创作的极致体验后,将会难以忘记这种快感,从而,其日后的创作也会秉持这一标准继续前行。

二、《解放济南快讯二则》——临时插播的"号外"

为加大陕北台播音的传播力度,毛泽东曾指示王诤再建立一座功率更大的广播电台。慎重考察之后,一座功率达 3000 瓦的新台被建在了天户村,并迅速投入使用。这是解放区自力更生兴建的最大功率的广播电台,且技术先进。随即,播音室便从张胡庄村搬到了天户村附近的窟窿峰村,而编辑部仍设在平山的西柏坡附近。为了方便给播音室送稿,翻山越岭架设了电话线,编辑部还专门配备了马匹,每日下午 6 时前一定要将稿件送到。也就是说,通常在节目开播前,稿件已经确定并送到了播音员手中。然而,对于现实中的播音创作而言,往往总是充满着"意外"。1948 年 9 月 24 日晚,在全天播音结束之际,两则关于胜利解放济南的消息突然传来,特别是第二条还以临时加播"号外"的形式"返场",而当班播音员孟启予与齐越临危不乱,及时、准确、鲜明、生动地将这一捷报传递出去,充分体现了播音创作的"新鲜感"。这是播音创作史上的一次重大突破。

(一)新闻播音"新鲜感"的突破

"新鲜感"是构成新闻播音创作特征的一大要素。这种"新鲜感",一方面是来自新闻事实本身。显然,解放济南的两则快讯是符合"新鲜"标准的,特别是第二则"号外"的临时加播更是如此。对于新闻发布而言,事件发生与播出的时间差越小,新鲜感就越强。另一方面则来自新闻采编播的工作效率。采编播效率越强,播发时间差越短,新闻播音的"新鲜感"就越突出,反之"新鲜感"则大大下降。以上二者相加所得到的"这一条"新闻的新鲜度,对播音员的感官刺激和创作欲望的激发最为明显。"在全天播音快要结束时,编辑部从电话中传来重要捷报,我们迅速无误地抄写下来。最后一个字刚落笔,孟启予抓起稿件飞奔入播音室,随即从喇叭里听到她那激动而有力的声音:'各位听众! 现在播送刚刚收到的济南前线捷报:进攻山东省会济南的人民解放军,已经完全占领商埠和外城全部,现正在内城进行最后阶段的巷战。到 23 号早晨为止,守敌被歼灭和起义的总共已有 6 万多人……。'"由此可见,当时,孟启予面对最新的消息的反应速度是极快的。这条消息的时效性、时间差以及捷报内容本身的振奋人心使播音员在话筒前有了强烈的创作欲望。

这条消息刚刚播完,电话铃又响了,电话里传来了急切的声音:"不要结束! 还要播解放济南的消息!"但是已经晚了,喇叭里已经道了"晚安"! 电话里传出:"总编辑决定:不要关机器,加播'号外'! 快传! 女声男声轮播,多播几遍!"齐越和孟启予拿起传来的稿子跑到播音室,这时距离结束播音不过相差一分钟,收音机里又传出振奋人心的消息:"陕北新华广播电台 XNCR! 各位听众:人民解放军今天下午 5 点钟全部解放济南,守敌全部歼灭,无一漏网,战果正在清查中!"①这则"号外",接连播报了七遍。播完后,全体播音员和机务员在院子里狂欢地唱呀,跳呀,庆祝胜利,直到深夜。

新闻播音在讲求"新鲜感"的同时,还要做到"以新动人",即要使听众鲜明地感觉到播音员报道的是他们关心或感兴趣的最新鲜的消息,从而吸引他们的注意,并从中受到感染。这一条"号外"的及时播报给了人民解放军极大鼓舞,"当结束播音的时候,播音员向我们道了'晚安'。当时大家谁也不肯走,坐在收音机旁,静听着它那沙沙的声响。按照惯例,这种等待是没有用的。但是谁知收音机中竟又传出了我们熟悉的播音员的声音,她破例地重喊起呼号,激动地报告了济南解放的消息。显然,她不能平静地广播了,简直是欢呼。当夜,这捷报很快就传遍部队。'学习华东野战军,打大歼灭战'的口号,在进军的队伍中沸腾起来"②。

这两则新闻播音,在为前线的战士们鼓劲助力的同时,其时效性的作用也被彰显得淋漓尽致。

---

① 齐越.寄语青年播音员[M].北京:北京广播学院出版社,1986:27-28.
② 齐越.寄语青年播音员[M].北京:北京广播学院出版社,1986:27-28.

(二)从容不迫的播音创作心理

如果说"不要播错一个字"是创作能力的体现,那么,直播中临场不乱的创作心理也同样重要。

面对从未有过的"号外",孟启予与齐越能否驾驭自如呢? 当时,新闻播音均是有稿播音,稿件都是编辑已经修改、编排、终审后所敲定的,播音员已习惯了"早有准备"。而且,在简陋而复杂的创作环境中能够一字不错地完成播音就实属难得。若此时,遭遇突发情况,如"号外"这样临时加播的稿件,在毫无准备的情况下,有的播音员可以表现得如早有准备一般自如洒脱,甚至比日常创作更加出彩;而有的播音员则会心理紧张、思想负担过重,表现得不尽如人意。这里有业务能力的问题,也有话筒前心理素质的问题。而对于孟启予、齐越这样可以在日常播音中"一字不错"的创作能力强的播音员来说,心理素质就成为应对这突如其来的"第一次"的关键。

对临时插播的稿件,播音员常会有"紧张怯阵的状态"。刚从事播音工作不久的播音员都有这种体会:在日常训练中可自如创作,一旦上节目"实战",即使录播也容易出现发怵、紧张、不自信的心理反应,这种现象叫"心理失控"。此刻,不要说临时插播的稿件,就是遇到哪怕一点干扰,如打个磕绊都会陷入不能自已的境地。而播出这则"号外"时,恰巧又卡在结束语时,就更加增添了播音员的心理负担。因为,在要结束播音的时间节点上,有的播音员会出现"懈怠状态"。有过直播节目创作经历的播音员都能理解,在紧张的直播过后,往往说结束语甚至道了"晚安"的时候,整个的工作状态就如同泄了气的皮球,一下子全部松弛了下来。此时,甚至会有一种若有所失、动作怠慢、意志消沉、思维不畅等情况发生。一般来说,播音员在直播中过度疲劳或者缺乏事业心、责任感便容易出现这种功亏一篑的懈怠。能够在说完结束语之后迅速调动起直播的状态,是与孟启予和齐越长期保持积极的话筒前创作心态有直接的关系。另外,播报令人振奋的"捷报"内容,会由于过度兴奋造成"应激反应衰竭"①。这种状态多为情绪过早兴奋或过度兴

---

① 祁芃.播音主持心理学[M].北京:北京广播学院出版社,1999:12.

奋。播音的临场经验不足、自我控制能力和适应能力差,或对自己期望水平过高等,都容易造成直播前过度兴奋。显然,孟启予与齐越的这一次表现经受住了以上种种心理考验,自信、自如、积极、振奋地完成了播音任务。

三、《对国民党军广播》与《对本军广播》——"对象感"的把控

播音创作的四要素中,第一要素是"播给谁听?——就是播音的对象的问题"[1]。同一播音创作主体,面对不同的"对象"时,会呈现出不同的情感与表达。"播音是用有声语言播送出去给人们听的。不是对空发言,不是自言自语,更不是自我欣赏。受众就是我们的宣传对象。"[2]因此,明确播音对象对创作绝顶重要。这就需要播音员在话筒前创作时必须有"对象感",努力做到"心中有人",设想他们的存在,感知他们的需要和反应。广播电视更是会专门设置对象性节目,这样可以使播音目的更加直接、播音效果更为明显,如针对老人、青年、儿童,或是军人、工人、农民等。而这种对象性节目在陕北台时期,以《对国民党军广播》和《对本军广播》最具代表性。

(一)《对国民党军广播》

由于革命形势的发展,遵照中共中央的决定,新华总社正式恢复工作以后,成立了一个新的机构——对蒋管区广播部,开始特地开办了以国民党军官兵为宣传对象的节目。

1946 年 6 月 26 日,国民党飞行员刘善本驾机飞往延安,他曾公开表示是收听延安台的广播促使他下决心起义的。7 月 6 日,刘善本在延安台发表广播讲话,在国民党军尤其是空军中反响强烈。1946 年 10 月 29 日,为庆贺国民党将领高树勋率部起义一周年,延安台举办了对国民党陆海空军广播日,宣传活动搞了一周。此外,延安台还多次播出各个起义国民党军官的讲

---

① 左荧.播音是一种语言艺术活动[M]//赵玉明.风范长存:左荧纪念文集.北京:中国传媒大学出版社,2005:81.

② 张颂.播音创作基础[M].3 版.北京:中国传媒大学,2011:76.

话与家信。这些均可被看作是《对国民党军广播》节目的前奏。1946年12月20日，延安台增设了《放下武器的蒋军军官介绍》和《放下武器的蒋军军官给家属的信》两个内容，共同组成每日节目的第一单元。这实际上就是《对国民党军广播》节目的开端。1947年9月5日，在延安台恢复播音两周年的日子里，陕北台告知听众"以后规定十八点到十八点三十分，专门对蒋军广播"。改进节目的通知中说，《对蒋军广播》节目除了《放下武器的蒋军军官介绍》和《放下武器的蒋军军官书信》之外，另增加《对蒋军军官讲话》《放下武器的蒋军军官生活》和放下武器的蒋军军官写的文章。至此，《对国民党军广播》节目固定了下来，不过，当时称为《对蒋军广播》。1948年5月18日，《对蒋军广播》改名为《对国民党军广播》。①

这一节目的播出，在争取民心的同时，也瓦解了敌人的军心，为解放战争取得胜利起到过巨大的作用。经历了28个月的播音之后，1949年春，解放战争胜利在望，《对国民党军广播》完成了其光荣使命，于4月20日停办。

1.明确播音对象、研究收听心理、设置合理内容

《对国民党军广播》是延安（陕北）台开办的第一个对象性节目，它的播音创作对象十分清晰可感，是以国民党军特别是中上级军官为主要听众，这就为播音员在话筒前获取"对象感"取得了直接的心理依据。有了具体的播音对象，播音目的更加有的放矢。这个节目就是宣传中国共产党和人民解放军的主张和政策，报道时局发展的真实信息，揭露国民党反动派的不实宣传，以达到瓦解敌军的目的。

对象明确，播音内容的设置也便有了方向。《对国民党军广播》从国民党军官心理需求的角度出发所安排的播音内容较为丰富。从1947年8月中旬的由梅益起草的《新华总社关于为口播部组织对国民党军政治攻势稿件的意见》中可以了解到，当时的播音内容主要包括：播送向国民党军进行政治攻势的广播讲话；起义和放下武器的国民党军军官名单，包括姓名、职别、年龄、籍贯、起义或放下武器的地址等；报道他们到了解放区以后的生活情

---

① 郭镇之.延安（陕北）台的《对国民党军广播》[J].新闻研究资料,1983(05):103-106.

况;还经常广播他们写给家属、亲友、同事的书信;以及通知亡者家属领尸。①
报道的形式也灵活多样,有通讯、对话、访问记、动态报道和广播演说等。播
音时长在战事最激烈的 1948 年由原来的半小时改为一小时。

尽管播音对象一清二楚、播音内容"想其所想、及其所及",不过,对于播
音创作而言,对象感绝不能是一厢情愿的单向输出,还需要得到播音对象的
反馈,以便调整创作,获得更好的播音效果。

1947 年 10 日,陕北台在工作总结中指出,对国民党军广播第一单元的
"蒋俘介绍"和"蒋俘书信"两部分内容国民党军很多人在收听,"在此单元
中,可加些向蒋军宣传的东西,并预告当天重要的新闻和评论以引起蒋军听
众注意"②。同天提出的改进意见中指出,在播音对象方面"应更强调蒋军军
官这一对象";在播音内容方面"加强瓦解敌军与争取蒋俘家属的宣传",并
"增加'对蒋军军官讲话'"③。

1948 年 1 月 14 日,穆欣④曾就对国民党军广播的收听情况去信口播部。
信中称该节目前是国民党军"唯一的慰藉"。"他们全师上下并包括李铁
军等,都听口播,不但陕、邯,东北的也听。他们每团有四个报话机,连长们
都到营长那里听。"同时,他也为口播部送来了播音对象的收听习惯:"对蒋
军播俘单特别是谈话、生活等的介绍最欢迎。一般不喜欢听论文,喜听消
息、故事,怕听骂蒋介石的文章。三师三旅那个报话机上的机务员,几乎能

---

① 中央人民广播电台研究室,北京广播学院新闻系.解放区广播历史资料选编(一
九四〇——九四九)[M].北京:中国广播电视出版社,1985:194-195.

② 新华总社语言广播部.关于陕北阶段工作的简单总结[M]//北京广播学院新闻
系.中国报刊广播文集(一).北京:内部出版物,1980:64.

③ 新华总社语言广播部.对目前改进语言广播的几点意见[M]//中央人民广播电
台研究室,北京广播学院新闻系.解放区广播历史资料选编(一九四〇——九四九).北
京:中国广播电视出版社,1985:131.

④ 穆欣(1920—2010),原名杜蓬莱,河南省扶沟县下坡村人。1937 年加入中国共
产党。1946 年后,任新华通讯社特派员、解放军第四兵团分社社长、云南分社社长,志愿军
第三兵团农宣传部部长兼新华分社社长。1956 年后,历任中共中央高级党校新闻教研室
主任,《光明日报》副总编辑、总编辑,外文发行出版局副局长兼人民画报社社长、总编辑。

把武庭麟俘后谈话背诵得完全。他们熟知每个广播员的音调。"①这封信对改进播音创作来说作用是非常大的,同时,对口播部的编辑、播音员来说也是一种鼓舞。新华社总社提出要对穆欣来信所说的国民党军收听情况加以重视,并于1948年4月2日,刊发《新华总社关于加强瓦解敌军宣传的几点要求》。1948年4月18日,新华总社《本周业务一览》第九期刊载了《关于蒋军收听我方广播的情况》。

有记录记载了人民广播在国民党部队中的影响:第一,在某些国民党军官士兵中由于听了广播,了解了解放军的政策和形势的发展,引发其积极的行动。第二,某些国民党官兵由于听广播,知道了解放区情况,相信了我人民解放军的宽大政策;由于听广播觉得国民党军前途暗淡,而感到不安,悲观消极,或由于听了广播而对国民党政策怀疑。第三,某些国民党军官及其亲友,为探听其作战的朋友之生死而听广播。② 在全面细致的受众分析之下,播音创作所产生的效果是非常直接的。

播音组组长孟启予也曾收到过来自北平、南京、昆明、重庆等地突破重重封锁带到的信件,信中说,他们怎样冒着生命危险,偷偷地收听延安的广播。有一封信说:"听了你们的声音,就像在黑暗中见到了光明。"他们把听到的广播一句不漏地抄收下,油印后秘密地散发出去。国民党海军、空军也十分注意收听延安新华广播电台和后来的陕北新华广播电台的广播。他们说:"蒋管区广播的战报都是骗人的,只有听了延安、陕北的广播,才能了解真实的战况,才能了解中国共产党和人民解放军的政策,才下决心放下武器,走到人民方面来。"③

创作中,对象感必须是具体的,只有具体的对象感才会对播音创作发挥积极的作用。从编辑部的播后反馈中获知,当时国民党军内部成分复杂,派

---

① 中央人民广播电台研究室,北京广播学院新闻系.解放区广播历史资料选编(一九四○——一九四九)[M].北京:中国广播电视出版社,1985:196.

② 中央人民广播电台研究室,北京广播学院新闻系.解放区广播历史资料选编(一九四○——一九四九)[M].北京:中国广播电视出版社,1985:294-304.

③ 周迅.大海的一朵浪花:孟启予的广播电视生涯[M].北京:中国广播电视出版社,2008:82.

系对立,非嫡系的部队不愿意被称为"蒋军",也就是说,曾经预想的播音对象的"量的方面"出现了一定的偏差。为了利用矛盾,争取多数,后来陕北台的播音员便不再使用容易引起一部分国民党军反感的"蒋军"这一称呼,甚至,从1948年5月18日开始,节目名称也由《对蒋军广播》改为《对国民党军广播》。

2.毛泽东亲自撰写的三篇口播稿

播音创作是播音创作主体对稿件的有声化的再创造,所谓"有稿播音,锦上添花"。如果播音文稿本身措辞不准、语句不畅、结构混乱、晦涩难懂、不易于上口的话,创作水平再高超的播音员也无力回天。所以说,播音文稿撰写的优劣直接影响着播音创作的效果。

《对国民党军广播》中曾播发过许多较具影响力的稿件。其中,毛泽东专门写给陕北台的播音稿,即注明只发"口播"①的,共有三篇——《人民解放军总部向黄维兵团的广播讲话》《刘伯承陈毅两将军向黄维兵团的广播讲话》《敦促杜聿明等投降书》,其中,前两篇在同一天播出。

淮海战役第二阶段开始后,1948年11月27日,陕北台一位负责《对国民党军广播》节目的编辑,以人民解放军总部的名义写了两篇向黄维兵团广播讲话稿送审。毛泽东看过稿子后,批示:"原文立场不对,对黄维这样的军队,不应要求他们'反正',而应劝他们缴械。并且措词啰唆,不得力。"毛主席就这篇稿子逐句作了修改。把第一句"请宿县西南地区国民党军黄维兵团的官兵们注意"中的"官兵们",改为"将军们、军官们、士兵们"。在"人民解放军现在已经把你们完全包围住了"和"你们的命运已经到了最后关头"这两句之间,加了一句:"你们已经走不出去了。"把要黄维兵团"反正"的话,改为:"为你们自己设想,为人民设想,你们应当赶快缴械投降。"毛主席还把原稿中一些空话,啰唆、不得力的话,改得具体、切实、简明、有力。这篇稿子

---

①　延安(陕北)台播出过的毛泽东文稿,据不完全统计,有六七十篇。很多原稿上有毛泽东自己或新华社负责人批示的"发文、口播"等字样,即该稿件需要发文字广播和口头广播;也有些注明"发文、口、英播",就是在发中文文字广播和口头广播的同时,还发英文文字广播和口头广播。

的原文约 1000 字，修改稿 573 个字，从头到尾，几乎没有留下原文中一句完整的话，相当于是毛主席重新撰写。

陕北台在接到毛泽东改稿的同时，还收到了他亲笔撰写的另一篇口播稿《刘伯承陈毅两将军向黄维兵团的广播讲话》，全文约 670 个字。同前一篇一样，全篇都是根据战场实际情况和针对对方心理所写，语言朴实，简明，有力，既能以理服人，有的地方又能以情动人。与前一篇不同之处在于，前一篇是写给"将军们、军官们、士兵们"，后一篇把"所属四个军军长、十一个师师长、各团营连排长"都点到了，意思更深入一层。从 11 月 27 日起，在《对国民党军广播》节目中，两篇文稿连续播发几日，加强了政治攻势的效果。这两篇口播稿，当时还被编辑部人员作为广播稿的范文来学习。

《敦促杜聿明等投降书》这篇由齐越播音的口播稿，是 1948 年 12 月 17 日首播的，正值人民解放战争淮海战役第三阶段的开始。广播后，自动放下武器的国民党军官兵达 14000 余人。一位被俘的国民党高级将领感慨地说："你们的政治攻势，真比张良的楚歌还厉害，弄得我们内部上下猜疑，惶恐不安，兵无斗志，一击即垮。"杜聿明投降后，一下飞机，就说要见延安新华广播电台的播音员①。

如果说当时播音员的声音是朝向国民党官兵内心开火的武器，那么，毛泽东所撰写的这三篇口播稿无疑是为其装载的重型炮弹。当年黄维兵团的一个军长在后来回忆被围困期间收听陕北台播音的心情时说，最使他们头疼的就是共产党广播，听了之后，惊心动魄，四面楚歌。当年放下武器的国民党军陆、空、海军军官都听过延安、陕北的广播，他们很多人都说过，是从收听中了解了人民解放军的政策，才下决心投向人民、放下武器的②。正如刘善本来到延安见了延安台的播音员时所说："我看到了声音熟悉而未见其人的广播员同志们，我钦佩你们在极端困难的条件下把毛主席的思想播

---

① 周迅.大海的一朵浪花：孟启予的广播电视生涯[M].北京：中国广播电视出版社,2008:82.

② 温济泽.瓦解敌人军心的"重型炮弹"：淮海战役中毛泽东广播稿播发亲历[J].秘书工作,2012(06):44-45.

送到了遥远的地方,使茫茫大海中的人们在暗夜中看见了远方的灯塔,产生了希望,认清了方向,增强了奋斗的力量。"①可见,当年的广播攻势,对于分化瓦解国民党军队、促成他们放下武器或缴械投降,起过多么积极和重要的作用。

(二)《对本军广播》

播音要看对象,才能掌握好正确的情感基调。对象与基调的关系结合起来,才能使播音创作的情感分寸与语言表达恰到好处,才更易于打动听众。对国民党军的播音需要的是瓦解人心,而对人民军队的播音则需要鼓舞人心。为了增长人民军队的士气,各地人民广播电台还开设了《对本军广播》节目,尤以邯郸台最为突出。

1.对本军播音的"简单经验"

邯郸台从1947年8月1日起到1948年11月底止,开设对本军广播节目,共16个月,并总结了对本军节目播音的"简单经验",内容包括:

"(一)本军的对象,首长、干部、战士三者很难兼顾,只能以首长、干部为主,通过他们教育鼓励战士。(二)因此,内容方面,重要的战报与新闻必须及时,简明新闻要每天供给,以便部队出'电讯'。其次是评论等须全文播,有些有参考价值的地方介绍,国际常识等亦须播送。再次是本军专用的部队政治、纪律与战术技术教育,政治工作,可用新闻也可用单播。最后是军属信件,这对前后方都起巨大作用。(三)根据上述内容,节目排列与字数,大体上,重要新闻七八百字,单播一千二三百字,简明新闻一千字左右,军属信件六七百字,合共三千六七百字。(四)本军记录,必须比晚间记录新闻要慢,少用文言,长句必须切断,注释必须播两遍,一切人名、地名、专门名词必须加以注释。因此每十分钟只能播二百五十字。(五)根据内容须三千六七百字,每十分钟只播二百五十字,则合共一百五十分钟,加上前线报简明新闻与节目单二十分钟,再加上每次休息二分半、休息四次计十分钟,一共是

---

① 周迅.大海的一朵浪花:孟启予的广播电视生涯[M].北京:中国广播电视出版社,2008:82.

一百八十分钟,恰为三小时。(六)如果有如刘少奇同志长篇《论国际主义与民族主义》必须分几天,而且必须延长时间,因播得要更慢些。"①

2.军属家信播音的特点

在上述"简单经验"的第二条中,曾提及"军属信件,这对前后方都起巨大作用"。的确,家信播音,这是《对本军广播》节目中一项极为重要的播音创作内容。

1947年7月,刘邓、陈谢大军相继南下,深入国统区作战,指战员及随军地方干部远离家乡,和后方的军属干属互相思念,但通邮却极为困难。邯郸新华广播电台便从1948年1月1日起正式增设播读军属家信节目,用记录播音的方式对本军播送,以沟通前后方联系,巩固部队,鼓励士气。该台自开始家信播音以来,每天收到寄往前方的家信五六封,有时甚至有二三十封。据统计,1月至9月,曾播送家信共2439封。由于收到的信件太多,播音时间有限,为了避免积压,即实行编号,压缩或合并(如几个人寄信给一个人,或是只简单的问好信等),同时尽量保留原文,按收到先后依次播发。对带有季节性、时间性而内容较好的(如报告过年过节时优待军属的情形,麦秋丰收的情况,庆功贺喜,增添人口等)则提前播发。已经能够通邮的地区,即集中转送前方,并在广播家信时将名单广播,请他们查收。该台9个月来收到的军属家信,内容大部分是报告家庭土改中得到了土地,生活改善,或群众庆功贺功的情形,勉励其子弟、丈夫努力杀敌,争取当人民功臣。根据前方部队函电反映,听过军属家信播音后,根据信中所谈,联想起自己的家乡及家庭的情形,对解放军战士而言可得到莫大的安慰。他们甚至能将广播中的每一句话一字不漏地背出来。他们说:在国民党军队里,就是家里来了信,当官的都扣起来不给。人民解放军真是军民一体,官民一致。现在,由于人民解放军不断的胜利,许多地方连成一片。能通邮的地区,后方军属普遍接到了前方的来信,许多来信中都提到广播的家信收到了,非常高兴。

---

① 中央人民广播电台研究室,北京广播学院新闻系.解放区广播历史资料选编(一九四〇——一九四九)[M].北京:中国广播电视出版社,1985:279-280.

许多军属纷纷写信给广播电台致谢①。播音效果十分明显。

家信的特点是真实。写信人与收信人均有真实的姓名、住址、关系以及职业等信息,信中所言也都是真人、真事、真话,甚至有些是贴心话,有的是双方共同经历过的,有的则是当下对方急于想知道的。而作为"二度创作"的播音员一方来说,读信时,开头的自我感觉是:你的亲友给你写了一封信,现在我读给你听。读信中,播音创作主体必然要努力使自己融入信件所描述的情境之中,设身处地、感同身受、将心比心,情感上要与之产生共鸣。随着写信人寄予文字以喜怒哀乐的表述转换,播读的情感、语气、节奏等也要如影随形,不能由头至尾用一个腔调。思念之情常常是家信的主要贯穿线。由于写信人和收信人的年龄不同、身份不同、关系不同,信中所流露出的感情色彩和分量也不同。播音员就要用不同的语气来处理不同的情感,这样才能有变化,有起伏。如果淡而无味,就无法感动听者;若是过甚其词,则会使人感到虚假,不真实可信。因此,播音创作中,感情的真挚是家信播音的关键。

其实,不只是在《对本军广播》节目中,就是在《对国民党军广播》节目中,同样也有家信播音的内容。尽管播音的"对象"不同,但人民广播的播音员在创作时,语气和情感也还是做出了相应的调整。"我的播音原来有偏'硬'的毛病,在一段时间里,总没有找到克服的办法。有一天,两个老乡在吵架,余铭久定神地听着。然后她很有感触地告诉我:人在气愤时,说话的节奏是又短又重的。听她一说,我也受到启发,两人一起捉摸,既然愤怒时的语气又短又重,那么,人不愤怒时的语气应该是它的反面,即:舒展、缓和。这样,我们在以后广播揭露敌军罪行的稿件与广播敌军亲属给敌军官兵的家信时,语气表达便有所区别了。"②由此可见,对于"家信"这种播音文体或者内容而言,似乎无论是对敌还是对友,其语气等声音的外部形式都是较为

---

① 中央人民广播电台研究室,北京广播学院新闻系.解放区广播历史资料选编(一九四〇——一九四九)[M].北京:中国广播电视出版社,1985:277-278.

② 柏立.播音工作的片段回忆[M]//北京广播学院新闻系.中国人民广播回忆录:续集.北京:中国广播电视出版社,1986:208.

舒缓的,所反映出的人类情感都是相通的。只是在面对不同播音对象时,注意把握好情感的色彩与分量就好。

考虑"对谁播",在日后的播音创作理论中被称为"对象感"。播音员必须设想和感觉到对象的存在和对象的反应,必须从感觉上意识到受众的心理——要求、愿望、情绪等,并由此而调动自己的思想感情,使之处于运动状态。诸如《对国民党军广播》《对本军广播》这样的对象性节目,是专为特定对象组织的节目,每一个文本都是为特定对象编写的,当然就要为特定对象播音。尽管对象如此明确,也不能解决对象感的全部问题。播音员在设想对象时,还要依据具体稿件、具体话题,具体设想。在非特定对象节目的播音中,同样应该具体设想对象,以便获得具体的对象感。

第四章　社会主义探索与建设时期的播音创作
（1949—1978）

　　1949 年 10 月 1 日,中华人民共和国的成立揭开了中国历史的新篇章。中国共产党领导的人民广播的播音创作由此也进入了新的发展阶段。

　　社会主义探索与建设时期的播音创作,是从 1949 年 10 月开始,至 1978 年 11 月结束。其间,播音艺术创作的实践者与研究者们,继承并发扬了以延安(陕北)新华广播电台为代表的优良创作传统,并虚心地向苏联同行借鉴播音创作经验,同时总结人民播音自身的实践心得,逐步形成最初的播音创作理论。梅益、左荧等广播战线的负责人为播音员们提供了播音专业化、风格多样化等努力的方向。一批如方明、徐曼、铁城等优秀的新生代播音员在孟启予、齐越等前辈们的带领下迅速成长,不仅拥有坚定的党性原则、扎实的业务基本功,而且牢牢把握住了创作主调,为新中国的建设添砖加瓦,更为中国播音艺术创作注入了新的时代内涵,且逐渐形成了刚柔并济、严谨生动、亲切朴实、具有艺术美感的播音创作风格。同时,播音艺术创作也在不断外延,发展了新的播音样式,创作出了《新闻和报纸摘要》《阅读和欣赏》等深受人民群众喜爱的节目和《谁是最可爱的人》等感人肺腑的优秀的播音作品,特别是中国电视的出现,更为播音艺术创作带来了新的发展空间与活力。值得一提的是,本阶段还拥有了专门培养播音创作高级人才的学府。以上,均为播音艺术创作的后续发展打下了坚实的基础。尽管中途遭遇了"文革"时期的挫折,顽强与智慧的播音人也能够从中吸取教训、深刻反思,为下一步创作转型积蓄力量。

这一时期的创作主题可概括为：为社会主义探索与建设而服务。

第一节　影响播音创作的重要会议

1949 年 6 月 5 日，经中共中央决定成立的中央广播事业管理处改组为广播事业局，直属于中央人民政府政务院新闻总署，其任务是负责全国广播的一切事务。本阶段，即 1949 年至 1978 年间，该机构共召开了 9 次"全国广播工作会议"，使播音创作在广播事业整体发展的统一部署下有了更加明确的前进目标。与此同时，全国播音工作会议及播音业务座谈会、学习会相继召开，更是直接为来自全国的播音创作主体搭建了交流的平台。其中，一些会议对播音创作而言，意义重大，一方面，明确地指出了阶段性播音创作的重点任务，有效地解决当下存在的实际问题，为创作指明方向；另一方面，通过会上的研讨与总结，使得播音创作理论研究也更加正规、深入、系统。

一、第一次全国广播工作会议期间的播音工作座谈会

1952 年 12 月 1 日至 11 日，第一次全国广播工作会议在京召开。会议着重指出，播音是广播节目最后直接和听众接触的环节，播音工作的好坏常常严重影响着广播工作的全部效果，影响到广播工作在广大群众中的威信。

会议期间（12 月 9 日），由中央人民广播电台（以下各章节均简称"央广"）播音组主持召开了播音工作座谈会，这是新中国成立后召开的第一次全国性的播音工作专门会议。参加会议的有中央及地方台的播音员共 73 人，其中有 9 位播音组组长。由于是第一次全国广播工作会议期间的一次集会，因此，会议紧紧围绕广播工作会议中对播音工作提出的要求和建议，深入讨论了播音创作的性质、任务及其重要作用，以及播音员应加强学习的政治理论及业务内容。

本次座谈会明确指出，"播音员不是传声筒"，而是"有丰富的政治情感和艺术修养的宣传鼓动家"。这一观点的提出，对于播音员及其辛苦的创作

而言是莫大的肯定,具有里程碑式的意义。同时,座谈会对播音员提出了更高的创作准绳:"要求每一个播音员都应是人民的喉舌,要使自己的声音真正表现出伟大的中华民族的气魄,他要使自己广播的一言一句都深深地打动人心。"①如何才能达到这一要求呢? 这决定于播音员的思想感情和人民的思想感情是否息息相通,并密切地联系在一起。一个新中国的优秀播音员,首先要具备坚定的工人阶级立场和观点,用工人阶级的思想武装自己,全心全意地热爱祖国和人民。播音员必须不懈地努力学习政治和业务,不断地提高自己。因此,座谈会强调,加强政治理论和时事政策学习,提高政治思想觉悟,培植饱满的政治情感,是播音员的头等重要的任务;并明确指出播音员应从三方面努力学习:"1.政治理论、时事政策学习。要求理论联系实际,提高个人的思想政治水平。2.联系群众、联系实际。播职工节目的要下工厂,播学生节目的要去学校,与听众多联系,了解群众的生产、学习、生活和思想感情以掌握稿件精神。3.播音业务学习。包括练声,录音研究,观摩话剧、电影,排练广播剧或开朗诵会等多种方式。"②

座谈会不但讨论了播音创作的重要性、播音员的性质与要求,以及播音员学习的内容与方法,还对工作制度等作出了明确的规定。总而言之,第一次全国广播工作会议及其播音工作座谈会体现了对播音工作的重视,为接下来一个时期的播音创作及播音员队伍建设打下良好基础。

二、全国播音业务学习会

1955 年 3 月,中央广播事业局地方广播处在京召开了"全国播音业务学习会"。这是新中国成立后举办的首届全国性的、专门的播音业务学习会,也是全国播音员的首次大集会,在中国播音创作发展史中具有里程碑式的意义。会议不仅明确提出了播音创作主体的评价标准,梅益、左荧与齐越的

---

①　姚喜双.播音学概论[M].北京:北京广播学院出版社,1998:206-207.

②　中央人民广播电台台史编写组.中央人民广播电台台史资料汇编(1949—1984)[M].北京:内部出版物,1985:623.

发言内容也被视为播音创作理论的奠基之作。

会议期间，中央广播事业局局长梅益以《播音员的努力方向》为题发表讲话，他的讲话涉及播音创作的方向、标准、态度，以及创作手段、情感、技巧和修养等多方面的问题。地播处处长左荧做了题为《播音是一种语言艺术活动》的发言，这篇讲话被称为中国播音理论研究的开端之作。齐越介绍了他自己1954年7月参加中国广播工作者访苏代表团时所带回的苏联经验，并做了题为《向苏联播音员学习》的报告，主要涉及两方面内容：一是学习苏联播音员对党和人民事业的忠诚和对播音业务的钻研精神；二是学习苏联播音员的先进经验，正确地掌握播音的基本原则和方法。他还同与会播音员代表们试播、讨论。以上三人的讲话内容可视为中国播音学理论的奠基之作，后文详述。

会议还邀请了与声音表达相关的语言学、电影学、医学等专家学者以及电影导演、演员……结合播音业务实际作专题报告，这些无疑进一步拓宽了播音创作研究的学术视野。会后，中国科学院语言研究所研究员吴晓铃所讲的《关于语言的几个问题》、中国歌剧院导演牧虹所讲的《台词和练声》、北京电影导演剧团导演吴天所讲的《史坦尼斯拉夫斯基体系和演员的修养问题》等3篇文章，连同齐越和左荧的两篇发言稿以及中央台集体撰写的5篇文章一起刊登在《广播业务》1955年8月的试刊上。这些文章汇编成册，组成了中国20世纪50年代最著名的三本播音创作理论著作之一的"白皮书"——《播音业务》。

"全国播音业务学习会"历时20多天，会议明确了播音创作的性质、地位及作用，对苏联播音经验和与播音密切相关的学科知识进行了学习与研讨，拓展了业务学习的范畴，丰富了播音表达方法，促进了各地播音员的业务交流。会议上的讲话、讲座内容及讨论形成的认识，基本上勾勒出了播音创作理论的基础框架，为下一步构建中国播音学理论体系打下了坚实的基础。

三、全国在职播音员学习班与《播音工作的基本原则》

1973 年 10 月 15 日至 12 月 29 日,北京广播学院举办了"全国在职播音员学习班"。来自各级广播电台的播音业务骨干 30 余人参加了学习与研讨。学习班特别邀请了播音界的前辈,介绍他们在战争年代创作的体会;还邀请央广、北京广播学院和有关学科的业务骨干、专家学者作专题发言与讲座。

本次学习班历时两个多月,最大的特点是:边授课,边练习,边实践,边讨论,边调研,边汇报。具体而言,在每一种文体的播音业务学习讨论结束后,还举行朗诵会等不同形式的小结;同时,写下一篇篇专题纪要,将本次学习讨论的重要问题、取得的成果、存在的问题及解决方法一一记录下来,作为学习班的成果,也为其他未能到场参会的播音员提供学习与指导的材料。这次学习班历时之久、内容之全、人员之精、讨论之细,可谓是"空前"的一次,也必然是"绝后"的一次。

开班伊始,延安时期的播音员钱家楣做了《回忆在陕北做播音工作的时候》的专题报告,回顾了人民广播播音事业的发展历程及当时播音创作的境况。接下来一个月的时间内,在新闻、通讯、评论播音创作等方面,广沅(张颂)讲了《如何播好评论》(10 月 30 日)、夏青讲了《努力提高新闻的播音质量》、齐越讲了《播通讯的体会》(11 月 18 日)、沉华讲了《播音员和政策》(11 月 27 日)。进入 12 月,在文艺播音创作方面,天津台播音员关山讲了《关于播讲小说塑造英雄人物的体会》(12 月 4 日)、中央新闻纪录电影制片厂李连生讲了《谈谈电影解说》(12 月 18 日);在播音基本功训练研究方面,方明讲了《我练语言基本功的体会和方法》(12 月 4 日)、广沅讲了《发音器官和呼吸方法》、韩进廉讲了《学会说普通话》和《运用声音表情达意的规律》(12 月 4 日)。其间,还举办了关于"老带新、新促老"的座谈会(12 月 13 日),交流了关于培养新播音员的问题(12 月 17 日)。除了从事播音创作的播音员发言之外,学习班还特地约请了中国歌剧舞剧院歌剧团王嘉祥为大家讲授《语言基本功》(10 月 25 日)、耳鼻喉科专家徐荫祥讲授《嗓音治疗和保护》(12

月 25 日），等等。

学习班结束时，全体学员经过认真热烈的讨论，起草并通过了本次学习的重要成果——《播音工作的基本原则》，这完全可称得上是一部当时的"创作指南"。其中涉及播音员的工作性质、任务、要求，以及播前备稿、话筒前播出、播后总结等环节。除了文字表述上具有鲜明的时代烙印外，基本明确了播音员的创作属性和业务要求，为播音创作确立了方向。《播音工作的基本原则》中的许多内容也成了日后播音创作理论的出发点和落脚点，并显露出未来播音理论框架的基本结构。

在当时的历史环境下，能聚集这么多的播音界人士，用两个多月的时间学习研讨业务，并且将过去的创作经验总结上升到一定的理论高度，实属不易。学习结束后，吉林广播事业管理局和吉林人民广播电台根据学习班印发的学习材料和讲课录音整理的文稿，以《吉林广播》增刊的形式编印了《播音业务专辑》。随后，甘肃省广播事业管理局、四川人民广播电台等相继翻印了该册子。可见，当时全国的播音员对业务学习的愿望多么强烈。这本《播音业务专辑》在中国播音创作理论发展中占有重要一席，其影响力在当时是难以想象的。

第二节　播音创作理论的奠基

播音艺术的创作理论并不是凭空想象的，也不是一蹴而就的，更不是哪一个人的学说，而是在继承了延安（陕北）时期播音优良传统，汲取了国内外播音员创作经验的精华以及中华优秀文化之后，逐渐形成并完善的。它是系统的、实践的、开放的、发展的，具有巨大的可容性和可能性的研究空间。其中，关心播音创作发展的党中央领导、广播战线上的从业者、老一辈播音创作者，为此均做出了指导性的、奠基性的理论开创与升华，使其逐步走向"独树一帜"的艺术前沿。

一、播音创作理论的开拓者

尽管自人民广播开播之日起,播音便作为广播的一个重要环节发挥着不可替代的作用,然而,播音是否能被认定为一种艺术形式? 人们的认识就各有不同了。"嗓子好、认识字、照着念就行"这种对播音创作简单而浅薄的认知不在少数,甚至目前仍然存在。实则,播音确是一种有声语言的表现艺术,内中奥秘、个中甘苦,缺乏创作经验者说不出,眼界狭隘者更道不明。它必须是经历过长期创作实践且具远见卓识之士才能感受得到的,而梅益、左荧、齐越正是这样的人,他们凭借着对广播、对播音事业的忠诚与热情,在不懈的追求与艰难的求索中,为播音创作通往艺术空间、理论空间打开了一扇窗。

(一)梅益同央广播音组的谈话

梅益,1914 年生,原名陈少卿,中国共产党优秀党员,著名宣传活动家、翻译家。曾任中央广播事业局局长等职,是我国广播电视事业的主要开拓者和领导者之一。1955 年,在他的奔走努力之下,国家批准了已经被列入禁建项目两年之久的广播大楼的建设计划。1958 年,也是在梅益的主持下,建成了中国第一座电视台。梅益在广播电视、新闻出版、哲学社会科学研究等方面均作出了重要的贡献。

从延安时期就投身广播事业的梅益,一直十分重视播音工作,常以指示、书信与谈话的形式对播音创作加以指导。现有的史料包括:《陕北新华广播电台编播往来书信选注》《梅益同志致孟启予并转五组同志信》《梅益同志致丁一岚同志信》《播音员的努力方向——在中央台播音业务学习会上讲话摘要》《播音风格多样化——同中央台播音组同志的谈话》《播音员应成为党的出色的鼓动员——给中央台播音组的复信》《研究怎样取得最好的播音效果》《如何播送大文章和文件——和播音部同志的谈话》《给齐越同志的信》等,"其中涉及播音的性质、地位、作用、风格、技巧、队伍建设等。这里面的许多观点和见解对当前播音主持艺术的理论研究、播音与主持艺术专业的教学和播音主持艺术创作实践仍具有指导作用和参考价值"①。

1."播音员的努力方向"

1955 年 4 月 2 日,在全国播音业务学习会期间同央广播音组的讲话中,梅益开门见山、毫无掩饰地批评了当时央广一些播音员的创作水平及创作态度已经难为表率、缺点很多,甚至在播音中出现了严重错误,同时为其敲响警钟——"再这样就不能做中央台的播音员了"。随即,梅益重点谈了做好播音工作的 4 个条件,主要目的是端正播音员的创作态度,提升其创作水平和业务能力,并为播音员们指明了努力的方向。

第一,做好播音工作的前提条件是播音员的创作态度。梅益带大家重温了延安(陕北)时期的播音员在土地庙里播音的创作场景:炮弹在头顶上飞,设备马上要被拆卸转移,还得挤出一小时准备稿件。随后,他郑重提醒:"播音员说的每一句话,全国或是全省全市都能听到,你播音的时候吊尔郎当,敷衍塞责,那简直是犯罪。为人民播音,就要严肃认真,一丝不苟,全力以赴。"梅益并不否定播音室、麦克风这些客观条件的必要性,有了这些可以把工作做得更好一些;然而,上述延安(陕北)台创作环境不好却工作出色,要远比条件好而工作糟糕好得多。所以说,工作条件是第二位,第一位的是工作态度。播音员要以饱满的热情对待工作,在最困难的条件下也能把工作做好。

第二,播音员要有一定的政治觉悟和较好的思想修养,这两点决定的是立场与情感的问题。"今天,我们电台的整个节目都是为社会主义建设和社会主义改造服务的,这是整个电台的宣传的主调。如果我们的播音员不改造自己的思想,不端正自己的立场,不钻研党在过渡时期的政策,要希望作好播音工作是不可能的。"另一方面,播音时的感情不能矫揉造作。真实的感情从哪里来呢? 显然是与我们自己的立场分不开的,因此要在平日不断提高自己的政策思想水平。"我们要求播音员首先掌握住稿件的全部精神,越是吃透稿件精神,感情的表达就越发自由,然后全神贯注,就象(像)朗诵自己的作品一样,那么,播音效果就越好。我想,思想对我们的播音效果是

---

① 姚喜双.梅益谈播音[J].现代传播,2002 (05):56.

起主导作用的，正确的思想产生饱满的感情。"

第三，播音员并非声音好、不播错就会成为业务好的播音员，必须要具备一定的文化水平。播音员不是一部机器，而是向千千万万的人进行宣传鼓动的宣传家。他要把别人写的稿子，通过自己消化之后播出去，实际上是和作者合作来进行宣传。播音是一种艺术，播音员的政治、文化修养越高，就越有成就。播音员需要知道很多东西。了解得越充分，就越能掌握稿件，就越能发挥自己的感情，就会使播音获得很好的效果。播音员之所以要具备一定的文化水平，还因为广播内容是无所不包的，从工业到农业，从国内到国外，从小孩到老年人……没有一样不包括在里边。播音员就应该有广泛的知识，掌握知识越多、越广泛，播音就会越有成就。一句话，知道得越多，工作就有更大的自由、更大的把握。

第四，做好播音工作必然涉及业务能力的问题，这里包括声音、语言标准化和播音技巧等。播音员是国家语言标准化的权威人士，他们每天每时地向广大人民进行着发音的教育。听众会根据广播电台的播音学习标准语言的发音。如果播音员自己发音不标准的话，不但不能做好工作，还带坏了别人。因此，语言标准化，播音员是需要练习的。除此之外，还有怎样恰当地表述稿件的内容问题，怎样表达与内容相应的感情的问题，这些都属于播音技巧方面，也必须很好锻炼。声音就是播音员的工具，应该很好地掌握它。对声音的掌握，就像提琴家运用他的手，雕刻家运用他的锤子一样，什么时候应该重一些，什么时候轻一些，什么时候快一些，什么时候慢一些，对效果都有很大关系。

谈话最后，梅益提出，为了更好地提高业务水平，还存在一个"熟悉生活"的问题。播音的内容是生活，那么，播音员对于生活越熟悉，播起来就越自然、越实在，不像雾里看花、隔靴搔痒。由此，他展开来讲，播音本身就应该和生活一样，平时我们五个人讲话是五个样子，难道播音就可以只用一个调子吗？除了指示、公报和政治性文件外，一般稿件的播法应该换一种播音风格，应和在日常生活中谈话一样。有的同志说，读稿子不能和讲话一样，这话有道理。播音可不允许自由主义，乱添乱改，想多说一句就添一句，想少说一句就删一句。可是我们必须打破稿件的束缚，感情要和内容融合，要很自然。这就是我们播音的技巧了。做到这一点，我们的播音工作大概算是成功了。我们要忠实于稿件，要和编辑、作者很好地合作，做到既是在谈话，又是在读稿。这就需要锻炼。①

尽管，在这次会议讲话的最后，梅益谈及的是播音创作要"熟悉生活"的问题，然而，却处处可见"个性""风格""脱稿""自然""谈话"等字眼，实则可被认作是梅益后续明确提出"播音风格多样化"的前奏。

2."播音风格多样化"

1961年1月26日，梅益在同央广播音组的播音员们谈话时，重点提出并讨论了"播音风格多样化"的问题，并再次鼓励大家尝试"脱稿"，探索生活化的、谈话式的播音方式。

梅益指出："播音员不能老是一种腔腔，必须根据不同的题材采取不同的播法。我们的播音严肃认真这很好，这是我们的传统，但是能不能更亲切一些？我想播音应该有更多的表现形式，而且应该鼓励播音风格的多样化。"②当然，梅益也深知若是让播音在此时如同京剧一般发展出几种流派还无法实现，因为艺术创作的风格不是一蹴而就的，需要长期创作实践的积累与岁月的沉淀。不过，他依然坚定地提出，是否有可能改变目前这种单一的念稿的播法呢？根据播音创作的发展态势，梅益敏锐地察觉到"现在播音员都离不开稿子"，长此下去，只会将播音创作引向绝路，是时候可以尝试改变这种单一的有稿播音的创作形式了。"是不是所有的稿子都是一个字也不能改动，是不是把编辑部的稿件神圣化了？这样下去，播音员只能成为一部念字的机器，束缚了他们的创造性，贬低了他们的劳动。一切都绝对化就会是荒谬的。有些稿子应该是一个字一个标点也不能动，动了就错误。有些就容许作适当的改动，使它更有利于内容和感情的表达。"③随即，梅益鼓励

---

① 广播电影电视部政策研究室，《当代中国的广播电视》编辑部.梅益谈广播电视[M].北京:中国广播电视出版社,1987:67-75.

② 广播电影电视部政策研究室，《当代中国的广播电视》编辑部.梅益谈广播电视[M].北京:中国广播电视出版社,1987:180.

③ 广播电影电视部政策研究室，《当代中国的广播电视》编辑部.梅益谈广播电视[M].北京:中国广播电视出版社,1987:180.

大家,"我们的播音从进城以后算起也已经十一年了,该是进中学了,不能满足于念稿子"。现在是到了应该向播音员提出更高要求的时候了,并大胆提出一个想法——能否尝试"脱离念稿,开辟一条道路"去"说"的播音创作方法。"如果播音员不照稿子念,就像我和你们谈话这样,是不是会更好一些……刚开始做是会不习惯的,要做到这一点是不容易的。不仅要有播音经验,还要有比现在更高的政治文化水平和社会经历。现在念稿子的习惯培养出来了,不念稿子的习惯还没有培养出来,希望你们试验试验,比较比较,业务水平会大大提高一步。"①梅益之所以这样讲,并非毫无依据,而是从时代、广播事业发展的现状以及受众需要的现实出发。"建设社会主义的人们白天紧张劳动,而在劳动之后需要有很好的休息。人的精神生活需要振奋,也需要愉悦。不能一天到晚都是政治鼓动,有些人下了班去看杜近芳的戏,就是希望在这两小时里能够消除疲劳,并且对第二天的工作有所补益。广播电台当然要有政治鼓动,但也应该使大家在劳动之后,能从广播里得到适当的满足。人们不同的要求和爱好,也对播音员提出了不同的要求。"②

诚然,这样的观点在当时看来是极具胆量与创新精神的,而在当下来看可谓是高瞻远瞩。梅益的一席话为播音创作接下来的发展,提供了新的思路。

不过,"风格"是否就越多越好呢?在梅益眼中也并非如此。例如,1963年7月31日,梅益再次与央广播音部③的播音员们座谈。当时,正处于中苏论战期间,"大文章"成为当时播音创作的重点,梅益和播音员们探讨了关于"大文章和文件"的播音方式。他鼓励播音员们,"要强调有个人的风格、感情,更多地表达出个人的东西,使得人各不同"④。但是,他也同时强调了这

① 广播电影电视部政策研究室,《当代中国的广播电视》编辑部.梅益谈广播电视[M].北京:中国广播电视出版社,1987:180.

② 广播电影电视部政策研究室,《当代中国的广播电视》编辑部.梅益谈广播电视[M].北京:中国广播电视出版社,1987:179-180.

③ 此时,央广"播音组"已改编为"播音部"。

④ 广播电影电视部政策研究室,《当代中国的广播电视》编辑部.梅益谈广播电视[M].北京:中国广播电视出版社,1987:271-272.

种"人各不同"的前提应有一"同":"播中央文件对一个播音员来说,首先要强调的、也就是第一位的要求,不是播音员本人的感情和态度,而是对文件的理解和体会。这是最根本的,如果理解不透,体会不深,感情和态度都成为悬空的,甚而起了反作用……对播音员第一位的要求,是政治思想水平,而且不是一般的,要是相当高的水平。要播得好,主要还不是靠技巧和业务的熟练程度,起决定作用的是他的政治水平和思想水平……怎么样才能准确地表达出中央文件的精神呢?这和播音员本人的感情、态度有很大的关系。准确的表达,要求播音员本人的感情和态度必需和文件的精神充分一致,这是党的文件和播音员个人的理解、感情的对立的统一。任何离开文件的精神而大谈个人的感情是错误的。如果一个文件,十个人播,十种感情,十种播法,这岂不是变成了十个不同的中央文件了?这不行。我看好的播法,理想的播法,只能有一种,就是最接近中央文件的精神的那种播法,不可能十种播法都是好的。"[①]在梅益的创作思想指导下,夏青播出的《九评》成为中国播音创作发展史上里程碑式的作品。而夏青播音风格的形成,也正是梅益"播音风格多样化"设想的一种实现。

梅益关于播音创作的论述可谓审时度势,根据播音内容的发展趋向,及时地向播音员提出新的、更高的播音创作要求,以达到更好的创作效果。央广播音组也做了相应的探索与尝试。然而,由于政治形势的变化,这种突出播音员个性的创作方式在后来的一段时间内未能实现,无法为播音员探索新的表现形式提供空间。

(二)左荧与中国播音创作理论研究的开端

左荧,1917年生,原名王文星,1947年起任新华社语言广播部(即陕北台编辑部)编辑、军事组组长,负责对国民党军的广播工作。新中国成立后,历任中央广播事业局地方广播部主任兼国际联络部主任及业务研究室主任等职。1959年北京广播学院成立后,历任党委副书记、书记等职,长期主持

---

① 广播电影电视部政策研究室,《当代中国的广播电视》编辑部.梅益谈广播电视[M].北京:中国广播电视出版社,1987:270-271.

工作,为人民广播事业做了许多开拓性工作,特别是为培养广播电视专业人才作出了杰出贡献。

左荧从延安时期开始,就以编辑的身份与播音员们并肩战斗。齐越回忆称:"在新华社口播部里,是你逐字逐句帮我修改广播稿件。你那严肃认真、一丝不苟的工作作风,给我树立了榜样。"①左荧在主管中央广播事业局地播部期间,非常重视播音业务。在他的主持下召开了新中国成立以来第一次播音业务学习会,在新中国播音事业的开拓进程中堪称一个里程碑。广播学院成立后,作为创建者之一的左荧对播音教育工作的关心更经常、更直接了。如何办学、开什么课、师资建设均离不开他的支持与指导。正因如此,播音专业才能从无到有、从小到大地建立起来。总而言之,左荧对播音员的思想情况了如指掌,对播音员在创作中存在的问题也阐述得十分透彻。

1."播音应当专业化"

针对当时一些广播电台主张把编辑和播音工作结合起来并取消播音组的现象,1951 年 3 月 1 日,左荧发表了《从'编播合一'谈到播音应当专业化》②一文,这是新中国成立后较早的一篇研究播音员该如何培养的理论性文章。作为延安台最早的编辑之一的左荧提出,播音具有较高的艺术性,播音工作应更加专业化,而不该"编播合一"。

左荧在文中首先总结了"编播合一"被提出的现实背景,不外乎三种情况:一是人员不足,多半是由于编辑人员不够,借以增强编辑力量;也有极少数的情形下是播音人员不足而同时编辑人员可以播音的。二是企图用"编播合一"的办法来提高播音人员的政治业务水平。三是播音人员不安心、闹情绪,看不起播音工作,说播音工作只是一种单纯的技术工作,没有前途,用"编播合一"这种办法来安定大家的工作情绪。于是"编播合一"在 20 世纪50 年代初期成为许多地方台试图解决培养播音员工作的主要办法。

---

① 齐越.良师益友 风范永存[M]//赵玉明.风范长存:左荧纪念文集.北京:中国传媒大学出版社,2005:85.

② 左荧.从"编播合一"谈到播音应当专业化[M]//赵玉明.风范长存:左荧纪念文集.北京:中国传媒大学出版社,2005:15-18.

接下来,左荧又分析了各台在试行"编播合一"的过程中所采取的办法以及得失。一种办法是部分编辑人员除编稿子外,直接参加了播音工作。但由于编辑人员的口音复杂,南腔北调,很不容易普遍做起来,因此至今仍限于少数人员。另一种办法,就是播音员参加编辑工作。参加的办法也有两种,一是播音科(组)不变,所有的播音人员以自己的兴趣在编辑部门各科(组)中选定一门参加工作。播音人员的主要任务仍然是播音,但同时也参加一部分编辑工作。二是干脆取消了播音科(组),将播音员依照各人的志趣和工作的需要分别编入编辑部门其他各科(组)中间去。播音员虽然每天仍负责播音,但是,大家并没有专门研讨播音业务的机会了。有的台为了补救播音员在播音业务上联系之不足,曾在总编室之下设立过播音干事。但是,显然,播音工作已被放在极其次要的地位了。根据几个地方台试行的结果,不论是哪一种方法,尽管播音人员在政治上得到了提高,编播人员之间的隔阂相对减少了,适当解决了编播干部不足的困难,然而,缺点是:播音工作的水平明显降低了。错误和事故普遍增多了,播音制度废弛了,不讲求播音技术了。"钻不进去的"仍然苦闷,感到无前途。部分编辑人员参加播音的,由于是客串性质,播音水平也多不易提高。

在对上述试行"编播合一"的背景、方法、得失进行了细致的总结与分析后,左荧认为:作为培养播音员的方法提出来的"编播合一",显然不但没有提高播音水平,相反倒使水平降低了。这个问题值得研究。绝不能因为试行中所得到的某些好处就肯定说"编播合一"可行,因为它首先对播音工作不是增强而是削弱了。有一定水平的播音员只要肯努力学习,认真钻研业务,编播不合一也会有进步的。播音员放松了播音业务而去编稿子,虽然解决了编辑干部不足的困难,但是这样做同播音业务却是越走越远了。至于迁就某些播音人员的情绪的做法,就更是不妥当了。之所以会产生这样的不良结果,是因为其产生的条件就是不健康的,它是为了补足某种缺陷或者迁就某种不良现象而产生的。因此,这种办法本身就给播音人员指示了一条不正确的道路。它不是鼓励播音员研究播音业务,而是鼓励他们向编辑人员的道路上发展。仿佛一个好的播音人员就必定要是一个出色的编辑人员一样,这种倾向实际上否定了播音工作独立发展的前途。

综上所述,左荧提出,播音工作是一种独特的艺术,它也同样需要特殊的培养。一个播音员要告诉听众一个消息、一个道理,或者一个故事,这绝不是一件轻而易举的事。他还对播音提出了较高的创作要求,他说:"好的播音应是亲切而有诱惑力的,使得人们一打开机子就不能不听我们的播音,听就不能不听完,听完则久久不能忘怀。好的播音应该有自己独特的风格和风度,这种风格和风度应该足以表现我们伟大中华民族淳厚的气魄;好的播音应能以声音(并不是音乐)在听众面前树立生动的形象,以声音而不是以色彩在听众面前展开美丽的图画。"

最后,左荧明确表态,播音工作在整个广播工作的生产过程中是有决定意义的一环,它绝不是单纯的技术工作,因此,任何削弱播音工作的做法都是不妥当的。播音工作应该专业化,应该尽量减轻播音人员其他事务工作的负担。条件允许的情况下,播音员最好专门播音,政治性的监听工作应交编辑部其他人员负担,放唱片工作应交技术员担任。播音的机构仍应单独设立,不应合并到其他部门中去。播音员除应十分注意政治学习,不断提高自己的政治水平之外,应该加强播音业务的钻研,如有条件,可以设立播音的艺术指导员。经常召开播音技术欣赏会,提高播音人员的欣赏能力。重要的稿件在播音以前最好实行试播制度。播音员应该有毕生为播音工作而服务的决心,全心全意地将播音工作做好。

左荧的这篇文章可谓是中国播音创作理论研究的开端。

2."播音是一种语言艺术活动"

1955 年 3 月,时任中央广播事业局地播处处长的左荧在全国播音业务学习会上分享了其业务学习笔记《播音是一种语言艺术活动》。

左荧首先对播音在广播工作中的重要性作出了肯定:"播音工作是广播宣传工作中一个重要的环节。播音员实际上就是语言广播的集中体现者,如果播音员不能正确地体现广播的内容,或者体现得不够,常常会直接减弱广播的预期效果。如果歪曲了广播内容或播错了,甚至会收到相反的效果。"①

随后,左荧指出了某些播音员的错误认知。第一种,有些广播工作者和播音员还存在着各种各样轻视播音工作的思想。他们把播音工作看成一种简单的低级的劳动,说播音工作也不过是念念稿子,只要认得字会说普通话的人都可以做播音员,甚至妄自菲薄,说播音员是"传声筒""肉喇叭"。第二种,是片面地不适当地强调播音工作的重要性,把播音工作同编辑工作对立起来看,甚至自认特殊,以为播音工作是艺术工作,因此要高人一等,待遇也要高一些。同这种思想相连的一种思想,就是有些人在做了一个时期播音工作以后,觉得播音工作不容易,因而又产生一种退缩的思想。

在批判了以上两种(实为三种)对播音工作的片面看法后,左荧又明确提出了——"播音工作是一种语言表现艺术"的著名论断,并且分析了播音艺术同朗诵、说唱、表演艺术的异同。既然播音是一种独特的语言表现艺术,就有其自身的创作规律与个性,于是文章重点阐述了包括"播音对象""播音内容""播音目的""播音技术"等几个创作的基本问题。他很好地诠释了播音这一艺术创作过程:"清晰而正确地把稿件的内容传达给听众,这是对播音员最起码的要求。要想达到广播的预期的效果,播音员应该努力寻求打开听众心门的钥匙,用我们的声音去拨动听众的心弦,使它发出同我们具有同样情感的声音。这就是说,我们的广播应努力做到能够抓住听众,使他打开收音机,非听到底不可。听了以后,给他一个鲜明而深刻的印象。"

左荧在《播音是一种语言艺术活动》中还提出了 4 个极为重要的创作要素。若想使播音创作达到预期的艺术效果,"应该首先研究下面四个问题:1.播给谁听? ——就是播音的对象的问题;2.播些什么? ——就是广播内容的问题;3.为什么播讲? ——就是播音的最高目的性的问题;4.怎样播讲? ——就是播音技术的问题"②。

---

① 左荧.播音是一种语言艺术活动[M]//赵玉明.风范长存:左荧纪念文集.北京:中国传媒大学出版社,2005:85.

② 左荧.播音是一种语言艺术活动[M]//赵玉明.风范长存:左荧纪念文集.北京:中国传媒大学出版社,2005:81.

　　张颂曾将左荧谈及的上述4点命名为播音创作的"四要素"。前三点要素即"播给谁听""播些什么""为什么播讲"是当时播音创作中已为人所熟知、通用的;而第四要素——"怎样播讲"是左荧在这次会议的这篇文章上第一次提出的。"他还极富创见地对苏联播音经验中的'播音三要素'进行了重要补充,完成了'播音四要素'的学理提升。这篇文献是左荧同志对播音理论的重要贡献,尤其是他对于播音的第四个要素的阐释,凸显了他的真知灼见,具有深远的理论价值和实践意义。"①

　　20世纪50年代,齐越等从苏联取经回来,经常教导年轻的播音员,在话筒前播音,一定要牢牢抓住"播音三要素——播给谁听,播些什么,为什么播讲"。当时新生代的播音员常以此为座右铭,未能发现其中的缺失。尽管在实践中,他们也感觉到了还有其他因素在影响着播音创作,却始终提炼不出新的要素。经过左荧"第四要素"的提出,他们才深刻地认识到,"怎样播"确实就是那个制约创作的非常重要的因素。因为,播音时,单纯地追问创作内容、创作目的和播讲对象,还是不够的;如果不进行"怎样播"的探究,就展现不出创作主体的生命活力,发挥不出创作主体的独特个性,传递不出创作主体的真实情感,更表达不出稿件的精神实质。左荧强调:"播音技术的好坏决不是单纯指的声调动听和词句清晰与否,而是要看播音员的播音是否是由于他们的思想感情和稿件的思想感情融合一致所发生的最恰当、最自然的声调和情感。基于此,我们要求广播每一篇稿件时都应有独特的风格,不同的感情、语气、速度和声调的抑扬顿挫,而不能千篇一律。"②自此,播音"四要素"的概念与阐释,便在全国播音界的创作圈中流行开来,成为一种创作的共同要求,并成为中国播音学理论进入草创时期的前奏,为中国播音学奠定了重要的学术基础。

　　当时,新中国的广播事业尚且稚嫩,且需要面对苏联理论不容置疑的藩

---

　　①　张颂.左荧同志,我们铭记着您的教诲:关于播音第四要素的提出与感念[M]//赵玉明.风范长存:左荧纪念文集.北京:中国传媒大学出版社,2005:323.

　　②　左荧.播音是一种语言艺术活动[M]//赵玉明.风范长存:左荧纪念文集.北京:中国传媒大学出版社,2005:95.

篱。"怎样播"在这样的时代局限中被提出,实属不易。"左荧的学术勇气和理论远见,值得敬佩。左荧的建设性、拓展性贡献是十分可贵的,将永载史册。"①

(三)齐越与中国播音创作理论研究的奠基

齐越是人民广播事业公认的第一位男播音员,是新中国播音事业奠基人之一。在从事播音创作的几十年岁月中,他以特有的庄重、深沉、富有磁性的声音感染了千百万听众,同时也留下了一批优秀的播音作品。齐越还是第一位播音专业的教授、硕士研究生导师。他为培养新一代播音员付出了辛勤的汗水,为播音教育事业贡献了毕生精力。齐越不仅有着丰富的创作实践经验,还有着多年的播音教学经历。因此,他对播音创作也有着十分独到而深入的认识、理解与总结。

1."播音员和稿件之间的矛盾"——播音创作最根本的矛盾

1963 年,齐越根据参加全国优秀节目欣赏会的实际情况,撰写了《播音是创造性的艺术活动》一文,不仅指出了播音是一种艺术活动,更是着重强调了其"创造性"的一面。

齐越在文中提出:"播音是一种具有独立性的语言艺术创作。在向其他语言艺术学习的时候,我们要吸取那些对我们有益的东西,融会于我们的创作中,使播音发展成为更具有特点、更具有独立风格的语言艺术。如果仅仅模仿别人的腔调,把这种腔调当作时髦的东西,固定不变地套在所有广播节目和稿件上,恐怕这也会流于'千篇一律',堵塞了无穷无尽的创作源泉吧?"②这是对播音创作认知的进一步提升,它不仅是一种独立性的艺术创作,更是一种创造性的语言艺术表现活动。

齐越在文中还阐述了两个问题,均对播音创作具有重要的指导意义:其一,是播音创作中最根本的矛盾问题——"播音员和稿件之间的矛盾"。矛

---

① 张颂.左荧同志,我们铭记着您的教诲:关于播音第四要素的提出与感念[M]//赵玉明.风范长存:左荧纪念文集.北京:中国传媒大学出版社,2005:324.

② 齐越.播音是创造性的艺术活动[J].广播业务,1963(10、11):23.

盾的关键在于:"我们的政治水平,政策水平,文化水平,思想感情、语言能力往往跟稿件的内容和形式有一定的距离。这一距离也就是播音员和稿件之间的矛盾。它实质上反映出我们各方面的水平还跟不上前进着的伟大时代的要求。我们只有跟上这种要求,才能更好地完成播音工作任务。"①其二,是播音创作中主体定位的问题。他分析了播音员与演员、播音创作与表演创作之间的不同,提出:"播音员是以党的宣传员的身份进行播音的。他在传达稿件中人物的话(直接引语)的时候,也不应当改变转述者本人(播音员)应有的态度。播音员是用自己对人物的正确态度,用富有表情的语调,突出强调或适当夸张人物性格或行为的最重要的一面。"②

后来,这篇文章又以《播音和稿件》为名收录在了《寄语青年播音员》一书中。可见,齐越先生对播音创作最根本的矛盾——播音员和稿件之间的矛盾的重视程度。

2.《朗诵艺术》的出版

1955年末至1956年底,齐越和崔玉陵节译了苏联著名艺术语言大师、共和国功勋演员符·尼·阿克肖诺夫所撰写的《朗诵艺术》一书,并分12期连载于《广播爱好者》一刊(1955年第12期至1956年第12期,其中1956年第2期未登)。内容包括了朗诵艺术创作中的稿件的准备、表达的技巧等方面。

1983年,应广播出版社之邀,齐越与崔玉陵又将原著中《俄罗斯朗诵艺术史》补译,连同上述已刊发的译稿一并整理成书——《朗诵艺术》,于1984年2月出版。该书主要分为:俄罗斯朗诵艺术史、朗诵者的准备工作、文学作品朗诵、技巧、语言动作等5章。除第一章的内容是关于俄罗斯朗诵艺术史外,其余各章涉及朗诵艺术创作的各个环节。如在"朗诵者的准备工作"一章,涵盖两节。第一节包括呼吸、嗓子、吐字、发音;第二节包括逻辑阅读、逻辑重音、逻辑句读、逻辑停歇。其中,"逻辑阅读"是朗诵者准备文学作品朗诵创作的首要工作。每一篇选稿,在确定表达任务之前,应当从逻辑上对所

---

① 　齐越.播音是创造性的艺术活动[J].广播业务,1963(10、11):21.
② 　齐越.播音是创造性的艺术活动[J].广播业务,1963(10、11):22.

有的词句和段落进行细致的分析,这一环节绝不可以草率行事。为了逻辑正确地找出作者的全部思想和愿望,仅仅阅读一两遍是不够的。透彻理解作品,将是以后独立对其进行有声化创作的起点,可以帮助朗诵者确定自己对作品和作者所表达的全部思想的"态度"。"文学作品朗诵"一章,涉及主题思想、创作想象、创作任务、创作态度、内心视像、内在语等。当朗诵者清楚理解了作品的思想和逻辑顺序以后,就开始了最有意义的、愉快的,也是最吸引人的"创作过程"阶段。这一阶段建立在深入理解作者的全部观点、作者的风格、历史和时代的背景以及对作品的社会评价的基础上。朗诵艺术中最重要的是对于稿件的"积极的创作态度"。没有创作态度,朗诵稿件必然空洞无味,也不会吸引听众,无法唤起他们的共鸣与想象。另外,人们在说话时总是有目的的,为了一定的目的而发出的一定的词句,就会产生内在语,这是语言动作的主要动力。"技巧"一章,包括语调、心理顿歇、节奏、手势以及创作交流。"语言动作"一章提出的朗诵者要积极调动语言的一切要素,最确切、最清楚地揭示作品思想。当朗诵者把稿件变成自己的话,用自己的思想感情和想象丰富了话语的时候,他只能以自己的身份朗诵全篇稿件。当然,绝不可以臆想出来一个形象代替自己。

朗诵,是播音创作主体需要掌握的一种有声语言表达样式,无论是在舞台上表演,还是在话筒前、镜头前的播音创作中,常会遇见。而且,有声语言表达艺术的不同形式之间均有相通之处,虽然此书聚焦"朗诵艺术",但其中的内容对播音艺术创作而言极具参考价值。正如齐越在《播音是创造性的艺术活动》一文所倡导的,播音要向其他语言艺术学习,吸取有益的东西,融会于播音的创作中。不难看出,后续在中国播音学创作理论中出现的"内三外四"均有上述章节所涉及的内容及概念的影子。"虽然较为简单,但是其语言表达艺术的理论框架比较全面,为播音基础理论研究打下了基础。"①

3.在上海台播音组座谈会上的讲话

1963年,齐越在上海人民广播电台播音组座谈会上的讲话成为播音创作理论的另一奠基之作。会上,齐越首先谈了收听上海台和浙江台的节目

---

① 喻梅.新中国播音创作史论[D].北京:中国传媒大学,2009.

后的体会,随即阐释了以下几个方面的问题。

播音创作的三个环节:播前、播出、播后。"播前准备稿件,是三个环节的中心环节,也是播得好坏、能否达到高质量的关键。"①备稿时,不能从个人爱好、个人名利得失出发,"要全力以赴播好所有的稿件,哪怕是一句话,一个头尾,一段预告,一条广告。"②齐越在讲话的后文中又谈到了分析和掌握稿件的三要素:是什么? 为什么? 对谁讲? "了解'是什么',考虑'对谁讲',都是为了使语言的目的更明确,更能使对象接受下来,从而解决'为什么'……没有以这三要素作基础,就去考虑怎样播,是不能很好的(地)传达文章的精神实质的,也找不到恰到好处的表达方法的。"③这三要素应该在备稿时加以明确。第二个环节即直接在话筒前播出,或者是录音播出,都要求注意力高度集中。集中到哪些方面呢? "集中到传达稿件思想感情,传达稿件内容。这就需要排除一切杂念……总之,所有妨碍进入稿件的杂念,在播出时都要排除,尤其要排除为表达而表达。"④最后,播后应虚心听取各方意见,还要把这些意见作具体分析,独立去思考,抓住主要问题,看清主要缺点,然后逐个逐步解决。

播音创作质量的三项指标:准确、鲜明、生动。"准确,就是准确的(地)传达稿件的思想内容、精神实质以及稿件的风格形式;鲜明,就是播每一篇稿件,都要贯穿无产阶级的党的宣传员鲜明的爱憎分明的态度;生动,就是要有符合于稿件内容的生动的表现能力、表现方法,它应该是更接近于生活的生动,而不是那种脱离生活矫揉造作戏剧化的生动。这种生动,是跟传达稿件内容紧密结合起来的。"⑤

播音创作的三个基本出发点:第一,从文章的内容和形式出发,"即从当前斗争形势和人民群众的思想实际出发,掌握文章的精神和实质,激发起强

① 齐越.寄语青年播音员[M].北京:北京广播学院出版社,1986:61-71.
② 齐越.寄语青年播音员[M].北京:北京广播学院出版社,1986:61-71.
③ 齐越.寄语青年播音员[M].北京:北京广播学院出版社,1986:61-71.
④ 齐越.寄语青年播音员[M].北京:北京广播学院出版社,1986:61-71.
⑤ 齐越.寄语青年播音员[M].北京:北京广播学院出版社,1986:61-71.

烈的播讲愿望,把文章的词句变成自己想要说的话"①;第二,从又红又专的人民播音员,也就是党的宣传员的身份出发,"这样就会产生具有高度思想性的创作态度,这种创作态度应该贯穿于全篇,随着传达文章的内容,从语调、语气当中表达出来"②;第三,从播音员的具体条件出发,"即从自己的嗓子、语言表达技巧等出发,结合文章的内容和形式确定播讲方式。不要机械模仿他人。"③三个基本出发点的关系是:第一、二条是内容、是目的;第三条是形式、是手段。表达形式是为了传达文章内容而服务的,因此,后者应从属于前者。

播音创作技巧的三张王牌:重音、停顿(即民间说唱中的气口)、语气。三张王牌是一个统一的整体,其中语气是核心。"重音只是帮助传达语气,而不能单纯去点重音;按照文章的逻辑,掌握了逻辑顿歇,根据文章思想感情的发展,掌握了心理顿歇,那样气口才会适当,语气才能确切,意思才能完整……所以掌握重音、停顿的主要目的,是为了解决语气的问题。"④至于语气,则是由在备稿时掌握稿件的"为什么"而确定的,"就是掌握语言的目的,掌握住跟对象的关系,掌握住你对事件应有的正确态度,是由这个来决定的。语气的外在表现形式是强、弱、轻、重、抑、扬、顿、挫等。但是要正确掌握语气,只有去分析稿件的内容、目的性和时间、地点、思想感情"⑤。也就是说,必须要找到了稿件背后的内在意蕴,找到它的潜台词(内在语),这样,处理表达稿件方法时,轻重强弱、抑扬顿挫也都有了目的性。

以上的"三个环节""三个要素""三项指标""三个出发点""三张王牌"等的归纳总结,足见播音创作理论基本成形。以此为标志,业界与学界开始了对中国播音学的系统探索。

---

① 齐越.寄语青年播音员[M].北京:北京广播学院出版社,1986:61-71.
② 齐越.寄语青年播音员[M].北京:北京广播学院出版社,1986:61-71.
③ 齐越.寄语青年播音员[M].北京:北京广播学院出版社,1986:61-71.
④ 齐越.寄语青年播音员[M].北京:北京广播学院出版社,1986:61-71.
⑤ 齐越.寄语青年播音员[M].北京:北京广播学院出版社,1986:61-71.

二、苏联经验与自我总结

播音艺术创作终究是要在话筒前的实践中完成,因此,播音经验显得非常宝贵,它既是前人的总结,更是对后人创作的有效指导,而终将走向理论化的蜕变。本阶段,创作理论初见端倪,不过仍以"经验"为主。以《苏联播音经验汇编》《播音业务》《全国播音经验汇辑》三本论文集为"经验"的集中体现,俗称"黄皮书""白皮书""蓝皮书",分别总结了国外、央广和地方台的播音创作经验,是一次全面的梳理、总结、提炼与推广,为中国播音艺术创作理论的建立提供了基本的思路、内容、依据和方向,具有重要的实践意义和理论价值。

(一)《苏联播音经验汇编》——"黄皮书"

1954 年 7 月 6 日至 9 月 5 日,中央广播局组成以副局长温济泽为团长的中国广播代表团 18 人访问苏联,齐越是代表团成员之一。他们的主要任务是考察、学习苏联播音创作经验,回国后分享了苏联播音经验,并翻译了苏联播音员撰写的经验文章,汇编成册,取名《苏联播音经验汇编》,俗称"黄皮书"。内容主要包括:由俄罗斯苏维埃联邦社会主义共和国功勋演员、莫斯科广播电台播音员组艺术指导弗谢沃罗多夫撰写的《苏联广播电台播音员的工作经验》《略谈广播语言》,由耶·高尔金娜撰写的《言语的技术和逻辑的几个问题》,由叶·叶梅里扬诺娃撰写的《怎样准备播音》,由埃·托别士撰写的《创造性的工作、探索和学习》,由耶·奥·琪雅索娃撰写的《掌握播音艺术的道路》,由弗·格尔奇克撰写的《播音工作的经验点滴》等。

在学习苏联播音创作经验时,一方面,大家发现,"明显地带有零散的经验色彩和斯坦尼斯拉夫斯基表演体系的印记"。因此,全国播音系统便组织播音员通过练习台词、朗诵等表演的相关专业内容,来努力磨炼播音创作技巧,提升创作水平。另一方面,"大家也明显感觉到了我国与苏联的播音还存在较大的差别。经过三十多年的社会主义建设,苏联国力强盛,人民生活稳定安逸、受教育程度较高,因此苏联的播音在强调态度立场的同时,非常注意口语化和生活化,其娓娓道来的讲述感与我国自战争年代沿袭下来的偏喊话式的播音有很大不同。播音创作方式是整个社会状态的真实反映,五十年代,我们在废墟之上开始社会主义建设,我国的社会背景、经济条件、人民素质、整体心态都与苏联有着很大的不同,苏联式的'口语化''接近化'一直没有在播音创作中体现,这是当时中国特定的社会环境所决定的"①。

值得一提的是,这本书最后一篇是由李玲虹摘译的《日本播音读本》一书的第六章《播音技术的基本原则》,其日文原版《播音读本》(アナウンス読本)是1955年3月22日刚刚由日本放送协会编写并出版发行。由此可见,"黄皮书"可谓紧跟时代。

(二)《播音业务》——"白皮书"

在学习苏联播音经验的同时,央广播音组也开始对自己的播音创作进行经验的总结与理论的探讨。经过集体讨论,共写出5篇文章,包括由徐力执笔的《播音员和播音工作》、由李兵执笔的《播社论的体会》、由夏青执笔的《克服报告新闻的八股腔》、由张洛执笔的《把现实中的情景鲜明地再现在听众面前》、由齐越执笔的《播音员和实况广播》。② 以上几篇文章也构成了《播音业务》这本论文集——俗称"白皮书"的主要内容。

此外,该书还收纳了1955年3月在京召开的"全国播音业务学习会"上的发言稿。包括齐越的《向苏联播音员学习》,左荧的《播音是一种语言艺术活动》,中国科学院语言研究所研究员吴晓铃的《关于语言的几个问题》,中国实验歌剧院导演牧虹的《台词和练声》,北京电影演员剧团导演吴天的《史坦尼斯拉夫斯基体系和演员的修养问题》等,以及叶·雅·琪雅索娃的《我是怎样把自己的经验传授给播音员们的》,徐荫祥、张权、郝寿臣等的《怎样保护嗓子》等。

在播音创作前的备稿阶段,播音员常常会借助一些特定的符号来对文字稿件进行归并、划分,找出气口及重点词句等。每个台有每个台的风格,

---

① 喻梅.新中国播音创作简史[M].北京:中国传媒大学出版社,2016:55.
② 这5篇文章分别发表在了1955年8月出版的《广播业务》的第1页至第38页上。

甚至同一个台不同的播音员有各自的一套符号系统。值得一提的是,"白皮书"在文末第一次正式介绍了央广播音员们在备稿时所使用的标记符号。这对于今后全国播音员更广泛的业务交流具有推动意义,也对播音理论中播前备稿一环的规范性起到了建设性作用。

(三)《全国播音工作经验汇辑》——"蓝皮书"

"黄皮书"是苏联经验的借鉴,"白皮书"是央广播音员经验的合辑,而俗称"蓝皮书"的《全国播音工作经验汇辑》则是地方广播电台,主要是省级台播音员创作经验的汇集。包括左荧撰写的《播音是用语言进行宣传的艺术活动》,黄炘撰写的《人民需要什么样的播音员》,山西台靳德龄撰写的《与广大听众同呼吸共命运》,陕西台播音组撰写的《政治是播音工作的灵魂》,河北、天津台播音组撰写的《和"唯天才论"的一场论战》,江苏省泗阳县广播站化银、张华撰写的《政治挂帅,播音工作大跃进》,中央台夏青撰写的《谈逻辑重音、逻辑顿歇和语调》《广播员的读音问题》,河北台播音组撰写的《到农村去,才能播好农民节目》,天津台播音组撰写的《广播大会上的播音工作》,中央台播音组集体讨论、夏青执笔的《克服报告新闻的八股腔》,山西台章绚撰写的《把感情和心血贯注进去——播"丁果仙的十年"的体会》,安徽台卫宝文撰写的《一次播音业务学习的稿件分析》,陕西台播音组撰写的《深入实际、深入群众》,河南台申慧英撰写的《开展竞赛是提高播音质量的重要方法》,浙江台播音组撰写的《我们是怎样培养新播音员的》,浙江台播音组写的《挖潜力,不断提高播音质量——介绍我们用录音机代替播音员值班的办法》,天津台赵军撰写的《我有信心当好播音员了》,福建前线部队广播站陈斐斐撰写的《在前线对敌广播工作中》,列车广播员王静宜撰写的《我热爱的工作——列车广播》,黑龙江省汤原县广播站魏连馥撰写的《在话筒前的工作》等。

值得一提的是,"蓝皮书"收录了夏青于1960年发表的《谈逻辑重音、逻辑顿歇和语调》①一文。文章提出,在播音创作中,如何运用有声语言中最明

---

① 夏青.谈逻辑重音、逻辑顿歇和语调[J].广播业务,1960(12):28-32.

确的表达手段去传递内容,是一种创作技巧,而掌握文章的逻辑重音、逻辑顿歇和语调,正是这些有效的表达手段。同时,通过实例论述了逻辑重音、逻辑顿歇和语调在表达中的重要作用。

"黄皮书""白皮书""蓝皮书"问世后,"给我们提供了很多的思路,怎样发展我们自己的播音事业,怎样建立我们自己的播音创作理论,每一本书都提供了非常珍贵的思路,尽管也有错误"①。其实,这三本书只是当时创作经验总结与理论研究的一个缩影,以齐越为代表的全国各地、各级的播音员们还撰写或翻译了大量播音著作,总结了不同类型的播音创作经验,并向语言表达的姊妹艺术取经……播音界在"自己走路"方针的指引下,开始致力于探究播音创作的特征、创建播音文体,已不再满足于点滴工作经验的总结,而力求艺术创作理论的高度升华,出现了令人欣喜的第一个研究高潮。

第三节　播音创作主体的新生力量

1959年9月,北京市十大建筑之一的广播大楼竣工并投入使用,振奋人心。周恩来总理在视察新大楼时,曾驻足播音室窗外,观看了齐越、潘捷播报《全国各地人民广播电台联播》。播音结束后,周总理握着齐越的手,语重心长地说:"广播大楼建成了,比起延安的窑洞来条件好多了,你们一定要用延安精神做好工作。"②同年,全国人大常委会委员、全国文字改革委员会主任吴玉章来参观广播大楼时对播音员们说:"播音工作是个重要的工作,把党的文件的精神,通过语言正确、生动地传达出去,会起很大的作用。"③他勉励播音员们要努力工作,学习马克思主义,提高政治思想水平,锻炼语言艺术技巧,爱护嗓子,注意休息。吴老还嘱咐老播音员们要注意培养新生力量。

---

① 张颂.播音主持艺术论[M].北京:中国传媒大学出版社,2008:256.

② 赵玉明.中国广播电视通史[M].2 版.北京:中国传媒大学出版社,2006:252.

③ 马玉坤,高国庆.张颂学术年谱[M].北京:九州出版社,2018:143.

正是在党和国家领导人及社会各界人士的关怀与支持下,播音员的业务锤炼与队伍建设重要性得到了更加充分的认识。这一时期,涌现出了一批新生代的广播播音员;同时,还出现了电视播音员这一新的播音创作群体。

一、广播新生代播音员的代表

1949 年 12 月 5 日,陕北新华广播电台更名为中央人民广播电台,正式成为国家级的播音创作平台。播音组由孟启予任组长,丁一岚任副组长,组员除齐越等早期的播音员外,又先后从全国各地电台抽调了一批优秀的播音员,同时从北京的青年学生中吸收了一批新生力量送去广院培训。播音员的选拔方式"由战争时期的选派变为分配、调任和考试"。选拔标准包括"具有较高的政治觉悟和政策水平,爱党敬业,全心全意为人民服务;嗓音条件好,吐字清晰;高中及以上文化程度,知识面广"[①]。

1950 年 7 月,央广试行"编播合一",但正如前文左荧对这种工作方式提出的质疑所言,"编播合一"虽然弥补了人员不足的问题,却使播音创作质量大大下降;因此,同年底,央广组织机构和分工又做出调整,规定播音组组员唯一的工作就是播音,不担任编写稿件、监听、放唱片与安排节目工作,编播正式明确分家。齐越任播音组组长,组员包括费寄平、夏青、李兵、徐恒、葛兰等。1952 年,播音组又吸收了一些青年学生加入播音队伍,其中有林如、王欢、刘炜等。1954 年,央广内部成立了播音员指导委员会,负责对播音员的业务进行指导、培训和考核等工作。齐越担任艺术指导,委员会成员有夏青、林田、潘捷、李兵等。委员会还下设对内播音组,组长徐恒,副组长马尔芳、吴景玉;对外播音组,组长姚琪,副组长费寄平。20 世纪 50 年代,较有代表性的播音员有夏青、葛兰、林如、潘捷、林田等。

1960 年后,央广编制扩大、人员增多,为加强思想政治工作,设专职党支

---

① 祝捷.中国播音主持评价体系发展研究[M].北京:中国广播电视出版社,2013:91.

部书记一人,由罗兰担任。1961 年 2 月,央广在广院播音学员班挑选了铁城、丁然、金锋、雅坤、赵培、虹云、钟瑞、徐曼等 18 位学生加入了播音创作岗位,并由齐越带领这些年轻的播音员进行创作前的实习。其间,齐越因病住院,但依然挂念这个班的学生及无数年轻的播音员。1961 年 10 月 8 日,齐越在疗养院托徐曼、铁城转给该班同学们一封信,勉励他们认真学习,努力工作。这封信后来以《寄语青年播音员》为名,发表在 1980 年《广播电视杂志》创刊号上。1963 年,央广播音组改为播音部,成为处级建制,由对内广播办公室主任聂耶兼任播音部主任;下设播音指导:齐越、夏青;业务秘书:林田、罗兰、潘捷。播音部成立以后,在业务上展开了以老带新、教学相长的练兵活动。他们深入实践,到军营、煤矿、农村、服务行业体验生活,建立牢固的专业思想,提高身为党的宣传员的自觉性,做一专多能的播音员。各级领导非常关心这支队伍,局长梅益几次到播音部和大家座谈,写信给播音部,提了自己听节目的意见,鼓励大家做好播音工作。这一时期,一批年轻的优秀播音员脱颖而出,崭露头角,较有代表性的包括方明、铁城、徐曼、雅坤、虹云等。

在齐越等老一辈播音艺术家、革命家的带领下,央广新一代的播音员们继承和发扬了播音创作的优良传统与革命精神,高标准、高质量、严要求地完成了一次次的播音创作,并形成了一支政治可靠、作风优良、理论与业务创作水平高超的播音员队伍。他们也为播音创作带来了一股新的力量。无论是播音风格,还是理论研究都进入了一个全新的时代。

与此同时,各地方广播电台的播音水平也有了大幅提升,涌现出一批各具创作特色的优秀播音员。如北京台刘露、章然、恒山,上海台陈醇,天津台关山,辽宁台路虹,四川台阮培兰,云南台段美珍(舒平)等都具有较高的知名度。其中,在播音创作领域有代表性且独具特色的当属陈醇与关山,二人被称为"南陈北关",各成一派。值得一提的是,1995 年,时任中共中央政治局委员、书记处书记、中宣部部长的丁关根,全国政协副主席赛福鼎·艾则孜于 11 月 11 日晚在北京会见了出席中国广播电视学会播音学研究委员会的全国各地的播音员,并为已故的著名播音艺术家齐越教授以及对新中国播音事业作出杰出贡献的 10 位老播音员颁发了"特殊贡献"奖,他们是夏青、林田、葛兰、林如、沈力、刘佳、陈醇、关山、路虹、段美珍①。此为后话。

二、电视播音创作主体的出现

1958 年 5 月 1 日,中国第一座电视台——北京电视台开始试播;同年 9 月 2 日正式播出;1978 年 5 月 1 日,更名为中央电视台(为便于阅读、避免混淆,以下均简称"央视")。播音创作主体的队伍再次涌入一股新鲜血液——沈力、赵忠祥、吕大渝成为中国第一代电视播音员。同时,他们也开启了对电视播音创作的探索。

(一)电视播音员的选拔

"具有中等文化程度,能操标准的普通话,口齿流利,有一定表达能力,相貌端正,在摄像机前试一下正面和侧面的镜头,念一则新闻和一篇短文"②,以上是央视在建台之初挑选播音员的考察内容、要求和标准;可见,电视播音员的选拔及其创作能力的考察与广播相似,但也有明显不同——相貌与体态端正,是对电视播音创作主体的特殊要求。

1.首位电视播音员——沈力

1958 年 5 月 1 日晚 19 时,在首都北京的电视荧屏上出现的第一位播音员是沈力。她向全国和全世界宣布,中国的电视事业在这一刻诞生了。尽管当年沈力的图像与声音,只能出现在北京城内有限地区的几十台黑白电视机上,但这个夜晚在中国荧屏上出现的光与影已将这一瞬间定格,永载史册。

沈力,女,1933 年生,江苏人,1949 年参加中国人民解放军南下工作团,先后在桂林第二十四步兵学校、汉口第一高级步兵学校、解放军总政歌舞团工作。1957 年转业,考入央广任播音员。不到半年,被调往央视的前身北京

---

① 中国广播电视年鉴编辑委员会.中国广播电视年鉴 1996[M].北京:北京广播学院出版社,1996:540.

② 白谦诚,胡妙德.中国荧屏第一人:沈力[M].北京:中国广播电视出版社,1999:19.

电视台任播音员。

当年,时任央视副台长的孟启予等人从央广、北京市中学生,以及广播剧团的演员中筛选了一些电视播音员候选人。经过试用,最终一致认为,沈力是最佳人选。沈力之所以脱颖而出,是因为"她一贯是一位具有十分朴实的情感与十分内向而不会张扬也嫌弃轻飘、浮躁的人……这正是选择一位电视播音员的重要条件,辨貌而观色。在屏幕上出现的电视人的形象,必须符合民族的审美取向"①。这就是沈力被认定为最适合担任第一位电视播音员的原因之一。另一方面,从沈力的履历可知,她政治可靠,具备一定的文化修养,军旅生活磨炼出了坚毅的品质与一身正气,歌舞团的演艺经历又为其在镜头前的形体表现与从容不怯场而埋下伏笔,央广话筒前的播音经历更是为其语言表达打下了基础。

2.总理批示选拔的播音员——赵忠祥、吕大渝

在央视最初开播的近两年时间里,仅有沈力一位播音员,几乎所有节目的播音创作任务均由她一人承担。虽说磨炼了她过硬的基本功,但随着电视事业的发展,只有沈力一人显然远远不够。1959 年,周恩来视察央视,得知播音员紧缺,特别是一直没有男播音员,随即指示要在应届高中毕业生中挑选,特批给电视台两个编制。这是新中国历史上唯一一次经过总理批示的播音员选拔。

1959 年下半年,选人小组跑遍了北京近百所中学,挑选出 1000 多名应试者,仅试镜环节就历时近半年,每天都有中学生来台面试。孟启予等负责人在导播室内的监视器上观察,有的看一眼就放弃了,有潜力的则多试几遍,唯恐错失人才。通过面试的人,接下来还有四五轮的筛选,录音、试镜、检查声带……选拔十分严格。

在上千名中学生中,有一位小伙子引起了大家的普遍关注。对其反复地正面瞧、侧面看,让他读段报纸,唱几句歌,从言谈举止到声音容貌均比较突出,大家一致认为应该予以录取。最后,就读于北京第二十二中学的正在备战高考的赵忠祥脱颖而出,成为我国第一位电视男播音员。

① 白谦诚,胡妙德.中国荧屏第一人:沈力[M].北京:中国广播电视出版社,1999:11.

　　赵忠祥,1942 年生于河北邢台,1960 年 2 月 22 日,考入央视从事播音创作。1979 年,随邓小平访美并采访美国总统卡特。1984 年起,先后主持过 12 次央视春节联欢晚会。1985 年正式转型为主持人。值得一提的是,他的《动物世界》的解说独具一格。

　　从赵忠祥的视角再来回顾一下面试过程:"轮到我站在摄像机前了,我的面前除了机器,还有亲自坐镇拍板的梅益局长等领导同志。指令从那间小木屋传出来,一会儿让我说几句话,回答几个问题;一会儿又要我转过身去,向左、向右。由于我受过业余剧团的训练,应付这次考试并不感到紧张,相比之下那三个一同来考试的伙伴还不适应这里的气氛,显得紧张……如果只挑选一个人的话,我相信那就是我。"①这份自信,使赵忠祥获得了最终的胜利,这也是作为播音创作主体所应该具备的心理素质,为其日后 50 年荧屏前创作零失误提供了保障。

　　当然,赵忠祥之所以能被选中,并不只是"我相信"那么简单,更源于其自身的素质条件。从其撰写的自传中可以了解到:首先,他品学兼优、热爱运动。初中时曾获两届优良学生奖章,并在高中时立志参加第一届全国运动会。他的俄语也较好,曾作为学生代表用俄语发言。第二,爱读书、喜欢古典文学,也爱作诗,常有进取之心。首都图书馆是他有空必去的地方。第三,艺术兴趣广泛。面试之前,他就已经受过专业话剧老师、声乐老师的训练。第四,好胜心强。"为了挑选一个播音员花费这样长的时间,这么大的力气,使我产生了好胜心,希望在这次竞争中崭露头角,就连小时候做游戏也是如此。"②这样的性格,使其在日后诸多大大小小的直播中不但不紧张,反而可以给他带来创作的兴奋感。从赵忠祥身上,可明显感觉到"性格即命运"这句话,他是一个天生就应该拿起话筒、站在台前的人。

　　周总理批示的两个播音员编制的另一个,则给予了北京女十二中学年仅 16 岁的高三学生吕大渝。"她娇小纤弱,但朝气蓬勃。她穿着学生裙,扎

---

①　赵忠祥.岁月随想[M].上海:上海人民出版社,1995:11.

②　赵忠祥.岁月随想[M].上海:上海人民出版社,1995:10.

着两条小辫子,一双大大的眼睛闪现着纯真和好奇光亮。"①1960年6月20日,在赵忠祥工作4个月后,吕大渝也走进了电视台。

吕大渝,女,1943年生于重庆,少年时的她,因气质独特、容颜甜美而获得向毛泽东、周恩来以及多位外国元首敬献鲜花的殊荣;10岁那年便在电影《祖国的花朵》中扮演刘菊一角,由她和小伙伴们演唱的电影插曲《让我们荡起双桨》是一代人的记忆。

与赵忠祥得到"面试"通知略有不同,吕大渝被告知的是"参观"电视台。可能是担心对高中生提"考试"而使其紧张,电视台选人小组的工作人员才以"参观"为由相约。实际上,对吕大渝来说,镜头前的展示,可谓小菜一碟。曾多次拍摄电影、给国家元首献花的经历,足以使她镇定自若、与众不同了。"让我们七八个同学轮流在镜头前面随便说几句话并且回答问题,还要朗诵一段,然后再向左转、向右转……我念了首唐诗:'故人西辞黄鹤楼,烟花三月下扬州。孤帆远影碧空尽,唯见长江天际流。'"②就这样,无心插柳之下,她在众多候选人中独占鳌头,叩开了央视的大门。

从沈力、赵忠祥和吕大渝三位的经历来看,作为国家电视台的央视在初建时对播音员的标准可概括为:政治清白,具有中等文化程度,普通话标准,口齿流利,吐字清晰,声音圆润动听,相貌端庄,品行端正,符合民族审美,不仅具备新闻播报的能力,还要有文艺表现的能力,可谓是"声形俱佳""内外兼修""文武双全"。

(二)电视播音创作初探

电视播音该如何创作呢? 在央视初创阶段,相关负责人给播音员及其创作提出的要求是"端庄、大方、亲切、自然"③。沈力、赵忠祥、吕大渝便从这八个字着手,开始了对电视播音创作的探索、实践与总结。

---

① 赵忠祥.岁月随想[M].上海:上海人民出版社,1995:20.

② 吕大渝.走进往事:一位共和国第一代电视播音员的自述[M].北京:中国文联出版社,1999:135.

③ 白谦诚,胡妙德.中国荧屏第一人:沈力[M].北京:中国广播电视出版社,1999:36.

1.加强学习

当时,尽管电视播音的创作可谓一片空白,不过广播播音却已有了十分丰富的创作经验,向广播学习成为电视播音创作道路觅踪的第一步。

沈力在进入电视台之前,有过在央广播音的经历;赵忠祥、吕大渝刚入台时,也被送往央广播音部学习。他们从老一辈广播播音员的身上观察到、学习到、领悟到了许多关于播音艺术创作的要领与心得。据赵忠祥回忆:"那种为了播音全力以赴的神圣感,给我上了第一堂课。我叹服老播音员镇静地坐在播音间,把圈画得很乱的稿件直接播出去,而且字正腔圆,有声有色,动人心弦。我希望我有一天也能像他们一样。"①据吕大渝回忆:"学到的却是在话筒前一丝不苟的工作态度。这使我一生受益匪浅……播音风格'准确、鲜明、生动',播音语言'字正腔圆'自然是一个中央台播音员最起码的要求。"②那时,央广播音员的读音代表一种权威,读错别字是绝不允许发生的事;就连四声和多音字的读音有悖于《新华字典》,都属于播音差错。业务秘书每天会把播音差错记录在案,并公示在"播音差错专栏"的黑板上各个人的名下。这种播后纠错的管理措施有效地约束了读音的随意性。对年轻的播音员来说,"属于技术差错范畴的读音错误公诸(之)于众已经足以让人颜面无光、三生牢记的了……日后,对稿件中每个字的读音,我只要稍有疑惑,则马上仰仗《新华字典》,绝不敢在镜头和话筒前掉以轻心、信口开河"③。可见,电台的学习使赵忠祥、吕大渝两位新手在创作之初就养成查字典、不读错别字的好习惯;对播音创作时的神圣、紧张、严谨、认真有了直观认识;更对语言表达的"字正腔圆"、播音风格的"准确、鲜明、生动"有了切身的感受。

尽管在央广的学习很快就结束了,但第一代电视播音员的业务学习始

---

①　赵忠祥.岁月随想[M].上海:上海人民出版社,1995:12.

②　吕大渝.走进往事:一位共和国第一代电视播音员的自述[M].北京:中国文联出版社,1999:141.

③　吕大渝.走进往事:一位共和国第一代电视播音员的自述[M].北京:中国文联出版社,1999:142-143.

终在路上。播音员安身立命的根本,是靠运用声音形式表达内容。因此,对声音的训练无疑是最重要的基本功。从 1963 年开始,沈力、赵忠祥和吕大渝便跟随中国歌剧舞剧院歌剧团王嘉祥老师学习发声。赵忠祥和吕大渝坚持学习的时间最长,大约三年,风雨无阻。"练功,其实就是功夫,就是坚持不懈。不但锻炼人的技能,也磨练人的意志。冬练三九,夏练三伏,寒暑不辍,这并不是一件容易事。我们不论头天晚上播后会到几点,睡得多么晚,第二天 5 点以前就得起床,我和大渝约好在车站见,乘第一班车,在北海公园大门没开之前就等在那里。"①

相比沈力、赵忠祥二位,吕大渝则更幸运。她不仅去央广学播音、随王嘉祥学发声,当广院首届播音班开班时,她又被送往校园系统学习播音创作。"如果说,在中央台播音部我学到的是对播音工作的严肃性和紧张性的认识,在广播学院我则学到了走进播音室之前要做的功课:备稿的手段。"②在广院刻苦练功、学习的同时,吕大渝心里清楚:"首届播音班是培养电台播音员的,而我未来的事业是电视播音,中国的电视事业又刚刚起步,还没有成熟的电视工作者,所以,电视与广播在播音中的不同之处,只能靠自己在未来的实际工作中去摸索了。"③

尽管无法像吕大渝一样脱产学习,但沈力、赵忠祥在工作的同时也始终不忘学习,通过阅读大量报纸杂志、书籍,上夜大、电大、英文培训班等形式提升自己的内涵。当年,艰难起步的中国电视选择了他们,而沈力、赵忠祥、吕大渝三人的敬业、坚韧、勤奋为中国电视增添了一抹亮丽的色彩。

2.业务探索

知识水平一直以来都是选拔播音员的重要条件,也是制约播音创作的重要因素;而业务水平更是直接关系着创作的成败。由于工作繁多,沈力、

① 赵忠祥.岁月随想[M].上海:上海人民出版社,1995:23.

② 吕大渝.走进往事:一位共和国第一代电视播音员的自述[M].北京:中国文联出版社,1999:146.

③ 吕大渝.走进往事:一位共和国第一代电视播音员的自述[M].北京:中国文联出版社,1999:146.

赵忠祥、吕大渝三人对业务的摸索基本上是边干边练边总结。广播的经验虽然宝贵,但对电视播音创作而言并不都适用,因此,他们开始逐步摸索属于电视播音的创作特性。

(1)播音内容

电视播音创作的内容在当时主要包括新闻性节目、社会教育性节目和文艺性节目三大类。中央广播事业局在央视创办之初明确规定,新闻节目要尽可能反映当前国家和人民政治生活中的重要事件,报道社会主义建设的成就。因此,电视台对新闻节目特别重视,并确立了"新闻立台"的工作方针,新闻节目成为电视播音创作的最主要内容。

"图片报道"是电视新闻播音的最初形态,也是节目的名称。1958年5月15日,央视自办新闻节目《图片报道》首播,时长仅4分钟,介绍了我国制造的"东风牌"小轿车。播音创作形式是由播音员在幕后解说图片内容。而电视新闻播音的另一种形式是"电视新闻片"。1958年6月1日,央视播出了电视工作者自己摄制的第一部新闻片《中共中央机关刊物〈红旗〉杂志创刊》。播音创作形式与"图片报道"类似,也是由播音员现场面对新闻片画面解说,这一创作的方式延续到1965年。

"简明新闻",后称"口播新闻",始于1958年11月2日,这是一种电视新闻播音创作的新形式,同样也是一档口语形态的消息类新闻节目的名称。其创作形式是由播音员在演播室出图像现场播报,每次约5分钟,安排在晚间电视节目结束前播出。"口播新闻"对电视播音创作而言,更大意义在于突破了先前的"图片新闻"与"电视新闻片"只闻其声、不见其人的广播模式,终于具备了电视播音创作的最大特性——以播音员图像示人。从此,除了有声语言之外,播音员在镜头前的形象与体态成为一种新的创作手段,其展现的是否自然、大方、得体、达意成为衡量电视播音创作水平的重要标准之一。遗憾的是,这种"口播新闻"的创作依据——稿件,仍然尚未摸索出电视语言的特征,依旧是由央广新闻部提供。

此后,同样具备新闻属性的电视通讯、电视纪录片和电视现场实况转播等播音内容及文体也逐一出现,丰富了荧屏。除新闻性节目之外,还有社会教育性节目与文艺性节目。

电视社会教育性节目,播音内容十分广泛。央视在建台之初办有:思想教育节目,如电视讲话、报告会和《新人新事新风尚》专栏;科学知识节目,如《科学常识》《医学顾问》专栏;文化知识节目,如《文化生活》专栏等;军事节目,如《解放军生活》专栏;国际知识节目,如《国际知识》专栏等。在社会教育性节目的播音创作中,播音员不仅要承担开始语、串场等工作,还要与医生、文学家、艺术家等面对面地访谈。某种程度上讲,当时,播音员已经具有了主持创作的意识。

电视文艺性节目,同样具有广泛的群众基础。央视开播第一天就设置有文艺节目,包括诗朗诵《工厂里来了三个姑娘》和舞蹈《四个小天鹅》《牧童与村姑》《春江花月夜》。这些节目都是在演播室直播的——演员表演的同时,摄影师根据导演意图摄取镜头,通过导播台将镜头构成连贯的画面,将节目从演播室直接播送出去。演播室是用一间约50平方米的办公室改建的。当时,一些短小的文艺节目,如朗诵、曲艺、杂技、独舞、歌唱等常在这里直播。除演播室表演外,相当一部分文艺节目内容是转播各剧场的演出,还有专场录像、专题文艺节目、文艺专栏、电视音乐片和电视戏曲片以及综合性文艺晚会等。虽然播音内容丰富,但此时的播音员也仅仅是承担"报幕"或"串联"的工作。

(2)播前备稿

电视初创阶段,播音员还不具备"说自己的话"的环境,一切要依稿件而创作。而稿件通常由沈力统一分配,赵忠祥、吕大渝包括沈力自己再分头准备。逐渐地,三人找到了适合自己的文体,也会主动选择擅长的稿件。如沈力和赵忠祥多会首选新闻、社教节目的,吕大渝常会选取文艺和少儿节目的。然后,三位播音员会利用下午有限的时间进行播前备稿,而这种"备"最初真是由"背"开始的。

央视自开播以来,有一条约定俗成的规定——除新闻外,所有图像出镜部分必须背词——这对播音员来说是道难关。因为,当时所有节目均是直播,又要通过镜头面对观众,若是表情上稍有"想词"的迟疑神态或是"磕绊"或"忘词"的尴尬表情,便会折损播音效果,更会给电视台的形象造成负面影响。最初,只有沈力一位播音员,她要包揽每天新闻节目(包括体育节目)、文艺节目、社会教育节目的播报、解说、串联等任务，从稿件的量与文体差异上来说，是对沈力的考验。再加上，大型活动和文艺晚会的实况转播，工作极其紧张而繁杂。每天为了背词，沈力绞尽脑汁，花费了巨大的精力。即便这样，创作时也常会遇到突发事件或者急稿。沈力回忆说："常常是看一遍就仓促上阵，甚至看不完也要上阵，明明心里七上八下，紧张异常，还要故作轻松，面带微笑。每每遇到这种情况，节目播完后只觉得脸上发烧，四肢冰凉，手心出汗，双膝打软，这滋味到现在回想起来还心有余悸呢！"①

不过，从另一个角度而言，创作压力也是一种创作动力。正是在这样的创作状态下，沈力开始练习在"复述"的基础上背稿："既然是面对面，就不能总是低头念稿，一定要练习复述能力。复述是指通过自己的理解，尽可能讲述，当然，背稿是免不了的。"②那时，沈力每天早上4点就起来背，重播一次，背一次。上下班的路上，沈力也会骑着自行车背词。尽管如此努力，但依然无法承担大量、多类型的稿件内容，毕竟人的精力是有限的。这时，沈力开始尝试"用自己的话讲"，甚至练就了超强的识稿认读能力"边看稿边播"。"有关生活服务类的节目，我开始不背了，练习用自己的话讲。但新闻稿（最初是简明新闻，自己到电台联播组取稿）由于时间紧，根本背不了，只能边看稿边播。"③需要强调的是，"复述""用自己的话讲""边看稿边播"的创作方式是受当时创作条件所限，而且是建立在沈力已经有过大量背稿与备稿及创作实践的基础之上的"自由"发挥，而对新手来说，还是不要"越级"为妙。

与沈力骑车都在背稿不同，赵忠祥习惯在护城河的僻静处，边散步边默记。"一个人徜徉于河旁柳岸，欣赏着月色下的朦胧的景色，默念着我要背诵的词句，别有情趣。"但很快，赵忠祥也深感这种"情趣"变成了"压力"，

① 徐敏.青山依旧在 几度夕阳红:访主持人沈力[M]//白谦诚,胡妙德.中国荧屏第一人:沈力.北京:中国广播电视出版社,1999:152.

② 沈力.四十年探寻[M]//白谦诚,胡妙德.中国荧屏第一人:沈力.北京:中国广播电视出版社,1999:32.

③ 沈力.四十年探寻[M]//白谦诚,胡妙德.中国荧屏第一人:沈力.北京:中国广播电视出版社,1999:32-33.

"消耗着我的精力,那时我身高 1.78 米,体重只有 62 公斤"①。背稿虽辛苦,但同样给赵忠祥带来一种紧张之余的兴奋。他发现电视播音最致命的弱点是丧失在镜头前的新鲜感,缺乏新鲜感就丧失了激情;丧失了激情,就会使观众看到一个对工作与生活没有兴趣的形象。他认为,在镜头前的振奋感和运动员保持竞技状态一样,要有跃跃欲试、不可按捺的冲动与激情。背稿,对他而言就是一种迎难而上、越挫越勇的动力。

然而,无论怎样准备,电视播音始终是一种遗憾的艺术。播音员只能尽量将这种遗憾化为最小,但永远无法避免。据吕大渝回忆:"一天的播出结束后,我总会对播报过的稿件重新审视一番,在每一份稿件中,我都有对自己不满意之处。我常常想:假如再给我一次机会、假如再多给我一点备稿时间,我将改变语言的处理,我将播得更好。"②可假如毕竟是假如,"有图有真相"的电视播音,稍一走神,往往就会出错。因此,播前备稿显得极为重要。

(3)对画面解说

似乎每个电视播音员在开始图像播音前,都要经历一段对画面解说的"配片期"。那时的"解说"和现如今的"配音"相似,只不过当时是现场直播。

无论是新闻还是专题节目,初期播出的画面均是 16 毫米影片。技术员放送影片,播音员对着画面配解说词,录音员同时放送事先准备好的音乐或音效。画面、解说、音响三者事先没有经过合成而直接播出。这样做工序少、时效快,但工作人员必须处于高度紧张的状态,务须密切配合才能确保安全播出。因此,"解说"要提前准备。

虽然节目是晚间播出,但下午的时候就要"对画面"试播。播音员拿着编好的一卷影片和解说稿,进入放映间,边放片,边根据画面内容,把解说词一段一段对上镜头。音乐编辑也一同工作,用秒表卡好片中需配乐的长度,然后去挑选与内容相符的音乐。晚上直播时,播音员在播音室边看画面、边

---

① 赵忠祥.岁月随想[M].上海:上海人民出版社,1995:16.

② 吕大渝.走进往事:一位共和国第一代电视播音员的自述[M].北京:中国文联出版社,1999:160.

配解说词。此刻,之前"对画面"的准备就有的放矢了。然而,无论准备得多么充分,对于电视播音员来说,"对画面"这项工作还是常常显得手忙脚乱。据赵忠祥回忆:"开始时一条两分钟的片子,对上五六遍还找不到解说点,念稿子时顾不上镜头,看镜头又顾不上念稿子。直播使我们感到压力巨大。每天晚上7点钟前,编辑抱着一盘胶片往放映间跑,争分夺秒,像是有人追赶着一样,装上胶片,时间一到就立即启动开关,画面直接放到银幕上,再用摄像机摄取画面,传出图像。当时,胶片的接头是用胶水粘的,很容易断片,有时,放映员与编辑手忙脚乱,跪在地上用手拽片子,无论如何不能断片。画面传出去的同时,坐在控制台上的音乐音响编辑数着三、二、一,把事先准备好的音乐、效果放出去。播音员在播音室,看着画面,配解说词。一个星期紧张七天。"①即使画面对上了也不意味着可以高枕无忧。尽管荧屏上的播音员图像已被切换成影片,但播音员仍不能只低头念稿,须在一段解说的间隙,不时地抬头再次确认画面。因为下午对好的片子,临播前编辑可能又增加或删去一段画面。这时,便要靠播音员临场决定解说的快慢或调整语句前后顺序。看来,卡好画面出入点,将稿件播好,同时兼顾画面内容的"解说"也非易事。

(4)直播流程

最初的电视节目均为现场直播,制作与播出必须一气呵成,作为最后一环的播音绝不能出错。这就要求播音员:一方面,要对整个直播流程了然于心;另一方面,由于电视播音工作头绪繁多、准备时间紧迫,还要牢记所有的衔接、转场、串词等。因此,播音员有时在创作流程上所下的功夫远远超过了创作本身。

当时,常由两位播音员完成一天的工作:一位播音员承担常规节目播音,另一位则担任诸如《春江花月夜》《国际知识》等专稿播音和《电视台的客人》等现场采访的工作。人手不够时,也只能一人承担所有。通常,播音员先坐在被称为"小播"的演播室,面对镜头向观众问好并预告当天的节目内容。之所以被称为"小播",因为它是一间不到30平方米的小播音室,里

---

① 赵忠祥.岁月随想[M].上海:上海人民出版社,1995:15.

面挤着播音员、灯光师、摄像师、美工师、技术员等多个工种的人员。如此狭小的创作空间内，面对周围的干扰，一些意外情况常会分散播音员的注意力，这对于创作而言极为不利，他们必须学会克服。"有时是照明灯泡突然爆炸；有时是灯光师'老范头'的光头又穿帮，耳机里传出导演对他大叫的声音；同在'小播'里工作的同事一举一动也都尽收眼底。但哪怕天塌下来，播音员也必须若无其事，临阵不慌。"①

预告完当天内容，摄像机的机头红灯一灭，播音员必须立即拿着稿件离开这间即将另有任务的"小播"，同时须利用好此时插播《电视新闻》几十秒标题音乐的空当，迅速冲进对门被称为"插播"的播音室；随即，还要立刻从预告播音调整到新闻播音的状态；当过场音乐一停，要继续对着监视器上《电视新闻》的画面现场解说。这一套流程，稍有耽搁，就会"开天窗"。在观众看来，当年电视上播出的节目和电影厂的成品影片一样，而实际上却是由值班导演、放映员、美工师、摄像师、音乐编辑、音响员、播音员等七八个工种当场合成的。播音员在"插播间"对画面直播的时候，尽管稿子龙飞凤舞，但播音时还得声情并茂，并尽可能使解说与内容、音乐的情绪吻合。那时的节目加起来，有时要直播一个小时左右，其紧张度可想而知。如果还有文艺节目或其他专题节目，在完成了对画面解说后，播音员或是继续留在"插播间"播报各类节目的剧情介绍和演员表；或是返回"小播"的镜头前为下面的节目播开场白；再或是被催促着赶往被称为"大播"②的演播室现场报幕③。最后，则以播音员播报《简明新闻》《天气预报》和次日的《节目预告》收场。

当年，央视新闻节目的稿件由央广提供。播音员还得利用节目间隙，穿过大院，到广播大楼西翼二楼的电台新闻部取稿。出稿较晚时，播音员在回电视台的路上就会边走边看，有时连一遍还没看完，播出时间就到了。据吕大渝回忆："常常重复一个同样的噩梦：标志音乐已经响起，该我在屏幕上出

---

① 吕大渝.走进往事：一位共和国第一代电视播音员的自述[M].北京：中国文联出版社,1999：159.

② 即由50平方米办公室改建的演播室。

③ 央视在当时播出的压轴节目通常均为电影、文艺晚会、球赛及歌舞戏剧的实况转播。

现了,可我还挤在十九路公共汽车上下不来。惊吓而醒时,我一身冷汗,心跳不已,这一夜便再难以入睡。"①想必,这也是所有从事过直播创作的播音员主持人都挥之不去的梦魇。

(5)副语言的意识

尽管早期的电视播音依然无法摆脱广播播音的影子,但沈力三人已经意识到镜头前体态语及服装、化妆等副语言对电视播音的重要性,开始从头到脚全方位训练自己在镜头前的表现力。

作为第一位电视播音员,沈力率先做出努力:"我尝试着把电台学到的广播稿件的播讲方法(强调逻辑重音)与电视的需要(抬头与观众交流)结合起来,也就是把抬头与稿件中应强调的重点词句、逻辑重音结合起来,以突出稿件的中心思想,增强稿件的说服力。当时就是用这种方法锻炼自己迅速掌握稿件内容,以突出稿件的中心和重点,进而达到与观众交流的目的。抬头本身是有目的的,否则不仅无助于稿件的表达,甚至会破坏稿件的完整性,把文章播得支离破碎。"②这种"低头看稿""抬头交流"的创作方式便是打开电视播音创作大门的第一把钥匙,为后来者提供了参考。

为了在镜头前举止得体,形体训练不可或缺。文工团出身的沈力自不在话下,而赵忠祥和吕大渝对此也十分重视。每次从北海公园练声回来,二人就立刻到大演播室去训练形体。赵忠祥在中学的时候是体操运动员,而吕大渝也在少年宫受过 5 年的舞蹈基训,因此,他们有着不同的自我训练方式。

"理发"这件事对普通人来说再正常不过,但对电视播音员而言,剪头发、换发型当年是需要得到批准的,不可随意更换。吕大渝为了能在文艺、少儿节目的基础上承担更广泛的节目类型,提出剪发申请,"我不想总当'小辫儿阿姨'。我要求孟台长允许我剪掉辫子,但是,她不同意。于是,我又到

---

① 吕大渝.走进往事:一位共和国第一代电视播音员的自述[M].北京:中国文联出版社,1999:159.

② 沈力.四十年探寻[M]//白谦诚,胡妙德.中国荧屏第一人:沈力.北京:中国广播电视出版社,1999:32-33.

她办公室门口去'站岗',一直磨到她同意我剪了辫子为止"①。

当年,电视播音员出镜时穿的都是公家的演播服。那时,置装经费少,播音员没几件衣服。吕大渝常穿的一件棕色西服上衣,是沈力穿小了的旧服装。好在当时是黑白电视,百姓的服装样式也单调,因此,播音员在屏幕上的着装并不显旧。而且,播音员多数情况下只出半身图像,似乎只要上半身庄重大方就可掩人耳目了。"夏天,在演播灯的照射下,播音员在小播音室里往往汗流浃背。女播音员穿条裙子,上身穿件西服还看得过去,但赵忠祥上身穿件毛华达呢的中山装,下身穿条短裤,光脚穿着塑料凉鞋的模样就有点喜剧效果了。"②直至今日,仍有播音员是这般滑稽的打扮。曾经是因为演播室环境不佳,机位不多,如此打扮或被当作"笑谈",而现如今不仅空调设备良好,加上多机位切换展现,若依然如此,实属不敬业的"懒惰"表现。

播音员直播压力大,备稿时间尚且不足,再加上出镜前的化妆、做头、制衣,更是忙上加忙。然而开播时,却个个仪表堂堂、容光焕发,殊不知是经过怎样的一番精心准备;但切记不可"别有用心",尤其是"女播音员,切忌妖艳。播音员个人的修饰,以及做作和表现自己等容易转移观众注意力的毛病都是应该避免的"③。需提醒的是,服装、发型、妆饰均是在进入创作前该解决的问题,一旦进入创作,一切要从稿件出发,把观众的注意力完全吸引到播报的内容上,才能使播音具有极高的可信度。

从以上诸多方面的业务探索来看,对于第一代电视播音员来说,紧张、复杂、密集的电视直播有时令人感到痛苦,其创作难度、长度和紧张度都是后来人所没有经历过的,但那种充满刺激性的挑战仍有着莫大的吸引力。第一代电视播音创作主体也因此练就了一身过硬的基本功。

---

① 吕大渝.走进往事:一位共和国第一代电视播音员的自述[M].北京:中国文联出版社,1999:186.

② 吕大渝.走进往事:一位共和国第一代电视播音员的自述[M].北京:中国文联出版社,1999:171.

③ 吕大渝.走进往事:一位共和国第一代电视播音员的自述[M].北京:中国文联出版社,1999:161.

3.经验总结

"中央电视台的播音体系是在完全没有可与前人经验参照的状况下、在十分困难的条件中,由沈力同志为先锋,在各部门领导和老同志齐心协力支持下开创出来的。"①的确,沈力是电视播音创作的开拓者。她摸索出了中国电视播音创作的一些初步规律,影响了一代人。

1961 年,沈力在《广播业务》上发表了《电视广播中的播音工作》一文,记录了她最初对电视播音创作的探索。简要归纳如下:

第一,关于电视播音工作的性质。电视播音和电台播音的基本任务相同,都是党的宣传工作的一部分。电视播音员②的工作是整个播出工作的重要环节之一,是直接和观众进行联系的,小到代表一个台,大到代表一个国家,绝不是个人行为,要有一种使命感。

第二,对观众的态度应是谦虚、热情和亲切的。观众结束了一天的工作,渴望着看到丰富多彩的节目。如果我们不了解观众的心情,没有这种迫切和观众见面、给观众讲最有意义的事情和介绍最好的节目的愿望,就不可能使观众感到你对他们是亲切热情的。

第三,镜头是观众的眼睛。电视播音员面前只有一架摄像机,这就要求播音员必须去设想观众。做法是:出台标、音乐时,低头酝酿,设想镜头后的人——最初想到的是自己熟悉的朋友、父母、兄弟姐妹,甚至爱人——音乐一完,抬起头,微笑着开口问候。要培养这种迅速调动情感,透过镜头"看"到观众的能力。看到了才能产生交流,才会有亲切感。

第四,关于语言样式。电视播音员出现在屏幕上是面对面和观众讲话的,要尽量做到讲,而不是念,还要合乎日常谈话规律。要想做到讲而不念,首先要弄清稿件的中心内容,把稿件思想变成自己的思想,把稿件语言变成自己的语言,然后试着用自己的话去讲清意思,最好不要逐字逐句地背诵稿件。由于电视是听、看并进,播出的稿件更要口语化,速度也要比电台广播

---

① 白谦诚,胡妙德.中国荧屏第一人:沈力[M].北京:中国广播电视出版社,1999:13.

② 原文为"广播员"。

稍微快一些。

第五,关于播音员在节目中的作用。电视播音员经常担负着整个节目图像的串连任务,是以主人身份出现的。所以,需要了解和熟悉节目内容和安排。在播出中,使自己的情绪和上下节目的情绪连接起来,既要和观众的心情相吻合,又要把观众带到即将播出的另一个节目里去。这样才会起到连接节目的作用。否则,将会破坏整个节目的气氛和艺术效果,使观众感到突然、生硬、不协调。

第六,关于播音风格问题。怎样展现出个人风格呢?当然不能故作姿态,为表现而表现,而是应在播送各种不同类型的节目时体现出来。通过考虑播音对象、节目的内容和形式及播音员在整个节目中的作用等具体的分析,寻找出既适合节目内容,又能发挥个人不同风格的播法。每个播音员的风格、设想不尽相同,表现出来的神态、格调、语气、速度、停顿等就不会千篇一律了。

第七,关于着装与化妆问题。电视播音员的装束应该朴素、大方、整齐。播音员应当生活在观众之中,不需要过多的装饰。另外,播音员的服装要和衬景、节目的气氛与内容配合好。化妆不宜过浓和过深,不然,就会显得不自然,只需按自己的脸部轮廓稍加补妆就可以了。

第八,关于提高内在修养问题。电视播音员需要具备合乎要求的自然条件,更为重要的是播音员的风度。给观众以怎样的印象,决定性的因素是播音员的内心世界、精神面貌在形象上的反映。这种风度是不能靠模拟和表演获得的,必须靠自己长期刻苦而严格的锻炼,加强思想修养,不断提高政治、文化水平,才能逐渐形成。电视播音业务的范围很广,形式也很多。因此,要做好这项工作,必须进行多方面的刻苦学习,经常深入到群众中去,了解和体验群众的思想感情。所有这一切,都是做好播音工作的必要条件。①

在沈力的带领下,同为中国第一批电视播音员的赵忠祥、吕大渝迅速成

① 沈力.四十年探寻[M]//白谦诚,胡妙德.中国荧屏第一人:沈力.北京:中国广播电视出版社,1999:30-36.

长,并开始了各自的创作体验。

三、"北广"播音专业的建立

从 1954 年起,中央广播事业局多次举办播音员训练班;然而发现,与其他人员相比,播音员的培养并非短短两三个月的集训就能达到要求的,须更加专业化、系统化。1958 年 9 月 2 日,在之前训练班的基础上,中央广播事业局创办了北京广播专科学校,并于 1959 年 9 月更名扩建为北京广播学院(现中国传媒大学),成为中国第一个培养播音创作高级人才的摇篮。

1960 年,北京广播学院(以下简称"广院")开始筹建播音专业,从一线调来徐恒和马尔芳负责此项工作。同年,按照周恩来关于"在北京高中应届毕业生中,选拔德才兼备者,经培训充实广播第一线"的指示,由广播事业局负责,央广播音组挑选了 30 余名学生送入广院,组成了首届播音班。这些学员几乎都是有播音培养前途的应届高中毕业生,声音条件和语言表达能力均相当出色。班主任马尔芳,班长铁城,党支部书记徐曼。当时,广院为这第一届播音班的学员安排了 10 门课程。有文学、历史、语法修辞、语言技巧、播音业务、国际知识、新闻学、广播史等。除齐越、夏青、林田等老一辈播音名家授课外,侯宝林、白凤鸣、马增芬等老艺术家们也将各自艰辛探索的创作体会授予他们。央广第三代播音员的业务骨干铁成、虹云、钟瑞、雅坤、金锋、赵培、徐曼等与央视播音员吕大渝、李娟等,均出自此班。1961 年 2 月,因各台急需用人,这个班的学员只学习一个学期就提前结束学业,走上了播音创作岗位。

1963 年,广院新闻系正式设立中文播音专业并开始招生。"刚开始的选拔考核也不太注重形象,多以语音、声音为考查重点。"[1]当时播音属保密工作,除以上条件外,同时注重考察学生的家庭出身与政治条件。同年 9 月,第

---

① 姚喜双.播音主持语言评价的发展[C]//北京市社会科学界联合会.2008 学术前沿论坛·科学发展:社会秩序与价值建构:纪念改革开放 30 年论文集:上卷.北京:北京师范大学出版社,2008:333.

一届学生正式入学,学历大专,学制三年。播音人才的培养实现了"从'培训型'到'学历型'、从'应急型'到'计划型'的转变"①。

播音专业刚成立时,教师只有4人——徐恒、王璐、马尔芳和张颂。几位教师面对的首要难题是:"播音到底深含什么样的学问,教什么?怎么教?进而,播音到底是什么?"②他们在教学上有一个共识:"作为一个专业来讲,培训就不能只是原来的短训班、培训班那样,只是讲通讯、新闻、文艺怎么播,不能只讲这些,必须从基础上来。"③什么是播音教学的基础呢?几位教师并非毫无思路。他们均来自播音一线,曾亲历过话筒前的实践,了解创作中所遇到的现实问题,也熟知新中国成立以来业界同人在业务上的探究方向,以及理论研究程度。所以,当几位曾经的播音员站上讲台时,便从创作实际的角度出发,"借鉴了姊妹艺术的经验,有了发声教学,气息、声音、吐字、归音等等,也有了基本表达,当时叫做'语言逻辑'"④。其中,张颂"语言逻辑"的讲义也是其日后所著《播音创作基础》一书的原型。

课程确定后,开始着手教材编写。当时,所谓的教材就是上文所述的来自苏联、央广及各地方电台播音员的经验总结,即"黄皮书""白皮书""蓝皮书"。对于专业培养来说,这些远远不够。据张颂回忆:"(我)和同事们去听戏曲艺术家良小楼、语言学家周殿福⑤的课,从大学语文教材,电影学院和戏剧学院的相关课程中搜寻相关信息,使出浑身解数,双腿不停地跑,眼睛不停地看,手不停地写,脑子不停地转,总算'抠'出了些许材料。"⑥边学习,边授课,边摸索,经过几位的不懈努力,1963级播音班所使用的教材内容已较

① 张颂.播音主持艺术论[M].北京:中国传媒大学出版社,2008:109.

② 赵玙,蔡闯.张颂:"我要尽心尽力送你们一程"[N].光明日报,2012-12-06(13).

③ 赵玙,蔡闯.张颂:"我要尽心尽力送你们一程"[N].光明日报,2012-12-06(13).

④ 赵玙,蔡闯.张颂:"我要尽心尽力送你们一程"[N].光明日报,2012-12-06(13).

⑤ 周殿福(1910—1990),北京人,当代著名语言学家。曾考入北京大学研究所国学门工作,师承刘半农、罗常培。后任中国社会科学院语言研究所研究员,主要从事语音学研究。张颂曾多次提到周殿福对播音专业的贡献,"播音专业语音发声的许多概念,就是根据周殿福的讲课进行改造的"。1963年9月至12月间,徐恒、王璐、张颂等教师,每周一次去周殿福家中听课,调节口齿。

⑥ 赵玙,蔡闯.张颂:"我要尽心尽力送你们一程"[N].光明日报,2012-12-06(13).

为明晰。比如,"播音的性质和任务,播音创作的目的,感情、停顿、重音、节奏,当时斯坦尼斯拉夫斯基的'最高任务''三张王牌'这些都有了"①。

　　与1960级学员班的情况类似,1963级播音班的第四学期也只进行了7周加急业务训练就被分配到了创作一线;1964年与1965年,虽进行了招生,但受当时社会政治环境影响,学生学习时间不多,教学内容也不够充分。1966年,时任中央广播事业局党组书记的丁莱夫在第九次全国广播工作会议讲话中指出:"广播学院是为全国培养广播干部的学校,根据总理指示和广播事业局党委的决定,增办进修班,继续办好播音专业班。"②然而,一个多月后,播音专业招生被迫中断,高级播音创作人才的培养进入停滞状态。直至1973年,播音专业又恢复了招生。"1974、1975、1976年招了三届工农兵学员,他们是来上大学,管大学,改造大学的。……直到1976年才恢复了正常。"③值得一提的是,1975年,齐越被调到广院从事与播音创作直接相关的业务教学工作,他为中国播音事业培养出了大量的优秀人才,也成了中国播音史上第一位播音学教授。1978年,马尔芳、齐越赴上海人民广播电台开始录制播音教学资料,对播音创作主体的高层次培养逐渐恢复。

第四节　播音语言的规范化与口语化

　　播音语言一直存在着两种倾向:一种是"规范化";一种是"口语化"。有人认为这是两个极端,非此即彼。实则不然。从传播的广泛性来看,播音语言必须规范、标准、统一;而就传播效果而言,播音语言需要亲切自然、朗朗上口、贴近生活。其实,规范化,绝非意味着死板、教条、生硬、陈腐,而是一种针对播音艺术的创作特性、质量标准;口语化,也不意味着要将生活语言

---

　　①　张颂.中国播音学发展论[M]//付程.播音主持教学法十二讲.北京:中国传媒大学出版社,2005:5.

　　②　马玉坤,高国庆.张颂学术年谱[M].北京:九州出版社,2018:115.

　　③　郑伟.张颂谈播音学术发展源流[J].现代传播,2013(12):138.

中的糟粕搬入话筒、推上荧幕,应是源于生活而高于生活的一种精炼,更是一种经过艺术化加工的返璞归真。因此,播音语言理应是规范化中不失口语的灵动,口语化中也要遵循一定的规范,二者相辅相成、辩证统一。

一、播音语言的规范化

从传播学的角度来看,播音创作也是一种信息的传播共享,其载体为有声语言。因此,提倡播音语言的规范化,正是信息可以达成共享的前提。否则,从传播的特性来看,"同一种符号,对于传播中的一方来说代表的是一种意义,对于另一方来说则可能代表另一种意义"①。也就是说,即便是同一种符号——人类的语言,也未必可以实现传通的效果。因此,"我们所需要的是一种高度发展的语言,我们所需要的是一个统一的、普及的、无论在它的书面形式或是口头形式上都具有明确的规范的汉民族共同语"②。只有这样,作为语言艺术传播活动的播音创作才有可能实现传播的目的,更可以达到满足人民群众日益增长的物质文明和精神文明需要的传播效果。

1955 年 10 月 15 至 23 日,"全国文字改革会议"在北京召开。这次会议确定了推广以北京语音为标准音的普通话——汉民族共同语的方针和步骤。会议听取并讨论了中国文字改革委员会主任吴玉章所作《文字必须在一定条件加以改革》的报告和教育部部长张奚若所作《大力推广以北京语音为标准音的普通话》的报告。为了更好地推广普通话,在"全国文字改革会议"的决议的第 5 条中,建议广播电台应大力提倡使用普通话。③ 随即,1955年 10 月 25 日至 31 日,"现代汉语规范问题学术会议"在北京召开,汉语规范化问题成为会议研究的重点。国务院副总理陈毅和中国科学院院长郭沫若在开幕会上做了重要指示。中国科学院哲学社会科学部委员胡乔木在闭

---

① 沙莲香,陈亚兰,郑为德.传播学:以人为主体的图像世界之谜[M].北京:中国人民大学出版社,1990:242.

② 罗常培,吕叔湘.现代汉语规范问题[J]//张颂.广播电视与语言文字规范化:兼谈克服"口语至上"倾向.语文建设,1993(10):25.

③ 全国文字改革会议决议[J].中国语文,1955(11):33.

幕会上做了重要讲话。会议听取了中国科学院语言研究所所长罗常培和副所长吕叔湘所作的关于"现代汉语规范问题"的报告。除了畅谈汉语规范化的现实意义外，与会代表们从学术方面对普通话以北方话为基础方言、以北京语音为标准音的原则和细节问题进行了讨论，从语音（儿化、轻音、声调、异读）、词汇、语法以及普通话与方言的关系等各个方面对普通话做了解释，赋予它科学的涵义。①

1955年10月26日，《人民日报》以《为促进汉字改革、推广普通话、实现汉语规范化而努力》为标题在头版发表社论，称上述两次会议标志着中国文字改革和汉语规范化工作的开端，并再次从历史及现实的角度论述了推广并规范汉语普通化的重要性，且对广播电台的播音员们明确指出："他们也都是语言规范的宣传家，每天有无数的观众和听众有意识地或无意识地在向他们学习。他们在普通话的推广上，过去已经有过很大的功劳，今后在全国范围内有计划地推广普通话的情况下，他们将起更大的作用，自然也就必须加强自己的语言的规范性。"②于是，广播系统迅速响应，对播音员提出了"推普"的责任与义务要求。时任中央广播局局长的梅益指出："播音员在祖国语言标准化工作中，担负着重要使命，将来要通过我们的工作或者主要通过我们的工作，使我们国家的语言逐渐地标准化。这个工作对我们说来，是一个神圣的任务。"③的确，播音员不仅要讲规范的普通话、推广普通话，而且还要使播音语言成为语言规范的典范。"因为广播的对象是千千万万的，全国的，甚至全世界的听众，如果不是规范化的典范，就不能使听众全部了解，就不能达到宣传和教育的目的。所以汉语规范化对于广播工作者，有其特殊的意义。"④在以上两次会议召开之前，叶圣陶就曾赞许广播工作者一向注意语言，下过很多工夫；同时提出："今后要更多地注意，注意的目标用一个

①　齐力.现代汉语规范问题学术会议概况[J].科学通报,1955(12):58-61.

②　佚名.为促进汉字改革、推广普通话、实现汉语规范化而努力[N].人民日报,1955-10-26(1).

③　广播电影电视部政策研究室,《当代中国的广播电视》编辑部.梅益谈广播电视[M].北京:中国广播电视出版社,1987:71.

④　王松茂.从汉语规范化谈到广播语言[J].广播爱好者,1956(1):10.

术语说出来,就是'语言规范化'。"①而语言规范化则包含语音、词汇、语法三个方面的规范。

1956 年 2 月 6 日,国务院发布《关于推广普通话的指示》(以下简称《指示》),在全国范围内推广普通话,并且决定设立推广普通话工作委员会,作为这一工作的统一领导机关。1956 年 2 月 12 日,《人民日报》以《努力推广普通话》为题在头版对此再次发表了社论。②《指示》是我国语言文字改革的重要文献,是新中国推广汉民族共同语的纲领。从学术层面上讲,《指示》确定了全国文字改革会议为普通话所下定义及其阐释——这就是以北京语音为标准音、以北方话为基础方言、以典范的现代白话文著作为语法规范的汉民族共同语。《指示》为普通话规定的内涵揭示了其本质特征,一直沿用到现在。另外,《指示》明确提出播音应使用普通话,并发布关于推广普通话的指示。规定全国各地广播电台应该举办普通话讲座。各个方言区域的广播站在日常节目播音中,必须适当地设置普通话播音的节目;还规定全国的播音员必须接受普通话训练,少数民族地区广播电台的汉语广播应尽量使用普通话。同年 4 月 3 日,广播事业局发出关于推广普通话的指示,要求全国广播工作者把推广普通话作为自己的光荣的、重大的责任,积极地认真地进行这一工作。紧接着,4 月 10 日,文化部在《关于贯彻国务院推广普通话的指示的通知》中对播音员的语言再次提出:"保证规范化,讲究语法修辞,力求发音正确……应比其他文化人员更早地学会普通话。"从此,以 1956 年为起点,推广普通话成为播音员主持人责无旁贷、义不容辞的责任。

以上指示、通知等政令确立了播音在推广语言规范工作中的重要地位,确定了普通话作为播音的主要创作语言,明确了播音员应成为推广普通话的大使,更要成为践行语言规范化的楷模。

---

① 叶圣陶.广播工作跟语言规范化[J].广播爱好者,1955(1):4.
② 佚名.努力推广普通话[N].人民日报,1956-02-12(1).

二、播音语言的口语化

1955 年春,在全国播音业务学习会期间,时任中央广播事业局局长的梅益就曾大胆地提出,由于时代的变化,播音风格可以适当地突破一下,尝试如生活一般的谈话,播音员可以"说"起来。一时间,播音语言的"口语化"问题再次成了讨论的热点。由于尚未出现主持人创作,暂不涉及主持人言论部分,因此,本阶段的"口语化"要求首先是体现在创作依据——稿件的文风方面,其次才是播音员语言表达方式的问题。

其实,早在人民广播建立初期,播音文稿的撰写就已经开始注重口语化,强调稿件要通俗易懂。在前文所述 1941 年 5 月《中共中央宣传部关于电台广播的指示》中已有定则。1947 年 4 月 21 日《邯郸台口播编辑技术初步经验》中总结的第一部分就是着重讲述"口语化"问题。诸如这样的经验总结与创作指示不胜枚举,前文所涉较多,不再赘述。播音语言之所以要口语化,其原因是,广播通过电波用声音进行信息传播,稍纵即逝,播音语言如果通俗、口语化,使人一听就懂,传播效果会事半功倍;反之,播音语言晦涩难懂,必然无法发挥其应有的效力。

叶圣陶曾对播音语言的口语化问题发表过看法,他认为,既然是靠听觉来感受文字稿件内容,其撰写之初就要做到"上口"和"入耳"。"'上口'是就说的方面说,'入耳'是就听的方面说,其实是一回事。'上口'的文章必然'入耳',反过来,不怎么'入耳'的文章就因为它不怎么'上口'。"[1]他还主张,为保证稿件编写的口语化,编辑在选稿和改稿时要注意以下 4 点:第一,要注意文章中的道理。道理有大道理和小道理,政治、经济、哲学方面的道理是大道理,常识性的就属于小道理。大道理固然要注意,小道理也不能疏忽。第二,要注意语言的情味。语言的情味要适合文章的内容。内容是严肃的,就不宜说嘻嘻哈哈的话。内容是轻松的,就不宜说板起面孔的话。语言的情味跟文章的内容配合得好,文章会生色不少,效果就会更好。第三,

---

[1]　叶圣陶."上口"和"入耳"[J].文字改革,1960(5):2.

要注意语言的声音。这一点报纸、杂志要注意,广播方面尤其要注意。不要以为稿子只是拿来看的。不论什么稿子,一定要通得过两道关:一道关是说,一道关是听。写在书面上的东西,一定要跟嘴和耳朵联系起来,便于说,便于听。第四,要注意语言的规矩。语言的规矩就是语法,不合语法的语言要改。[①] 与纸媒编辑静默式的工作不同,广播编辑往往在改稿时会喃喃自语,其行为便是注重"口语化"的表现,这一经验值得推广。不过,需要注意的是,那是编辑的口语表达习惯,若有改稿权限,播音员再创作时还应结合自身的语言习惯二次加工,这样才能够获得更好的播音效果。

稿件不上口、不入耳,一方面是口语化程度不够,另一方面是语法修辞存在问题。归纳起来,有5类问题值得播音员在将稿件音声化过程中时刻注意:"第一类毛病,也是最常见的毛病,是在一句话里,用了很长的修饰的或是限制的词语,把句子弄得很长,当中又不大好停顿,念起来非常吃力。第二类毛病,是在句子里堆砌了一些重复累赘的字眼,把句子写得臃肿,冗长。这主要是修辞上的毛病,也使句子说不上口。遇到这种情形,应当把重复累赘的、可有可无的字眼都删掉,不说废话。有些可以分成几句来说的,应当尽量分开。第三类毛病,就是有些很难听懂的文言句子。我们不说在广播里完全不能用文言词语。但是,要有个界限,就是一般听众要能够听懂,假如念出来,很多人听不懂,那不是存心不让人听吗?第四类毛病,是学生腔,洋八股腔,或者滥用外国句法,不适合汉语的语法规则和一般人的说话习惯,句子念起来听起来别扭。第五类毛病,是在一些虚词的使用上。像'由于……''而……''而且……''虽然……''但是……''因为……所以……'这些虚词,在书面语里是用得比较多的。在口语句式里,要是前后语句的意见能够听得懂,不至于发生误解,这类虚词就可以不用。用了,特别是在两个相关词语中间插入了比较长的话,念起来就会感到不流畅,有些别扭了。"[②]

---

① 叶圣陶.文稿的挑选和加工[J].广播业务,1963(5):10-11.

② 温济泽.说不上口的句子[M]//高国庆.中国播音学史研究.北京:九州出版社,2016:112.

"口语化"应是贯穿始终的从稿件撰写、加工到播音员二度创作,到了20世纪80年代出现主持人节目时被推向了极致。然而,物极必反。一些播音员主持人标榜"生活口语"是播音语言口语化的典范,并出现了"口语至上"的现象,实际上这种认识是错误的。"不要把清楚、字正腔圆等同于咬文嚼字和死板;把组织语言的能力强说成是'不自然',而把语言不干净利索,一个劲地'我想……,那么……,接下来……等等'美化成'接近生活'。生活化的语言可能是啰唆的,夹杂着大量无效的信息,也可以是非常讲究、精辟、到位的、精彩的语言。"①播音创作所使用的口语应该是一种"精粹口语",它不像生活中那么随意,而是对生活口语进行提炼、加工。这一认知在下一阶段得到了广泛的认可,这是后话。

第五节　播音创作发展的中途受挫

1966年5月至1976年10月,中国处在"文革"时期。在这段特殊的日子里,"为阶级斗争服务"成为播音创作的主题。这使得播音创作的思想与道路发生了偏离,甚至是极左的。播音事业的发展走过了一段曲折的道路,理论学习、业务交流、高校教育被迫中断。从1966年8月1日起,广播电视取消了播音员报名、出图像制度;一些为听众所熟悉、经验丰富的播音员也离开了播音岗位;播音内容受到了严格限制:新闻内容收紧,政治内容急剧增加,文艺与社教内容大幅削减几至消失;播音用声、语言及表达呈现出"高平空、冷僵远"的样态;播音效果大打折扣。同时,"好的规章制度被废弃,'以宣传为中心,为编播服务'的口号被批判,'开门办广播'的好传统被践踏,全国各地广播电台几乎变成一个腔调。在'事实要为政治服务''事实要服从路线斗争的需要'的错误思想的指导下,广播电视的宣传性质发生了大

---

① 姚喜双,苏海珍.话筒前的人生:著名播音艺术家林如和她的播音生涯[M].北京:中国广播电视出版社,2000:205.

改变——由党、政府和人民的喉舌变为'无产阶级全面专政的工具'"①。无论是对内还是对外播音,都变成了一切以"阶级斗争为纲"、强加于人的"大喊大叫"。这在中国播音创作发展史上留下了深刻的教训。

一、"不喊不革命"的用声

"文革"期间,播音创作的优良传统被否定,以央广为代表的爱憎分明、刚柔并济、严谨生动、亲切朴实的播音风格遭摒弃。播音用声上,"'亲切自然,悦耳动听'曾被当作修正主义的东西加以批判"②,而受"四人帮"极左路线的干扰破坏,谁有本事在话筒里高声喊叫,似乎就是"好样的"。喊不上去了吗?"不怕牺牲!"喊不出来了吗?"靠边站!"喊,成了最时髦的东西③。"广播以其特有的声腔和音量,震撼着神州大地和亿万人民的心。"④而这种声音之所以"震撼"人心,原因分析如下。

一方面,来自"高音喇叭"的客观存在。播音创作需要依靠技术,话筒作为拾音设备,而扬声器作为扩音设备,缺一不可。"文革"开始后,为加大政治宣传,有线广播和高音喇叭,无处不在。"工厂、田间、学校、部队,'高音喇叭'都高高矗立。此外,很多家庭都安装了有线广播。'最高指示'、革命行动通过经纬密布的广播网,无远弗届,广播成了'文革'期间最具威力的传播工具。'文革'期间的广播语言高腔大嗓、咄咄逼人,对于那些被批斗的人来说,真是闻之'心惊骨折'。"⑤

另一方面,则来自播音的用声状态。"'文革'十年只存在着大喊大叫的

---

① 喻梅.新中国播音创作简史[M].北京:中国传媒大学出版社,2016:95-96.

② 佚名.校友谈广播:记校庆座谈会和学术报告会[J].北京:北京广播学院学报,1979(2):51.

③ 张颂.谈谈播音的降调问题[J].北京广播学院学报,1979(12):37.

④ 赵玉明.中国广播电视通史[M].2版.北京:中国传媒大学出版社,2006:289.

⑤ 俞香顺.传媒·语言·社会[M].北京:新华出版社,2005:42.

播音风格,不慷慨激昂的声音似乎就是不革命的表现。"①据方明回忆:"我的播音高上了一个八度,长时间当然承受不了,结果就把嗓子喊横了。低音哑,下不来,高音上不去,嗓子一点儿亮音都没有,而且声音不耐久,播上一两千字,就累得不得了,以为从此就告别播音行业了。"②后来,广播合唱团的指挥聂中明听了方明的播音后,决定助其通过"咽音"练习的方式找回原有的声音状态。就这样坚持练习了三个月后,方明发现了明显变化:"播一些比较长的稿子不感觉那么累了,比较耐久了;高音也上去了,低音也不那么哑了。"③从同事们那里也立刻得到了反馈:"方明怎么回事? 声音怎么变了?跟过去不一样了,是不是打鸡血了?"而方明自己的感受是:"喉部得到了解放,软腭能够抬起来,后咽壁撞击的力量增强了,有了一些头腔共鸣,膈肌用上力量了(膈肌能够使气息的控制和保持能力增强)。碰到一些长句子,不会产生捯气儿的感觉,能一口气贯下来,不是很吃力。逐渐地,我可以做到一个上午录 6 个 20 分钟的节目,一个节目如果是 3700 字的话,那就有 2 万多字。这就为我后来播一些比较长的稿子——像中央全会的公报、政府工作报告,打下一个很好的基础。直到现在,让我播上万字的稿件,我也可以。现在很多播音员、主持人是做不到这一点的。"④

　　广播播音员要喊,电视播音员也一样。据赵忠祥回忆:"我超负荷、超限度的用声,嗓音喊坏了。我用很大的力气企图恢复原有的嗓音,却怎么也不成,越使劲越喑哑。而且每况愈下,我真的着急了。这时,我的老搭档曾文济助我一臂之力,是他帮我寻找回失去的声音,其中的一个方法就是缩小音量。"⑤借助"外耳"来检验自己的创作是一种有效的方法。从摆话筒到定调门,曾文济开始帮助赵忠祥查找问题并想办法解决。经过一年多的时间,录了几百条解说词后,赵忠祥的嗓音逐渐有了好转。"这时的声音已不再像昔

①　吕大渝.走进往事:一位共和国第一代电视播音员的自述[M].北京:中国文联出版社,1999:233.

②　姚喜双,郎小平.方明谈播音[M].北京:中国广播电视出版社,2000:50.

③　姚喜双,郎小平.方明谈播音[M].北京:中国广播电视出版社,2000:50.

④　姚喜双,郎小平.方明谈播音[M].北京:中国广播电视出版社,2000:51.

⑤　赵忠祥.岁月随想[M].上海:上海人民出版社,1995:26.

日透明、嘹亮,于是我开始按自己的音色设计自己的解说风格。"①或许,这也是后来成就赵忠祥独特解说风格的出发点。

在"喊着播"这种错误的发声状态下,播音员都难堪重负。像方明、赵忠祥这样能调整过来甚至总结出"咽音练声法",或是能"设计自己的解说风格",是何等的幸运。他们凭借自身与他人的力量延续了自己的艺术生命,可以在"文革"后继续播音创作。然而,这种"喊"的方式对某些播音员来说,不仅是声带器质上的损伤,更是对心灵的摧残;不仅折损其发声的生理系统,更会导致其丧失创作自信。吕大渝就是因为这种极端的用声方式而患上了"神经性咽炎"。"以高亢的声音播音,大喊大叫了几年,声带已经受到很大损伤,可因为人手紧张,即使到了声带水肿、声带充血甚至声带出血、大夫要求噤声的地步,都还得高调播音。无论我怎么用力,嗓子只是疲惫不堪、力不从心。……每当声嘶力竭嚷完一段的时候,我光想哭。为我播音员的职业感到深深的悲哀。从那天以后,我一坐在话筒前,嗓子就立刻像被人掐住了一样,噎得出不来声音。……大夫说,我得的是神经性的咽炎,完全是心理因素造成的发声障碍。"②最终,吕大渝因声带损伤,以及"为自己身为播音员而感到深深的悲哀"③的心理创伤,遗憾地离开了播音岗位。

由此可见,长期错误的用声导致播音员们的创作工具——嗓子(包括喉、声带等一切制音器官)不同程度地受损,创作自信也受到了严重的打击,这导致许多优秀的播音员过早地结束了自己的创作生涯,对播音创作发展而言,不得不说是一种损失。同时,也以惨痛的教训告诫播音员们,嗓子好是天生的,但播音创作绝不能仅仅依靠天赋异禀,必须要有科学的用声方法,才能使创作生命更加持久。

---

① 赵忠祥.岁月随想[M].上海:上海人民出版社,1995:26.
② 吕大渝.走进往事:一位共和国第一代电视播音员的自述[M].北京:中国文联出版社,1999:239-240.
③ 吕大渝.走进往事:一位共和国第一代电视播音员的自述[M].北京:中国文联出版社,1999:239.

二、"高平空,冷僵远"的语言及表达

在播音语言及表达方面,这一时期的播音创作并不在乎播音对象的感受,语气盛气凌人,官腔十足,客观上形成了"高、平、空,冷、僵、远"的语言样式。"高"是调门高,"平"是语势平,"空"是内容空,"冷"是感情冷,"僵"是表达僵,"远"是距离远。听众称这种声音为"齉鼻子,沙喉咙,骂起人来很凶"①。造成这种声音形式的原因是多方面的,创作思想自然是最主要的,它决定了道路与方向;而另一个重要原因就是作为创作依据的稿件。在极左的思想下,撰稿的"文风"自然难逃一劫,这直接导致了播音语言充满了"火药味"。林兴仁在《试析"文革"广播体》一文中对本时期广播稿件中语言不和谐现象做了全面而深刻的论述。

该文首先指出,"文革"正式语体中,一方面,含有的暴力之词直白露骨、触目惊心,一些稿件中的文字甚至是对人格的直接侮辱;另一方面,"打""批""斗""砸""破"等字眼在广播稿中频频被使用。据社会语言学家陈松岑的统计,"文革"期间的社论、评论,每写351字就要用一次"批",每写213字就要用一次"斗"。② 播音员依据这样的稿件进行有声语言二度创作时,又岂止是"高平空,冷僵远"呢? 简直就是"战斗"。从1966年7月1日起,央广每次节目开始的称呼语由过去的"各位听众……"改为"无产阶级革命派的战友们! 革命的同志们!"有的地方台甚至把"现在开始广播"改为"现在开始战斗!"

其次,句式上,祈使句、感叹句的使用频率上升,而陈述句的使用频率下降;修辞上,"文革"广播体大量运用对偶、排比、复叠、引语等修辞格,起着虚张声势、推波助澜的作用③。无形中,这都会造成一种播音语言的话语暴力

---

① 中央人民广播电台台史编写组.中央人民广播电台台史资料汇编(1949—1984)[M].北京:内部出版物,1985:628.

② 林兴仁.试析"文革"广播体[J].现代传播,1989(Z1):101.

③ 陈松岑."文革"语体初探[J].中国语文,1988(3):207-214.

以及居高临下的姿态。"大批判气势的广播稿决定了播音员必须采用那样的语调、口吻。播音界内部形成了高、强、硬的一套播音腔。"①这也是导致有声语言表达"喊""冷""远"的根源。

再次,播音语言中频繁使用极端词。据统计,如"大""最""极""十分""非常""无限""无比""彻底""完全""全面""空前"等极端词,"文革"期间的社论、评论的使用频率比"文革"前后高出一倍,尤其是在选用毛主席语录时,都要加上"最高指示""最最最最敬爱的领袖"等字样。

最后,语言表达之所以会显得"空",很大程度上来自"内容"上的空洞无味、夸大其词。其表现形式为:曲解经典、为我所用,弄虚作假、造谣惑众,摆假事实、讲歪道理,乱扣帽子、乱打棍子,借古喻今、影射攻击,片面绝对、形而上学,大话吓人、空话连篇等。面对这样虚假的内容,又怎能要求播音员动真情呢? 而对于播音创作来说,正是一个"情动于衷而形于外"的过程,缺少了情感,特别是真情实感的播音又怎能不"空"呢?

播音员在"文革"时期要绝对依据稿件而创作,一个字都不允许错。与过去"不要播错一个字"的含义不同,这一时期,将本是播音创作的质量标准上纲上线为"'播错一个字就是对毛主席的不忠。'直播本是一种精神高度紧张的劳动,没有一个播音员会无端拿自己业务上的信誉,拿严肃的播音工作开玩笑,故意制造播音差错的。'四人帮'这种对播音员不信任的所谓'指示',除了凭空增加播音员直播时的紧张情绪之外,没有任何益处"②。

1969 年 10 月,周恩来在召集解放军总参谋通信兵部、邮电局、新华社和中央广播事业局的负责人开战略工作会议时,曾问及延安时期的播音员都到哪里去了? 他们的声音现在想起来还很亲切。不仅是周总理,其实,全国的听众也都非常怀念广播中曾经的"亲切"。发现这样的问题后,周恩来总理曾在多个场合强调过改进文风的问题。一些面向特定播音对象的节目有所改观。1970 年 2 月 27 日,央广对台广播改变了称呼语,将"各位听众"改

① 林兴仁.试析"文革"广播体[J].现代传播,1989(Z1):104.

② 吕大渝.走进往事:一位共和国第一代电视播音员的自述[M].北京:中国文联出版社,1999:202.

为"台湾同胞们"。1971 年，周总理又指出广播电视不要吹嘘，不要搞形式主义，并要求把那些空话、大话和不着边际的废话统统删去。他强调在新闻播音中要实事求是，严谨细致，一丝不苟。1972 年 1 月 13 日，人民日报社、中央广播事业局、新华社三家单位联合向中央呈递《关于宣传报道中废止不利于党、不利于人民的提法的初步意见》，提出废止"四个伟大""三忠于""四无限""马列主义顶峰""一句顶一万句"等不正确提法。经批准后，在各个广播电视节目中积极贯彻执行。1973 年 8 月，周恩来指示，要向台湾广播强台风警报，并在审阅广播稿时加了一句"祝同胞们晚安"。播音稿件的语言问题终于有所好转，这也直接使得播音员的有声表达有所改善。

对播音创作而言，声音形式与稿件内容有不可分割的联系，这样僵化的文本也在束缚着有声语言的表达。当播音语体已进入多样式的、百花齐放的崭新阶段时，再来剖析、反思"文革"时期这段经历，确实发人深省、教训深刻。

第六节　播音内容、文体业务及代表作品

新中国成立之初，不同类型节目的出现丰富了播音内容。1956 年，梅益在第八次全国广播工作会议上指出，依据广播宣传任务，发展新闻性、教育性、文艺性、服务性 4 类节目，也相应地形成了新闻播音、文艺播音、社教播音、服务播音等播音文体。然而，服务性节目在本阶段仅有《天气预报》《节目预告》《广播体操》《报时》等，因此，本章节暂不做分析。其余三大节目类型的播音创作之间既相对独立，又紧密关联，也互相渗透，在各自的领域中，产生了一批优秀的、经典的播音作品。尽管，这一时期出现了电视播音创作，但鉴于其仍处于摸索阶段，暂不具备稳定性与参考性，所以，本阶段依然以广播的播音内容、文体业务及代表作品为主要研究对象。

一、新闻类节目播音创作

1950年4月,政务院新闻总署为人民广播电台规定的首要任务是"发布新闻,传达政令"。1952年,梅益在第一次全国广播工作会议上强调,忽视新闻类节目的重要性就是"丢弃广播的特点"。1956年,第四次全国广播工作会议再次强调,新闻类节目是广播电台的"主要节目"。全国所有的广播电台都将新闻类节目的建设放在了首位。

广播新闻节目是由多种新闻体裁的播音内容所组成,如消息、评论、通讯、新闻特写、录音报道、现场报道、实况转播、实况录音剪辑、与当前形势和新闻事件关系密切的广播讲话等。其任务是宣传党和国家的路线、方针、政策,报道国内外大事,展现人民群众的创造精神和传播新鲜讯息。由此而形成的新闻播音也成为播音创作的重要文体之一。

(一)新闻播音

回顾历史,绝不能忽略"记录新闻"曾发挥过的巨大作用。在新民主主义革命时期,由于交通、通讯不便,收音工具缺少,许多人无法收听到广播,为此,延安台创办《记录新闻》节目,采用记录速度播送新闻的办法,层层转发,以扩大消息传播的范围及影响。广播中的《记录新闻》在相当长的时间里担当了"语言通讯社"的重任。

1.《记录新闻》与"以记录速度来播报新闻"

"记录新闻"既是一个节目,也是一种播音创作方式,还是一种训练播音员业务能力的方法。它是用一种较慢的语速来播读精编过的要闻、社论、文告和重要文章,供听众收听、收音员记录。并不是什么内容都采用这样的播音方式,只有全党、全民均需收听的重要新闻与政令才会以记录新闻的形式来播报。为了使收音员能预先知晓哪些稿件需要记录,战时的延安(陕北)台在播音前还会递上"暗号",即在开头附上"请东北、邯郸、华东各台注意速记"一句作为提醒,该稿必做记录①。1947 年 8 月 16 日,播音员齐越就是以两条记录新闻的播报,开始了话筒前的战斗生活。②

《记录新闻》大约占延安(陕北)台总播出时长的三分之一。各解放区的新华广播电台每天抄收延安(陕北)台的记录新闻再予以广播;《人民日报》《新华日报》等报纸曾大量刊登过该台的记录新闻;解放区和前线部队的党委机关、国统区的中共地下党组织及进步人士也坚持抄收新华广播的记录新闻。

新中国成立后,央广和地方电台继续办有《记录新闻》节目。1951 年,"全国以广播电台的记录新闻为基本内容出版的通俗报刊有 400 多种"③。抗美援朝期间,人民志愿军各部队印发的《广播新闻》等大都是根据记录新闻编辑而成。当时,央广播音组里一共有二十来个年轻播音员,大多数是播记录新闻的。林如就是其中之一,从 1952 年 10 月到 1954 年 12 月,共播了两年多的记录新闻④。进入 20 世纪 60 年代,国家通讯社传送新闻的方式不断改善,各地报纸逐渐增多,广播事业有了较大的发展,各家电台《记录新闻》相继停办,直至完全撤销。

虽然节目不复存在了,但"记录新闻"这种创作方式在 20 世纪中后期的播音员业务训练中得以保留。据林田回忆:"1949 年我在地方台看到的唯一的播音材料,就是《中央台记录新闻播送法》。"⑤确切地说,"记录新闻"应该叫作"以记录速度来播报新闻"。

第一,这种播音方式讲求字正腔圆、清晰准确、气定神闲,能够锻炼播音员的唇齿力量及吐字归音,也可解决吃字等问题。第二,对播音语速及断句

① 新华社关于应注意陕北台记录新闻的意见[M]//中央人民广播电台研究室,北京广播学院新闻系.解放区广播历史资料选编(一九四〇——一九四九).北京:中国广播电视出版社,1985:39.

② 齐越.寄语青年播音员[M].北京:北京广播学院出版社,1986:16.

③ 左漠野.当代中国的广播电视:上[M].北京:中国社会科学出版社,1987:111.

④ 姚喜双,苏海珍.话筒前的人生:著名播音艺术家林如和她的播音生涯[M].北京:中国广播电视出版社,2000:30.

⑤ 林田.开展业务研究 总结播音经验[M]//北京广播学院学报编辑部.播音创作漫谈.北京:内部出版物,1979:15.

的字数有严格的要求。每分钟播出 25 个字(陕北台当时正常的播音语速约为每分钟 150 个字①),长句子截短,每节读两三遍,标点符号也要读,遇到难字时还要解释如何写。第三,要突出语言表达的逻辑性。播音员播报时,汉语的语法成分及结构从听感上要非常清晰,要求句子成分完整抱团,且同一语法成分需用同一语气完成。第四,播音员要能够体会出一个字有多少笔画、收音员的抄写速度,以便调整好自身表达的顿歇。第五,每次播报要重复一遍,第二遍视为检查。

在那个电压不足的年代,试想,若能够使每个字的声韵拼合、每句话的语法逻辑、新词新概念的解释清晰可见,这对一个播音员的基本功来说,是极大的考验,而用这种播音方式来训练播音员的业务也是十分有效的。因此,"记录新闻"值得被历史记录下来。

2.打造重点新闻节目带,树立新闻播音典范

1950 年 4 月 16 日,央广创办的《首都报纸摘要》节目(后称《新闻和报纸摘要》)正式播出。1951 年 4 月,中央广播事业局规定各地人民广播电台要联播央广晚间的新闻节目。1951 年 5 月 1 日,《全国各地人民广播电台联播》节目也隆重登场。以这两个节目和"联播"规定为基础,央广和地方电台逐渐形成了"一早一晚"两组较具影响力的重点新闻节目带。一组是在 6 时 30 分到 8 时之间,以央广《新闻和报纸摘要》为中心,在它的前后时间播出的是地方台节目;一组是在 19 时 30 分到 21 时之间,以央广《全国各地人民广播电台联播》为中心,在它前后时间播出的是各省(自治区)联播节目。这一阶段,各级电台不断改进新闻播音创作的成果也映现在这两组重点新闻节目上,其播音风格是本时期新闻播音创作的集中体现。

《新闻和报纸摘要》(以下简称《报摘》)是央广听众最多、影响力最大的一个新闻节目。最初定名为《首都报纸摘要》,1967 年 1 月 26 日节目名称改为《新闻和报纸摘要》,沿用至今。

《报摘》的播音时间最初安排在 18 时 30 分至 18 时 45 分,后时有更改,

---

① 徐恒.在硝烟中诞生的天津新华广播电台[M]//北京广播学院新闻系.中国人民广播回忆录.北京:广播出版社,1983:229.

有时提到中午,有时又推迟到晚间。这对播音创作来说实属是一种挑战,毕竟中午与晚间所采用的播音方式会有所不同。从1955年7月4日开始,播出时间固定在第一套节目的6时30分至7时整,从此被称为"早报摘"。在播音创作依据的选择上,节目始终贯彻"'扬独家之优势,汇天下之精华'的方针,选用本台编辑、记者采写的消息和评论,选用好各报的独家新闻"。播音内容主要是国内外要闻和当天首都报纸(重点是《人民日报》)的言论。地方电台的"联播"节目或"报摘"节目也采取了大体相同的制作方法①。而追溯《报摘》的这种工作方法,则起源于北京解放初期的"统一编辑部"。②

为了办好《全国各地人民广播电台联播》(以下简称《联播》)节目,央广进行了长期的努力,多次提出"全台办《联播》"的口号。当时,该节目的播音内容来源以央广记者采写的、集体记者(由地方电台担任)提供的和新华社的消息为主,并适当选用一部分地方报纸上刊登的消息。"刚刚收到"的国内外重大新闻、鼓舞人心的生产建设消息、社会主义革命和建设中的新典型、英雄模范人物的先进事迹、国家政治生活和社会生活中出现的新情况、新问题等,央广都力争在《联播》中第一次播出。

经过多年的苦心经营,《联播》在国内外享有极高的声誉,并形成了一个传统,即党和国家需要及时向全国发布的重要文件、法令、政令等,都首先在《联播》中广播。遇有这种情况,中央领导人经常批示:"今晚广播,明日见报。""今晚广播"即指在当晚的《联播》节目中第一次播出。地方电台的"联播"节目也采取了大体相同的方针,但主要是以当地最具威信的新闻节目为主要内容。

《报摘》与《联播》两个节目在群众中树立威信的同时,也塑造了新闻消息播音的典范,形成了一种"联播体"。消息播音不同于评论播音的讲道理,也不同于通讯播音的讲故事,它是把刚刚发生的群众关心或应该关心的事

---

① 中国广播电视年鉴编辑委员会.中国广播电视年鉴:1986[M].北京:中国广播电视出版社,1986:395-396.

② 左辛.关于"统一编辑部"的点滴回忆[M]//北京广播学院新闻系.中国人民广播回忆录.北京:广播出版社,1983:137-138.

情迅速地告诉人们。这一时期,播音创作特点是"准确、鲜明、生动"。其中,"准确"包含两层含义:应是字音的准确、语音的规范;也该是意思和新闻事实的准确。"鲜明"是新鲜、明快之意。新闻的特点就是"新",新人、新事、新风尚、新问题、新形势、新经验、新角度,这就要求新闻播音必须要有"新鲜感"。而从有声语言的外部形式来看,体现这种"新鲜"需要一种"明快"的语言表达节奏。"生动"需要分清新闻事实播读的生动与文艺作品演播的生动之间的界限。这里所要求的"生动"是需要播音创作主体树立起播报的愿望,切不可无精打采、萎靡不振、毫无生机地表达,这样不符合新闻语言清新明快的要求。然而,关于"生动"的问题,当时的一些播音员已经意识到:"一个亟须研究解决的问题就是新闻播音表达上的单调死板。60年代初,我们就已经感到这个问题,感到新闻'严肃有余'"①,而听众来信也希望播音员"不要总是象(像)读政府文件似的规规矩矩,要再随便一点儿,放开一点儿,不要那么生硬、拘束。不允许放荡、轻浮和阴阳怪气,但也不能刻板、冷漠。需要的是朴实、亲切,象(像)老朋友之间的娓娓叙谈。"②如何使新闻播音更加"生动",也是这一时期创作研究的重点。

需要注意的是,现实中"联播体"的新闻播音常会陷入重音多、重音固化之中,播音员在备稿时觉得哪里都重要。面对这种情况,曾播过多年《报摘》的林如说:"要抓住完整意思,善于播'大句子',要敢于大胆'舍弃',不要字字都重;不能死砸重音,要让重音在语气中自然显现。我反对重音固定论。"③不仅是重音问题,新闻消息播音不可以千篇一律,不可都是一个调,不能中速行驶、平均用力。

---

① 夏青.新闻播音刍议[M]//广播出版社编辑部.话筒前的工作:全国播音经验交流会材料选编.北京:广播出版社,1983:7.

② 夏青.新闻播音刍议[M]//广播出版社编辑部.话筒前的工作:全国播音经验交流会材料选编.北京:广播出版社,1983:12.

③ 姚喜双,苏海珍.话筒前的人生:著名播音艺术家林如和她的播音生涯[M].北京:中国广播电视出版社,2000:122.

(二)评论播音

评论播音,属播音员播讲评论的业务,尤以新闻评论播音内容居多,其语言表达既要具备新闻评论的特点,同时又要注意结合广播、电视的视听特征而创作。

新中国成立之初,央广和地方电台仍习惯于摘播和改编报纸和通讯社的言论,自己撰写的评论不多,虽几经努力突围,但终因主观和客观条件的限制未能实现。① 所以,本阶段的评论播音创作主要是播音员播读纸媒评论作者撰写的文章,即便是播音员具备一定的评论能力,此刻,也不具备播音员直接发表议论的创作环境。严格地讲,这并不是地道的广播电视评论,而是报纸评论的有声化创作。纸媒评论的语言是供人阅读的,不会考虑收听习惯。因此,在对其二度创作时,首先要考虑听众的感受。在"入耳"的基础上,做到"观点鲜明""逻辑严密""以理服人",这些因素统帅着评论播音创作的全过程;有时,在讲道理时,也可作适度的情感输出。

从1963年中央广播事业局再次加强评论播音工作开始,央广陆续播出过由夏青播音的《论十大关系》、雅坤播音的《人的正确思想是从哪里来的》、铁成播音的《为人民服务》以及由雷阳播音的《纪念白求恩》等,均可被视为评论播音的代表作品。而本时期最具影响力的应是由夏青等人创作的播音"九评"②,曾引起过广泛而深刻的影响。

---

① 左漠野.当代中国的广播电视:上[M].北京:中国社会科学出版社,1987:143-144.

② 即9篇评论文章,合称"九评",包括:1963年9月6日的《苏共领导同我们分歧的由来和发展:评苏共中央的公开信》;1963年9月13日的《关于斯大林问题:二评苏共中央的公开信》;1963年9月26日的《南斯拉夫是社会主义国家吗?:三评苏共中央的公开信》;1963年10月22日的《新殖民主义的辩护士:四评苏共中央的公开信》;1963年11月19日的《在战争与和平问题上的两条路线:五评苏共中央的公开信》;1963年12月12日的《两种根本对立的和平共处政策:六评苏共中央的公开信》;1964年2月4日的《苏共领导是当代最大的分裂主义者:七评苏共中央的公开信》;1964年3月31日的《无产阶级革命和赫鲁晓夫修正主义:八评苏共中央的公开信》;1964年7月14日的《关于赫鲁晓夫的假共产主义及其在世界历史上的教训:九评苏共中央的公开信》等。

1963 年 7 月 14 日,苏共中央发表《给苏联各级党组织和全体共产党员的公开信》,采取歪曲事实,颠倒是非的手法,对中共进行攻击。中国共产党为了辨明是非,说明真相,不得不详加答辩。于是,中苏两党之间进行了一场公开论战。1963 年 9 月 6 日至 1964 年 7 月 14 日,《人民日报》和《红旗》杂志联名发表总称为《关于国际共产主义运动总路线的论战》的 9 篇文章。继纸媒后,在空中也展开了"电波论战"。为此,央广要选择相对固定的播音员来承担这些政论文章的播音工作。最终,周恩来总理指定由夏青、林田播送"九评"。时任中央广播事业局局长的梅益极具远见,根据当时的局势,他提出播音部要"带兵",一定要多带出几名能胜任播政论的播音员,林如就是其中一"兵"。因此,"九评"可以说是由齐越、夏青、林田、林如等多人共同创作完成,其中夏青的政论播音最为引人注目。抛开历史、政治等因素,仅从播音创作的角度来评价,时至今日,"九评"依然可称为评论播音的经典之作,其"播音创作功力深厚、创作方式精准,其产生的特殊时代意义不可复制,是中国评论播音的高峰"①,总体而言,具备以下创作特征。

(1)观点鲜明,立场坚定

评论播音最根本的特点就是必须观点鲜明。而这"观点",应是从党和人民的利益出发,对事物或问题所发表的看法。这也是播音创作主体所应有的立场态度。观点鲜明就是播音时的态度鲜明、是非分明,对党和人民的事业有利的事,我们的评论就要肯定它、歌颂它,对它予以支持和提倡。对党和人民的事业有害的事,我们的评论就要否定它,揭露它,批判它,这是关系到评论播音成功与否的核心问题。

"九评"播出时,中国的国力较苏联来说明显处于弱势地位,但这并不代表在"讲道理"时就矮人一头,对于诸多原则性问题上,我们必须据理力争,不仅要有观点,更要有鲜明的观点。如在夏青播音的"一评"《苏共领导同我们分歧的由来和发展——评苏共中央的公开信》第七部分《苏共领导修正主义的系统化》中,开头即亮明观点:

苏共中央公开信说,"中共领导人在 1960 年的声明上签字,不过是耍花

---

① 喻梅.新中国播音创作简史[M].北京:中国传媒大学出版社,2016:75.

招而已"。事实果真是这样的吗？不,恰恰相反,要花招的不是我们,而是苏共领导。

如果说是文字稿件在提出观点时的开门见山、干净利落,那么,夏青的表达绝对是锦上添花,将中国共产党与中国人民的心声表露得淋漓尽致、不卑不亢。"人们从中听到了我国对苏联大国主义和大党主义作风的批判,听到了对自身国家利益责无旁贷的维护,听到了在这场意识形态领域论战中我们的鲜明态度,可谓'于无声处听惊雷',尽显大国气度。"①

若想观点鲜明,首先要选择正确的立场,站在正义的、正确的一方。这种立场不是播音员自己的立场,而是应该站在党的立场上。正如夏青所说:"我们是代表党中央说话。"不过,要想找到这种代表党说话的表达样态并非易事。林如曾在夏青的帮带下播读了"九评"中的第"七评"。创作之初,林如对分寸、火候总是把握不好,"我当时对稿件的理解和表达都很肤浅,即使(夏青)帮我分析之后,从我嘴里播出来还是不鲜明,没力量"②。林如便向夏青请教:"您说党该怎么说话?"夏青没有立即给出明确的答案,而让她自己去领悟。经过林如的不断思考与实践,她终于深刻地体会到了夏青所言"代表党中央说话"的表达应该是:"我们既不该恃强凌弱,也不会自惭形秽,我们是自尊、自立、自强的,也是讲道理的。讲道理,我们就不会和别人剑拔弩张,而应该做到有理、有力、有节。"③

(2)逻辑严密,润物无声

仅亮出鲜明的观点是远远不够的,必须要有严密的语言逻辑来支撑观点,这样的评论播音才具说服力。而这种语言逻辑则包括形式逻辑与辩证逻辑。播音员往往对形式逻辑较为熟悉,这对其分析理解评论稿件,正确地选择运用表达的手段和方式是有益的。不过,形式逻辑只能揭示事物最简单的联系和关系,而人类思维更为高级的是辩证逻辑。因此,播音员在有稿

---

①　喻梅.新中国播音创作简史[M].北京:中国传媒大学出版社,2016:76.

②　姚喜双,苏海珍.话筒前的人生:著名播音艺术家林如和她的播音生涯[M].北京:中国广播电视出版社,2000:77.

③　姚喜双,苏海珍.话筒前的人生:著名播音艺术家林如和她的播音生涯[M].北京:中国广播电视出版社,2000:122.

播音的情况下,依然要学习和掌握评论写作的方法和过程,了解什么是论点、论据和论证。同时,在进行评论播音创作时,若想逻辑严密,播音员还需要从全篇的角度把握评论推理和论证的过程,充分运用内、外部技巧,用有声语言条理清晰、重点突出地体现出这个推理和论证的过程①。

而对于"九评"这种政论性的文章来说,篇幅都很"大",一些播音员会被"大"所吓住,不知从何下手,就更不必说如何有条不紊地展现出推理和论证过程了。夏青在评价林如创作"七评"时的具体问题就是内容散。夏青给出的建议是:"一个大段落包含几层道理,先把它找清楚,每层都播得'抱团儿'了,听起来就不感觉散了,力量也就出来了。"②这对林如的创作启发很大。经过这次"七评"的创作之后,"我从此无论播什么稿件,都用心在理解上下功夫,把文章的'层次'找清楚,心里有了支点,稿件的内容和分量就能体现在语气里,而不是单纯在重音和停顿上瞎磨蹭了。从那时起,我在备稿时多了一个习惯:找出一个层次,我都在最后一句话后面画出个显眼的大句号。为的是提醒自己注意语气一气呵成,意思'抱团儿',在语势里带出它的分量,而不靠声音的剑拔弩张"③。

在面对大篇幅的政论性稿件的评论播音时,"抱团儿"确实可以保证逻辑的完整性,但这并不代表着"一口气"播完全部稿件,这也是初创者常会陷入的误区。直面大稿件时,播音员在保证"抱团儿"的前提下,应该有所停顿,也必须有所停顿。这也是运用内外部技巧来体现论证过程的一环。而夏青在"停顿"技巧的使用上,其大胆程度,无人能及。"在录音时,他常在一个句子中间停顿下来,我曾以为他是想重录一下,但他总是很自信地又念下去了。之后,在录音播出时,听起来常常使我惊愕,我认为是太长的停顿,并不是空白,它体现出的不仅仅是从容,更像给听众一个无形的'期待'信号,引起听众的期待感,再接着往下播时,那后面的内容就一丝不漏地流入听众

---

① 张颂.中国播音学[M].北京:北京广播学院出版社,1994:356.

② 姚喜双,苏海珍.话筒前的人生:著名播音艺术家林如和她的播音生涯[M].北京:中国广播电视出版社,2000:77.

③ 姚喜双,苏海珍.话筒前的人生:著名播音艺术家林如和她的播音生涯[M].北京:中国广播电视出版社,2000:77.

的心中。我感到这是比较高深的播音技巧,但不是'硬件'性的技巧,而是'软件'性的技巧,是一种内功,它能使语气停顿的过程充满思维的流动。这就是为什么夏青的播音,在状似平稳的节奏中,充满感情的流动,庄重的语势充满强烈的穿透力,使听众经年不忘的原因。"[1]

再以夏青播音的"一评"《苏共领导同我们分歧的由来和发展——评苏共中央的公开信》第七部分《苏共领导修正主义的系统化》的第二段为例:

> (与上一段之间的停顿4秒)一系列的事实表明,(停顿一:1.4秒)苏共领导在1960年兄弟党会议上,同意删改他们在声明草案中的错误论点,是迫不得已的;(停顿二:1.7秒)他们接受兄弟党的正确论点,也不是真诚的。(停顿三:3.5秒)苏共领导根本不把兄弟党共同协议的文件放在眼里。(停顿四:3.3秒)1960年声明签字墨迹未干,苏共领导就开始动手破坏它。(停顿五:2.3秒)12月1日赫鲁晓夫代表苏共中央在声明上签字,(停顿六:1.7秒)过了二十四小时以后,同一个赫鲁晓夫,就在招待各国兄弟党代表团的宴会上,违反兄弟党的协议,大讲南斯拉夫是社会主义国家了。(停顿七:5.1秒)

在这段录音中,夏青播音停顿的时长最短1.4秒,段内最长可达3.5秒,段落之间的停顿可达到4或5.1秒。可以看出夏青对于停顿的处理相当大胆。而这种对于停顿把握的大胆又是有章可循、非常考究的,每一处停顿都完成了表达内在语意的作用。如"停顿一"起到总起提示的作用——"表明什么呢?";停顿二——"不仅如此";停顿三——"事实上";停顿四——"为什么这么说呢? 因为";停顿五——"怎么破坏的呢?";停顿六——"然而,仅仅只";停顿七——"如此之快的变化,让人不可思议",此处用了一个5.1秒的大停顿,给人留下了足够的思考空间。[2]

---

① 姚喜双,苏海珍.话筒前的人生:著名播音艺术家林如和她的播音生涯[M].北京:中国广播电视出版社,2000:76-77.

② 喻梅.新中国播音创作简史[M].北京:中国传媒大学出版社,2016:77-78.

通过上述分析可见,夏青通过停顿巧妙地把稿件中暗藏的语意的转折、因果、递进等逻辑关系表达得清清楚楚,语气的内在语也被展现得十分鲜明,尽显有声语言的张力,又极具说服力。除此之外,夏青还通过停顿设置了大量的留白,不仅为听者留有思考、回味、想象的空间,更使受众能够主动"填空",真是将说理上升到了"润物细无声"的美学空间。

停顿较多,势必会造成播音语速慢,"现存的夏青播送的《苏共领导同我们分歧的由来和发展》第七部分、第八部分、第九部分的录音时长共42分27秒,播出速度约为每分钟176个字,这个语速比同时期的播音语速慢了近50字"。① 但整篇文章却流畅连贯,一点没有散漫琐碎的感觉,这来自夏青对语句间"停顿"与"连接"的精妙把握。这不仅是对创作主体自身心理节奏的控制,更是对播音对象收听心理律动的把握,二者步调一致,也就势必会在心理上产生共鸣。

总而言之,夏青播音的每处停顿都巧妙地将语句内在的逻辑关系表达出来,一步一步地将道理讲明白。然而,在不需要停顿的地方,他又准确地将句子抱团儿,连贯地表达出句意,其处理一张一弛,干净流畅。

(3)以理服人,分寸得当

评论播音最后一个特征就是"以理服人"。怎样才能做到以理服人?首先要解决播音员自身对所宣传的道理的信念问题。试想,播音员自己对评论所讲的道理不理解,不相信,甚至持反对态度,怎么能把评论播好?上文关于如何才能做到观点鲜明等方面的论述,目的之一就是要解决播音员的信念问题。其次,播音员还要搞清对事物或问题的分析是否实事求是,分析的方法是否是辩证的、科学的。否则,即使观点是正确的,也难以达到令人信服的结果,前面关于逻辑严密的论述就是要解决这方面的问题。为了使受众能自觉地思考并乐于接受播音员播报的观点,评论播音还必须有感染力,以自己真挚的感情去打动人,决不能板着面孔说话。这也是评论播音必须注意的又一个问题——寓情于理,以理服人。为此,播音员必须自觉地把握讲道理的感事、生情、论理这三个过程。

---

① 喻梅.新中国播音创作简史[M].北京:中国传媒大学出版社,2016:77.

若想以理服人,还要注意说理不是靠灌输。夏青的播音,"并不是靠声音的剑拔弩张来表明态度,而是在一气呵成的语势里带出其中的分量,分寸得当、逻辑严谨、庄重大气,有理、有力、有节。人们从中听到了我国对苏联大国主义和大党主义作风的批判,听到了对自身国家利益责无旁贷的维护,听到了在这场意识形态领域论战中我们的鲜明态度,可谓'于无声处听惊雷',尽显大国气度"①。

"由于时代的原因,'九评'作为政治性很强的篇目,不可避免地具有一定的历史局限性。从'九评'的创作中,我们可以鲜明地了解播音主持工作的本质属性,以及社会现实对媒体生态和播音创作形态的限定和影响。"②央广播音部也就此展开了对"大文章"播法的研究。

(三)通讯播音

通讯这一体裁的稿件可深入反映所属时代涌现出的新人、新事、新精神、新风貌、新成就、新经验,或者深刻揭露社会流弊;虽也讲求时效性,但不如消息严格,常作为消息报道的补充与深化。其重要性决定了通讯播音同样是播音创作的重要内容与业务之一,它是播音创作主体将通讯稿件转化为感情真挚、形象生动的有声语言传播活动的再创造。由于它能够运用叙述、描写、议论、抒情等多种方法和结构形式,生动形象地写人记事,甚至可以有情节,有细节,有作者鲜明的感情色彩,因此,也为播音员的二度创作提供了较大的发挥空间。

一般而言,通讯播音包括人物通讯、事件通讯、概貌通讯、经验通讯、主题通讯、录音通讯、配乐通讯等播音类型,各有各的创作要领。而无论哪一种,通讯播音都讲求思想性、逻辑性与生动性的和谐统一。在这"三性"中,与消息、评论播音相比,类似讲故事的通讯播音最为突出的是"生动性",即要"以情感人"。这一时期,最具代表性的通讯播音作品有以下4篇。

---

① 喻梅.新中国播音创作简史[M].北京:中国传媒大学出版社,2016:76.
② 喻梅.新中国播音创作简史[M].北京:中国传媒大学出版社,2016:75.

1.《谁是最可爱的人》

"在朝鲜的每一天,我都被一些东西感动着,我的思想感情的潮水,在放纵奔流着。它使我想把一切东西,都告诉我祖国的朋友们……"1951 年 4 月 11 日,《人民日报》刊登了作家魏巍的战地通讯《谁是最可爱的人》。随后,齐越用他那充满激情的声音将这篇感染了几代人的播音名作传遍中国。然而,当年珍贵的历史音像由于种种原因未被保存下来,视为播音创作史上一个永远的遗憾。后来,齐越依靠记忆重新录播了一遍。不过,对于创作者来说,离开那个时代与创作环境、心境,便很难寻回当时的创作状态。我们也仅能从一些史料中侧面来感受齐越当年第一版创作的魅力了。

(1)深入生活,探情之源

正是通过齐越澎湃的声音,听众了解并熟悉了报道中那些英勇的志愿军战士,身在朝鲜战场中的战士们也知道了祖国称他们为"最可爱的人"。而这种感人至深的艺术效果的产生,首先是因为稿件贴近生活。

这篇通讯是魏巍于 1950 年年底深入朝鲜前线历时三个月采写完成的。他踏过被炮弹深翻过的阵地,也手握过鲜血浸透的泥土。稿件中有这样一段描述:"在汉江北岸,我遇到一个青年战士,他今年才二十一岁,名叫马玉祥,是黑龙江青岗(冈)县人。他长着一副微黑透红的脸膛,高高的个儿,站在那儿,像秋天田野里一株红高粱那样淳朴可爱……"这位被魏巍描述成红高粱一样的战士马玉祥回忆说:"当时魏老到我们连队去采访。我们指导员说,问你啥你就说啥。当时飞机在头上一直飞啊,飞啊,轰炸扫射。我们就到松树根底下,我们就蹲在那了。蹲在那魏老就问,问得可细了,他记了好厚一本子……"①

正是这样在枪林弹雨之间完成的稿件成为齐越激情创作的依据,也正是这种深入采访一线得来的稿件才能激发起播音员创作的热情。这种情感是发自内心的,而不是依靠语言技巧的。齐越说:"我并不否认语言技巧和话筒前基本功的作用,但它是第二位的。对我来说,生活实践永远是第一位

---

① 王文伟.谁是最可爱的人[EB/OL].(2023-07-24)[2018-10-28].http://china.cnr.cn/news/20181028/t20181028_524397516.shtml.

的,正象(像)记者写出一篇成功的作品需要深入生活,播音员依据稿件进行播音再创作也需要经常深入人民火热的生活,拜工农兵为师,真心真意地向他们学习。当我的心和人民的心息息相通,和时代的脉搏一起跳动时,我的播音才有生命力;脱离人民群众的生活实践,我的播音就会成为无本之木,无源之水。"①

不仅稿件的撰写需要深入生活、反映实际,播音员为了播好一篇稿件,提高播音质量,也应该积极争取接近工农、深入实际的生活实践机会。多年来,齐越几乎走遍工厂、农村。他真诚地跟工农群众将心比心,交知心朋友;他认为,只有体味了稿件中人物的生活环境、衣食住行、为人处世的方式以及他们的所思所想,才能正确地通过语言加工体味出来,在思想感情上才能和劳动群众产生一种息息相通的感受,这就是他播音中激情的主要来源②。

1953 年 10 月 4 日,齐越跟随中国人民第三届赴朝慰问团去朝鲜采访,这也是他第一次真正走近这些最可爱的人。假设这次赴朝鲜采访是在齐越创作之前,其播音创作的感染力会更为强烈。

(2)动之以情,推己及人

在前文的表述中,多次提到"激情"一词,这正是齐越在创作通讯稿件时最突出的特征。人们喜欢用"声情并茂"来赞美播音员在话筒前的艺术创作,而齐越在创作时,却使用了"情声并茂"。齐越说:"有声语言只有和思想感情结成血肉相连的有机整体,才能情声并茂,产生感人的力量。""声情并茂"和"情声并茂"只是颠倒了一个字的顺序,却鲜明地反映出齐越播音创作的主导思想,把思想感情的传达放在播音创作的第一位,以情传神,以情感人。③

例如,当齐越播到松鼓峰战斗中志愿军战士拼死与敌人搏斗时,便禁不住激动起来。如作品描述一个战士冒火救出朝鲜孤儿,"我一看小孩子,是

---

①　刘准.齐越和他的播音生涯[M].北京:中国国际广播电台出版社,1993:46.

②　姚喜双,苏海珍.话筒前的人生:著名播音艺术家林如和她的播音生涯[M].北京:中国广播电视出版社,2000:74.

③　姚喜双,苏海珍.话筒前的人生:著名播音艺术家林如和她的播音生涯[M].北京:中国广播电视出版社,2000:73.

挺好的一个小孩子呀。他穿着小短裤儿,光着两条小腿儿,小腿乱跳着,哇哇地哭",齐越也忍不住地哭泣起来,句句饱含着怜爱之情。

再如,当齐越播到稿件的最后部分——"亲爱的朋友们,当你坐上早晨第一列电车走向工厂的时候,当你……请你意识到这是一种幸福吧。""朋友,你已经知道了爱我们的祖国,爱我们的领袖,请再深深地爱我们的战士吧,他们确实是我们最可爱的人!"这时,善于共情的齐越几乎抑制不住奔放的激情,喘不过气来,连他自己也坐不住了!①

情感是创造出好播音员的灵魂。这是齐越相当成熟和极其深刻的创作主导思想。他也身体力行,用自己的整个心灵播音。他的播音也牢牢地抓住了听众的心灵。凡是听过齐越播音的人都为他真挚的情感所折服,久久难忘。无论是热情洋溢的赞颂,还是深沉哀怨的悼念;无论是慷慨激昂的陈词,还是横眉冷对的指责,都蕴含着一种真情,撼人心扉②。

齐越说:"只有当稿件内容所需要的爱憎分明的真实感情产生时,才能在播出的语调中自然流露出来。只有播音员自己被稿件内容深深感动时,才能使传达的内容感动听众。"③《谁是最可爱的人》在中央人民广播电台播出后不久,信件如雪片似的从朝鲜战场上飞来。一位志愿军战士寄来了书签,那是他用缴获的降落伞制作的,信上说:"一次炮击,他的战友为了保护连里唯一的一台收音机,牺牲了自己的生命。""你的声音使我们想到党和祖国人民就在身后。"志愿军战士在给齐越的信中认为他的声音就是代表着祖国的声音,"的确给我们带来了无穷的鼓舞力量"。像这样充满感情的信件,从战壕里、坑道里寄来的不知有多少。其中,志愿军战士崔鲜疆的来信和齐越的复信曾登在 1953 年 1 月 15 日的《人民日报》上,并且通过央广传播开来。在朝鲜前沿阵地,在坑道里,战士们也都听到了齐越亲自广播的复信,

---

① 刘浠.齐越和他的播音生涯[M].北京:中国国际广播电台出版社,1993:39.
② 姚喜双,苏海珍.话筒前的人生:著名播音艺术家林如和她的播音生涯[M].北京:中国广播电视出版社,2000:73.
③ 姚喜双,苏海珍.话筒前的人生:著名播音艺术家林如和她的播音生涯[M].北京:中国广播电视出版社,2000:73-74.

那火一样热情的声音,祖国的声音!① 听众在给央广的信中这样评价齐越的播音:"齐越同志的播音之所以可贵,是因为他除了音质应具有的清晰、圆润的条件外,还具有粗犷豪迈、气势磅礴的感情,一种潜伏着的火山爆发似的感情。这正是我们这个年轻的共和国的代表感情。"②在一封封饱含激情的听众来信中,作家魏巍的信件格外引人注目,信中对齐越说,"我在文章里表达的当时的感情当时的感受,在广播里都表达出来了"。③

这部播音作品堪称通讯播音的经典之作,也成为后来北京广播学院播音专业教学经常引用的经典范例。④

2.《县委书记的榜样——焦裕禄》

1966 年 2 月 6 日下午 4 点多,在家休息的齐越被紧急召回广播大厦的播音间。凭借多年的经验,他意识到,电台新闻编辑部刚才发来的是一篇非同寻常的稿件,预定 7 日上午 10 点全文播出,晚上 11 点重播,8 日、9 日将再次重播;还在全国各地人民广播电台的联播节目中发出预告,并撤销了 7 日 21 点以后的文艺节目、援越抗美专题节目和新闻节目等。这种做法,在中国广播史上是罕见的,除非为一些重大事件、盛大节日所组织的特别节目,才更动、打乱原有的安排。⑤ 齐越的直觉没错,这篇稿件正是由穆青、冯健、周原三位记者采写的长篇通讯《县委书记的好榜样——焦裕禄⑥》。尽管时间紧迫,15000 字的文稿,齐越只来得及看上一遍便开始录音了。齐越用他精

---

① 赵淑珍,崔鲜疆,齐越,等.读者来信[N].人民日报,1953-01-15(2).

② 刘淮.齐越和他的播音生涯[M].北京:中国国际广播电台出版社,1993:38.

③ 中央广播电视总台中国之声.这一次,我愿做你最好的听众[EB/OL].[2019-08-17](2023-07-24).http://m.news.cctv.com/2019/08/17/ARTIPuh7CdnmK0gZ2weQ61NI190817.shtml.

④ 马玉坤,高国庆.张颂学术年谱[M].北京:九州出版社,2018:83.

⑤ 刘淮.齐越和他的播音生涯[M].北京:中国国际广播电台出版社,1993:41.

⑥ 焦裕禄(1922—1964),山东淄博人。1946 年加入中国共产党。1962 年调任河南省兰考县任县委书记。正值兰考县内涝、风沙、盐碱等自然灾害肆虐,全县粮食产量降到历史最低水平的时期。他克服肝癌带来的严重病痛,带领全县广大干部群众,发扬大无畏革命精神,坚持实事求是、走群众路线的领导方法,同自然灾害作顽强的斗争,改变了兰考的面貌,被当地人民群众誉为"党的好干部",被党和人民称为"县委书记的好榜样"。

湛的技艺、穿透时空的慷慨悲壮的声音,一气呵成,迅速圆满地完成任务,将焦裕禄的名字传遍长城内外,在全国引起巨大反响。

(1)感同身受,动真格的

1966年2月7日上午,长篇通讯《县委书记的榜样——焦裕禄》在中央人民广播电台如约播出。然而,听众不曾知道,就在前一天下午的录制却遇到了麻烦。作为身经百战的央广第一代播音员的齐越,被焦裕禄的事迹深深打动,稿子还没念到一半就已经泣不成声。在最初的创作过程中,齐越的声音渐渐地由平静转为激昂,甚至开始颤抖、呜咽,最后索性放声痛哭起来。"他冲着玻璃窗一摆手,示意暂停,并走出了录音室,勉强抑制住悲痛激奋的情绪,10分钟以后,重新坐到话筒前。那苍劲有力、饱含激情的声音又响了起来。"①播音员葛兰回忆说:"当时我也知道他曾经从录音室出来,呼哧呼哧(地问):'(播得)怎么样?怎么样?'直抹汗。挺冷天把衣服也脱了,挺卖力气、挺投入的。"到后来连录音编辑都忍不住了,趴在操作台上放声痛哭。闻讯赶来的电台领导和工作人员肃立在录音室的窗外,静静地听,默默地擦眼泪。终于,齐越念到了最后一句:"焦裕禄……你没死,你将永远活在千万人的心里!"录音结束后,所有的人都深深地松了一口气②。

从太行山脚下低矮的窑洞到首都北京宏伟的广播大厦,几十年来,齐越播送过无数篇新闻、评论、通讯、特写……打动过亿万人的心,自己却可以含而不露,沉着镇静。然而,这一次话筒前的创作是"事出意外"吗?实则不然!齐越通讯播音的全情投入是同行与听众们众所周知的,这就是齐越常讲的播通讯要"感同身受"、要"动真格的"。齐越后来在一次中央台收听研究会上发言谈道:"播音运用有声语言不单是个技巧的问题。播先进人物事迹,如果播音员与先进人物没有共同的感受,不是同呼吸,共命运,不是真正有动于衷,真正动心,你的感情如果没有被先进人物的思想行为所感动的

---

① 刘淮.齐越和他的播音生涯[M].北京:中国国际广播电台出版社,1993:41-42.

② 吴菁,周尧.县委书记的榜样:焦裕禄[EB/OL].(2021-02-07)[2023-07-24]. http://china.cnr.cn/gdgg/20210207/t20210207_525409338.shtml.

话,你无论如何是感动不了听众的。"①

　　解决了"动情"的问题之后,还需要具体可感的技艺来表现。齐越在具体、深入地分析稿件的基础上,从情节的发展和内容的波澜起伏出发,找到确切的抑扬顿挫的表达手段。他在谈这篇文章的播音创作时讲到,文章的起伏是由矛盾引起的,分析时要抓矛盾,没有矛盾,就没有波澜起伏。而在播通讯时,语言技巧的运用,是根据情节和人物思想感情的发展变化决定的。不要片面地认为只有高调、快速、强音才能表现激情。这要看稿件的内容,在规定的情境和一定的条件下,激情恰好要用低调、慢速来表达。总之,要从内容出发,使语言技巧为传达稿件的思想内容服务,使声音、语调的抑扬顿挫和稿件内容的波澜起伏完全吻合,达到"革命的政治内容和尽可能完美的艺术形式的统一"。这种统一的程度越高,主题思想表达得就越深刻,英雄人物的形象就越丰满,播音的感染力也就越强。当然,这并非一日之功,但经过主观努力和反复实践是可以达到的。②

　　(2)鼓舞人心,效果显著

　　话筒的这一端,是齐越在"动真格的",那么,听众一方是否会与之共情,并被齐越的创作所感染呢?《县委书记的好榜样——焦裕禄》这篇通讯播音播出后在群众中所产生的影响,从以下这些史料的记录中可见一斑。

　　"在兰考。

　　"2月7日上午10时,街头闹市霎时间鸦雀无声。哪里能听到广播,人们就伫立在那里。……

　　"爪营公社张庄大队干部和社员从广播和报纸上得知,焦裕禄生命垂危时还问张庄的沙丘封住了没有。他们流泪了,'咱队的沙丘虽然都封住了,但邻队的沙丘还没封好,咱们应该帮助他们!'于是在大风天里,他们帮着坝头大队将一个十多亩的沙丘用淤泥封住了。

　　"县委机关干部李盛灵再次要求到兰考最艰苦的刘林大队去工作,说是如果在三五年内不能改变那里的面貌,情愿葬身碱窝。批准的第二天,他,

---

①　刘浦.齐越和他的播音生涯[M].北京:中国国际广播电台出版社,1993:51.

②　齐越.寄语青年播音员[M].北京:北京广播学院出版社,1986:90.

扛着行李走了。"①

　　也许兰考的热烈反响是由于它的特殊性,是理所当然的,那么,让我们移开视线,看看四面八方吧!

　　"在天津全厚里14号一个普通的大杂院里,一共住着28户人家。平常每天晚上,孩子们打打闹闹,吵吵嚷嚷。唯独2月7日这天晚上,大杂院象(像)没有人一样,安静极了。各家的收音机全部传出同一声音——齐越苍劲、悲壮的声音,人们听着,掉下了泪花……

　　"河北农民王文华写信给中央人民广播电台……我是中越公社霍营大队梁庄生产队的贫农社员,我听到你们广播的县委书记焦裕禄同志的光辉事迹,使我深受感动。我一连听了三次还是不够,我又组织全家听两次。晚饭后我们全家开始讨论……

　　"沈阳盲童学校初一二班的学生区延斌,听了齐越的广播,顿觉眼前亮堂了,使用盲文给广播电台写信说:现在虽然我的眼睛残废了,但是我的心还没有残废,虽然我们力量小得可怜,但我也要把这点滴的力量投到无限的为人民服务中去……

　　"上海,复旦大学的女学生樊云芳正在一个建筑工程队里参加社会主义教育运动。她跟工人们一起流着泪收听《县委书记的榜样——焦裕禄》……"②

　　播音是具有鼓动性的,正如北京人民广播电台女播音员黎明所说:"齐越的播音总使人联想到应该怎么做。"③

　　通过齐越的声音,焦裕禄的事迹在960万平方公里的大地上传颂,焦书记成为家喻户晓的学习榜样。在鼓舞他人的同时,播音员自身也在接受着洗礼。在话筒前,他的全部激情倾注于先进人物的思想感情之中;在话筒后,他身体力行,与先进人物伟大的人格融化在一起。他认为:"一个播音员,话筒前话筒后应该一个样,广播先进人物事迹,不仅是为了让听众学习,

————————

①　刘浦.齐越和他的播音生涯[M].北京:中国国际广播电台出版社,1993:42.

②　刘浦.齐越和他的播音生涯[M].北京:中国国际广播电台出版社,1993:42-45.

③　刘浦.齐越和他的播音生涯[M].北京:中国国际广播电台出版社,1993:45.

自己也应当学。正如同一个演员,假如他台上激昂慷慨,大义凛然,台下却偷鸡摸狗,道德败坏,那是可耻的。人,应该心口如一,言行一致,对于播音员来说,更有特殊的意义。他不但要播好每一篇稿件,还要在日常工作与生活中,尽量缩短自己与先进人物的差距,为社会,为人民作贡献。"①

3.《中国工人阶级的先锋战士——铁人王进喜》

《人民日报》于1972年1月27日、28日连续两天在显著位置刊发了由集体创作的长篇通讯《中国工人阶级的先锋战士——铁人王进喜》,运用叙述、描写、议论、抒情等多种表现手法,真实、准确地描述了石油英雄王进喜的一生。不过,这篇通讯并不是将王进喜的生平事迹简单罗列,而是撷取他为改变我国石油生产落后局面而勇于献身的典型事例,充分展示其崇高的思想境界。该通讯的播讲者齐越正是抓住了王进喜这一人物特征,采用不同的声音形式,恰如其分、栩栩如生地展示了以王进喜为代表的铁人形象和铁人精神。

（1）激情饱满、同心共情

通讯稿件是会留给播音员较大的情感表达空间的;不过,要讲求分寸,不能脱离稿件的内容。无论播什么,故意卖弄技巧都是不可取的;而怕过火,只是满足于平淡无奇的念书式播音,也是不对的,那样,又脱离了通讯这一体裁的特征。齐越认为:"在播通讯方面,当前主要的问题是平,而不是过火。'宁可平点,不要过火'的想法应当解决。"②实际上,只要是从内容与体裁出发来运用丰富多彩的语言技巧,使之为准确地传达稿件的精神实质而服务,就不要担心过火。即使过火,也可以总结经验,加以纠正。通过实践找到更切合分寸的表达方法。怕这,怕那,"怕"字当头,是不会有所突破、有所创新的。要解放思想,大胆实践。于是,在播送这篇通讯的时候,齐越延续了他一贯饱满的创作激情,运用有声语言多种多样的表达手法再现了英雄形象。他认为,有时为了渲染气氛,突出人物形象特征,在不违反真实性的原则下,适当的夸张也是必要的。问题的关键在于,声音形式能否驾驭得

---

① 刘淮.齐越和他的播音生涯[M].北京:中国国际广播电台出版社,1993:45-46.

② 齐越.寄语青年播音员[M].北京:北京广播学院出版社,1986:85.

住波涛汹涌的情感,这对于许多播音员而言犹如一座大山。然而,齐越以其娴熟的表达技巧将内心涌动的真情实感近乎完美地形之于外。

之所以能够如此自然地传递情感,是源自齐越在播通讯时善于将自己置身于所描绘的情境和事件之中,设身处地去体会,去参与,而不是作为一个无动于衷的旁观者。在确定了王进喜作为石油工人"粗犷豪迈,严细刚强"性格特征之后,齐越试图通过对稿件的分析而走进人物的内心。"英雄王进喜想的是:做(作)为石油工人,要自觉地为国家承担压力。党中央、毛主席的号召,工人阶级的高度责任感,是他的力量的源泉。我们播时,这条思想的线不能断,要和英雄人物想到一处去。英雄王进喜急的是:要尽快甩掉石油落后帽子,让国家摆脱缺油的困难,把国家建设得更强大。我们播时,也要使自己产生这种为国家缺油而着急,尽快拿下大油田的急切心情。英雄王进喜恨的是:帝国主义者和反动的地主、资本家。我们播时,要跟英雄人物一样,恨他之所恨。英雄王进喜爱的是:伟大、光荣、正确的中国共产党,我们的领袖毛主席,亲人解放军,同甘苦、共患难的战友。我们播时,要跟英雄人物一样,爱他之所爱。"①正是因为找到了人物内心具体可感的真实情感,在对这篇通讯的创作中,齐越才能满怀革命激情,想铁人所想,急铁人所急,恨铁人所恨,爱铁人所爱。抱着向英雄学习的强烈愿望,齐越做到了思想感情上同呼吸,共命运,息息相通,心心相连,把全篇通讯播得生动感人。只有当稿件内容所需要的爱憎分明的真实感情产生时,只有播音员自己与稿件所描写的人物共情时,才能使传达的内容感动听众,哪怕声音形式再跌宕起伏,也会是在语调中的自然流露。这种情感要从头到尾具体地贯穿于字里行间。

齐越在对这篇通讯的播音创作中,情感的表达也不是一味地均采取"激情"的方式,还有细腻之处。例如,文章中的一段心理描写,写出在关键时刻,铁人王进喜见到亲人解放军,表达了他对解放军的深厚的感情。还有当王进喜出席第三届全国人民代表大会见到毛主席时,齐越又用间接抒情的声音形式表达了王进喜对毛主席无限热爱的真挚感情。齐越这样处理稿件

---

① 齐越.寄语青年播音员[M].北京:北京广播学院出版社,1986:86-87.

的内心依据是:"毛泽东思想是培养他成为胸怀祖国、放眼世界的无产阶级先锋战士的根基。我们学英雄,就要学到这个根本上。我们在分析理解全篇内容和主题思想的基础上,就是要激发起这种向英雄学习的强烈愿望,跟英雄息息相通的思想感情,进而联系当前形势,产生宣传英雄事迹,刻画英雄形象的强烈播讲愿望。"①

(2)借景抒情、情景交融

在通讯播音中,还要处理好景物描写和英雄人物的思想感情的关系。通讯中的景物描写,是为抒发英雄人物的思想感情服务的。情和景的关系是辩证统一的。一方面,英雄人物的感情是一定的斗争环境的产物;另一方面,景物的描写和环境的渲染又是为刻画英雄人物提供典型环境,为揭示英雄人物的内心世界服务的。因此,在播通讯时,不能把景和情分开,不能为描景而描景,而要使描绘景色为表现主题思想和揭示人物的思想感情服务,达到寄情于景,以景衬情,情景交融。

例如,文章中有这样一段描述:1960 年 4 月 14 日,当一轮红日从东方升起,巍然的井架披上金色霞光的时候,井场上一片繁忙。王进喜大步跨上钻台,握住冰冷的刹把,纵情地大喊一声:"开钻了!"这声音威武雄壮,气吞山河! 正像王进喜在一首诗中所写的那样:"石油工人一声吼,地球也要抖三抖!"

这一段里的景物描写,是用来烘托英雄人物的高大形象的。齐越在播音时仅仅抓住几个关键词语(红日、金色霞光、一片繁忙)贯穿铁人王进喜豪情满怀的感情,跟后面他那豪迈的行动(大步、握住、纵情)、气吞山河的呼喊("开钻了")结合起来,使景色描绘起到展现英雄人物的革命精神的作用。在这一段里,对表现铁人王进喜的英雄气概有突出作用的词语是"开钻了"三个字。无论是描写、叙述,还是作者的议论,都围绕着这一声纵情的呼喊展开。因此,"开钻了"三个字,齐越在播音时也表达出了"地球也要抖三抖"的气吞山河的豪情。以这样的情来带这一声"开钻了!"才能比较准确地传达出王进喜和战友们向大庆油田开第一钻的豪迈心情。只有将这一声呼喊

---

① 齐越.寄语青年播音员[M].北京:北京广播学院出版社,1986:87.

表达好了,在它前后抒发的激情才有依据。为使语言形式符合这一目的,齐越采用了虚实结合的表达方法,即前两字稍实,后一字略虚并拉长了音长,较为形象地展现出"开钻了"一声呼喊响彻云霄、传播于千里之外的情景。

值得一提的是,方明、铁城也曾创作过这篇通讯,各有风格。但无论创作主体的风格如何变化,三位播音员均依托稿件及人物原型,用声音塑造了一个力透纸背、如见其人、有血有肉、自强不息的工人先锋的丰满形象。

4.《人民的好医生李月华》

1972年12月19日,《人民日报》刊登了由新华社等多家媒体联合创作的通讯《人民的好医生——李月华》。同一天,央广播音员徐曼用平和深情的语调将李月华的光辉事迹越过淮河、跨过长江,传遍了神州大地,感动了无数人。徐曼以其细腻质朴的语言表达,塑造了一个全心全意为人民服务的好医生的形象,感人至深,成为"文革"中难得的精品,也成为播音史中通讯播音的佳作①。

(1)倒叙结构,开篇入情

从播音创作依据的角度而言,《人民的好医生李月华》用倒叙的笔法,把李月华病危一事写在了开头,三言两语便交代出了人物、事件、环境,表达出人民群众对李月华医生的爱戴,从而为刻画人物、展示主题做了铺垫。原文如下:

> 1971年8月31日。辽阔的淮北平原,长空碧蓝。安徽泗县丁湖公社的社员们,一早就踏着露水下地了。突然,县医院的一辆救护车从公路上穿过,直向丁湖医院驰去。正在附近田里干活的社员们吃了一惊。"出了什么事了?"他们放下锄头,也跟着跑去。救护车停在丁湖医院的门前,一个令人不安的消息迅速传开了:李月华医生的病危险了。脸色苍白的李月华被抬上了救护车,送往县医院抢救。许多人跟着车子追了好远一阵。人们焦虑不安地念叨着"月华啊,你可得好好地回来呀!"

---

① 喻梅.新中国播音创作简史[M].北京:中国传媒大学出版社,2016:107.

这种倒叙的写法,更能引人入胜,更有利于突出主题,激发起听众感情的共鸣。不过,这对播音创作主体来说却提出了一个难题。播通讯往往需要情感,但要是在开头处就表达出对李医生的深情厚谊,实在有些困难。要想处理好这种倒叙法的开头,就要在掌握全篇主题、深入分析内容的过程中,明确这一段衔接在后文的什么地方,把事情发展的线索搞清楚,准确找到感情的根据,才能使开头和下面叙述部分的基调有机地统一起来,在统一中还要有变化。李月华,这个党的好女儿、人民的好医生,以顽强的毅力战胜了巨大的病痛,在持续高烧中为贫农女社员动完手术。由于劳累过度,她的病情加重,被送往泗县县医院抢救。通讯开头一段就是从这里倒叙的。深受丁湖人民爱戴的李月华医生的病危险了!丁湖公社的社员们焦虑不安,他们怀着异常焦灼的心情追着急驰而去的救护车,急切地盼望着李月华医生好好地回来……

徐曼在播这一段时贯注的感情是和丁湖公社的社员们一致的,爱社员所爱,急社员所急,满怀对李月华关怀、热爱的感情,为她病危感到十分焦急,盼望着她快快好起来。开头的基调,就是由这样的感情决定的。由第一句"1971 年 8 月 31 日"起,就有分寸地贯注这样的感情。它的内在语是:这天早晨,李月华昏迷不醒,病情危急,人们纷纷跑来探望……如果不是这样开头,而是一见"长空碧蓝"四个字,就用一种轻松欢快的基调开始,那就不对头了。①

为什么丁湖人民这样热爱李月华?徐曼用关切的语气将通讯作者留下的伏笔,分为 5 个部分一一展开,叙述了李月华的一生。

(2)基调统一,情感多变

基调是一篇文章总的感情色彩和分量。一篇文章尽管只确定一个基调,但在其内部也会存在情感色彩与分量的变化。

正因为稿件的开头是倒叙,所以,从开头转入正文时,情感色彩与其对应的声音形式会有较大的转变。为了使这一前后变化统一在文章的基调之下,徐曼在播完"月华啊,你可得好好地回来呀!"之后,留下了一种言有尽而

---

① 齐越.寄语青年播音员[M].北京:北京广播学院出版社,1986:82.

意无穷的语感。似乎是从听众的角度,提出这样的问题:为什么丁湖人民这样热爱李月华?徐曼此时的内心也许在暗自回答:因为她是白求恩式的好医生,她毫不利己,专门利人,是我们学习的榜样……这时再开始播本文第一部分的小标题——"她做的好事俺们数不清"。徐曼在开头处跟听众建立起的这种交流感,将开头和本文比较自然地衔接起来,使听众不会感到突然。

还有就是"月华呀!你可得好好地回来呀!"这句话的感情分量也要得当,要表达出丁湖公社的社员们焦虑不安的心情和急切盼望李月华治好病的心愿。如果表达得不够,社员们热爱李月华的心情就不能完全得到表现;如果表达过了,就会让人感到李月华已经去世了。实际上,这时李月华并没有死,只是病危。所以这就是感情的分量问题。感情的分量,随着事件的发展还要有一个或增或减的层次。例如,第四部分中,"等我烧退了,就去接你的班。……谁料到,这句话竟是她最后的遗言……"徐曼在播到这个地方的时候,并没有悲痛得不能自制,而是到后面,李月华的病情急剧恶化,直至最后她光荣殉职,才逐渐着重表达。所以,感情分量要随着传达内容的层次而发展、深化。播音员的"分寸感"对播好一篇通讯起着相当重要的作用,这是不容忽视的。

在对《人民的好医生李月华》这篇通讯稿件进行二度创作时,如果播音员没有准确地把握住基调中蕴含的感情色彩和分量的变化,只是单一地去处理,仅以极度惋惜、沉痛的情感悼念李月华,并深陷其中、不能自拔,那么,在这种感情支配下的声音形式就会显得单调乏味,也并不符合稿件主题的要求。而徐曼并未如此表达,在当时可谓是一种突破,否则难成经典。

上述4篇作品,可谓是通讯播音创作的典范。我们不仅可以从中了解到通讯播音创作的一般规律,还可以深刻地体会到播音创作主体对国家、对人民、对先进人物真挚的情感及其自然、娴熟的语言表达技巧。正是这些经典的、优秀的通讯播音作品,使我们见识到了在那个时代播音创作对人民群众所具有的强大感召力。

(四) 实况转播

新中国成立后,人民广播日益增强的人力、物力使广播工作者探索出了诸多新闻报道的新形式,包括实况转播、广播大会、录音报道、广播讲话、现场报道等。其中,"实况转播"最为新颖突出,因其特有的"即时传真"的属性深受听众的喜爱,同时也对播音员的创作能力提出了新要求。

1.实况转播,新颖独特

实况转播,也叫实况广播,"是事件发生的同时,把现场的实际情况、声音和记者、播音员的解说同步地广播出去。这是时效最快、感受效果最真切的新闻广播形式"①。

天津台于1949年2月13日上午10时广播了天津市14万人庆祝解放的活动,这是人民广播第一次进行实况转播的尝试。天津台不仅在中心会场转播了集会实况,还在游行沿途设了4个临时转播站,介绍了集会后的游行实况。

1949年9月30日,北京新华广播电台②转播了中国人民政治协商会议第一届全体会议闭幕式的实况。紧接着,该台继续对10月1日的"开国大典"进行实况转播。这是中国人民广播史上,第一次覆盖全国的现场转播。早在一个月前,由中央广播事业管理处处长廖承志主持制定了整个广播工作计划,北京新华广播电台的负责人梅益、温济泽和徐迈进、左漠野、李伍等分别牵头广播编辑、采访、播音、技术、行政等准备工作。在各部门多工种的通力协作下,成功地转播了开国大典的全过程。这不仅是广播史上百年一遇的盛况,也是首次对全国重大政治庆典的成功实况转播,在人民广播事业的发展过程中史无前例,有了这一次的成功,中央人民广播电台在重大政治

---

① 左漠野.当代中国的广播电视:上[M].北京:中国社会科学出版社,1987:113-114.

② 现中央人民广播电台。1949年9月27日,中国人民政治协商会议第一次全体会议通过"中华人民共和国定都北平,即日起改名为北京"的决定。同一天,北平新华广播电台改名为北京新华广播电台。

题材的报道中便始终站在了第一位①。而"实况转播"这一业务名词也是在开国大典中由梅益和温济泽所创造的,它生动又形象地反映了这次大规模转播以及这期特别节目的含义,至今沿用②。

自此,每年五一国际劳动节和十一国庆节,央广和地方电台都要转播首都和当地的庆祝游行实况,而且内容不断丰富,形式更加多样。从1949年到"文革"前,广播电台没有间断过转播国庆游行的实况。对党和国家的一些重要会议,如人民代表大会、政治协商会议、党的代表大会,以及重要的集会、庆祝大会、纪念大会和国际会议,广播电台也会经常转播。

实况转播也为传统的广播报道形式带来了新的灵感。1952年7月1日,成渝铁路通车,西南人民广播电台组成了报道小组(包括编辑、记者、播音员、技术人员),由编辑部副主任钱辛波带队,随列车进行了"流动性实况转播"。当天上午,报道组在重庆火车站转播了通车典礼实况后,列车随即载上广播车开出,沿途在哪里停站,就在哪里宣传成渝铁路通车的意义。列车晚上到达内江,和从成都开出的列车会合,他们转播了会车典礼的实况;次日下午,列车到达成都,又转播了在成都站举行的欢迎大会和天成铁路开工动土典礼的实况。还有,1954年,康藏公路通车,西康电台用汉藏两种语言同时转播了通车典礼的实况,等等。可见,这种新兴的广播形式刚一问世便爆出了巨大的力量。另一方面,实况转播一般是介绍新闻事件的全过程,为了解决有听众错过了实况转播的遗憾,广播实况之后,广播电台还会把长达几小时的实况录音剪辑成几分钟、十几分钟的节目,在新闻节目里广播,这就从"实况转播"中又衍生出了"实况录音剪辑"这一新报道形式。它同样可反映事件的主要内容和精彩的片段,具有现场感,又短小精悍,因而也很受听众欢迎③。

实况转播不仅应用在新闻节目当中,还应用于从剧场到体育馆的文艺、

---

① 喻梅.新中国播音创作简史[M].北京:中国传媒大学出版社,2016:37.

② 舒云.开国纪事[M].北京:人民日报出版社,2014:272.

③ 左漠野.当代中国的广播电视(上)[M].北京:中国社会科学出版社,1987:114-115.

体育节目转播,使各种文化、体育活动得到了大力发展,具有了无可比拟的、最为广泛的群众性。实况转播是一种情景真实生动、传播范围广泛且具有强大精神力量的播音形式,它所发挥的教育和鼓舞作用是无法估量的。这也为承担实况转播的播音创作主体提出了全新的要求。

2.《开国大典实况广播》

1949年10月1日,北京新华广播电台在天安门城楼实况转播了开国大典,在广播史上具有开创性意义,而对播音创作来说同样如此。历史将发出新中国广播第一声的光荣使命赋予了播音员齐越与丁一岚,他们不仅圆满地完成了创作任务,更留下了必然要载入史册的、空前绝后的播音作品。

(1)准确无误,不失分寸感

转播当天一早,周恩来总理就来到位于天安门城楼走廊最西端的"播音间",关切地询问齐越和丁一岚准备得如何? 两位播音员满怀信心地说"没问题"①。由于参加观礼的人员太多,为保证播出质量与安全,距正式转播还有一小时,齐越和丁一岚转战到了天安门城楼西侧的露天播音台两架话筒前。

午后,30万人的游行队伍汇集东西长安街和天安门广场,城楼下红旗招展,人山人海。据齐越回忆:"我和丁一岚同志守候在城楼西侧的播音岗位上,即将进行我国人民广播史上在天安门城楼上对全国的第一次实况广播。面对如此宏大的历史场面,没有经验,也没有预演,看着手上已经写好的又很不完备的解说词,我们激动又感到紧张。时间一分一秒过去,我目不转睛地注视着登城的楼道,等待伟人的脚步声响起。我知道,此刻,亿万中国人正围拢在收音机旁凝神等待,等待着一个伟大的历史声音。"②

14时55分,北京新华广播电台开始播音。15时整,播音员赵勉在电台直播间的话筒前宣布:"现在开始转播中华人民共和国成立大会的实况。"

《东方红》乐曲响起,毛主席魁梧的身影出现了。齐越立即对着话筒播

---

① 舒云.开国纪事[M].北京:人民日报出版社,2014:275.

② 齐越.献给祖国的声音[M]//北京广播学院新闻系.中国人民广播回忆录:第三集.北京:北京广播学院出版社,1990:131.

出："各位听众，庆祝中华人民共和国中央人民政府成立典礼就要开始了。现在，毛主席和他的亲密战友朱德、周恩来、刘少奇等同志登上天安门城楼……"林伯渠同志宣布大典开始时，毛主席的双肩抖动了一下，随即，那个庄严激昂的声音响起了："中华人民共和国中央人民政府成立了！"这个声音通过电波，传遍了中国，震撼着世界。

实况转播满足了受众对信息此时此刻、此情此景同步性的需求，更大大提升了新闻报道的时效性。而传播的效率高绝非仅仅是"快"，更指信息内容、信息传播的"准"。一直以来，人民广播播音创作的准绳就是"准确"。然而，此次实况转播的播音创作空间是在室外，尤其是第一次在空旷的天安门广场上，观众多、环节杂、没有耳返回受……在这样的创作条件下、庆典实时推进，面对多方因素影响，创作难度可想而知，参与实况转播的每个人都高度紧张，生怕出现丝毫差错。作为最后一棒的播音员来说，安全播出就是创作的底线。

齐越和丁一岚既兴奋又认真地交替播报实况转播的广播稿，将眼前正在行进中的激动人心的场景准确无误、即时即刻地传递给海内外听众。这一天，"齐越和丁一岚足足站了7个多小时，开始，编辑在旁边不断提示，后来越播越流利，嗓子一点儿也不觉得累"。晚上9时25分，持续了6个半小时的实况转播宣告结束。尽管对于精力高度集中、一心创作的播音员来说体力与脑力消耗巨大，但是齐越和丁一岚在播音创作的整个过程中没有丝毫懈怠，从始至终做到了一字不错，圆满完成任务。

除字音、语义及场景描述等方面的准确之外，齐越、丁一岚还极为重视播音创作更高层面的准确度——感情浓淡，这是驾驭创作过程的核心要素、关键性问题，也是"分寸感"在情感拿捏上的一种体现。可以想象，此时在北京发生的一切，必会强烈地激奋着每个中国人的心，更何况是从新中国成立前就一直战斗在电波中的齐越与丁一岚呢？"当时我们抑制不住自己的万千思绪，在播音的间隙里，回忆起过去的艰难岁月，也畅想着祖国的繁荣昌盛的未来。"①相信他们在那一刻的内心情感是浓烈的。但是,从齐越和丁一岚的现场录音中不难发现,他们的语言表达节奏明快,并不像想象中的那么激动。原因是,他们必须"控制"。齐越印证了这一点:"我按捺住心头的激荡,立即对着话筒播出⋯⋯""我怀着这种自豪的心情,尽力控制住激荡在心中的火一样的热情,进行着阅兵典礼和群众游行的实况广播。"②两次"激荡"的表述说明齐越二人并非无动于衷,而是在有意控制。在播音创作中,语言表达历来讲求"不瘟不火",也就是既防止不足,又防止过分。正所谓,"淡妆浓抹总相宜"。

其实,情感输出的分量与声音表达的控制是相辅相成的,如齐越所说的"按捺""控制"内心情感,体现在声音外部形式上实则就是节制声音。那么,面对新中国成立,由衷的情感理应是充足的、激情澎湃的,为何还要控制内心、节制声音呢? 因为,在空旷的广场上,面对如此大的场面,内心涌动着激情,此时的播音创作最怕出现过分追求声音的高亮。显然,齐越与丁一岚并没有选择这样的声音形式。首先,高亮的声音并不适合所有的感情色彩和分量。单一为了凸显内心涌动的拳拳爱国之情而追求高亮声音的播音,除了给人以"震耳欲聋"的感觉之外,恐怕播音内容是什么也难留印象,特别是面对直播时长近 7 小时的创作时,节制声音就显得尤为重要了。节制声音,主要是两方面的含义:"一是,不要一味追求响亮、宽音大嗓,不要高低悬殊,不要一种声音从头响到尾;二是,声音的对比、起伏变化,不要超过感情对声音的要求,不要听来容纳了十分感情的样子,实际上却只有六分感情。从这两方面看,节制声音主要是为了使表达充实、贴切。"③此外,尽管是在空旷的广场上播音,毕竟也是在"话筒前"创作。话筒,是现代化的传播、扩大声音的工具,不是土喇叭要靠喊。再者,从传播距离上来说,听众的接收距离实际上是耳朵到收音机的距离,而并不是话筒到广场上的任一角落的距离,所

---

① 丁一岚,齐越,杨兆麟.终身难忘的时刻:忆开国大典实况广播[M]//北京广播学院新闻系.中国人民广播回忆录:第三集.北京:北京广播学院出版社,1990:123.

② 齐越.寄语青年播音员[M].北京:北京广播学院出版社,1986:32.

③ 张颂.播音创作基础[M].3 版.北京:中国传媒大学,2011:135.

以,声音不必穿透整个广场般的响亮,若是如此,在收音机前听到的就一定是刺耳聒噪的声音。最后这两点,往往是缺乏室外播音创作经验的播音员常犯的错误。而在这一次实况转播的播音创作中,齐越和丁一岚可以说将有声语言表达的"分寸"提升到了一个新的境界,为以后大型的,尤其是室外的实况转播的播音形式和风格,奠定了良好的基础。

(2)自豪亲切,兼具鼓动性

控制内心、节制声音并不意味着始终压制,而是一种创作上的收放自如。需要去释放情感与声音形式的时候,播音员们也毫无保留,在一种自豪亲切的表达中,又兼具一股鼓动性的力量。

当毛主席在主席台上庄重地按动电钮,鲜艳的五星红旗在广场中央徐徐升起时,丁一岚激动地对听众们说:"中华人民共和国的国旗,现在正由毛主席亲手把她升起。"她用有声语言描述了广场上的情景:"参加大会的30万人都整齐肃立致敬,注视着人民祖国的庄严而美丽的五星红旗徐徐升起。各部队指挥员行举手礼,在队列中间的干部和战士,以及执行勤务的人员都肃然立正。"人民中国的第一面国旗,系着几亿中国人民的心啊!丁一岚的声音更加激昂了,她欢快地告诉听众:"国旗已经上升到旗杆的顶尖,在人民首都的晴空迎风招展。她象征着中国的历史已经进入一个新的时代,我们的国旗——五星红旗将永远飘扬在人民祖国的大地上。"①

阅兵式开始后,朱德总司令以磅礴的气势宣读了对中国人民解放军全体指战员的命令,号召全军"把革命进行到底,解放全中国领土"。随后,各兵种进行分列式,陆续进入广场,走向主席台前。齐越以庄严、浑厚的声音向听众介绍行进着的各个兵种:"现在,人民海军的队伍最先进入广场……他们走到主席台前,一致向主席台上党和国家的领导人行注目礼。海军士兵们一律戴着白色的海军帽,脑后潇洒地飘动着黑色缎带,蓝白两色的海军服鲜明地映入人们的眼帘,每个战士左肩上背着三八步枪,他们那健康、绯红的面颊,整齐、有力的步伐,使观礼的人们感到特别喜悦和兴奋,纷纷向他们鼓掌致意,这是我们第一次看到自己的海军队伍……接着是步兵队伍,战

---

① 舒云.开国纪事[M].北京:人民日报出版社,2014:276.

士们一个个容光焕发,精神抖擞地通过主席台前……"①齐越一个兵种、一个兵种地向听众做着介绍,炮兵、装甲兵、坦克兵过来了,铁流滚滚,气势威严。率领坦克方队的第一辆车上,写着"功臣号"三个大字,那是解放军从敌人手里缴获的,在解放战争中荣立了战功。听众从收音机里听到了这气盖山河、压倒一切的轰鸣,它激励着所有热爱祖国的炎黄子孙的心。听众虽然看不到他们的英姿,但是听到了他们雄健的步伐声,听到了军乐队演奏的铿锵有力的《解放军进行曲》和播音员引以为傲、钦敬之忱、鼓舞人心的描述,如同身临其境。

考虑到在庆典的同时,前线各路解放大军正准备连夜迅猛进军,坚决执行朱总司令刚刚发布的命令,因此,齐越与丁一岚的播音中又兼具着强烈的鼓动性。那激励人心的声音形式所包裹着的其实是一颗信念坚定的心:"胜利永远属于英勇无敌的人民解放军! 我们相信很快就要播出解放广州、桂林、重庆、成都、贵阳等城市的捷报。我们热切地期待着。"②

从战争年代开始,播音语言的鼓动性特点一直非常突出。播音员的声音形式中充满了爱憎分明的情感,创作了很多感人肺腑的优秀作品。正是这鼓动性,指引千百万人涌向革命圣地,召唤迷途的人们走向光明,加速了敌军的崩溃,推进了胜利的进程;也正是这鼓动性,点燃了人们建设社会主义的热情;还是这鼓动性,增强了人们实现宏图大业的信心。这正是播音创作所应该承担的义务,失去这个特点,表达将无所作为,变得无精打采、软弱无力。然而,需要注意的是,鼓动性并不是要让每一篇稿件、每一个话题都使人"闻风而动",也不是每一句话、每一种语气都让人泪流满面。这不是鼓动性的原意。鼓动性,只要求达到思想感情上的共鸣,有声语言的重点、高潮、叙事、推理,呈现多层次、多角度的变化,有时昂扬,有时深沉,有时浓烈,有时平静,完全不是高声呐喊、撕肝裂肺式的表达。它以"催人向上"为旨归,辨是非、知善恶、明美丑、懂爱憎,从而在"心理暗示"中,获得某些教益。

---

①　丁一岚,齐越,杨兆麟.终生难忘的时刻:忆开国大典实况广播[M]//北京广播学院新闻系.中国人民广播回忆录:第三集.北京:北京广播学院出版社,1990:126.

②　齐越.寄语青年播音员[M].北京:北京广播学院出版社,1986:32.

如果说,听了一次播音,看了一次主持,就有了"奋然而前行"的激动,实属罕见。绝不可这样狭隘地理解鼓动性。可以说,作为广播战线的两位老兵,齐越和丁一岚将这种鼓动性完美地融入创作之中。

(3)首次尝试,难免留遗憾

开国大典后,北京新华广播电台涌来了如潮水一般的听众来信,其中的一部分是抱怨齐越与丁一岚讲得太少。其实,听众并不了解,开国大典实况转播规定了一条纪律,播音员要严格照稿播读,不能擅自更改;而且,大部分播音稿是编辑和记者们当场完成的,这样一来,现场写稿、审稿以及播音的压力都很大。

负责实况转播编辑兼采访工作的是胡若木、高而公和杨兆麟。实际上,三位年轻人事先还走访了阅兵驻地,又观看了阅兵预演,不过,只写了薄薄的几张说明词。其实,并非几位偷懒,而是确实对实况转播这一新鲜事物预设不足。"事前的准备工作也很简单,只是根据大典的程序,由播音员向听众做简要的说明。以为'实况广播'的作用就是把现场的实际情况——主要是人物的讲话和现场的音响转播出去。"①这些说明词描写很少,大部分是激动、庆贺、欢欣鼓舞。播音员读起来,一会儿就没有了。再加上谁也没有料到庆祝大会持续了六个半小时,一直到晚上9时25分才宣布结束,事先写好的稿子就不够了。杨兆麟和胡若木又现场赶写了一部分。当事后看到听众来信表示渴望听到播音员更多的现场描述时,杨兆麟他们才体会到听众的心情和要求,"实况广播的作用不但要把现场的各种音响传播出去,而且,要把现场的情景形象具体地介绍给听众,通过他们的听觉,引发他们想象力,使他们有身临其境之感。"②于是,从1950年的国庆节开始,央广事前组织记者到参加阅兵的各部队和参加游行的各单位采访,写出详细的实况播音稿。

转播过程中,后来担任中央广播事业局局长的梅益,坐在天安门城楼一

---

① 北京广播学院新闻系.中国人民广播回忆录:续集[M].北京:中国广播电视出版社,1986:106.

② 北京广播学院新闻系.中国人民广播回忆录:续集[M].北京:中国广播电视出版社,1986:106.

个不显眼的角落里,一张一张地突击审稿,合适的当场送去播音,有拿不准的稿子,梅益就当即请示新华社社长胡乔木。

而另一头,齐越和丁一岚手中各拿一把碎稿子。稿子是写在单张纸上的,增删方便。该播哪段文字都是先从上往下看,根据会场进度相机调整。有时,站在旁边的编辑会提醒一句。如果发现临时要加几句话,也由编辑提示。齐越记得陆海空三军的分列式没有解说词,是编辑现凑上去的。

虽然现场做了不少努力,播音员还是好多时间没词了。飞机声、坦克声、马蹄声、军乐声,甚至刷刷的脚步声,都给人雄浑壮阔的联想。但是,人们毕竟希望把现场介绍得越多越细越好。其实,听众的需求可以理解,关于开国大典,人们的确什么都想知道①。像这样的尴尬在电视实况转播中也出现过一次,那是在庆祝香港回归的72小时直播中,主持人也是常常"无话可说",那是后话。

毕竟是历史上的第一次全国范围的实况广播播音,留有遗憾也在所难免,更何况播音创作就是稍纵即逝的。这些丝毫影响不了此次播音创作的历史地位。"在30万人的现场,在没有回受、听不见自己的声音的情况下,两位播音员做到了始终庄重、热情,他们精神抖擞、激情澎湃、声情并茂的朗读,不仅把现场的动人情景传达给了现场以及收音机前海内外的亿万听众,更把全国人民心中的喜悦和自豪传递给了全世界,体现出了大国风度和气派。尽管当时丁一岚和齐越并没有意识到,但从播出那一刻开始,除了电台传播的内容之外,播音员的声音已经开始成为国家形象的代表和标志,播音创作的定位从此开始有了质的变化。"②

(五)体育播音

体育节目在这一阶段属新闻性节目,其播音创作的最初样态与新闻播音相似,又兼具自身的创作特征与表达样式。央广和各地电台均十分重视体育节目播音,记者、编辑和播音员努力用最快的速度将刚刚结束的比赛,

---

① 舒云.开国纪事[M].北京:人民日报出版社,2014:276-277.
② 喻梅.新中国播音创作简史[M].北京:中国传媒大学出版社,2016:37.

甚至正在进行中的比赛实况及时、准确、生动地向受众播报。体育节目及比赛实况广播成为这一时期喜闻乐见的播音内容。

1.《体育节目》

早在 20 世纪 50 年代，央广就已经将重要的体育新闻作为"刚刚收到的消息"在新闻节目中向受众广播。除在日常新闻节目中播送外，央广还办有固定的体育节目，名字就叫《体育节目》。

《体育节目》开办于 1955 年 4 月，其播音内容主要是报道我国体育战线的成就，传播体育界的优秀人物和群众体育活动的先进典型，介绍体育知识和国际体育动态，以及有关体育锻炼的各种知识等。该节目初办时每周播音两次，分别在中午 12 时 15 分和晚间 21 时 45 分，每次时长 15 分钟。《体育节目》播音的时效性非常强，通常上午的比赛情况，中午时段就报道；下午和晚上的比赛，在第二时段的节目中就可听到；常比报纸还及时，因此受到听众的普遍欢迎。除了播出新闻、通讯、特写外，节目还经常播出记者从国外传回的电话报道，包括比赛的现场实况和对运动员教练员的口头采访等。[1]

2.首场体育比赛实况广播及解说

《体育节目》虽时效性强，但仍与比赛无法同步，且是"碎片化"播送。听众似乎更加热衷于比赛的实况广播，它以和比赛同步的速度向听众报道体育运动的新成绩、新水平、新技术；以生动逼真的精彩解说，传播体育健儿为祖国荣誉顽强拼搏、奋勇进取的精神。

1951 年 1 月[2]，苏联男子篮球队到访上海并进行一场友谊赛，实现了新

---

① 中国广播电视年鉴编辑委员会.中国广播电视年鉴:1986[M].北京:中国广播电视出版社,1986:396.

② 张之与陈述二人均回忆该事件发生于 1950 年,参见《播音创作漫谈》第 47 页。但有研究表明这场在上海进行的篮球比赛应发生在 1951 年。经查证,上海地方志电子数据库记载的是:"苏联体育代表团男子篮球队与上海'沪联'篮球队的友谊比赛,上海电台于 1951 年 1 月 8 日实况转播,由播音员张之和电影演员陈述担任解说,取得很好的效果。"详见:https://www.shtong.gov.cn/difangzhi-front/book/detailNew? oneId=1&bookId=4510&parentNodeId=63811&nodeId=12239&type=-1.

中国第一次体育比赛的实况广播。当时,球场只能容纳3000人,球迷无法都来到现场。因此,许多听众致电上海台,要求像国庆游行和文艺演出实况广播那样广播这场篮球赛。

然而,并非"实况广播"意味着本就附带"实况解说",正如听众曾抱怨过在开国大典的实况广播中播音员在现场讲得太少一样,体育比赛在赛事现场加入"解说"一环也是应广大听众朋友的要求而实现的。"去年(1950年)冬季北京青年服务部举办的篮球赛对于一般运动员和观众帮助并不太大。我建议在今后的球赛中,一面进行比赛,一面由对于球类比较有研究的同志在旁边用扩音器解释。在开始跑篮时,可讲各种姿势,怎样投好、投篮时需要注意一些什么,并由投篮最好的人做一下,让大家仔细看看。到开始比赛时,再讲那一队用的是什么进攻和防守方法……这样便对于观众和所有的运动员有很大的帮助。"[1]相信这样的群众呼声应不在少数,而且此类建议对于靠耳朵来听的广播而言十分友好。

为满足听众要求,上海台决定不仅要进行新中国第一次体育比赛的实况广播,还要由播音员张之和上影厂演员陈述合作进行一次试验性现场解说。当年,张之是上海人民广播电台播音组副组长,曾担任第一次国庆游行实况广播的播音工作。而陈述曾在上海台《邮政常识》节目担任过播音员,其语言表达生动、风趣,深受听众喜爱。因此,二人成为这次篮球比赛解说员的首选。

然而,什么是体育比赛实况广播,怎样进行赛事的现场解说,二人一头雾水,只知道仅有一天的准备时间,这时候,他们连双方上场队员的姓名还叫不全。不过,张之与陈述凭借着长期话筒前的创作经验、过硬的业务能力及对体育事业、对听众的一腔热情,自信地走上了播音台。对篮球了如指掌的张之偏重讲解技术,他不仅胸有成竹,而且语言表达节奏适当,急来口若悬河、滔滔不绝,缓时绘声绘色、妙趣横生。不懂篮球规则的陈述则偏重烘托场上气氛,他敢想敢说、活泼生动。两位播音员合作默契,说捧自如,大受听众欢迎,解说效果出乎预料。

---

① 王炳炎.球赛时应有人当场讲解[J].新体育,1951(10):39.

赛后,张之反思道:"球赛实况广播,能够充分发挥广播报道快速、使用语言和现场音响的特点,如果讲解得好,可以使听众产生如临其境的感觉。这就需要研究一个新课题:球赛是给人看的,但是球赛实况广播是供人听的,在我们讲解一场比赛的时候,除了应熟悉双方队员,比赛规则和战术以外,还必须启发活跃听众的想象力,使完全凭着听觉来了解比赛的听众在脑海里出现比赛的画面,有在场上看比赛的实感。这确实有许多值得研究的问题。"[①]带着这一问题,从此,他走上了体育播音的创作道路。

3.张之的体育解说特征

张之,1930年生,北京人,央广高级记者、体育节目播音员、解说员,新中国体育转播奠基人。1949年春开始在华东新华广播电台(今上海人民广播电台)任播音员,同年由济南去往上海接管电台,后任上海人民广播电台播音组副组长。1951年,他解说了那场新中国首场篮球比赛实况广播。1953年,被调往央广任体育记者,并参与创办《体育节目》。

担当一场场新中国重要的体育比赛实况广播的播音员,张之很快便被全国听众尤其是体育爱好者们熟知,并开体育解说一代之风。

(1)善于刻画运动员精神风貌

尽管张之解说过那么多"第一次",而使他家喻户晓的经典之作,当属他解说的徐寅生著名的"十二大板"。1961年,第26届世界乒乓球锦标赛在北京举行,这是新中国第一次承办世界性体育比赛。在男子团体决赛中,徐寅生和日本队员星野展弥的比赛十分紧张,又极富戏剧性。徐寅生先输一局,但他泰然自若。作为播音员的张之瞬间捕捉到了徐寅生这一特点,着重介绍了他捡球时那种临危不乱的大将风度。正如张之所说:"要搞好乒乓球赛的解说,不仅要介绍双方的打法、战术和场上的比分,还应该多介绍场上的运动员,刻划(画)他们的精神面貌。"[②]而想在紧张的比赛中捕捉到运动员

---

① 张之.球赛实况转播札记[M]//北京广播学院学报编辑部.播音创作漫谈.北京:内部出版物,1979:47-48.

② 张之.球赛实况转播札记[M]//北京广播学院学报编辑部.播音创作漫谈.北京:内部出版物,1979:55.

身上的细节,从而刻画其精神风貌,看似是张之临场发挥,实则是其长期养成的一种"静观默察"的习惯使然。

张之认为,鲁迅先生关于写作要"静观默察,烂熟于心"的做法,对做好体育实况广播来说有十分重要的借鉴意义。为了报道好这次比赛,张之早在一年以前就找机会探班中国乒乓球选手的练球和比赛。他经常坐在教练付其芳、庄家富的旁边,听他们介绍情况,谈论比赛,因而对运动员的技术和性格都了如指掌。"我比较了解徐寅生,他发的球神出鬼没,使人难以琢磨,他的打法多变,声东击西使人防不胜防。有一次,付其芳让我注意徐寅生出场,我发现他进场潇洒自若,从容不迫,好象(像)京剧中书生出场时一步三摇的劲头。付其芳说:就是在紧张的比赛中,他也是这样,人们说他修养好、作风好。我访了徐寅生,问他为什么在比赛的时候那么镇定,他回答说:运动员打球,当然要争取胜利,但是不能丢几个球就沉不住气,在比赛当中不能计较个人得失。要赢得起、输得起。在比赛当中沉着镇静才能保持清醒头脑,打出好成绩。他的回答很简练,但讲得比较深刻。通过这些观察和采访使我对徐寅生加深了了解。"①正是有这种长期的观察,才使张之在瞬息万变的比赛现场抓住了徐寅生的人物特点,将其放大。在中国播音学中,这种长期观察也被称为"广义备稿",有时这种备稿的广度及深度决定了播音风格的不同与水平的高低。

这场比赛解说的另一大看点是:双方打成一平后,徐寅生打得更有章法。当他发动猛攻时,星野连放上旋高球,徐寅生每打一板,场上便是一阵喝彩。张之不禁数了起来:"徐寅生跳起抽第五板,星野退到板障边回高球,徐寅生换角度扣第六板,星野跑到角上接了回来!……"结果徐寅生以十二大板力挫星野,场上出现了高潮,收音机前也出现了高潮。这段广播给听众的印象很深,若干年后人们还常谈起这次比赛。同时,张之"以精彩的'十二

---

① 张之.球赛实况转播札记[M]//北京广播学院学报编辑部.播音创作漫谈.北京:内部出版物,1979:56.

大板'奠定了中国体育转播的风格,至今为人津津乐道"①。

(2)磨炼过硬业务能力

转做体育播音前,张之与体育比赛接触不多,但过去转播文艺节目也需要语言表达练习。最初,张之采用口头"写生"的方法练习即兴的口语表达。他常会站在上海台楼上对着外滩来往的车辆行人、大小船只,用语言即时地将场景描绘出来。有时,还会对着一幅油画、一幅剧照,进行口头描述,逐渐培养了看见什么就能脱口而出的表达能力。可是,这些场景的变化远不及比赛现场那般瞬息万变,张之深感这样的口语表达速度跟不上比赛的节奏。为了加快语速,张之开始练习快速读报,说绕口令,学唱山东快书、西河大鼓,几乎每天早晨都要练上几段,甚至走路时也不停地念叨,好似走火入魔。这样苦练了一年,解说速度明显提高。

毕竟,人的语速是有极限的,若想再提高,要使解说能够及时赶上比赛,"用词简练"往往比"播得快"更受听众欢迎。因为,播音员语速太快,听众听不清、感觉累,传播效果并不好。"'八一'兰(篮)球队在进攻的时候,队员经常采用急停跳起,双手头上投兰(篮),这个动作讲起来费事,后来运动员创造了一个简练的词,叫作'砸眼'。这个词比较形象,从上往下扔东西叫砸,把兰(篮)球筐比作泉眼,很好理解。我们就把'砸眼'这个词先向群众解释清楚,然后把它作为经常使用的词汇。"②张之还经常使用如"边锋沉底传中""带空打门""快板球""四十五度角切入上篮"等词语来描述比赛。这些都比较简练,而且形象化,比使用拖泥带水的词节省时间,更容易使听众了解比赛。

除反应敏捷、速度快、口齿伶俐外,声音清脆是张之的另一大特点。运动场上人声嘈杂,特别是遇到运动员有精彩表现、进球得分时,群众情绪沸腾,要想使听众听清解说,需要用清脆高昂的声音。过去上中学时,张之喜

---

① 宋世雄.宋世雄自述:我的体育世界与荧屏春秋[M].北京:作家出版社,1997:310.

② 张之.球赛实况转播札记[M]//北京广播学院学报编辑部.播音创作漫谈.北京:内部出版物,1979:49.

欢戏剧、曲艺,兴致浓的时候,经常到公园或护城河边看演员练嗓子,自己也学着练,还几次登台演出。在张之练习球赛解说遇到困难时,便想到从戏剧、曲艺方面寻找新的解决办法。他开始借鉴京剧名家杨小楼、梅兰芳、郝寿臣、赵燕侠的念白。"小楼的武生道白铿锵有力,特别是他的'喷口',字是从嘴里喷出来的,好象(像)落在桌子上都能钉住一样。我就这样学发声,注意抑扬顿挫,学杨小楼有力的道白,学赵燕侠的发声吐字清楚。经过不断训练,使解说在人声鼎沸之中,也能听得清楚。"①

（3）解说语言丰富生动

解决了口齿与声音的问题,张之深感另一大困惑就是解说的词汇不丰富,找不到恰当的词来形容比赛现场,这又是一道难关。为了使解说做到生动有趣、引人入胜,不能只在形式上做文章,必须在语言的内容上下功夫。张之开始阅读古今中外的文学名著,从中汲取营养。

白居易的长诗《琵琶行》给了张之很大启发。"我觉得要学习白居易白描手法,通俗易懂,不咬文嚼字,虽不浓艳,却很动人。更值得学习的是他用各种形象比喻描绘弹琵琶,把供人听的音乐,改换成供人看的文学诗句,使人读了永志不忘。我们完全可以借鉴这种手法,把供人看的球赛,用形象有趣的语言传达给听众,把他们引到特定的环境里,就象(像)坐在体育馆里看比赛一样。"②

有了这样的思考之后,张之便会直接引用一些诗句加入播音语言中,如用"一将当关,万夫莫开"来形容足球守门员的防守严密;用"黑云压城城欲摧"来形容足球场上的重兵压境;用"山重水复疑无路,柳暗花明又一村"来形容场上战局的变化。有时,张之会使用评书中的语言来丰富解说,如把足球前锋冲进对方禁区,形容为他单枪匹马冲入重围,好像长坂坡前的赵子龙;讲一个运动员身材魁梧,形容为他好像有倒拔垂杨柳的劲头;对一个运

---

① 张之.球赛实况转播札记[M]//北京广播学院学报编辑部.播音创作漫谈.北京:内部出版物,1979:50.

② 张之.球赛实况转播札记[M]//北京广播学院学报编辑部.播音创作漫谈.北京:内部出版物,1979:50.

动员一开球就连抽几板,形容为他一上阵就使出了程咬金的迎面三板斧。张之也会注意使用群众熟悉的形象化的语言,把场上的情况交代清楚。譬如说:"中国队中锋史万春用越过对方前卫头顶的妙传,把球送到禁区空挡,边锋从者余,单刀直入、飞步赶上,腿猛射,球象(像)炮弹出膛,守门员来不及补救,球已飞进网窝。"这种解说就比较简练、形象。为了掌握形象、生动的语言,也往往需要到日常生活中发掘。譬如篮球场上身高两米左右的运动员进行传球配合,张之会引用建筑工程的语言来形容,说他们在进行"高空作业",听众一听就懂,也感到很形象;在广播足球比赛时,形容一个后卫头球好,说他"有很好的防空本领",听众也觉得生动有趣。

张之的这种语言表达方式,通俗简练、风趣活泼,人物描写可谓入木三分,从听众的角度来说,也会感觉亲切熟悉、激动人心,

(4)勤于播后总结

正如当年齐越等播音前辈撰写《十天播音工作个人总结》一样,张之也善于自我总结经验教训。在1957年转播中国和印度尼西亚足球队为参加世界足球锦标赛而举行的预选赛时,"中国队的前锋王陆把对方的球员撞倒了,王陆跑过去把那个球员拉起来,那个球员却踢了王陆一脚,当时观众席上嘘声四起,我也一时激动,客观地把这件事报道出去,而且把它说成是'不道德的行为'事后,有几封听众来信对我提出批评,明确指出,广播员头脑冷静、慎重,注意政治影响。听众的来信,给了我很大帮助,使我认识到在球赛广播中广播员不可以信口开河,也不能纯客观地报道。体育比赛里面有政治,一个体育广播员要注意加强学习,不断提高自己的政治修养"①。其实,张之的这段总结中有一处值得再商榷,作为解说者的播音员应该"纯客观地报道",但不能任意评论,显然,上述回忆中的这段解说并不是描述事实出现问题,而是对运动员进行道德评价引起了一些听众的不适。这不禁使人联想起,时隔近半个世纪后,央视著名解说员黄健翔在解说2006年德国世界杯八分之一决赛意大利对阵澳大利亚时的一段激情解说也造成了一定的负面

---

① 张之.球赛实况转播札记[M]//北京广播学院学报编辑部.播音创作漫谈.北京:内部出版物,1979:54-55.

影响,俗称"解说门",他本人也较早地结束了在央视的职业生涯。

在电视体育比赛转播出现后,张之又开始积极思考、探索,"我参加了几场电视体育转播和给录像配解说,摸索了电视体育转播解说的问题。我感到,电视体育转播也需要有解说,解说要简明扼要,去掉广播中的动作描绘部分,适当增加带评论性的讲解"①。因此,张之主张,由于电视体育转播的领域比较广,项目多,在解说中更需要评论性的内容,所以电视解说是难以由一两个解说员包办的,它需要有更多的运动员和教练员来担任评论员。

经验的总结是极其宝贵的,不可束之高阁,张之也将这些实践经验运用到了对下一代解说员的培养中,宋世雄就是他的学生之一。宋世雄说:"年轻一代的体育评论员有了发挥自己才能的宽阔舞台,更应该继承和发展张之老师的体育转播艺术,在文学修养、播音技巧、语言功底和体育知识方面下苦功夫,使体育转播和评论这朵艺术之花常开不败。"②

央广的体育比赛实况广播有力地推动了全国的群众性体育活动,也培养了一批优秀的体育解说员。这一时期,除了央广的解说员之外,地方电台担任过体育比赛实况转播解说员的记者和播音员有近20人。黑龙江电台的石洪、北京电台的赵世良、广东电台的偏正中、天津电台的蒋群、辽宁电台的房明震等。值得一提的是,上海电台的沈木兰是中国体育比赛实况广播的第一位女播音员。她的声音清晰,富于激情,在20世纪60年代很受上海听众欢迎③。

二、社教类节目播音创作

社教类节目,是以社会教育为宗旨的节目的总称。其种类多,内容广,包括理论学习、特定对象、知识、教学等节目。由于其中的某些节目是由专

---

① 张之.球赛实况转播札记[M]//北京广播学院学报编辑部.播音创作漫谈.北京:内部出版物,1979:57-58.

② 刘尧.第二落点永不消逝的声音:宋世雄忆张之老师[EB/OL].(2001-01-16)[2021-09-15].http://sports.sina.com.cn/o/16108838.shtml.

③ 左漠野.当代中国的广播电视:上[M].北京:中国社会科学出版社,1987:162.

家、教师等主讲,不在研究范围内;因此,与播音创作直接相关的要数特定对象节目,包括对农、对人民子弟兵、对少年儿童、对青年广播等。不同性别、不同职业、不同年龄段的观众均可在某一类对象性节目中找到自身所需的播音内容,所以这类节目的受众群十分广泛,对播音员的"专业性"也提出了相应的要求;而这种"专业性"并非仅指向业务能力,还有播音内容所涉相关领域的专业知识。

1951年,全国有49家电台开办了专门对工人广播的节目,随后,对青年、儿童、妇女、教师、公安员、归侨人员等广播的节目相继出现。据统计,1953年前,广播电台开设过的特定对象节目多达几十种,仅上海台就有29种。为各方特定对象设置众多的节目,在新中国成立初期的历史条件下是必要的。它的针对性强,适合特定人群的需要,传播效果明显,增强了人民广播为人民服务的观念,密切了人民广播和人民群众的联系。1953年后,为避免播音内容上的重复和广播越办越窄的风险,此类节目逐渐归并、削减。

农业是国民经济的基础,20世纪50年代,农民占全国总人口的80%。农村地域辽阔,交通不便,经济落后,信息闭塞。新中国的农民迫切要求了解党和国家的方针、政策、法令,了解国内外大事,提高科学技术水平和学习文化知识。因此,许多省、自治区的广播电台创办了以农民和农村基层干部为主要对象的节目。央广的《对农村广播》节目就创办于1955年。这之后,全国有29个省、自治区、直辖市电台举办了对农村广播节目。除新闻节目以外,对农村广播是各级电台举办的最普遍、持续时间最长的重点播音创作内容。上海台的《阿富根谈生产》《阿富根谈家常》、浙江台的《勤俭嫂谈家常》、江苏台的《老张说新闻》、广西台的《刘大姐谈心》、江西台的《江保根讲故事》等节目,在本地听众中都有相当大的影响。

对人民子弟兵播音的节目是在和平建设时期对人民解放军和全体人民群众进行军民团结、保卫国家和国防现代化教育的重要阵地。自20世纪50年代开始,全国有十几家电台办有《解放军生活》《民兵生活》《对解放军和民兵》等节目。其中,最著名的当属央广的《解放军生活》节目。抗美援朝时期,央广先后派记者高而公、赵斯金和播音员齐越、姚琪等人随人民志愿军赴朝慰问团抵达前线采访,及时发回了众多录音报道、人物讲话、通讯等。

　　孩子是祖国的花朵、国家之未来。早在 1949 年,北京、天津、上海、沈阳、武汉、哈尔滨、吉林等广播电台就开办了少儿节目。央广于 1951 年 5 月 1 日创办了著名的《星星火炬》节目(时称《少年儿童》节目)。1959 年 12 月 19 日,《星星火炬》播出一个通知,希望经常收听广播的小朋友们来信,反馈自己收听了哪期节目,对节目有什么要求及意见。仅半个月时间,节目组就收到了来自全国 28 个省、自治区、直辖市的 38000 多封来信。实际的数量应远超于此,因为其中多数信件是同时代表几位听众、收听小组或一个单位的。有些信还是来自蒙古国、朝鲜、马来西亚、新加坡、老挝、越南的华侨或华裔儿童。继《星星火炬》之后,央广又创办了对学龄前儿童广播的《小喇叭》节目。

　　1956 年 9 月 4 日,著名广播节目《小喇叭》开播,许多地方电台和县广播站均转播此节目。开始曲"嗒嘀嗒,嗒嘀嗒,嗒嘀嗒嘀嗒"的旋律,还有那句清脆嘹亮的"小喇叭开始广播了"是一代人的集体回忆。

　　虽属针对同一对象的播音创作,但与《星星火炬》相比,《小喇叭》在年龄段的选择上更注重培养学龄前 4 至 6 岁儿童的理解能力和兴趣爱好。播音全部采用文艺形式,内容丰富、形象、生动,使幼儿在潜移默化中接受爱国主义和集体主义思想教育。这也是对象性节目"窄播"的特点之一,富有极强的针对性,播音时需极其注意,对象不同决定了语言表达样式上的差异。《小喇叭》则牢牢把握住了收听对象的特点,突出声音形式的灵动与多变,取得了良好的播音效果。

　　既然是对象性节目,在播音创作时,就应该认真研究播音对象的特征,从艺术接受的角度出发,反观创作的每一处环节,这样会使创作更加有的放矢,行之有效。

　　首先,《小喇叭》节目的播音创作在一定程度上能够掌握学龄前儿童的特点,这是和幼儿园老师的帮助分不开的。在拟定选题时,编辑们会去请教幼儿园老师。根据孩子的实际生活情况,提出应进行哪方面的品德教育,培养什么样的生活习惯……根据这些意见和要求拟出的选题,就会有明确的播音对象和创作目的。在编稿方面,当时为学龄前儿童写作的专业作家极少,为学龄前儿童出版的读物也为数不多,所以《小喇叭》的稿源问题,特别是反映幼儿生活、对儿童进行思想教育的作品,就更为缺乏。节目组还是依靠最熟悉学龄前儿童生活的幼儿园老师来提供有关孩子们生活的各种素材,作为组织和编写播音创作内容的依据。在播音语言表达方面,播音员也会向幼儿园老师们请教与孩子们讲话沟通的方式与方法。在节目形式上,《小喇叭》还可以使小听众们获得一种"体验感"。节目中常会播送这样的录音报道:老师带领孩子参观玩具厂、养猪场、公共汽车站……给孩子们解释各行各业叔叔、阿姨们辛勤的劳动,引导孩子们把自己的生活和祖国的社会主义建设紧密地联系起来。在录制这样的节目的同时,播音员也可以学习到怎样引起孩子们的兴趣,参观时该给孩子讲些什么。有了这些第一手的贴近孩子们实际成长经历的播音依据与播音语言及表达方式,节目的播音受到孩子们的喜爱就不足为奇了。

除了幼儿园老师,孩子们也是指导播音创作的老师。为了弥补播音员不熟悉学龄前儿童的生活、不能准确掌握他们的特点和知识水平的不足。有时,播音员会将稿子带到幼儿园去读给孩子们听,这就如同延安时期的"试播";孩子们对播音效果的直接反应,常常可以说明播音内容与表达形式是否能被孩子们所接受。学龄前的儿童是最认真、最坦率的听众。从试播中,播音员可以了解到孩子们所喜爱的内容特点,即人物形象鲜明,主题思想突出,情节发展单纯、集中,音乐节奏明快,这样做,孩子们听起来才会聚精会神、兴趣浓厚、百听不厌。此外,播音员在试播的过程中也更深刻地懂得了:对学龄前儿童进行教育,必须从他们的年龄特点出发。根据这些体会,节目组为《小喇叭》的星期日节目《小朋友信箱》设计了一个管理信箱的、固定的木偶形象——"小叮当"。"鸡蛋皮小帽白光光,桔(橘)子皮做我的红衣裳,绿辣椒做我的灯笼裤,我的皮鞋嗒嗒响,你要问我是哪一个?我是小木偶,名字就叫小叮当。"小叮当的出现,引起了孩子们极大的兴趣,寄来的信常常写着"中央人民广播电台小叮当收"。他们要求和"小叮当"做朋友,还给"小叮当"寄来了美丽的书签、图片等礼物。而为"小叮当"发声的人,正是在《星星火炬》中为孩子们讲故事的播音员徐曼。

正是从播音对象的角度出发创作,《小喇叭》自开播以来,受到了小听众的热烈欢迎。节目组经常收到诸如小朋友这样的来信,"每天下午从幼儿园回来,就在收音机旁边等候'小喇叭'广播。"也会有家长来信讲,"我的孩子过去是一个很爱哭、很淘气、不听话的孩子,自从经常收听'小喇叭'节目以后,完全变了。现在他很听话,还学会了儿歌、歌曲,逢人就讲,见人就唱,别人都夸他是一个好孩子。"①当时,的确有许多家长将《小喇叭》当作教育孩子的助手。中国人民大学教师郭里宁曾给节目组写信说:"我有三个孩子,大的将近七岁,二的五岁,小的三岁半,都是你台《小喇叭》的热心听众。……在我们家里已无形中形成了这样一'法律':在《小喇叭》的播音时间内,任何人都不能妨碍他们。《小喇叭》不仅给了他们很大的乐趣,也丰富了他们的知识,对培养他们的良好品质也有很大影响。……《小喇叭》也分担了父母的教育责任。在这里,我自己,并代表我们的三个孩子,向你们的辛勤劳动致以衷心的谢意。"②1978 年 11 月,《小喇叭》恢复播音时,许多过去长期听少儿节目的中、小学和幼儿园的老师也写信表示祝贺,已长大成人的"小听众"来信就更多了。河北省廊坊管道局工程处的胡新生在信中写道:"以前,我和弟弟妹妹都是《小喇叭》的热心听众。《小喇叭》教育我们勇敢、顽强、诚实、刻苦学习,我就是在你们教育下上完小学、中学、大学,后来也是带着你们辛勤培育的好品质参加了工作。"

"少年强则国强",少年儿童的成长关系到国家的命运和民族的前途。因此,人民广播把为少年儿童举办专门的节目作为自己的光荣职责,而播音教育的功能也在《小喇叭》节目中被淋漓尽致地展现了出来。

三、文艺类节目播音创作

与社教类节目一样,文艺类节目同样有着广泛的群众基础。以央广为例,20 世纪 50 年代初,文艺类节目约占总播出时间的 10%,1952 年增加到30%,到了 1956 年则增加到 50%左右③。此类节目主要包括音乐,戏曲,文

---

① 中央台对少年儿童广播部.小喇叭[J].广播业务,1960(12):19.

② 左漠野.当代中国的广播电视:上[M].北京:中国社会科学出版社,1987:188-189.

③ 徐光春.中华人民共和国广播电视简史(1949—2000)[M].北京:中国广播电视出版社,2003:15.

学、广播剧、电影、话剧录音剪辑、曲艺等播音内容。其中,与播音创作最为紧密的是文学作品的播音,即通过多种节目形式向听众推荐优秀的文学作品,介绍著名作家,普及文学知识,报道文学界的动态。通常以文艺广播专题播音,或以文艺作品演播以及舞台朗诵等形式而出现。

文艺播音在播音创作上通常是将文艺广播稿件或文学作品转化成有声语言的一种艺术再创造。从这一点来说,文艺播音的创作依据形式多样,常见的有三类:一类是文艺动态消息;一类是文艺专稿,包含串连词、解说词和评介词;一类是文学作品,包括古文、古诗词、现当代诗歌、故事、小说以及广播剧等内容。与其他播音文体一样,文艺播音同样离不开从稿件出发这一创作的基本原则。但是,对于文艺播音而言,播音员除了要对稿件进行深入细致的分析外,还要注意对原作的理解与认知。也就是说,无形之中,播音员又多了一层维度的创作。另外,如果说新闻播音更注重逻辑思维,那么在文艺播音的创作中,形象思维将更加活跃,播音员要不断自觉地发挥联想与想象力。

当时,为了配合新中国的扫盲运动,提升国民文化素养,广播中以介绍文学作品的节目较为突出,内容涉及了现代文学、中国古典文学和外国文学三大类。以央广介绍古典文学作品为主的《阅读和欣赏》节目为例,尽管只占文艺播音总时长的1.9%,该节目的影响力却无法衡量。

20世纪60年代初,央广文教部创办了《阅读和欣赏》栏目,每周播音两次,每次15分钟,后增至每周播出三次,每次30分钟。其播音创作的对象是以具有中等文化水平的文学爱好者,特别是青年人为主。播音创作目的十分明确,侧重于有定论和评价的优秀文学作品的分析与介绍,且不是一般地朗读以供收听,而是旨在提高听众的阅读和欣赏能力。播音内容选材虽广泛,但偏重于介绍中国古典文学,同时讲解相关文艺知识。每次播音,赏析一首诗或一篇文章,讲一个问题,看似点点滴滴,但如听众来信所说的"都能渗入人们的心田"①。为了便于对照收听,在节目播出之前印有活页文稿,供

---

① 中国广播电视年鉴编辑委员会.中国广播电视年鉴:1987[M].北京:中国广播电视出版社,1988:357.

听众来信索取。后来,播音稿件与节目音频结集出版成了全国畅销书。

《阅读和欣赏》当时在社会上极具影响力,栏目也的确有"三名":名家撰稿,名作赏析,名播音员播音、朗诵。具体而言,介绍文学作品的名家撰稿人都是知名学者如臧克家、叶圣陶、肖涤非、周汝昌等;赏析的名作有《阿房宫赋》《前赤壁赋》《石壕吏》《师说》《醉翁亭记》等;而名播音员有声名赫赫的齐越、夏青、林田、潘捷、费寄平、葛兰、王欢、林如、铁城、方明等。"这样的'三名'相融相合的广播节目,是无法不招人听的,很多听众来信说:听这样的广播是一种美的享受。"①

在"三名"的基础上,《阅读和欣赏》节目至少存在着"四度创作"。"第一度"是对于撰稿人而言,解读古人作品,在把握先贤大作的思想内蕴之下,将其转化为当下的思维和语言。"第二度"是对于广播编辑而言,要沟通听众,将解释与评介性语言撰写为深入浅出、通俗易懂而且宜于口头表达的广播语言。"第三度"是对于播音员而言,要细细品读播音文稿,并将其进行有声语言表达的转换。"第四度"是对于听众而言,对所播内容能否产生共鸣,还需要自身的主动学习与感受。应该说,以上四者形成了一种合力,才使得《阅读和欣赏》的播音效果如此之好。

聚焦其中播音创作一环,"人们首先会想到夏青,因为他在《阅读和欣赏》中的播音非常有韵味,给人带来一种美的享受"②。多年来,夏青播送了大量的《阅读和欣赏》节目,他在古典文学方面修养深厚,表达起来十分得心应手。夏青朗诵李白的诗《将进酒》时,一改平日播音的工整、平稳,而是投入诗的意境之中,在读到"岑夫子,丹邱生,将进酒,杯莫停。与君歌一曲,请君为我倾耳听……"时,情绪亢奋,节奏推进,使听者也欲举杯起身,共享那醉意中的潇洒③。另外,夏青在语音方面不仅规范,而且堪称专家,许多字的

---

① 姚喜双,苏海珍.话筒前的人生:著名播音艺术家林如和她的播音生涯[M].北京:中国广播电视出版社,2000:143.

② 姚喜双,苏海珍.话筒前的人生:著名播音艺术家林如和她的播音生涯[M].北京:中国广播电视出版社,2000:144.

③ 姚喜双,苏海珍.话筒前的人生:著名播音艺术家林如和她的播音生涯[M].北京:中国广播电视出版社,2000:142.

异读音、古读音或其他特殊读音,他都能如数家珍一般地脱口而出。不仅是夏青,齐越、林田等老一辈播音员的播音创作将《阅读和欣赏》提升到了一定的艺术高度,这对听众而言是极其幸运的,但对后来加入创作团队的播音员来说却是一种无形的巨大的压力。既要保持住原有播音创作的水平与高度,又不可步人后尘地模仿,若不经过潜心钻研,便很难找到创作新特色。作为新一代播音员的代表,林如是在 1978 年该节目恢复播出后,开始参加创作的。她意味悠长的播音给听众留下了深刻的印象。林如说:"播《阅读和欣赏》这样的节目,首先要明确播音员自己的姿态,原文写得都非常优美,社会上知名学者、作家的赏析写得也好。碰到这样的'美文',我们不能一张嘴就做出美的姿态,占有一个被欣赏的位置,这就不对了,这样会显得很小气。我们应该弄清楚一点:我们是讲解者,是老师;而被欣赏的应该是作品的内容。在这个节目里,我们播音员既要朗读文章,又要进行分析,但是播音的效果不是要让别人来夸我们的播音好,而是要做到通过自己的讲解,一步步地印证原文的美。"①除了林如,新生代的一批央广播音员方明、铁城、雅坤等均在《阅读和欣赏》栏目中留下了经典的播音作品。

从《阅读和欣赏》栏目一隅可见,文艺节目播音在丰富群众的文化生活、普及文学知识、帮助听众提高文化艺术素养和培养人们高尚的道德情操方面发挥了积极的作用。值得一提的是,相比于以往的文艺播音来说,这一时期,播音员在创作上开始更加注重艺术化的表达探索。

① 姚喜双,苏海珍.话筒前的人生:著名播音艺术家林如和她的播音生涯[M].北京:中国广播电视出版社,2000:145.

第五章 改革开放新时期的播音创作
（1978—2012）

  1978 年 12 月，中国共产党第十一届中央委员会第三次全体会议在北京举行。全会冲破了长期"左"的严重束缚，彻底否定"两个凡是"的方针，高度评价了关于真理标准的讨论，重新确立了党的实事求是的思想路线，停止使用"以阶级斗争为纲"的口号，提出了改革开放的中心任务。1979 年 3 月，中共中央宣传部召开"全国新闻工作座谈会"，确定中央及各地广播电视播音工作的主题从"以阶级斗争为纲"转向重点宣传"四化"建设。

  1982 年 5 月 4 日，五届全国人大常委会第二十三次会议通过了《关于国务院部委机构改革实施方案的决议》，宣布撤销中央广播事业局，成立中华人民共和国广播电视部，各地广播事业局也纷纷更名为"广播电视厅"。此时，将"电视"并列于"广播"，明确了电视媒体将在接下来国家信息传播体系中的发展方向。从此，"广播"一词不再是电台广播与电视广播的统称，而变得狭义化。这使得广播与电视的播音创作开始更加具有各自的媒介特征。

  借改革开放与广电事业大发展的东风，播音界也开始了新的思考与尝试，播音艺术创作迸发出了强大的生命活力，尤其是 20 世纪 80 年代出现的"主持人节目"与"主持人"一说，使播音创作的内涵与外延得到了拓展；90年代，播音创作理论形成了完整的体系，趋于完善并继续发展；21 世纪，传统的播音艺术创作受到来自海外节目、制播分离、三网融合及网络媒体等多方面的影响，开始面对前所未有的挑战。

  这一时期，播音艺术的创作理念、方式方法等诸要素有过调整，有过突破,有过碰撞,但彼此之间相互渗透、相互影响,被有机地统一在同一个创作主题之下:为改革开放而服务,为社会主义现代化建设而服务。

第一节　播音创作的新形式

播音作为一种有声语言艺术形式,如果从人民广播诞生之日算起,到改革开放初期,不过才出现40年;与其他艺术形式相比,还是个刚落地的娃娃,有的是希望,也存在无数种可能。20世纪80年代出现的"主持人节目"创作形式便是在改革开放的春风中,从播音艺术的枝干上绽放出的一朵绚丽之花。它为播音创作主体注入了新鲜血液,丰富了语言表达样态,带来了播音创作的新内容。在受到欢迎与热捧的同时,甚至升腾出要"改天换地"一般的勃勃生机,霎时引起了业界与学界的大辩论:"主持是播音吗?""主持人是播音员吗?"其实,"播音与主持工作既有联系又有区别,二者之间不是'对立关系',而是'承续关系''并列关系'和'交叉关系'"[①]。因此,广播电视节目主持创作依然属于百年中国播音创作发展史的观察范畴。

从20世纪90年代起,主持人节目开始大量涌现,并形成了与非主持人节目长期共存的格局,而前者占有更大的份额。传播理念的进步和节目变革的步伐,推动着主持人节目呈现出多样化的发展态势,并不断适应时代发展,与时俱进。

一、主持人节目与主持人的出现

主持人节目与主持人并非横空出世,也经历过前期的酝酿与摸索。广播领域,1979年11月,在央广《欢乐音乐会》节目中,播音员方明、王欢首次以"主持"名义发声。电视领域,1980年7月,在央视《观察与思考》节目中,首次使用"主持人"这一称谓。当时以上节目的播出时间、主持人员均不固

---

① 吴郁.当代广播电视播音主持[M].2版.上海:复旦大学出版社,2014:196.

定,条件尚不成熟,因此仅被视为对主持创作的尝试而已。

时隔半年,1981 年 1 月 1 日,央广对台广播试办《空中之友》,开创了人民广播主持人节目创作的先河,徐曼成为第一位广播节目主持人。1981 年 4 月,广东电台推出李一萍(庄潮)、李东以聊天方式主持的《大众生活》,受到听众的喜爱。李一萍还被青年听众亲切地称为"知心姐姐"。一时间,形成了"北徐南李"的格局。随后,一些省市电台也纷纷设立主持人节目。如北京台张玉兆主持的《生活顾问》、浙江台海娟主持的《文艺之友》,四川台李民主持的《农村信箱》等。主持人节目"这种形式适应声音传播的特点,使广播宣传具有更强的对象感、亲切感和信任感,大大提高了广播节目的吸引力、感染力和说服力"①,很快,便在全国推广开来,主持人也成为听众熟悉的朋友并开始拥有更高的社会知名度。

电视方面也不甘示弱。1981 年 7 月 12 日至 11 月 17 日,赵忠祥以主持人的身份主持《北京市中学生智力竞赛》。由于该节目是临时性的,只有 13 场,加上主持人的任务更多是来宣布、评判知识竞赛的问题和答案,因此,与《观察与思考》一样也称不上真正的主持人节目。1983 年 1 月 1 日,央视《为您服务》节目改为固定时间、固定主持人,因此成为首个电视主持人节目,而该节目的主持人沈力也顺理成章地从第一位电视播音员成了中国电视史上第一位节目主持人。同年 3 月,广电部正式提出了"主持人节目"这一概念。

主持人节目的出现是广播电视改革的一大突破,令人耳目一新。1981 年,《北京广播学院学报》第 3 期首次刊登石丸撰写的有关主持人的文章《令人鼓舞的良好开端——谈节目主持人主持专题节目》。1983 年 4 月,于礼厚在《主持人节目的特征——开办〈空中之友〉节目以来的实践心得》一文中较早地指出了主持人节目的特征:"在这种形式的节目中,主持人起主导作用,节目以主持人为中心,受主持人支配。主持人是一个具体的人,以真实的自我出现在节目中。主持人直接对听众观众,以第一人称'我'直接与听众观众谈话,为听众服务。主持人不是只主持某一次节目,而是固定的(地)主持一个专题的所有各次节目。有些专题节目,也有固定的播音员,但是他处在

---

① 杨伟光."节目主持人"的形式好在哪里?[J].新闻战线,1985(02):38.

宣读者的地位,报题目,播送某人写的什么标题的报道或文章,照本宣科,不是主持人自己的话,不是表达主持人自己的思想情感,这只能算是固定的播音员,而不能算是主持人。另外,像记者现场口头报道,这是记者以第一人称直接与听众讲话的,但这个记者今天在节目中出现,明天可能就不是这个记者了,这也不能算是主持人节目。"①由此可见,该文在阐释主持人节目的同时,也对"主持人"与"播音员"乃至"出镜记者"等概念的区别进行了较为清晰的思考。殊不知,6年后,这一问题将会引发中国播音创作发展史上的一次学术大辩论②。

之所以会出现关于"播音员"与"主持人"概念区分的争论,主要是由于在主持人节目的实际创作中,存在着多种类型所致,其中的一些确实是"伪创作"。"第一种类型是打出主持人的标签,但实际上是由固定的播音员将编辑写好的稿子以交流的口吻播出去,其中编辑的作用很重要,这种形态的主持人在早期以及基层台比较多;第二种类型是主持人与编辑、记者合作,编辑记者用谈话体的方式写稿,由相对固定的主持人播出,主持人进行少量采编工作,基本上也只是对稿件进行有声语言表达加工,突出交流感;第三种类型是主持人在整个节目制作过程中处于主导地位,不仅是文字语言转换成有声语言的执行者,也是文字语言创作的参与者,在节目中有一定的自主权,可以根据节目的需要,在保证政治导向和宣传效果的基础上进行适当的即兴发挥。"③20世纪80年代出现的大部分节目主持人都属于上述的第一种和第二种类型,主持人在节目中的身份感和语言形态虽发生了变化,但在节目的参与度上并不充分,这也正是为何有人坚持播音员与主持人并无区别,而有人则持相反意见的原因之一。

经过一番尝试与积累,主持这种创作新形式在20世纪90年代迎来了发展的黄金期,尤其是直播复兴后,主持人的参与程度、主导意识不断增强,创

---

① 于礼厚.主持人节目的特征:开办《空中之友》节目以来的实践心得[J].现代传播,1983(04):42.

② 详见本节第三部分《"播音"与"主持"之辩》。

③ 喻梅.新中国播音创作简史[M].北京:中国传媒大学出版社,2016:123.

作空间进一步扩大,越来越多的主持人逐渐成长为家喻户晓的"名嘴"。而进入 21 世纪后,更是迎来了主持人节目创作的强盛时期。

二、"珠江模式"下的播音创作

1986 年 12 月 15 日清晨 5 时,经过近 22 个月紧张筹备的珠江经济广播电台正式开播,随着"珠江,珠江,珠江通四海,经济第一台!"的音乐和呼号响过,主持人周郁和黄晞向听众问好。珠江经济台首次采用了大板块节目设置、主持人直播串联、听众热线参与的全新创作形式。以两三个小时为一节,在播出综合性内容的同时还加大信息密度,每逢半点播出新闻,每逢整点播出经济信息,全天各 19 次,平均日播发科技和经济信息 110 条。这是继主持人节目出现后,一次重大的改革与创新,它最大限度地调动起主持人驾驭节目的能动性,加强了主持人与观众的互动性,提升了受众的参与度……这一创作形式也被誉为"珠江模式",作为中国播音艺术创作改革的代名词被载入史册,并很快在全国播音战线上得到推广。

其实,"珠江模式"的产生有其必然性:主持人节目的出现、地理位置、政策形势、电话普及都为其提供了生长的土壤。20 世纪 90 年代,珠江经济台开始兴办"看得见的广播",增强网络媒体时代对节目的互动性和可视性要求。"早在 1992 年珠江经济台就与南方大厦合办了'南大直播室',这是我国第一个常年在公众场所的大众看得见的固定直播室,为广播的视频化首开先河。"①"珠江模式"再次续写了它的传奇。

总之,"珠江模式"对播音创作的影响是巨大而深远的。第一,确立了"主持人中心制",凸显主持人的主体能动性,这有利于发挥创作主体的主动性与积极性。第二,明确了"听众是广播的主人",构建起"双向互动"的传播模式。"听众是主人,广播要全心全意为听众服务"的意识带动了一系列播音创作观念的更新和创作方式的改变。这一改变,使创作主体将目光从原来更多地关注播音内容、播音技巧转向关注怎样与播音对象互动,开始更加

---

① 李桃.网络主持发展史[M].北京:科学出版社,2018:35.

从受众的角度来思考什么样的语言表达是深受百姓喜爱的。第三,对播音创作及其创作主体自身均提出了新的、更高的要求。首先,创作状态由录播改为直播,对创作主体的心理会产生一定的影响,有压力,也紧张,更会兴奋;其次,要想成为听众的知心朋友,那就要求播音语言是生动活泼的、贴近生活的、情真意切的;最后,热线电话的引入,对主持人的即兴口语表达能力的要求大幅提升,出口成章、较强的应变和临场发挥能力以及与受众谈话交流都是需要的。此外,还要有策划、编排节目的能力,等等。

面对以上种种改变,有人开始疑惑,这种形式的创作还称得上是播音吗? 主持人是播音员吗? 终于,学界与业界在 20 世纪 80 年代末期,关于"播音员"与"主持人","播音"与"主持"这些概念,爆发了一场别开生面的大讨论。

三、"播音"与"主持"之辩

1988 年 9 月 15 日至 19 日,全国首届广播电视优秀播音作品评选暨播音学研究会年会在广州举行。会上,张颂教授提出了"播音员应该涵盖主持人"的命题。根据播音员和主持人的业务共性,他认为:"无论是播音员还是主持人,都应该追求'三性三感',即规范性、庄重性、鼓舞性,时代感、分寸感、亲切感。"以此为"导火索",业界与学界展开了激烈的辩论。

会后,广东人民广播电台李东撰写了《走出"魔圈"——主持人与播音员语言特征辨析,兼与张颂教授商榷》一文发表在《岭南视听研究》1989 年第 1 期上,后又补发在《中国广播电视学刊》上。文章认为:"节目主持人的出现,打破了传统播音方式在我国语言广播中的一统局面,在语言风格——即语言表达上形成的作风和气派,具体体现为由词汇、句式、音律、辞格、章法等各种语言手段和表达方式综合运用所造成的具有一定系统性的语言特点——确实与播音员形成了'鸿沟'。试图'涵盖'它,以及'涵盖'以后把对二者的探索都统一到'三性''三感'上,不能不说是理论上的一种失误,对目前的实践和广播改革的进一步发展都会造成消极的影响。探索的出路只能是调整我们的认识,走出我们为自己划定的'魔圈'"①,即应该重新构思理论,建立广播语言学,以更全面、更科学的架构开展研究。仅从播音学的范畴来研究广播语言,已回答不了目前创作中的诸多问题,更适应不了未来发展的要求。

针对"走出魔圈"的观点,王旭东在《"播音员涵盖主持人"论略》②一文中反驳道:"主持人远远没有达到与播音员格格不入分庭抗礼的程度。"他分析了三点原因:"1.很多所谓主持人节目仍然是编辑记者写稿由主持人来念的形式,只不过节目内容由第一人称串起,文中加了些'嗯嗯啊啊'的语气词或'观众(听众)朋友,你说是不是'之类的话,这些主持人与那些有口无心的播音员如出一辙。他们貌似有了具体对象,其实只是迎合而已。2.即使真正的节目主持人,也并不象(像)人们想象的那样(或象[像]一些人强调的那样),个性鲜明,言行独立,只代表他自己。实际情况是通常他是一个节目组的代言人,由台里确定这个节目组的风格和特色,以收到预期播出效果。组里的编辑记者再根据这位主持人的性别、声音、形象、年龄、学历、性格等特点来编写内容,甚至帮助主持人准确地设计语气、动作和表情(当然主持人自己也参与了这一系列设计)。所以说一个节目主持人的见解、形象等,其实是一个节目以至全台的宣传目的、宣传格调的具体化,他既是他自己,又不仅仅是他自己。3.尽管有些人一再强调主持人与念文字稿件的播音员不同,但工作中往往一个节目里既有说的也有念的。比如《午间半小时》节目的开头,主持人往往要先播送几条新闻;《今晚八点半》节目的中间,也经常有'文艺动态'栏目,主持人要播报数条文艺新闻。难道能说播新闻的时候某某是播音员,播别的就成了主持人了吗? 难道读的时候是播音员,'说'的时候就变成主持人了吗? 难道主持人在播新闻的时候,就可以不遵循新闻播音的表达规律了吗?"既然存在上面的事实,为什么还有人坚持要"走出魔圈"呢? 王旭东直言不讳地指出:"持反'涵盖'说观点的同志言语之间流露

① 李东.走出"魔圈":主持人与播音员语言特征辨析,兼与张颂教授商榷[J].中国广播电视学刊,1993(02):47.

② 王旭东."播音员涵盖主持人"论略[J].现代传播,1991(01):104-116.

出一种贬斥播音员、抬高主持人的倾向,他们认为播文字稿件的播音员是低水平的,不以书面稿件为依据的主持人则要高一个层次。原因是播文字稿件谁都可以,没有创造性,没有个人才智的参与发挥。如果这样说,那就大错而特错了,因为恰恰相反的是,生活中说话人人都会,念稿子却不是人人都会。这种意见源于对播音创作的浅薄的偏见。"

也有人对此持中立的态度。金涛在《节目主持人与播音员的异同》一文中认为:"有两种情况尤应引起注意。一是把节目主持人与播音员对立起来,夸大二者的不同点;二是把两者相混淆,认为主持人就是播音员。两种认识各走极端,但同属表象化地看问题。表象化地看问题必然导致片面性。两种态度都不利于广播电视事业的发展,而是要在本质上认识二者的特征,才能充分发挥各自的作用。"①

面对李东"商榷"之邀,张颂教授最终撰写了《还是先说两句》一文,再次阐述自己的观点,正面回应理论质疑,积极参与学术争鸣。他说:"'播音员应该涵盖主持人'这个观点是在特定的背景下提出来的,目的是促进广播电视的改革和播音的改革,而不是相反。……在播音学研究会广州年会上,我提出了'播音员应该涵盖主持人',不过,仅此一句,并没有论述。关于播音改革,我却讲了一些想法,主要部分已经写入《中国广播电视学》关于'播音'的那一章里。其中有这样的话:'打破模式,提倡多样化,是广播电视播音工作改革的突破口''所谓创新,是包含着节目设置、内容深广度、表现形式、语言样式、情理分寸、对象反馈、美学追求诸方面的探求的,往往牵一发而动全身。只从播音表达上要求或变革,会以偏概全'。"②同时,针对李东提出的"三性三感"的播音创作特征是否能适合主持创作的质疑,张颂说:"把'三性''三感'当作基础性的'评价标准'也没有什么不可以,但本不必'寻章摘句'进行单词独句的简单对应。否则,就不知道是出于怎样的'主观意愿'了。'三性''三感'并不是孤立的,它容纳在播音理论的体系之中,离开播音

① 金涛.节目主持人与播音员的异同[J].新闻战线,1992(06):36.
② 张颂.还是先说两句[J].中国广播电视学刊,1993(04):60-61.

的理论体系,它便失去了应有的价值。"①

几篇文章一出,霎时激起千层浪。《中国广播电视学刊》《电视研究》《现代传播》等杂志刊发了大量的相关学术文章,各自从不同的角度和实践经验论述了播音员与主持人的概念以及播音与主持创作的关系等问题。各种关于主持人节目创作的学术专著也如雨后春笋一般纷纷面世。无论每个参与者的见解如何,"这是播音界难得的一次学术争鸣,不同的学术观点,各自引经据典,据理力争,将对问题的探讨引向理论的深度和研究的高度,体现了学术研究的理性特点。遗憾的是,像这样的学术争鸣,在播音主持艺术理论的发展中再也没有出现过"②。

第二节　播音语言样态的调整

语言样态,又称语言表达样式,是指有声语言在表情达意、言志传神时所呈现出的具体的态势与形式。不同文本、不同场合,总有最准确、最恰当的"这一个"的表现形式。而播音创作中的语言样态,则是播音创作主体根据创作依据的思想内容、文体特征及节目形态等元素对有声语言中的快慢停连、轻重缓急、高低起伏、语气情感等进行处理与驾驭时所呈现出的一种表达方式。

从播音创作依据的角度,能够研究不同的"文体",如新闻、诗歌、小说等;从有声语言表达的角度,可以讲求不同的"语体",如宣读、朗诵、讲解、谈话等;若是在考虑"文体"与"语体"的同时,再结合社会语言学所提出的"语境",便可探索不同的播音语言样态。随着播音艺术创作理念的更迭,其语言样态也在不断地调整,以适应创作所需。

---

① 张颂.还是先说两句[J].中国广播电视学刊,1993(04):61.

② 马玉坤,高国庆.张颂学术年谱[M].北京:九州出版社,2018:304.

一、"降调"的共识

党的十一届三中全会后,播音创作逐步回归到正常的道路上来。播音界从创作的思想、内容、方式、风格等方面均进行了大反思。1979 年 8 月 27 日,广院新闻系播音教研室举办了"全国部分省市播音员播音语言表达座谈会",历时 21 天,全面总结了以往播音创作的经验。17 个省市的播音员代表应邀与会,林田、铁城、陈醇等著名播音员做了专题发言。与会代表一致认为,必须通过"降调"来克服播音创作中"高、平、空"的问题,这是新时期对播音语言样态的要求,是当前提高播音创作质量的重要因素。① 由此,"降调"被鲜明地提出,并且被越来越多的播音艺术创作者所重视、所追求。

若是"降调",必须首先要找到当初"升调"的原因。追根溯源,"升调"与过去一段时期内"以阶级斗争为纲"的创作思想有直接关系。"不喊不革命"是原则,"调高情亦高"是标准。喊得头昏眼花,还得接着喊;已经声嘶力竭,仍然不许降调。然而,这一时期,大家意识到"播音工作不仅要为政治、为国家服务,还要为广大人民群众服务,'高高在上''发号施令'的口吻完全不适合人民群众收听收看"②。因此,播音创作必须做出降调的调整。

然而,该如何调整呢? 业界出现了认识上与实践上的混乱。有人认为:"降调显然是对高调的否定。那么,这种否定显然是越彻底越好。于是,在播音时就得尽量低,似乎一点儿高音也不能有,有一点儿高音便看作是高调的影子和痕迹,就必须立即加以荡平。低是低了,不过却显得那样平,连应有的高音和棱角都几乎被磨光了。"③还有人认为:"高调是费力不讨好的事,而降调却可以事半功倍,自己播音时,只要松弛省力,听众就容易听得进去。基于这样的认识,播音时的确松弛了,省力了,不过,却显得那样淡,几乎听不出播音员的播讲愿望,感受不到那蓬勃的朝气,反而给人以松松垮垮,无

---

① 陈醇.陈醇播音文集[M].北京:中国广播电视出版社,2007:20.
② 张颂.谈谈播音的降调问题[J].北京广播学院学报,1979(12):37.
③ 张颂.谈谈播音的降调问题[J].北京广播学院学报,1979(12):37-38.

精打彩(采)、冷若冰霜的印象。"①也因此产生了"降调情亦降"的并发性问题。若用"低软垮"来代替"高平空"的话,却是又走上了另一条歧路。这样的两种极端行为都是为了降调而降调,这不就等同于当初为了高调而高调吗？如果播音员的创作目的单纯地是为了降调,使作为形式的降调变为了内容,这就是目的转移、本末倒置、形式主义。其实,真正的降调,首先,在发声区域与发音位置上,要"降到自如声区",才能使听众愿意接受。其次,降调不是单纯地把声音调门调低,而应该做到"无一字无依据""无一字无变化""无一言无对象"。也就是说,降调的根源并不在于高声喊叫与否的外部表现,缺乏"内心情感依据""外部形式变化""传播对象感"才是症结所在。

央广率先开展了"降调"的尝试:"新闻节目要降调,不是简单地把声调降下来,要根据新闻性稿件的特点,研究情、声、气等语言表达技巧的运用。有些播音员改变宣读式为半读半讲式播报新闻,突破了新闻腔,形成了热情、亲切、清新、自然的风貌,在各类专题节目中,播音员根据不同内容和形式,进行语言表达的大胆尝试。"②在"降调"的思辨与调整下,一些感人至深的播音作品相继出现,尤其是在表达歌颂英雄人物的文章时,改变了一味激情澎湃的"高调",而采用了亲切细腻的"低调",为听众娓娓道来。

由"降调"一事可见,播音语言样态的改变不仅是形式上的调整,更是创作思想变化的直接反映。"降调"也不是终点,而是作为播音创作改革的一个突破口,以此来推动播音创作水平及作品质量的提升,为探索不同的创作风格打下基础。但转变并不是一蹴而就的,时至今日,所谓"降调"问题仍未完全解决。

二、"播音腔"的质疑

经"降调"调整后,播音语言样态又面临新一轮的"改革"——否定"播

① 张颂.谈谈播音的降调问题[J].北京广播学院学报,1979(12):38.
② 中央人民广播电台台史编写组.中央人民广播电台台史资料汇编(1949—1984)[M].北京:内部出版物,1985:631.

音腔"。随着主持人节目创作的热度不断升温,生活化、口语化、通俗化的语言表达成了常态。一部分人开始议论、质疑甚至讨伐"播音腔",把它视为装腔作势、顽固守旧、刻板单一的代名词,甚至将其描述成播音事业改革的绊脚石、拦路虎,应予以坚决否定。这种呼声愈演愈烈,甚至出现了普通话不标准、发声不健康的人走上播音岗位的现象。那么,究竟何为"播音腔"?"播音腔"该不该改?若改,又该怎样改,改多少?哪些值得保留也是必须保留的?这些问题将直接影响下一步播音创作的发展。于是,这一话题引起了播音创作者与教育者们的深入思考。

不可否认,任何一种艺术形式都有自己的"腔",京剧、黄梅戏、昆曲等,发声位置、吐字归音、行腔走韵均有所区别。"腔",可以指乐曲的调子,如高腔、花腔、昆腔、唱腔儿;也可以指说话的腔调,如京腔、学生腔。① 很明显,"腔"并无褒贬之义。与之相应的"腔调"一词,更是如此。它被用于戏曲界,是指成系统的曲调,如西皮、二黄等;用于说话,是指声音、语气。② 从对字词的解释分析,形成某种腔、某种调,反而是一种带有艺术特色的旋律或话语。可见,"播音腔"理应是涵盖了广播电视播音发声、语言表达等综合创作元素的一种特色,即区别于日常说话、曲艺说唱、戏剧台词等的质的规定性。"播音腔,实质上,应体现播音语言的特点,那就是:规范性、庄重性、鼓动性、时代感、分寸感、亲切感。它是新中国播音风格'爱憎分明、刚柔相济、亲切朴实、严肃生动'在语言上的共性要求和努力方向。"③所以说,若将"播音腔"一笔抹杀,那是对曾经几十年播音创作经验,更是对这种特殊的、新兴的有声语言艺术形式的彻底否定。也许,这样一来,播音艺术就不复存在了。

其实,作为创作者,谁不希望自己的创作能推陈出新呢? 1959 年,"中央人民广播电台播音组曾邀请相声演员、话剧演员、电影解说员、给少儿讲故事的老师和新闻部编辑来录播新闻,想从不同的表达方式中,探索改变比较

① 中国社会科学院语言研究所词典编辑室.现代汉语词典:第 7 版[M].2 版.北京:商务印书馆,2017:1047.

② 中国社会科学院语言研究所词典编辑室.现代汉语词典:第 7 版[M].2 版.北京:商务印书馆,2017:1047.

③ 张颂."播音腔"简论[J].现代传播,1989(01):69.

呆板的播音语调问题"①。其中,有人们所熟悉的孙敬修、侯宝林等语言大师。可当他们来到话筒前,报告新闻像讲故事,播送社论像角色独白。相声名家侯宝林就曾无奈地说道:"这新闻里面,我找不到包袱,玩不来!"②因此,这次尝试以失败告终。这段史料表明,用别的腔调来播音是行不通的。正如夏青所言:"(播音)必然要有自己的有声语言特征。播音又要有时代的印记,语气上也不会毫无变化。这里,不应全部肯定其方方面面,也不应攻其一点,不及其余。"③当然,"播音腔"也非无懈可击。张颂曾在《"播音腔"简论》一文中从七个方面详细论述了"播音腔"中掺杂着一定程度的照本宣科、崇洋媚外、盲目改革等问题;同时,高屋建瓴地提出:"播音腔中的美感成份(分)并未被开掘出来,更未扩大它们的普及面。用较低的欣赏层次判断播音腔是好是坏,恐怕会产生不小的偏颇,对播音腔的认识也容易流于浅薄。"④

总之,"播音腔"较其他语言艺术的腔调来说还较为年轻,所以,"播音腔"可以调整,也必须调整,但绝不是简单地推翻,必须是在继承中发扬。"播音腔"是我国老一辈播音员多年实践、长期探索的艺术结晶,有其合理的内核,也有某些杂质,后继者们要经过仔细辨别,剔除播音腔中的杂质,在坚持继承的基础上不断完善它,赋予它时代的新活力。另外,必须强调的是,对于个体创作而言,也不该形成固定的、僵化的腔调。播音员也有责任丰富和发展播音腔系统内部的表现形式,成就新的时期、新的个人的播音创作的风格。这就如同一种戏曲腔调之下,不同的艺术流派一样。然而,学界为"播音腔"的正音,依然挡不住业界"去播音腔"的趋势,特别是1999年央视出现了一档节目《天天饮食》,主持人刘仪伟可以说与传统的播音员主持人选拔标准相差甚远,却因其特立独行的主持风格与语言表达而走红。与此

---

① 费寄平.我对改变播音腔的一些想法[C]//广播出版社编辑部.话筒前的工作:全国播音经验交流会材料选编.北京:广播出版社,1983:49.

② 姚喜双,苏海珍.话筒前的人生:著名播音艺术家林如和她的播音生涯[M].北京:中国广播电视出版社,2000:68.

③ 张颂.播音主持艺术论[M].北京:中国传媒大学出版社,2008:117.

④ 张颂."播音腔"简论[J].现代传播,1989(01):71.

同时,一批以"说"或"说播结合"为语言表达样态的节目大量出现,并开启了一段统治荧屏的时代。

三、"播"与"说"的争论

在 1981 年 8 月召开的"全国播音经验交流会"上,与会代表们提出:"播音员必须努力掌握多种表达方式和语言技巧,不能以固定不变的老腔调去平平淡淡地播。"①开始了"播新闻"与"说新闻"的大讨论。

夏青在交流会上首先发表了对"说新闻"的看法:"为了从死板读稿的状态中解脱出来,让新闻播音的语言更加接近日常生活的谈话,让我们的语言更加接近民众,更容易被听众所接受,为广大听众所喜闻乐听,提出'说新闻'的设想并做些试验,这无疑是对的,是应该努力去研究探索的。今天,处在新的历史时期,我们的播音(特别是新闻播音)更应当有所突破,有所创新,不应当因循保守,裹足不前。我们的播音也是要不断发展的。"但同时,他也提醒,新闻播音改革"不要搞片面性、绝对化"。然而,要在实践中真正规避却实属不易。如"读新闻"和"说新闻"是否就非此即彼、势如水火、不能相容呢?播新闻可不可以有读有说,读中有说,说中有读呢?如果以为新闻就绝对不能读、要绝对地说,那恐怕就会又走向另一个极端,变成新的固定模式,又会千篇一律了。关键是要从实际出发,具体稿件,具体分析、具体处理。同时,夏青举了他于 1981 年 7 月 7 日播送《毛泽东同志在解放战争时期为新华社写的四篇新闻稿》的例子,面对这样的稿件,一字也不能删改,只能采取播读的方式。当然,播读也不就是念字,还是要按照文字的内容尽量向"说"去靠近,但要完全做到像口语那样说是不可能的。让新闻播音的语言更加接近日常生活的谈话,并不是把日常生活的谈话照样用在广播的新闻

---

① 中国广播电视年鉴编辑委员会.中国广播电视年鉴:1997[M].北京:北京广播学院出版社,1997:151-152.

之中,播音语言应当是经过提炼的在更高的水平上的接近生活的语言。①

　　而以"说"著称的费寄平提出:播音不应当"播",就如同演员不应当"演"一样②。当然,费寄平说的不该"播"的意思也是播音语言应向生活靠拢。"播音是'口播',应当注意口语的特点,可目前的播音,特别是新闻播音,似乎是'文播',见到标点一定要读出来,哪怕是非常简单的句子。……生活中的语言是比较连贯、比较完整的,也有比较长的句子,却没有那么多大大小小的停顿,没有那么多一板一眼的拉长了音的字。"③

　　山东台播音组认为:鉴于新闻广播的特点,"说"的语气由于比较轻松、随意,难以表现新闻节目丰富的报道内容,如庄重严谨的时政新闻,声势较大带全局性的综合消息、夹叙夹议的述评等。新闻稿件结构严谨,逻辑性强,一些新闻稿又往往不很口语,这也难用"说"的方式表达。用"播"的方式向听众报告新闻,则可以比较恰当地体现新闻这种文体的要求,较好地传达稿件内容。④

　　从以上几段发言可以看出,是"播",还是"说",其根本决定因素是在新闻内容上,有的新闻可以"说",有的新闻则必须"播"。归根结底,这就是形式要与内容和谐统一的艺术创作原则。如政论性内容较强的新闻就应该"播",而"说"的内容则多以关注百姓生活的社会新闻、软性新闻为主,将播报样式变为朋友间的聊天,可以显得更加接近生活、轻松自然。不过,在播音一线还是逐渐开始了重"说"轻"播"的现象,甚至是为了说而说。直到1998年4月1日,凤凰卫视推出早间直播新闻资讯节目《凤凰早班车》,主持人陈鲁豫采用了基本脱稿的方式讲述新闻,才真正开始了"说新闻"的创作

---

① 夏青.新闻播音刍议[C]//广播出版社编辑部.话筒前的工作:全国播音经验交流会材料选编.北京:广播出版社,1983:15-16.

② 费寄平.我对改变播音腔的一些想法[C]//广播出版社编辑部.话筒前的工作:全国播音经验交流会材料选编.北京:广播出版社,1983:51.

③ 费寄平.我对改变播音腔的一些想法[C]//广播出版社编辑部.话筒前的工作:全国播音经验交流会材料选编.北京:广播出版社,1983:52.

④ 山东台播音组.对新闻播音的一些浅见[C]//广播出版社编辑部.话筒前的工作:全国播音经验交流会材料选编.北京:广播出版社,1983:18-19.

模式。首先,陈鲁豫非播音专业出身,无法像传统播音员那样播,此为真"说";其次,播音内容以社会新闻为主,这就使得文体内容与语言样式一拍即合;再次,商业电视台简单操作的运行体制也使得她"说新闻"的创作方式得以实现。很快,"说新闻"蔚然成风,北京电视台《晚间新闻报道》、上海电视台《新闻夜线》、湖南卫视《晚间新闻》、江苏卫视《新闻早餐》、陕西卫视《新闻末班车》、黑龙江卫视《新闻夜航》等省级创作平台上的说新闻节目如雨后春笋一般纷纷出现,播音语言样态又开始了一场新的变革。这种语言表达样式赋予了主持人更大的创作空间,可以不再像以往那样拘泥于稿件,拥有了对文稿进行口语化处理的权力;同时,允许其在一定的范围内表达自身对新闻事件的意见、解析和思考,更多地展示出主持人的个性。这种表达方式使节目的主持更加具有贴近性。不过,与《凤凰早班车》相比,这些节目多还是采用"播"与"说"相结合的创作方式。

值得一提的是,"说新闻"的形式为接下来民生新闻节目主持大发展提供了前期的语体探索;然而,也随之带来了"口语至上"的语言表达危机。

四、"语言危机"的警示

1994 年 1 月,北京广播学院播音系邀请兼职教授座谈播音主持教学。参加会议的有铁城、赵忠祥、林如(因故未到,委托他人转达意见)、虹云、张颂以及播音系部分教师、研究生等。与会代表均是在创作一线身经百战的专家,他们对眼下"众口一词""如火如荼"的主持人及其创作似乎泼了点"冷水"。他们认为,节目主持人和主持人节目"热闹"了 10 余年,到了让头脑冷静下来,认真总结、反思一下的时候了;并尖锐地指出,相当长的一个时期以来,主持人的创作实践呈现出一种"乱"的状态,可概括为三个方面的"潜在危机",即"语言的危机"、"基本功的危机"和"素质的危机"①。其中,"语言的危机"则重点体现在"方言化"与"洋泾浜化"两大问题上。

---

① 铁城,赵忠祥,林如,等.节目主持人五人谈:认识危机 迎接挑战[J].现代传播,1994(02):43-47.

（一）"方言化"——创作格局的浅见薄识

从上一阶段的 20 世纪 50 年代中期开始，讲好普通话、推广普通话，使播音语言成为普通话语言表达规范的典范，就成了播音员的一项神圣使命。2000 年 10 月 31 日通过的《中华人民共和国国家通用语言文字法》中明确规定"广播电台、电视台以普通话为基本的播音用语"①，从而在法律上加以明确。"语同音"对一个国家的巩固与建设来说至关重要，也是社会发展信息化、现代化、全球化的必然要求。而广播电视传播所使用的播音语言，更是"一种社会行为，为了社会，参与社会，它不同于友人之间的谈话，也迥异于亲人之间的絮语。它是媒体与大众之间的直接交流，要服务大众，更要引导大众；让人人可以听，更要允许人人能听懂"②。作为以有声语言为主要创作手段的播音员主持人，应该以一种"舍我其谁""从我做起"的姿态来推广普通话，承担历史赋予的光荣使命。

20 世纪末至 21 世纪初，"港台腔"对于播音员主持人曾有过极大的负面影响。这种"港台腔"是语音和语流特征综合的表现形式。香港话和台湾话分别属于粤方言与闽方言。"港台腔"由于受这两种方言及外来语言的影响，在语音、词语表达习惯上形成了一些自己的特征③。实际上，"港台腔"原本是港台人士学习普通话而尚未熟练的话语腔调。"前后鼻韵不分、轻重格式颠倒、主次关系错位、高低长短无度，僵直生硬的无奈转而加强起伏跌宕的变化，综合起来造成的'嗲声嗲气'。会说普通话的人们，完全可以使用标准的语音、词汇、语法、语调进行交际，还可以进入大众传播。可惜，对域外传媒的夸大其词，对殖民心态的追新猎奇，对强势媒体的自惭形秽，对庄重规范的无力创新，竟以'港台腔'招徕受众、哗众取宠，还振振有词地拿'大众文化'来辩解。这是对民族文化传统的亵渎，这是对普通话的丑化。"④然而，

①　中华人民共和国国家通用语言文字法［EB/OL］.（2000-10-31）［2023-07-20］. https://www.gov.cn/gongbao/content/2001/content_61066.htm.

②　张颂.语言传播论文集［M］.北京：北京广播学院出版社，2002：70.

③　高国庆.播音主持语言不规范问题刍议［J］.中国广播电视学刊，2014（08）：66.

④　张颂.关于规范意识的思考：语言传播杂记之二十五［J］.现代传播，2001（04）：52.

在广播电视节目中,尤其是综艺娱乐节目中,港台腔似乎成了一种主持创作的"潜标准",似乎不用就不综艺、不娱乐。早在 2004 年国家广电总局颁布的《广播影视加强和改进未成年人思想道德建设的实施方案》(俗称"净化荧屏令")中,就要求播音员主持人"不要模仿港台语发音"。一时间,"港台腔"的问题得到了一定的缓解。但可谓,"按下葫芦浮起瓢"。同一时期,一些地方性广播电视台的播音员主持人经常在普通话中夹杂方言词汇,据说是为了"贴近"受众,甚至有些台还专门设置了方言节目,更有些则称要"保护方言"。其实,"语言的有力无力,决定于思想是否精辟,感情是否深厚,字句的安排是否得当,而不专靠一些土话给打气撑腰"①。以上这两种情况,实际上均属于播音语言表达的方言化问题。

到底该如何面对播音员主持方言化的问题呢?"世界上,有哪个国家,哪个地方,不在强调共同语,不在推广共同语? 在全球化背景下,语言的使用绝不会'小区化''群体化',如果那样,政治上就走向了'小国寡民',经济上就回到了'闭关锁国',文化上就变异为'抱残守缺',生活上就沦落为'自给自足',历史能够容忍吗? 社会能够和谐吗? 播音的失范,更会造成全社会的语言混乱,把广播电视语言传播看作'榜样'的人们,将无所适从,甚至以讹传讹,贻害无穷。"②

虽然一些方言节目收听、收视率不俗,但是,如果把"方言化"看作是提高视听率、贴近受众的法宝,各地电台、电视台都采用方言播音主持节目,那么我们不就又重新回到诸侯割据、语言隔阂的时代了吗? 播音员主持人有什么道理操着各自的方言在广播电视上出声亮相呢? 毋庸讳言,方言在特定的交际环境中可以增强交流的亲切感,加强说话者的感情色彩。目前各个省级广播电视台都通过卫星传输节目,受众不局限于本区域了,已经成为全国性的媒体。虽然省级广播电视节目应该有地方特色,但就播音员主持人而言,绝不能为了地方特色而在语言上有所体现,无论语音、语调,还是词汇选择和语法运用,都要按标准的普通话来表达。方言在广播电视节目中

---

① 老舍.老舍文集[M].北京:人民文学出版社,1981:76.

② 姚喜双.中国解放区新闻播音语言规范[M].北京:语文出版社,2007:33.

"大行其道",在一定程度上是与相关的法律法规相悖的。①

不可否认,方言的确是一种地方性质的历史和传统文化的积淀,既包含着民俗风情,也深藏着哲理智慧,特别是一些谚语、俚语,恐怕只有少数人懂得。作为文化资源的保护与传承,也没有过错。然而,广播电视毕竟是大众传播,除因特殊需要设置方言节目的区域外,播音员主持人在节目中必须使用标准的普通话。"把泱泱大国的作风和汉语普通话的标准气派扔到了九霄云外,话语中夹杂着方音,毫无感情,傲慢冷淡,半死不活,以为这就是'真实',把汉语的丰富精美糟蹋得不成样子,还美其名曰'生活化'。"②中国幅员辽阔,方言众多,有时一山一水之隔,都难以沟通。适当开办方言节目,可以满足方言区受众特别是不会讲普通话的老人的文化需求,在新中国刚刚成立时期,为了信息通达,也曾办有一些方言节目。但必须要警惕以方言保护、传承文化为借口,实则为了收视率而放松对方言在播音主持中使用的限制,否则就是饮鸩止渴,长远来看,是对国家统一的伤害。况且,普通话的审美价值,具有广泛而深刻的社会认同。"虽然在推广过程中,时时遇到阻碍和干扰,但它那顽强的生命力,处处表现出它那简洁、准确、深刻、优美的品格,常常显示出它那抑扬顿挫、轻重缓急的乐感,达到审美层面的'民族化''风格化''意境美''韵律美',更是独立于世界民族之林的'黄钟大吕'。方言虽有其特殊的审美意义,带有很浓厚的地域色彩,但那只是边缘文化的一隅,不能作为语言的主流形态。"③

(二)"洋泾浜化"——创作心理的崇洋媚外

语言是文化与思想的载体,是一个民族、一个国家的象征,也是其软实力的重要组成部分。任何一个民族、一个国家想要自强自立于世界之林,必须要坚守其语言的独立性。在历史的发展中,汉语以其博大的胸怀对外来

---

① 高国庆.播音主持语言不规范问题刍议[J].中国广播电视学刊,2014(08):67.

② 张颂.关于语言传播规格的思考:语言传播杂记之二十九[J].现代传播,2002(02):77.

③ 张颂.关于规范意识的思考:语言传播杂记之二十五[J].现代传播,2001(04):52.

语兼收并容、去粗存精、取长补短、推陈出新,极大地丰富了汉语词汇的表述。如沙发、咖啡、麦克风早已以音译词的身份进入了汉语体系,而一些新的外语词汇(包括字母缩写词),"如'DNA''CT''IT'等已逐步深入人心,至少有进入汉语词汇系统的趋势"①。这些熟识度较高的外来语,在播音主持的创作过程中是可以直接使用的,并不会造成传播壁垒。但对于知晓度有限又确需使用的,播报时可采用"中文+外来语"的方式,对其所表示的含义进行说明,明确二者之间的同义关系。以上现象均无可非议,更无法避免。然而,近些年,广播电视播音员主持人的创作语言中,开始出现了某些外来语使用不和谐的元素,有的甚至是哗众取宠,"出现了洋词满嘴、洋调满腔、语法中西混杂。有的播音员主持人不顾身份、不讲场合、不分语境,张嘴就'哇塞',结束就'拜拜'"②,也就是播音语言的"洋泾浜化"。

此处所言"洋泾浜化"即借鉴了对旧上海时期"洋泾浜英语"的形容。该词原指不讲英语语法,按中文语言逻辑转成的英语表达。最初是19世纪中外商人使用的混杂语言,只有口头形式,没有统一的书面形式,而且变体很多。该语言流行于当时的上海洋泾浜周边地区,故由此得名。③ 这种"洋泾浜化"的语言是在殖民地、半殖民地社会背景下产生的中文、英文夹杂的一种畸形语言,是旧中国生活在上海滩的人为了谋生而创造的一种非英非中的语言表达形式。贩夫走卒等在租界地采用"洋泾浜"多是为生活所迫,出于无奈。洋场职员采用"洋泾浜",却是为了附庸风雅、自标身价④。例如,钱锺书先生借此评价小说《围城》中的人物张吉民:"他并无中文难达的新意,需要借英文来讲;所以,他说话里嵌的英文字,还比不得嘴里嵌的金牙,因为金牙不仅妆点,尚可使用,只好比牙缝里嵌的肉屑,表示饭菜吃得好,此外全无用处。"⑤听上去,似乎十分滑稽。百年前,作为双语作家的林语堂,就在强

---

① 冯广艺,张春泉.和谐社会与和谐语言建构[J].湖北社会科学,2006(04):52.

② 曾致.播音与主持浮躁心态的表现及其整治[J].中国广播电视学刊,2000(07):38.

③ 莫再树,肖云南.我国早期商务英语的产生及语言属性:兼论洋泾浜英语与商务英语的关系[J].湖南大学学报(社会科学版),2012,26(02):86-89.

④ 高国庆.播音主持语言不规范问题刍议[J].中国广播电视学刊,2014(08):66-68.

⑤ 钱锺书.围城[M].北京:人民文学出版社,1980:43.

烈呼吁中文应有的地位,汉语在构建国际通用语言的进程中所起的作用不可低估,中国人在未来的国际舞台上将扮演重要的角色①。而现如今,全世界都在学习汉语的时候,我们却又重操"洋泾浜英语"是否也极为可笑呢?借鉴、吸收其他民族及外来语是任何一种语言发展的必由之路,但这一过程必须遵循本民族语言的规律,切不可生搬硬套,否则只能落个东施效颦的下场。

　　"社会的需要就是语言的生命线"②,新中国成立后,不再被需要的"洋泾浜化"的语言早已匿迹销声;而近年来,在广播电视的节目中却大有卷土重来之势。"在一些综艺、娱乐节目中,我们经常会看到一些香港、台湾(地区)、新加坡的艺人,他们本身生活在多元的语言环境中,有些人的英文素养甚至要超过汉语素养。在采用汉语时,往往会出现词不达意、词不敷意的窘境,这时他们会求援于英文;这是情有可原的。但当看到我们内地的主持人用'pose'代替姿势、用'idea'代替概念时,却是如芒刺在背。在体育类节目中,字母缩略词的用法尤其普遍。模仿NBA(美国职业篮球联赛),我们也创造了CBA(中国男子篮球联赛)、WCBA(中国女子篮球联赛)。其他类似的字母缩略词不胜枚举,假如你不是忠实的体育爱好者,肯定会坠入五里云雾之中。"③更令人担忧的是,若再不理解语言背后的文化,将其滥用,那可真是贻笑大方甚至会引起不必要的争端。例如,有的主持人会时不时地冒出一句"Oh,my god"。其实,在欧美国家,这句话不会被轻易说出口,而是婉转地用"Oh,my goodness""Oh,my gosh""Oh,my"来代替,或者更高级地说成"Oh dear""Dear me"④。而在我们的主持人口中常听到这句话,不觉得奇怪甚至刺耳吗?

　　由于广播电视是大众传播,因此,播音语言中的"洋泾浜"就如同"蚁穴"

① 贝雅娜,刘佳平.林语堂眼中的"洋泾浜英语"[J].国外社会科学文摘,2017(09):54.

② 陈松岑.语言变异研究[M].广州:广东教育出版社,1999:14.

③ 俞香顺.传媒·语言·社会[M].北京:新华出版社,2005:110.

④ "我的天哪"千万别随便说"Oh my God",老外会跟你急的![EB/OL].(2019-05-17)[2021-11-07].https://www.sohu.com/a/314570543_298579.

寄居于汉语大"堤",更易使人滋生崇洋媚外的心理,尤其是青少年。2011年5月15日,被誉为"诗人外交家"的外交部原部长李肇星在华中科技大学演讲时说,"听不得"中英夹杂的"流行语",直言感到反感①。列宁在《论纯洁俄罗斯语言》一文中也曾指出在俄语中夹杂法语的类似"洋泾浜"表述的问题:"滥用外来语使我痛恨……仿效下诺夫哥罗德法语②用词,就等于仿效俄国地主阶级中那些学过法语而没有学好、又把俄语糟蹋了的最糟糕的人物身上的糟粕。现在不是该向糟蹋俄罗斯语言的现象宣战了吗?"③每个播音员主持人是否也应该自查一下自己的语言行为,对播音语言的"洋泾浜化"说不呢? 语言的背后实际是思想认知,是民族意志。无法想象一个播音员主持人在荧幕上、电波中满口夹杂着半生不熟的外文词汇,可以树立起对本民族语言的热爱,对中华文化的自信。"语言文字工作是培养文化自觉和文化自信的基础。国家通用语言文字的推广力度、普及程度和应用规范水平,是中华民族具有高度的文化自觉和文化自信的重要体现。促进语言文字的国际传播和网络传播,有利于向全世界展示自尊自信、自强自立的中华民族精神。"④这一点,对播音员主持人来说,必须要深刻领悟。

五、"怒骂"的非议

假设在成都的上空真能听到"麻将声",那么,20世纪90年代中期及以后的10余年内,在杭州的上空,可能听见的就是"万峰"的声音了。这个声音,曾号称是"杭城夜空中最响亮的声音"。在此,并非要记录一个主持人和一个节目,否则会归类至代表人物或播音内容中。显然,"万峰"及"万峰们"

---

① 梅莹,耿俊伟,靖咏安.李肇星:"你们千万别说'我 out 了'"[N].楚天金报,2014-05-15(1).

② "下诺夫哥罗德法语"一词出自俄国作家亚·谢·格里鲍耶陀夫的喜剧《智慧的痛苦》。该剧主人公恰茨基用此语嘲讽俄国贵族以说俄语时夹杂法语为时髦的恶劣风气。

③ 列宁.论纯洁俄罗斯语言[M]//中共中央马克思恩格斯列宁斯大林著作编译局.列宁全集(1919.12—1920.4):第38卷.北京:人民出版社,1986:53-54.

④ 姚喜双.语言文字是文化自信的源泉[N].光明日报,2020-08-22(12).

在当时已成为一种话筒前的创作现象,衍生出了一种语言表达的样态——"怒骂"。在和平年代、经济大发展的时期,"怒骂"怎会出现在电波中呢? 播音员主持人难道不该是"人民的知心朋友"①吗? 播音主持的语言表达难道不该是亲切、温暖的吗? 尤其是在这一创作发展阶段的开场,是以话筒前的"降调"拉开的序幕。所以,还是要从主持人万峰和他主持的节目《伊甸园信箱》说起。

1996 年 12 月,浙江电台文艺频道的《伊甸园信箱》开播,播出时间为周一至周五的 22∶00 至 23∶30,重点听众群体是外来务工人员、大学生等。播出后,立即成为具有全国影响力的品牌节目。究其原因:一来,其播音内容虽官称以家庭情感生活和社会教育为主,但实际是涉及对中国人而言极为敏感的"性"话题,甚至包含许多匿名听众的隐私;二来,主持人万峰犀利、强硬、有时近乎无厘头的语言表达风格和"怒骂"的沟通形式,也引来诸多听众,他也由此得名"电波怒汉""大龄愤青",更有好事者整理出《万峰语录》。可见,无论是主持人的语言表达样态,还是播音内容本身都是一种"另类"的存在。保守统计,当时至少有 15 个省市 50 多家电台自发同步转播《伊甸园信箱》。2004 年起,央视等数十家广播电视、报刊、网络媒体对万峰做了介绍和专访。作为一个广播节目主持人,万峰已经拥有了全国性的影响力②。

对于一位主持人来说,"走红"是因为其独特的语言表达风格,这是令人欣慰的,甚至值得称赞。然而,从万峰开口的第一天起,便非议不断。万峰曾对自己的主持风格有过评价:"什么叫风格? 就是厉害一点,疯一点。"③那么,万峰的语言到底有多疯、多厉害呢? 例如④,"姑娘,我告诉你,他就是一臭流氓。""你现在啊,就是一只在井底的蛤蟆,只看到身边的这一只蛤蟆。""你没有权力来质问我。我没劝你离婚,你爱离不离。""我希望你耳朵听得

①　左漠野.当代中国的广播电视:上[M].北京:中国社会科学出版社,1987:336.

②　《伊甸园信箱》概况[J].中国广播电视学刊,2008(07):99.

③　曹璐.个性表达的本色与超越:万峰主持风格解读[J].视听纵横,2008(4):27.

④　举例语句为节选,未附上下句语境。为客观阐述,避免断章取义,特做解释。从某些话中的确能够感受到万峰对"受害人"的"恨铁不成钢",但有些则是对"来者不善"的直接回怼。

清楚一点,我的普通话不算很差。我通过了普通话考试,九十六点几分呢。没有人说听不懂万峰的普通话。""骂我的人有三种。一种就是故意捣乱的小流氓……"①像这样的"交锋""互怼"几乎是节目的常态,更有甚者也会"吵嘴""对骂",甚至,万峰曾在节目中要当场"报警"。万峰不仅在自己的节目中如此讲话,即使在其他媒体平台出任嘉宾,嘴下也绝不留情。2010年9月27日,杭州电视台《有话大家说》节目在讨论富阳市停车乱收费问题,市发改局物价监督检查分局局长在电话中接听主持人对于费用的相关提问,当作为嘉宾的万峰听到对方表示"什么不知道"时,开始插言:"你不知道你当什么局长啊! 撤你的职! 不用讨论,你不好好为人民服务,你下去,滚蛋!谁叫你们当官的?!"而当其他嘉宾试图打圆场时,万峰继续怒斥:"这样的官员不要脸,不配当这个官!"瞬时引起轩然大波,有人称此事为"中国电视史上一个奇迹"②。

有研究者认为,万峰在节目中的表达方式,忽视了那一刻自己的角色,给了自己的角色一个错误的定位。在我国,媒体工作人员应当积极维护社会的团结稳定,营造有利于社会发展的舆论氛围,促进人与人的和谐相处。主持人是媒体工作人员,也是一档节目的"灵魂"。主持人在节目中的一言一行,都应当本着对社会、对人民群众负责任的态度。当对某些问题发表自己看法的时候,主持人需要做到有理、有力、有节,而不应该一味地在节目中发泄自己的情绪,以"怒骂"作为解决问题的方法。万峰在节目中所使用的例如"滚蛋"之类的词句,显然属于过激的词语,不但不能促成问题的尽快解决,反而会激化双方的矛盾,同时也会在社会上引起不良的影响。从上述节目的情况看,万峰的偏激表现,致使被采访者不得不挂断电话,这样一来,被采访者和受众之间的信息流动过程就中断了。主持人的职责在于为受众提供他们所需要的信息,而不是担任仲裁者,或是审判者。但是,现在很多主持人都不能给自己一个明确的角色定位。例如万峰在节目中说的"撤你的职"之类的话,完全就是站在审判者的角度对受访者进行宣判。再者,撤职

---

① 万峰.我不搞笑[M].杭州:浙江人民出版社,2008:3-4.
② 李强.我们需要多少个万峰[J].视听界,2010,158(06):119.

的问题也不是媒体人所能决定的,这超越了主持人的职责范围。另一方面,受众表示对于万峰的支持,也是由于对这种角色定位存在误解。①

有业内同行认为,这种"怒骂"是"身份暴力"与"语言暴力"的体现。广播和电视是社会公器,非个人表演舞台。即使万峰等一群主持人占据着道德制高点,也不代表就拥有辱骂别人的权利。"在菜场里买菜的万峰,和菜贩一言不合可以尖声对骂;但在电视上的万峰,就不再是你自己了,媒体赋予你无上的权力,你的身份强大无比,稍有失控,就会把媒体给你的话语权变成身份暴力。我城的上空也不时会飘过那种凌厉的怒骂。作为一名听众,我深觉有些部门有些人有些行为确实该骂,也时常觉得电波里的咆哮之声非常解气,可是,除了解气,那种高八度的詈骂真能解决问题吗?解决了这一个问题,碰到类似的问题是不是调门要再高二度才能起到作用?我们生存环境的恶劣原因之一是中国人习惯了不按规则办事,但主持人动辄就'骂',不'骂'不能办事是不是也是一种不按规则办事?说白了,是个度的问题;说透了,是个心态的问题。"②

有业内管理者认为,在解答受众在生活中遇到的有关家庭婚姻、情感生活等方面的困扰时,尽管万峰具有硕士研究生学历和丰富学识,但他从来不会给听众讲大道理,也不会把某个问题上升到理论层面给受众提出建议,而是用最朴素的道理、最简单明了的语言、最直白的语境引领受众走出困境,其生命的痛感来自一切具体的、卑微的事物,而不是宏大的叙事和神圣的修辞,从而为广播文化灌注了以人为本的精神,进一步消解了原有的话语特权和垄断,颠覆了传统说教和安慰劝诫式的谈话节目风格。节目中表现出的核心价值观念就是每个人都有追求幸福的权利,不管谁都无权干涉一个人在法律许可范围内的自由。可见,对个性的张扬和尊重,对人性化生活方式和理念的推崇是万峰节目获得认可的重要原因③。

---

① 靖鸣,王瑞.主持人的个性塑造应以专业主义为基础:由万峰"怒骂"连线对象谈开去[J].新闻记者,2010,334(12):56-57.

② 李强.我们需要多少个万峰[J].视听界,2010,158(06):119.

③ 金彪.万峰的"两面"和媒体的责任[J].中国广播电视学刊,2008,208(07):83.

除了以上言论之外,借助网络媒体的推波助澜,也迅速集结起"蜂蜜"和"蜂毒"两大群体,为万峰的"两面"涂抹上斑斓的色彩。"蜂蜜"们,无论是听友还是业界人士,都毫无保留地对万峰及其节目心悦诚服,津津乐道,认为万峰的语言表达和主持风格独树一帜,勇气可嘉。有人说万峰"主持节目干脆直率,是非分明,代表了正义的力量"。也有人称万峰"不盲目跟风,不人云亦云,保持自己的职业操守和个人风格,锋芒毕露,直抒己见,是个人的智慧,更是媒体责任的一种理性体现"。而"蜂毒"同样旗帜鲜明地站在批评、反对的立场上,认为"主持人万峰语气粗暴、语调咄咄逼人,甚至出言不逊。不但感觉他很'牛',简直是整个儿的'野'";"听他的节目真的很生气"。世界万物都处在矛盾统一之中。"蜂蜜""蜂毒"的反向举证、莫衷一是,让万峰走出神秘电波而变得实在,使得一档广播夜间谈话类节目一时间成为街头巷尾、办公室、写字楼和校园热议的话题。因为有了"蜂蜜"的追捧,更因有了"蜂毒"的追杀,万峰一不小心成为当时国内最知名和最另类的电台主持之一。对于听众"要么就非常喜欢,要么就非常讨厌"的"分化"现象,万峰有自己的理解和判断,他在接受媒体专访时曾一再表示:"观众对我的反映和争论,我倒不担心。有人争论,才是好事。如果没人争论,没人理你,那就完蛋了。"①也许,处在网络时代兴起的世纪之初,万峰是有"黑红"潜质的。

中国传媒大学曹璐教授认为,媒介话语影响很大,影响那么多的人,也是一种话语示范。万峰的态度有时候是高腔大嗓的,有的时候话语不是很妥当,但是他所表现的还是恨铁不成钢。为什么这么多听众选择他,就是读懂了万峰在这种严厉背后的热心和一些确实是对听众负责的建议。他的话语风格和我们的传统话语还是有相联系的地方。我们的社会话语不见得都是一样的,不见得都是那种谦谦君子的,但是一定要过滤某些太过于直接的、过激、过火或者是显得不太适合媒介风格的话语,这并不是很难,"笑谈

---

① 金彪.万峰的"两面"和媒体的责任[J].中国广播电视学刊,2008,208(07):83.

真理也无妨"①。同时,曹璐教授以"更上一层楼"的思路,对《伊甸园信箱》和万峰的主持风格提出以下几点建议:(1)如何让参与者带着自信进入节目?参与者往往怀着忐忑进入节目,由于紧张,不能立即进入话题。主持人能否认真倾听,对参与者的引导能否略讲方式,略带委婉,并给予鼓励和适当引导,让参与者从容自信地融入节目。认真倾听往往会带给困惑中的参与者莫大的鼓励和自信。(2)讲原则是否就需要"凶"?对某些严重问题和错误行为需要是非鲜明,需要有批判精神,这些对净化社会空气有引导作用。但是对某些"问题"人物除了提出"警示"和需要"点醒"之外,能否给予更多的建议和可操作性意见?包括联手相关妇女、儿童、农民工等维权节目和部门共同配合,将善意和建设性落到实处。(3)对某些社会问题或社会现象的评价能否更为辩证?如:对上网聊天出现的问题,主持人对网络的负面评价偏多。对"80后""90后"的评价似应从更积极和前瞻视角进行引导。这些建议反映了一种期待:不是要求《伊甸园信箱》和万峰改变个性风格,特别是坦诚、刚直、原则性的本色风格,而是希望万峰在主持理念中放大对人,包括对"问题人物"的尊重、关爱,多一些善意和建设,多一些鼓励和细节的落实,因为有影响的广播节目和主持人的话语风格对社会和听众也是一种潜移默化的引领②。

《朱子家训》中有言:"堂前教子,枕边教妻,对症下药,量体裁衣。"广播电视显然是"堂前",那么,有些"枕边"话能否直白地在"堂前"讲,"堂前教子"的语言表达方式又是否适宜"枕边教妻",恐怕也要看怎样"对症",如何"量体"了。不管争议的结果如何,"万峰热"持续升温,在21世纪之初带动了一批以"犀利"甚至"怒骂"为主持特征的节目和主持人。毕竟,"万峰"与"万峰们"是一个时代的产物,有人将这一媒体语言现象的产生归结为社会高速发展所带来的巨大压力的某种释放,也有人将其归咎为是万恶之源的收听(视)率在作祟。也许,"怒骂"完了,也该喘口气。在下一个历史阶段,

---

① 刘朝晖,宋雨轩.打造广播品牌节目和个性主持风格的开放性论坛:浙江广播品牌节目《伊甸园信箱》研讨会综述[J].中国广播电视学刊,2008(07):80.

② 曹璐.个性表达的本色与超越:万峰主持风格解读[J].视听纵横,2008(4):28.

此类"怒骂"之声在国家广播电视总局的监管之下,终以"话题灰色边缘""主持人言语不当""随意贬损听众""态度轻慢"等问题被叫停。的确,生活总是要回归到"心平气和",有理不在声高,有话还得好好说。

第三节　播音创作理论的完善

1987年8月17日与1990年6月16日,中国广播电视学会相继成立了"播音学研究会"(后称播音学研究委员会)和"主持人节目研究会"(后称节目主持人研究会)。从此,关于播音创作的实践者、研究者们有了自己的组织。2005年4月1日,两协会合并重组为"中国广播电视协会播音主持委员会"。学会的成立对播音事业的发展、播音创作水平的提升,尤其是对播音创作理论的完善起到了助推作用。

纵观历史,播音创作的理论成果不是某一个人的研究所得,而是众多播音员创作经验的汇总,是中共中央指导思想的凝聚,是专业教师与理论研究者的提炼,是一代代人的薪火相传。其中的一位"火炬手"可谓是中国播音创作理论研究的集大成者,他就是张颂。

张颂(1936.7—2012.11),本名张永昌,播音名李昌,国家级教学名师,播音界泰斗,创立了中国播音学学科体系。曾任中国传媒大学播音主持艺术学院首任院长,是中国第一位播音专业博士生导师,培养了大批优秀的播音员主持人和播音专业教师。2023年6月19日,全球修辞学会①视听传播学会常务理事会决定,追授张颂先生"中国视听传播研究奠基人"荣誉称号。

张颂先生早年在央广有过播音创作的实战经历,这使得他的研究从来都不是纸上谈兵,总是能够一针见血地指出创作中的问题根源及解决的办法与方向。

---

① 该学会于2012年10月在韩国仁川大学召开的世界汉语修辞学会第三届年会暨国际修辞学研讨会上成立,其前身是2007年7月成立于法国的世界汉语修辞学会。

一、《播音创作基础》

1978 年 7 月,时任北京广播学院新闻系播音专业基础理论教研室主任的张颂撰写了一本《播音基础》(语言表达部分)的讲义,共 74 页,署名为"北京广播学院新闻系播音教研室编",作为油印教材在内部使用。虽并未正式出版,但这却是自 1963 年播音专业建立以来,播音创作基础理论构架第一次较为完整、系统地得以呈现。而这本小册子就是后来几乎每一位播音学子从语音发声向语言表达学习过渡时必读的《播音创作基础》一书的原型。

该讲义在"前言"部分开宗明义地指出在语言表达部分应学习的内容,包括播音员分析理解稿件以及正确的创作道路和方法。后者则是一个共性问题,每一位播音员在创作不同体裁的稿件时都要解决道路和方法的问题,且必然贯穿创作的始终。道路和方法正确与否,直接影响着播音质量的高低、艺术效果的优劣,必须要给予足够的重视。讲义中提出,播音员正确的创作道路和方法,即在"理解稿件—具体感受—形之于声—及于听众"的过程中,达到正确理解和准确表达的统一,达到革命的思想感情与尽可能完美的语言技巧的统一,准确、鲜明、生动地传达出稿件的思想内容和精神实质。同时提醒,掌握正确的创作道路和方法,必然要时刻同不正确的倾向做斗争,只有不断地从思想认识上、从理论与实践的结合上认真加以解决,才会有所创造、有所前进。掌握正确的创作道路和方法,还必须经过刻苦学习、反复实践。那种"找窍门""走捷径""玩技巧"的想法是不利于创作的。要做好走曲折道路的准备,要经常总结经验,戒骄戒躁,踏踏实实地前行。

然而,《播音基础》刚刚付梓之时,其中的理论内容并未得到业界的一致赞同。"那时候大家认为播音无学,照稿念没出息,我一直觉得这里面有学问。……我国从 20 世纪 50 年代开始招播音员,当时对文化水平要求不高,认为只要在话筒前播得好就可以,结果造成了播音无学的印象。由于没有理论上的指导,经验主义限制了这个学科的发展。所以,当时我的《播音创作基础》写出来后征求大家意见时,有些人说我把播音说玄了,拿到第一线,也不被认可。当时真的很生气。"①张颂深知,生气是解决不了任何问题的,只能将这些理论更加完善,才能够使人信服。1979 年 3 月至 7 月的春季学期,在为 1977 级播音班讲授"播音基础(语言表达部分)(下)"这门课时,张颂又将最新的研究成果"备稿""情景再现""对象感"等内容加入其中。同年,全国播音基础教材研讨会召开,会议向与会者征求对张颂的《播音基础》(仍尚未正式出版)的意见。这一次该作得到了专家们的认可,包括正确的创作道路、对播音风格的概括等,均在这次会上达成了共识。

张颂坦言,尽管《播音创作基础》由他所写,但并不是他一个人思考的结果,而是群体的智慧,他主要在播音基础里提到播音表达规律问题。他认为,一个理论没有自己的规律性的认识是不行的,也许这个规律只是浅层的,并不周延,也许这个规律今后会被统统打翻,没关系,但是必须提出来。可见,《播音创作基础》也是经历了一番波折才得以面世。因为油印的时候叫《播音基础》,内部发行也叫《播音基础》,到 1985 年才正式出版,仍叫《播音基础》,后来改为《播音创作基础》②。这是正式出版的最早的播音主持专业教材之一(另一本为徐恒所著《播音发声学》),宣告了播音理论的初步创立③。时至今日,这部著作已经几度再版,启迪并训蒙了无数播音专业的莘莘学子。

二、《中国播音学》

从 1987 年开始,张颂便带领广院播音系的教师开始了《中国播音学》的撰写。1994 年 10 月,由他主编的《中国播音学》正式出版。这是中国播音学理论体系建立并开始走向成熟的重要标志,也宣告了一个新学科的诞生④。

该著作由张颂及 16 位教学骨干和创作一线的播音名家组成团队编写而

---

① 赵忱,孙艳梅.张颂:谁说播音无学?[N].中国文化报,2004-01-31(T00).

② 张颂.中国播音学发展论[M]//付程.播音主持教学法十二讲.北京:中国传媒大学出版社,2005:6.

③ 赵欣.播音主持专业出版的特色发展之路[J].现代出版,2013(03):48.

④ 赵欣.播音主持专业出版的特色发展之路[J].现代出版,2013(03):49.

成。另外,此书的顾问包括丁然、马庆雄、方明、关山、刘述、林田、林如、张之、张振东、陈醇、夏青、铁城、徐曼、章虹、葛兰、路虹等播音大家。与《播音创作基础》一样,它不是哪一个人的学说,而是中国播音界共同奉献的一个阶段性的包括创作理论在内的研究成果,渗透着这个学科的奠基者、开创者、先驱者、实践者、研究者的心血,凝聚着一代代播音人在不懈地追求和艰难的求索中对播音事业的忠诚与热爱。

全书共66万字,分为"导论""发音""创作""表达"和"业务"等五编四十章。第一编,导论。阐释了播音工作的性质、任务、要求,以及播音创作的原则、过程、层次。第二编,发音。介绍了普通话语音发声在播音实践中的作用与应用,说明气息、声音、吐字、共鸣诸多方面的生理控制、心理依据及其调节、使用的法则。第三编,创作。论述了有稿播音和无稿播音的创作原则,以及调动思想感情运动的方法。第四编,表达。细说了广播播音和电视播音的不同语言内容的各种共性要求及不同表现形式。第五编,业务。悉数讲解了不同播音文体的创作特征及其创作要求。这五部分都有各自的研究对象和研究内容,划分较为明确。单从"发声""创作""表达""业务"的篇名来看,无一不是和创作直接相关。可以说,《中国播音学》严肃地、系统地、全面地总结了我国广播电视播音主持创作的经验,确立了播音主持的学科定位,标志着中国播音学研究的理论框架基本构成。同时,它也是实践的、开放的,是阶段性的成果,并未给播音理论研究画上句号,而是提供了一个巨大的可容性与可能性空间。很快,时隔9年,第二版修订本于2003年面世。

1994年至2003年,世界和中国都发生了巨大的变化。第四媒体——网络,经过整合,愈加规范和成熟,媒介生态也在悄然酝酿着一场暴风雨的到来。播音理论不断吸收新鲜的实践经验,不断加强与相关学科的互补,特别汲取了新闻学、传播学、语言学、艺术学、心理学、美学等学科的前沿成果。新版《中国播音学》共五编四十六章,但在编排与内容上有所变化,甚至有几处是全新的。第一编"导论"中,第一版的第四章、第五章合并为第二版的第四章。第二编由"发音"改为"发音与发声",新增了第十六章"嗓音保护和嗓音疾病"。第三编"创作"、第四编"表达"合并为"创作与表达",可见创作离不开表达。在原有第二十四章"传者与受众间的沟通"之前,加入新第二十四章"受众心理研究";原第二十七章"口语表达训练概说"改为"广播电视即兴口语基础训练",且内容变化较大。新版将原第五编"业务"进行了拆分,分为第四编"广播播音主持"与第五编"电视播音主持"两部分:在广播播音主持部分中涵盖"新闻播音""评论播音""通讯播音""文艺播音""节目主持艺术""谈话节目主持"等;在电视播音主持部分中囊括"电视新闻传播分析""电视播音员的屏幕形象""电视新闻播音与主持""电视社教类节目主持""电视纪录片解说"等,并新增"电视广告播音"一章。

《中国播音学》的问世,宣告了一个新学科的诞生,此乃奠基之作。然而,一个新兴学科、交叉学科,必须一步一步扎扎实实向前迈进,不能一蹴而就。应不断开阔学术视野,提高研究水平,深入实践领域,汇聚多方观点,深化"感性—知性—理性—悟性"的多维度融合。《中国播音学》是一般的、基础性的阐述论证,接下来,张颂教授带领一批年轻教师又开始了"播音风格""播音心理学""播音美学""播音教学法"等学科延展内容的开拓与研究。

第四节　播音创作主体选拔多样化

1978 年 12 月 31 日晚,央视恢复了播音员口播的播音方式,赵忠祥直播了《叶剑英委员长告台湾同胞书》;央广也早在一年前就复归播音员播音时报名字的制度;从此,播音创作主体重新回归大众视野。面对改革开放新的历史时期,应该如何丰富播音创作主体的选拔方式成了本阶段的工作重心。

1983 年 3 月,第十一次全国广播电视工作会议提出要加速建设一支德才兼备的人才队伍,播音员主持人的选拔自然位列其中,并决定从三方面着手:"第一,由中央和地方广播电视机构分级负责对在职干部实行分类培训;第二,增办培养中央和各级专门人才的广播电视专业院校,同时争取在其他大专院校增设与广播电视业务对口的专业,委托他们代培各种专业人才;第三,改革人事制度和职工录用制度,使之更有利于人才的吸收、交流和合理使用。"①一时间,人才的选拔及培养可谓三管齐下,尤其是增办专业院校和增设对口专业为播音创作主体的选拔提供了后备力量。1986年9月,浙江广播电视高等专科学校招收了首届播音专业学生23名。与"北广"遥相呼应,形成了"北有北广,南有浙广"的培养格局。同时,国内一些综合类大学也相继开办播音主持或同类型专业、方向及课程,播音主持创作人才的培养已不再局限于业务学习,而是向新闻学、传播学、艺术学等多领域拓展。这使得选拔出更加全面而优质的播音主持创作复合型人才成为可能。

尽管如此,由于改革开放后广电事业发展迅猛,播音主持创作人才依旧短缺,远远无法满足一线需求。于是,一些新颖的选拔方式横空出世,最引人注目的便是大赛与海选。

一、选拔新形式——主持人大赛

播音创作主体的选拔,在曾经的一段时期内,常有4种途径:一是专业院校选拔;二是媒体内部选拔;三是相近行业选拔;四是社会公开选拔。到了20世纪80年代末,在以上传统途径的基础上,一种新的选拔方式——主持人大赛横空出世。它不仅可以甄选出一批优秀的播音员主持人,还丰富了广播电视节目内容,提升了媒体知名度与收视率,甚至成了一种文化现象。真可谓,一举多得。

1.央视主持人大赛开先河

第一个吃螃蟹的,当属央视电视节目主持人大赛。它是由央视精心打造的一项重大赛事,如今已成为中国播音主持界规格最高也是竞争最激烈的比赛,诞生了许多优秀的播音员主持人。而"播音员主持人"这一职业角色也通过主持人大赛得到人们越来越多的关注。

1988年,央视社教部和《中国电视报》联合举办"如意杯"电视节目主持人大赛,开主持人大赛的先河,引起了强烈的反响和震动。获奖者鞠萍、乔

---

① 左漠野.当代中国的广播电视:上[M].北京:中国社会科学出版社,1987:54.

冠英、叶惠贤、高丽萍、程前、任志宏、张泽群等在日后均成为著名的节目主持人。当时，"评分重在主持人的基本要求之上，主要从政治素质、敬业精神、职业特质以及较强的口语和文字表达能力进行评选；同时还要求仪态素质，外貌条件要好"①。

1995 年，第二届"金士明杯"电视节目主持人大赛，王志、张恒、袁鸣、曹可凡等选手给人留下了深刻的印象。次年 6 月，杨伟光主编的《我们是朋友——记"金士明"杯全国电视节目主持人大赛》一书出版，特别记录了这次比赛。该届大赛适应了一线"主持人栏目化"的发展方向，要求选手在赛时充分展现对整个栏目运作过程的主导作用，充分发挥驾驭节目进程的才能，要能体现出主持人的综合素养。

2000 年，第三届"荣事达杯"主持人大赛作为进入 21 世纪的一届大赛是关注度最高的，参赛人数远超往年，50 名选手从全国 10 个赛区的 700 多名参加面试的人中脱颖而出进入复赛，其中不乏各大卫视主持人。最终，撒贝宁夺冠，他现如今依然活跃在主持一线。这届主持人大赛，同样与时俱进，开始注重展现主持人的高学历、个性化及专业背景的多样化。

2004 年，第四届"夏新杯"主持人大赛以"为时代创造精彩，为梦想构建舞台"为口号，以"超越自我，展示精华"为宗旨，推出了一批主持新人。来自全国 10 个报名点的 1000 多名选手在经过了笔试、面试、复赛几个环节后，共有 36 名选手进入决赛。最终，冠军被包捷摘得。可以说，本届大赛透露出一个信息："'专家型'主持人的培养，将是未来主持人发展的方向。"②

2007 年，第五届"白象杯"主持人大赛对主持人的综合素养提出了更高的要求。初赛设计的新环节"我在现场""共同空间""为我加油"，复赛阶段的"话里话外""个性空间"和决赛阶段的"联合主持"等比赛形式，将选手的个性展示空间进一步加大，让选手的能力在短短的比赛时间内极大限度地展示给评委和观众。最终，来自北京电视台的主播胡蝶获得金奖。

---

① 祝捷.中国播音主持评价体系发展研究[M].北京:中国广播电视出版社,2013:22.
② 彭薇.打造主持人领域内的专才:从"夏新杯"电视节目主持人大赛说起[J].电视研究,2004(02):74.

2011 年,第六届"艾诗缇杯"主持人大赛瞄准建设国际一流媒体这一目标,通过搭建优秀节目主持人才的国家级竞争平台,力求选拔出一批文化素质好、专业能力强、实践经验丰富、人物个性鲜明的优秀电视节目主持人,为我国电视事业发展提供人才力量。最终,王宁折桂。这届大赛着眼于"文化素养—媒体经验—主持能力"等多个层级,逐步、递进考核,综合、公正评价,注重不同类型、不同特点选手的考核。

纵观前六届央视主持人大赛,可谓是对主持人现有创作水平和业务能力以及创作潜能和可持续性评价体系探索的过程。随着时代及业态的变化,每一届对参赛选手都有新的需求,也总是会有一大批优秀的主持人脱颖而出。除形象、声音、表达、体态等基本创作条件外,还不同程度地从政治素养、艺术素养、职业素养、文化素养、个性色彩等方面对主持人提出了更高的要求。一时间,主持人大赛金鼓喧阗一般成了各家媒体选人用人的主要的,甚至是唯一的途径。

2.主持人大赛热的冷思考

在央视成功举办主持人大赛后,全国各地媒体纷纷效仿,广播的、电视的,女性的、少儿的,体育的、音乐的……各种各样的主持人大赛应运而生,甚至,央视还开设了常规的主持人选秀节目《挑战主持人》等。在选拔优秀的主持创作人才、增强人才流动的同时,也将社会对主持人关注的热度推向了高潮。然而,当各色主持人大赛举办得热火朝天之时,张颂教授在亲历了最火爆的"世纪大战"央视第三届主持人大赛复赛和决赛的过程后,在《主持人大赛随想》①一文中提出了 4 点冷静的思考。

第一,在文化素养和专业素养的平衡问题上,重视文化水平完全正确,可文化水平再高,也替代不了、弥补不了声音和形象的缺憾。具有高水平的文化人比比皆是,但能够担当播音主持的人,却如凤毛麟角。而在声音悦耳、形象悦目的人中,已有较高文化水平的人,或者经过培养可以达到更高文化水平的人,才可望成才。而现状是几乎失去了"专业"的角度,一味地强调文化水平。"有声"和"上相"是"入场券",声音和形象不佳者,不能"出

---

① 张颂.主持人大赛随想[J].青年记者,2001(02):46-48.

席"。

第二,在自然语言与专业语言的选择问题上,播音语言,不应等同于日常生活中的说话。节目主持人如果一味追求"生活""自然""越像说话越好",那么,就很难提高有声语言的质量了,而且会每况愈下。在大赛中,有的选手,语音不规范,如前后鼻音不分;有的选手,口齿不清楚,如吐字含混无力;有的选手,气质欠文雅,如插科打诨无度;有的选手,词语较贫乏,如表达简单重复……这些,都有损于媒介人物的公众形象,难以满足对大众传播的期待。

第三,在个性的张扬与规范审美问题上,有一种观点,认为个性化就是摆脱、超越规范化的特立独行,就是毫无公共话语基调的独特叙事;把违反规则、追新求异作为个性化的标志。这是一种背离常识的畸形审美观。规范是一种"自由"。规范程度越高,取得的自由度越大。我们不会认为摆脱、超越普通话规范的有声语言能够让大多数人听清。特别是在今天,说普通话、写规范汉字已经成为全社会的共识,已经有了法律依据,再也不应该为突破社会契约的个性化张目了。

第四,在专业人才培养与大赛选拔人才的模式上,大赛终究不同于教学。专业教育是按规模、成建制、有体系、重层次的教学活动,要进行可预知、可重复的长期训练,目的是抓共性,打基础,因材施教,扬长补短。而大赛是自愿集合的群体在特定的游戏规则中进行的不可预知、不可重复的瞬时出场竞技,有人水平很高并没有参加,有人实力很强却偶有失误……就参赛者而言,在"这一次"的公平竞争中可以分出高下,但那瞬时出场的激动与遗憾,只有等待未来的机会加以发扬和弥补了。

这篇文章可谓直言不讳、人间清醒。那么,到底应该选拔什么样的播音员主持人呢?在此文发表的三个月后,张颂在《关于声形俱佳的思考》①一文中提出了"德才兼备、声形俱佳"的选人标准。

---

① 张颂.关于声形俱佳的思考:语言传播杂记之二十六[J].现代传播,2001(05):58-59.

二、全民的狂欢——"海选"

2004 年,选秀节目《超级女声》由湖南卫视制作推出并迅速蹿红,跃居同时段收视率全国第二,这是继《快乐大本营》后,电视湘军再次创造的收视神话。"超女"甚至超越了一个节目的存在,犹如核裂变一般激活了"全民海选"的巨大市场。节目倡导的"想唱就唱"激起了普通人的表现欲望,同时又将参与权与裁决权,统统给了大众。自该节目掀起热潮之后,"海选"这一概念被热烈解读、迅速放大,成了所有选秀节目必不可少的环节。所谓"海选",就是比赛初期选拔人才的一种方式,与专业人士参与的大赛有所区别的是它不设任何门槛,人人都有机会参赛。那么,需具备一定业务能力和知识水平的播音创作主体能否通过"海选"来遴选而出呢?湖南卫视又率先做出了尝试。

2005 年,走过 8 年历程的《快乐大本营》在收视率持续走低的情况下,希望通过从"主持人"一环的改变来实现突围,策划了《闪亮新主播》活动,这被算作主持人"海选"的首次尝试。其效果之佳,出人意料。该活动既给湖南卫视带来了经济效益,又扩大了"大本营"的知名度。栏目当年创收 3500 多万元,其中《闪亮新主播》就贡献了 1100 多万元,真正实现了名利双收①。

那么,《快乐大本营》是怎样想到采取这样大规模的全国海选形式来招募主持人的呢?该栏目首任制片人汪炳文承认,在一定程度上是受了《超级女声》的影响。"在超女中,我们发现了许多'散落在民间'的优秀人才,发掘了现在的千万普通观众的参与激情和审美变化,这些因素都促使湖南卫视创新,所以这次在主持人调整中,首先做出大胆改革创新的姿态,希望通过这次选拔,让更多新鲜力量进入到栏目,甚至是如金鹰节、新年晚会、《超级女声》等湖南卫视很多其他大型活动中。"②不过,这种"海选"的形式早在《快乐大本营》成立之初就有过成功的尝试,"1997 年的时候我们《快乐大本

---

① 王云峰.《快乐大本营》:开全国娱乐节目先河[J].当代电视,2008(11):13.

② 肖琳芬.《快乐大本营》改版研究[D].长沙:湖南大学,2007.

营》只有李湘和黄海波两名主持人,想另选一位。我们去了中戏、北广等大学见了许多优秀的主持专业的学生,但最终选择了何炅。他可以说就是'无门槛'选举的最大受益者!"①然而,尽管有过海选的成功经历,但选拔何炅那次仍属私下之举,且参选者多为专业院校学生;因此,《快乐大本营》并未急于对作为核心要素的主持人动刀,而是先在观众中进行了一次真正意义上的无门槛全民海选。2004 年,栏目组专门举办了一场全户外"夺宝"活动——《冒险你最红》,面向全国征集"勇士"。这是《快乐大本营》一次颠覆性的创举。时任《快乐大本营》栏目总导演兼执行制片人的罗昕说:"主持人海选的灵感可以看作是 2004 年'你最红'系列海选幸运观众的衍生。更深层次的原因是湖南卫视不拘一格用人才的传统。"②

有了"超女"与"你最红"的成功探索,主持人的海选呼之欲出,其爆发的导火索是《快乐大本营》的一场自救。自 1997 年开播后,该栏目巨大的成功使得其他省级卫视纷纷效仿,当时全国类似的节目有 60 多个,一度导致观众审美疲劳。李湘在 2004 年 10 月的离开更让栏目雪上加霜,其收视率极度下跌,一度传出将要停播的消息。栏目组决心将"大本营"置之死地而后生,而这一着险棋就是要主持人 PK③。

2005 年 5 月 14 日,谢娜与栏目组签订 10 期的试用合同,接替李湘主持。7 月底,合同到期,谢娜连同男主持人何炅与李维嘉均面临去留的选择。这一次,湖南台决定让主持人竞争上岗,三个主持人必须走两个,而且将裁定权赋予观众。7 月 30 日晚,栏目组举行了一场名为"快乐主持群挥泪告别"的演唱会,何炅、李维嘉、谢娜在节目现场进行拉票,通过观众短信票选来决定其中一个继续留任。"节目组利用人们失去时才懂得珍惜的心态,将观众所熟知和喜爱的主持人放在淘汰的舞台上,极大激发了观众的怀旧热情,再次引发收视狂潮,同时也再度挖掘了主持人的潜力。因为导演组严格

① 肖琳芬.《快乐大本营》改版研究[D].长沙:湖南大学,2007.

② 罗昕,宋子超,唐苗.综艺常青树:湖南卫视原创节目《快乐大本营》艺术魅力探析[J].湖南大众传媒职业技术学院学报,2012,12(02):7.

③ 罗昕,宋子超,唐苗.综艺常青树:湖南卫视原创节目《快乐大本营》艺术魅力探析[J].湖南大众传媒职业技术学院学报,2012,12(02):7.

保密,三位主持都认为真的会从《快乐大本营》的舞台上被淘汰,因此全心投入,不断挑战自我。无论是李维嘉母子在音乐声中携手共舞,还是何炅一人分饰男女两角演唱《北京一夜》,都让人们眼前一亮并深受感动。经这一役,主持人通过展示自己并接受观众的评判,完成'化茧成蝶'的突破。"①这场"秀"可被视为《闪亮新主播》的前奏。最终,何炅获胜,留任"大本营"的主持人。"主持人 PK 赛只留下何炅一人,而《快乐大本营》此时已走过 8 周年,希望能有更新鲜的血液注入。于是,新主持人的海选赛《闪亮新主播》登场"②——为《快乐大本营》寻找主持新人的活动在全国正式启动,李维嘉和谢娜也并未离开,而是以外景主持人的身份出现在海选现场。

与以往主持人选拔不同的是,这一次强调"一切由观众做主",从初选阶段就引入了 21 个大众评审,直到总决选的全国观众短信投票互动支持,始终注重观众的参与和选择。而这种"观众参与"是出于参赛者与裁决者双方的。于观众一方,从中体验到了前所未有的自己造星的过程,获得了不同寻常的"上帝"般的感受;于选手一方,参与"新主播"选拔的人员不分职业、不论外形、不问地域,年满 16 岁的都可以免费报名参加。

经过几个月的海选、初选和复赛,终于走到了紧张激烈的全国总决赛。首先,来自杭州、重庆、沈阳、北京 4 大赛区的 5 强选手共 20 位新主播各自抽取属于自己的总决赛号码,紧接着是一场充满 PK 意味的启动晚会,湖南卫视知名主持人汪涵、马可、仇晓、维嘉、李好、彭宇悉数到场,以"老主持"身份和"新主播"们展开精彩对决。《闪亮新主播》延续了"超女"的某些做法,每星期六晚都会直播决选场次,每周均有选手离开舞台,为观众再造了一个"周末 PK 日"。最终,活动于 2006 年 1 月 21 日结束,杜海涛摘得冠军、吴昕获得亚军,并与何炅、谢娜、李维嘉组成了"快乐家族"。

继《闪亮新主播》这种海选主持人的新形式大获成功之后,央视经济频

---

① 罗昕,宋子超,唐苗.综艺常青树:湖南卫视原创节目《快乐大本营》艺术魅力探析[J].湖南大众传媒职业技术学院学报,2012,12(02):7.

② 罗昕,宋子超,唐苗.综艺常青树:湖南卫视原创节目《快乐大本营》艺术魅力探析[J].湖南大众传媒职业技术学院学报,2012,12(02):7.

道(今财经频道)紧随其后,策划了《魅力新搭档》活动,旨在选拔出优秀的男性综艺节目主持人。起因是,为填补该频道名牌栏目《开心辞典》男主持人空缺并配合其2006年节目改版,频道以"为小丫找搭档"之名面向社会"海选"主持人。最终,赵普、李晓东与尼格买提·热合曼拔萃出群。尼格买提以"小尼"之称与"小丫"组成新搭档,成为主持人王小丫的"考官助理"。正如此次"海选"所期待的那样,"小尼"阳光的形象还给节目增光添彩,对调节场上气氛、调动观众参与发挥了积极的作用。尼格买提也是从这里走上了属于他的综艺节目主持创作之路。

尽管播音创作主体的"海选"也曾被人质疑是"噱头",是"作秀",是"造星",但是相比而言,播音员主持人的海选还是少了一些"人设"与"效果",多了一丝"真实"与"诚意"。

三、"选"后之"管"

"海选"确实在一定程度上填补了部分播音主持岗位的用人缺口,然而,创作主体"无门槛"的选拔也带来了诸如声形问题、语音问题、表达问题甚至是创作理念以及价值观等问题。一时间,给播音主持艺术创作带来了极大的困扰。为保障播音创作效果,有效地衡量播音创作主体的业务能力,1996年9月,全国广播影视语言工作会议提出要实行播音员主持人持证上岗制度。

1997年6月9日,广播电影电视部发布了《播音员主持人上岗暂行规定》。从1999年1月1日起,全面正式实行持证上岗制度。2001年12月31日,国家广播电影电视总局令第10号令颁发《播音员主持人持证上岗规定》,用于经批准成立的县级(含县级)以上的广播电视播出机构专职普通话播音主持人员。2004年,根据国家《行政许可法》的规定,国家广播电影电视总局发布了《广播电视编辑记者、播音员主持人资格管理暂行规定》,以规范播音员主持人执业资格管理。

仅设立"准入"标准还不够,在日后的工作中,对播音创作主体的行为也需要加强管理与约束。播音主持创作的根本属性是新闻性,同时又兼具艺术性。因此,一名优秀的播音员主持人在过去要以新闻工作者、文艺工作者的双重标准来鞭策自己。一方面,作为新闻工作者,应当恪守《中国新闻工作者职业道德准则》;另一方面,作为有声语言艺术家应该坚定不移地朝着"德艺双馨"的目标迈进。然而,始终没有专门针对播音员主持人的自律与他律。于是,2004年后,《中国广播电视播音员主持人职业道德准则》与《中国广播电视播音员主持人自律公约》相继发布并实施。

1.《中国广播电视播音员主持人职业道德准则》

2004年12月7日,经过近半年的多地调研、起草数稿、数次召开研讨会和征求意见座谈会,由国家广播电影电视总局人教司主持,组织学界、业界专家教授起草制定的《中国广播电视播音员主持人职业道德准则》正式发布并实施。

该准则共分六章,总计三十五条。包括:责任(第一条至第六条)、品格(第七条至第十三条)、形象(第十四条至第二十条)、语言(第二十一条至第二十六条)、廉洁(第二十七条至第三十三条)及附则(第三十四、三十五条)等。其中,第一章第一条规定:"广播电视播音员主持人所从事的事业,担负着传播先进文化,弘扬民族精神,维护国家利益,促进经济社会发展,推动人类文明的崇高使命和社会责任。"第六条规定:"真实报道新闻,正确引导舆论,努力传播知识,热情提供服务,不断满足广大人民群众的精神和文化需要。"第二章第七条规定:"广播电视播音员主持人应恪守敬业奉献、诚实公正、团结协作、遵纪守法的职业道德,谦虚谨慎,追求德艺双馨。"第八条至第十三条,规定了要坚持播出内容与播出形式的高品质、高品位,不迎合低级趣味,拒绝有害于民族文化、社会公德的庸俗报道。第三章第十四条规定:"广播电视播音员主持人直接代表广播电台、电视台的形象,言谈举止有着广泛的社会影响和示范效应,应自觉树立良好形象,维护媒体公信力。"第二十条规定:"努力提高政治素养、文化内涵、语言能力、心理素质,保持外在形象和内在素质的和谐统一。"第四章第二十一条规定:"广播电视播音员主持人要积极推广、普及普通话,规范使用通用语言文字,维护祖国语言和文字的纯洁,发挥示范作用。"第二十五条规定:"不追求低俗的主持风格和极端个人化的主持方式。"第五章第二十七条规定:"广播电视播音员主持人应该清正廉洁,自觉抵制拜金主义、享乐主义、个人主义的侵蚀,反对任何形式的'有偿新闻'。"①

虽然称为"职业道德准则",实则同为"创作准则",这将会在思想道德层面对播音创作主体进行约束。

2.《中国广播电视播音员主持人自律公约》

为了更好地贯彻执行上述职业道德准则、提升职业素养、规范职业行为,中国广播电视协会播音主持委员会于 2005 年 7 月 19 日发出了《珍惜受众信任,树立健康形象》倡议书;同时,起草了《中国广播电视播音员主持人自律公约》(以下简称《自律公约》),并于 2005 年 8 月 10 日颁布并执行。

《自律公约》共分四部分二十二条。第六条:"自觉抵制危害民族精神,损害社会公德的庸俗思想和文化糟粕。"第七条:"自觉抵制低级趣味,拒绝可能被青少年模仿造成身心伤害的内容和形式,营造有利于未成年人健康成长的文化环境。"第九条:"以推广普及普通话、规范使用通用语言文字、维护祖国语言和文字的纯洁性为己任,自觉发挥示范作用。"第十条:"除特殊需要外,一律使用普通话,不模仿地域音及其表达方式,不使用对规范语言有损害的口音、语调、粗俗语言、俚语、行话,不在普通话中夹杂不必要的外语,不模仿港台话及其表达方式。"第十一条:"不断加强语文修养,用词造句要遵守现代汉语的语法规则,语序合理,修辞恰当,不滥用方言词语、文言词语、简称略语或生造词语。"第十二条:"力求语言、语调、语音的表达形式与表达内容的一致性。表达要通俗易懂、准确生动、富有内涵、朴素大方,避免艰涩、易生歧义的语言和刻意煽情夸张的表达方式。"不仅是对语言表达进行了规定,包括服装等外部形象也做出了明确的要求。如第十三条:"树立健康向上的声屏形象,尊重大众审美情趣和欣赏习惯。服饰、发型、化妆、声音、举止要与节目(栏目)定位相协调,大方得体,拒绝媚俗。"第十四条:"言谈举止要得体,活泼而不轻浮,亲和而不失礼仪,感情真挚而不煽情挑逗。

---

① 国家广播电影电视总局.中国广播电视播音员主持人职业道德准则[EB/OL].(2004-12-07)[2023-07-27].http://fgcx.bjcourt.gov.cn:4601/law?fn=chl311s109.txt.

反对忸怩作态、矫揉造作,拒绝粗俗。"第十五条:"自觉维护广播电视媒体的公信力和播音员主持人的公众形象。自觉约束日常行为,自尊自爱,洁身自好。"第十六条:"自觉抵制拜金主义、享乐主义、个人主义的侵蚀,坚决抵制任何形式的有偿新闻。"第十八条:"不从事广告和其他经营活动,不从事未经本单位批准的节目主持、录音、录像、配音及以个人赢利为目的的社会活动。"①

2005 年 8 月 26 日至 29 日,"全国文艺、娱乐类节目主持人业务研讨培训班"在京召开,全国 200 多名播音员主持人参加培训,并积极响应播音主持委员会的号召在《自律公约》上签名,承诺抵制低俗化,树立良好的创作风气。

第五节　播音内容、文体业务及代表作品

1979 年 12 月,由林如播音的《一封终于发出的信》拉开了播音内容及作品创作改革的序幕。与此同时,在播音创作中也开始逐渐注入节目主持创作的新内容,使其大放异彩。

1980 年 10 月,第十次全国广播工作会议强调,接下来要首先着重解决"自己走路"的问题,也就是说广播、电视要充分展现出各自独特的媒体特点;1983 年 3 月,第十一次全国广播电视工作会议提出要"四级办广播、四级办电视、四级混合覆盖"……这些指导思想和会议精神为广电事业的发展提供了方向与保障,也为播音创作提供了有利的土壤与舞台。尤其在"双百"方针下,播音内容可谓丰富多彩、包罗万象,涉及政治、经济、法制、文化、历史、艺术、体育、教育、军事、农业、科技等各个领域;除固定栏目外,还定期或不定期地推出特别节目,如节庆晚会、大型专题节目、特别报道等。本节将

---

① 播音主持委员会.中国广播电视播音员主持人自律公约[EB/OL].(2015 – 08 – 17) [2023 – 07 – 27]. http://www. carft. cn/2015 – 8 – 17/e345921a – 21b2 – 4eae – 6c09 – f7834a029cf4.html.

从播音创作内容入手,相对整合广播与电视所共有的新闻、文艺、社教服务三大类型节目的发展及代表作品,同时审视不同节目类型与内容对播音创作主体及其创作所提出的新要求。

一、新闻类节目及其播音创作

新闻播音,在这一时期依然是最重要的,包括口播新闻、图像新闻、现场报道、访问、评论、专题播音等。1981 年 8 月,全国播音经验交流会着重讨论了新闻播音创作的特点、要求及存在的问题。会议认为,发布新闻是电台的首要任务,播好新闻是播音员的重要职责,播音工作必须依据改革的需要,探索新的播讲方法,力求"大胆创新,百花齐放"。此后,在语言表达样式上,较上一时期单纯的"播"而言,提出了"说"与"评"的新要求。在业务创作能力上,需要播音创作主体具备较高的新闻素质和基本功,掌握新闻事件的来龙去脉、背景与发展,并且有较强的分析能力、挖掘能力和语言表达能力。不过,播音创作方式的"创新"与"齐放"还是要建立在创作依据、节目形态与播音内容的改革之上,不可孤立空谈。

(一)20 世纪 70 年代末至 80 年代:吹响改革号角

1982 年,广电系统内提出"全面改革,开创广播电视工作新局面"的奋斗目标。新闻节目改革与创新首当其冲,涉及内容、时效、报道面、报道形式等多个问题。播音创作方式因直接影响着播出效果,更是改革的重点。过去,新闻播音的特点是"准确、鲜明、生动";而这一时期,随着时代发展步伐的加快而开始更加突出"新鲜"与"真实",其播音特征可概括为:用事实说话,以新动人。

1.播音内容及语言表达的调整

经过 20 世纪 70 年代末的短暂调整后,广播与电视各自以"短"而"快"为特点的新闻明显增多,播音语速也随之提升。

从 1981 年起,各级广播逐渐摆脱"读报台""抄报台"的困境,新闻开始以自采自编的"本台消息"为主,并使用利于"入耳"的播音语言。从创作依据的角度来说,这样的调整对播音创作而言是一件利于"上口"的幸事。同时,稿件字数也相应做出调整。以央广的播音文稿为例,重要消息500字左右,动态消息300字左右,简讯100字左右。稿件变短,节目容量扩大,既拓宽了报道面,也丰富了播音内容。特别是播音语言中那些"最近""近来""不久前"等时间模糊的表述大为减少。更有一些电台,不仅"今天"的新闻日渐增多,而且争取在新闻事件刚发生甚至正在发生时立即播发。这样的改革,着实需要播音创作主体无论是在创作水平、业务能力还是应对突发稿件的心理素质上都要做出相应提升,否则难以驾驭。1982年3月,时任央广台长的左漠野指出,目前的新闻播音"缺乏中兴时期的活力"①,必须加以改进,新闻播报要加快节奏,每条新闻之间衔接须紧凑,以反映出改革开放新时期的活力,他提出播音要"清新、活泼、朴实、流畅"②。可见,无论是播音创作依据的撰写,还是内容的播报,均要突出一个"新"字。

改革不仅体现在广播上,电视也随即做出了调整。虽然中国电视始于20世纪50年代,但"文革"期间的搁置,直接造成了本阶段之初新闻播音内容少、时效差、篇幅长、重播多,受众面小等弊端。在"自己走路"改革思想的指引下,电视播音的内容与播报方式也开始了一系列的改革与创新,接力赛的头一棒就落在了《新闻联播》的手上。

1978年1月1日,央视将《电视新闻》改称为《新闻联播》,由赵忠祥首播。节目每日19∶00播出,时长20分钟。同年12月,还是赵忠祥首次"面对"观众,成为该节目第一位出镜播音员。1979年,节目引入提词器,使播音员从背稿的巨大精神压力中解放出来,这在某种程度上有利于创作水平的发挥;不过,日后发现,提词器也助长了一些播音员的惰性,成为创作的依赖,为人所诟病。1981年4月,全国电视新闻工作座谈会上决定:各省、自治区、直辖市电视台都是央视的集体记者,有责任、有义务向央视供稿;各省、自治区、直辖市电视台必须转播《新闻联播》节目。在增加内容来源的同时,

---

① 杨波.中央人民广播电台简史[M].北京:北京广播学院出版社,2000:315.
② 杨波.中央人民广播电台简史[M].北京:北京广播学院出版社,2000:315.

一个"必须"无形中使《新闻联播》成为新闻节目的标杆,其播音创作方式也自然成了电视新闻播音的范本。1982 年 9 月 1 日起,中央明确规定,将重大新闻由原来在央广的《各地人民广播电台联播》中发布改为提前在央视的《新闻联播》中发布,以此确立了央视在国家信息传播体系中的地位,足见国家欲发展电视媒体的动向。1984 年 8 月 1 日,播音员卢静首次在《新闻联播》中尝试了"微笑播报",虽引起争议,但观众反应良好。此后,《新闻联播》的女播音员们几乎都沿用了"微笑播报"的创作方式。1987 年 7 月 1 日,《新闻联播》由以往一名播音员播音改为男女播音员共同播报、串联节目。1996 年 1 月 1 日,节目由录播改回直播,无形中对播音员的创作心理产生不小的压力。截至 2012 年,《新闻联播》的历任男播音员有赵忠祥、罗京、杨柳、薛飞、张宏民、王宁、康辉、郭志坚等;女播音员有李娟、刘佳、卢静、肖晓琳、杜宪、邢质斌、李瑞英、李修平、李梓萌、海霞、欧阳夏丹等。这些播音员几乎全部是北京广播学院播音科班出身,基本功过硬,业务水平较高。

《新闻联播》的创作主题与宗旨是"宣传党和政府的声音,传播天下大事",其内容多为时政新闻,俗称"大稿件",这种"国家叙事"的文本就决定了其播音风格必须是准确清晰、严肃认真、端庄大气、一丝不苟的。"作为中国电视新闻的'母本',其播报方式体现了新闻播报的基本范式:'字正腔圆、呼吸无声、感而不入、语尾不坠、语势平稳、节奏明快'。"①但《新闻联播》的播音方式也在时代中不断地调整,包括权威感与亲和感的比重,语言表达样式逐渐呈现出年轻化的特点,由过去多"宣读式"转变为如今的多"播报式"。尽管该节目为亲近群众做了许多努力,不过,源于其播音内容的严肃性,也只能在有限的空间内进行适度改变;而在创作领域中,这种"戴着镣铐跳舞"有时反而更美、更自由。《新闻联播》的播音风格也成为新闻播音美学的典范。

从《新闻联播》开始,电视新闻播音的改革继续向纵深发展。第一,增加播音时长,扩大新闻播发比重。央视在 1984 年开办《午间新闻》、1985 年开办《晚间新闻》,广东、上海、北京等电视台还开办晨间新闻节目,打破了早上

---

① 芦巍.《新闻联播》对于传媒语言表达的示范意义[J].现代传播,2012(05):86.

没有电视新闻可看的局面。由此,电视播音创作也开始加入了对受众接受时段的考量。第二,口播变短,语速提升。单次节目中新闻条数的增加压缩了每条新闻播报的长度。央视的口播新闻,除少数要闻外,一般在1分钟左右,有些甚至可称为"一句话新闻"。这也解释了电视新闻主播常以三言两语式的"串词"串联的原因。第三,时效性更强,创作空间更广。当日新闻和刚发生的新闻所占比例大大提高。利用电视"即时传真"的特性对重大事件和活动、突发新闻等,采取现场直播的方式,拓宽了播音创作的天地。有些新闻,在一时无法得到录像带或直播的情况下,便直接以播音员口播形式先行播送。这就要求播音员主持人要做好随时"插播"的准备。第四,经济报道在电视节目播音内容中开始处于重要地位,财经类节目的播音员主持人应运而生。1984年底,央视成立经济部,并于1987年推出了《综合经济信息》节目,取代原来的《经济生活》。同时,各省区市电视台也纷纷办起了形式多样的为经济建设服务的专题节目甚至是经济电视台。

广播方面。随着珠江经济广播电台的开播,也掀起了一股"经济台热",由南向北吹来的"珠江模式"改变了原有的央广式的播音创作模式。在这种"倒逼"之下,从1987年1月1日起,央广开始实行全台节目调整与改革。按照"精办专题、提高质量"的要求撤销、合并了一些缺乏特色、内容重复、效果不佳的节目。同时,重点打造了一档新闻综合节目《午间半小时》,这对广播播音创作主体的业务能力提出了新要求。

《午间半小时》是央广于1987年1月1日开播的综合性主持人节目,由陈希、傅成励、虹云等主持。每天中午12:00至12:30播出。它采用板块结构,融新闻性、知识性、服务性于一体,每次节目中包含着五六种形式的播音内容。主持人以平等相待的谈话体语言样式与听众交流,被称为"极有吸引力的高级聊天儿"[①],使节目更加贴近听众、贴近生活、贴近实际。节目在创作主题与创作内容上始终把握时代脉搏,关注听众关心的热门话题,实话实说,不空泛议论,寓教育于谈天说地之中。在反映群众意见和建议的同

---

① 姚喜双,苏海珍.话筒前的人生:著名播音艺术家林如和她的播音生涯[M].北京:中国广播电视出版社,2000:205.

时,注意传播党的方针政策,进行正确的舆论引导。尤其注重对普通人的报道,将凡人小事与社会大背景联系起来,通过反映他们的身世、心态和命运,促使人们对社会进步中出现的问题进行思考,启发人们去关注、思索、分析各种社会现象。这样的播音内容与播音对象也使得主持人的语言表达风格质朴自然,亲切温暖,带有一种对人性的观照。《午间半小时》在当时拥有亿万听众,节目主持人傅成励、虹云、陈希为广大听众所熟悉和喜爱,在社会上产生了较大的影响力①。值得一提的是,1989 年 2 月 8 日,邓颖超还给《午间半小时》主持人陈希写信并表扬该节目。

2."本台评论"与主持人言论的初现

评论是新闻媒体的旗帜。若广播电视没有自己的评论,就不能成为名副其实的舆论阵地,无法有效地发挥舆论导向的作用。

继"本台消息"比重提升后,央广开始积极筹备"本台评论",抽调得力编辑,组建评论组。1980 年 10 月 14 日,播出了"本台评论"——《绝不允许有"特殊公民"》,抨击了国家机关工作人员中少数搞特权的人,针对性强,内容凝练,尖锐泼辣。这一年,在《各地人民广播电台联播》节目与《新闻和报纸摘要》节目中,共播出评论 132 篇,开创了评论播音的新局面。中国国际广播电台在 1980 年也组建了自己的评论队伍,经常就国际形势的新发展和重大国际事件发表言论。地方广播的评论播音同样取得了可喜的进展,起到了对本区域较好的舆论引导作用。

在电视方面,评论播音的形式当时主要有两种:一是在节目中就某一新闻事件直接发表议论;二是举办评论性专栏,如《观察与思考》《国际瞭望》《国际纵横》等。其中,《观察与思考》是央视创办的第一个评论性专栏,而它的意义及影响远不止这一点。

1980 年 7 月 12 日,《观察与思考》在央视开播,其创作宗旨是:通过对具有普遍意义或群众关心的事件、问题及人物进行调查、介绍、分析和研究,说明某种道理,引起观众思考,以起到影响舆论、推动舆论和引导舆论的作用。

---

① 中国广播电视年鉴编辑委员会.中国广播电视年鉴:1990[M].北京:北京广播学院出版社,1990:264-265.

筹备之初,节目组就达成了一个共识,"不能用播音员"①。于是,第一期节目的片尾职员表上便出现了"主持人:庞啸"这样的字眼。尽管《观察与思考》还称不上真正的主持人节目,但这是中国电视史上第一次出现"主持人"的称谓,同时,也迈出了"记者型主持人"的第一步。"记者出图像,在当时来说是非常严肃的事情,要查三代。最终确定五个人可以出图像,这五位中,有一位是胶东口音,还有一位是光头,事实上可以出镜的就只剩三位了,庞啸是其中之一。"②庞啸,曾是央广的一名播音员,后因其声带出现闭合不全的问题,无法继续从事播音创作。恰巧央视此时正在筹建,庞啸加入电视台筹备处,先后担任过电视编辑、记者等工作。而《观察与思考》的出现,使庞啸踏入一个既熟悉又陌生的创作领域,续写了一段播音职业生涯。

在《观察与思考》的第一期节目《北京市民为什么吃菜难》中,庞啸首先在演播室内作开场白;然后,播放节目内容——几位记者拿着话筒进行现场采访;片子播放结束后,庞啸在演播室内进行述评总结并说结束语。可以说,主持人的作用与角色定位在当时已较为清晰,而这种主持样式在评论类节目中延续至今。庞啸有过话筒前创作的经历,语言表达自不必说,而有的记者吐字发音却不够标准。尽管如此,记者(主持人)来到现场,"通过自己的所见所闻有感而发的议论,还是让人信服。他的见解来自第一手材料。'百闻不如一见',观众更愿意相信掌握第一手材料的人"③。

1988年10月,《观察与思考》更名为《观察思考》再度开播,固定了主持人,由肖晓琳担任。由于节目风格与内容的需要,作为主持人的肖晓琳以其严肃的形象给观众留下了深刻的印象。她主持的风格雍容典雅、吐字清晰、从容不迫,总是娓娓道来,气势柔和却强大。

《观察与思考》不仅是中国电视史上第一个深度评论节目,也不只是打上"主持人"称谓字幕这么简单,该节目还培养了中国第一代具有采编播综

---

① 陈一鸣,张亮.三个电视人的十年[EB/OL].(2008－12－10)[2022－10－27]. https://www.infzm.com/contents/20993.

② 於春.中国电视节目主持三十年研究(1980—2010)[M].北京:中国传媒大学出版社,2012:17.

③ 叶子.遵循规律,发挥优势,办好电视新闻[J].现代传播,1983(03):31.

合能力的主持人,并带动了一批此类节目和主持人的出现与成长。如上海电视台的《新闻透视》与该节目主持人李培红,福建电视台的《新闻半小时》与该节目主持人程鹤麟,山西电视台的《记者新观察》与该节目主持人高丽萍等。

总之,这一时期的评论播音是值得充分肯定的,尤其是在拨乱反正、改革开放初期,为人们的思想指引了方向,特别是具有广播电视特色的主持人言论已初露端倪。然而,不足之处也较为明显,表现为评论水平不高,影响力仍不及报刊,暂未形成言论中心。原因之一便是,广播电视的评论播音仍是多以报纸社论和评论员文章为主的二度创作。若想成为真正的舆论阵地,"本台评论"也必须如同"本台消息"一样学会"自己走路"。

(二)20世纪90年代:改革走向深入

1993年初,时任中宣部部长丁关根强调:"要从群众的需要出发,开辟新栏目,创新新形式;要增大信息量,增加新闻播出次数。"①因此,各级电台、电视台再次加大新闻节目改革力度。以央视为例,一方面,增加新闻播出次数,从1993年3月1日起,第一套节目打破每天只有4个新闻节目②的格局,将播音次数由4次增至13次,实现了新闻"整点""直播"和重要新闻"滚动"播出的模式;另一方面,积极响应"创新新形式,开辟新栏目"的号召,《东方时空》等节目的出现使新闻节目改革大放异彩,也由此产生了一批"记者型""访谈型"的节目主持人,提出了对播音创作主体的采编、访谈、评论等能力的新要求。

1.新闻节目的"变革"与"记者型主持人"

20世纪90年代,广播电视新闻节目不仅在创作形式、播出频率和播音主持的方式上下了大功夫,在内容深度与广度上的探索也未放松。在尽可能地让受众感受到事件全貌的同时,舆论监督作用也通过新闻评论节目得

---

① 徐光春.中华人民共和国广播电视简史(1949—2000)[M].北京:中国广播电视出版社,2003:381.

② 即《早间新闻》《午间新闻》《新闻联播》《晚间新闻》。

到了充分体现。不仅全方位、多视角地还原新闻事实,追踪事件进展,还提供大量背景资料、扩展信息、专家评论、意见交锋等。其中,央视的《东方时空》最具代表性,以至于后来的《焦点访谈》《实话实说》等知名栏目都是从其子栏目中孕育而生。在这种新节目形态下,刚刚成长起来的一批优秀的记者型主持人找到了其施展才华的广阔舞台。

　　1993 年 5 月 1 日早 7 点开播的《东方时空》开创了"中国电视改革的先河",有着广泛而深远的影响。它改变了中国观众早间不看电视的收视习惯,开启了"真诚面对观众"的主持模式,采用了"用事实说话"的传播方式,记录了当时的时代背景下中国不断前进的脚步。该栏目可谓是典型的"杂志型节目"①,《东方之子》《生活空间》《焦点时刻》和《时空报道》等板块都令人印象深刻。其内容贴近生活、贴近群众,尤其是《生活空间》板块,以"讲述老百姓自己的故事"为切入点,展现普通人的生活状态和人生体验,使观众获得情感上的共鸣。1996 年 1 月 27 日,改版后的《东方时空》整合新闻、评论和专题,取消各个板块主持人,由总主持人统一串联,调和了整体主持风格。

　　《东方时空》栏目在获得巨大成功的同时,也培养了一批卓尔不群的主持人。从 1993 年开始,水均益担任《东方时空》的主持人,同时身兼记者、制片人数职。他曾作为新华社驻中东分社记者,参与过海湾战争、伊拉克危机的报道,丰富的经历使他在主持的过程中能够凭借知性、稳重、深度等风格要素感染他人。白岩松参与策划了《东方时空》的开播,并与《东方时空》一起成长为优秀的节目主持人、制片人、评论员,其主持风格可谓语言犀利、视角独特、思想深刻、观察敏锐,深受观众喜爱。敬一丹在主持《焦点访谈》前,也一直是《东方时空》的总主持人之一,她平和温婉、端庄大气的主持风格很快就得到了观众的认可。总之,《东方时空》主持人们的语言表达中少了一些套话,更多的是与老百姓唠家常之类的生动语言,通俗易懂;他们个人身

---

　　① "杂志型节目",即将相关播音内容归入不同的板块组合成一个节目。每个小板块形式不同,但统一成一个大而完整的节目形式,特点全面、内容丰富、选择性强,方便观众获得所需。

上所散发出的知性、理性与情感,令人印象深刻。"他们不再是传声筒,不再是编导控制的播报工具,不再是假的具有表演性的所谓主持人,他们以记者身份登台,慢慢以他们对社会个性化的观察开始走向主持人这个岗位。"①这一类节目主持人拥有一定的共性,即具有较强的思辨能力、较深厚的文化内涵、较丰富的采编经验、较独特的观点意见,难能可贵的是在播音主持的过程中时时刻刻能够感受其新闻理想。以上种种,使得这一类型的播音员主持人在话筒和镜头前的表达不同于一般的播音员主持人,他们被称作"记者型主持人"。

作为该类型代表人物之一的白岩松更是将这一类型主持人的发展归宿定义为"思想型主持人"。"思想型主持人的道路注定要比以往司仪型主持人的发展道路坎坷得多,也漫长得多,这种道路注定是由记者转向主持人然后过渡到评论员,也就是真正的思想型主持人。他们应当拥有一定的人权和财权,关心社会的角度极具个性化,有社会责任感,在主持技巧上无懈可击,他们的思想是超前的,感觉是敏锐的。"②白岩松秉持这一观点的时间是1996年。15年后,他在《新闻1+1》节目中完成了这一愿望,终于实现了从记者到主持人再到评论员的蜕变。看来,这一培养路径是完全可行的。

继《东方时空》播出后,1994年4月和10月,央视"用事实说话"的《焦点访谈》与央广"追问新闻"的《新闻纵横》两个节目陆续开播,完成了中央级媒体新闻节目改革的三部曲,成为广播电视发展史上的标志性事件。与此类节目一同发展的"记者型主持人"也逐渐被观众所认可,成为广播电视的"明星",更成为无数播音创作主体与播音学子努力的目标。

2.谈话节目的兴起与"谈话节目主持人"

谈话节目绝对是新闻节目改革的另一道风景线。作为主持内容的"话题"多是围绕社会转型期具有代表性且广泛存在的社会现象、焦点问题、新

---

① 白岩松.我们能走多远:关于主持人话题的胡思乱想[J].现代传播,1996(1):39-45.

② 白岩松.我们能走多远:关于主持人话题的胡思乱想[J].现代传播,1996(1):39-45.

闻人物而展开的。与以往的"面前无人"的创作方式不同,主持人是在录制现场与嘉宾和观众直接面对面地展开交谈。而本阶段最具代表性的谈话节目非《实话实说》莫属,它的成功不但带动了谈话节目的繁荣发展,更涌现出一大批优秀的谈话节目主持人,谈话能力也从此被写入播音创作主体的业务能力要求之中。

1996 年 3 月 16 日,央视试播了《实话实说》首期节目,同年 4 月 28 日正式开播①。一经播出,立刻风靡大江南北。该栏目之所以受到欢迎,不只是因为现场谈话形式所带来的新鲜感,还因为其坚持"平民化"的创作路线,选择贴近百姓生活的话题,紧跟改革开放的时代步伐,通过小事审视社会环境的变迁,透视热点引发人们的思考,赋予普通人一定的媒体话语权,摆脱了过去的说教模式……更有主持风格独特的"小崔",以上诸多因素使得《实话实说》成为当时全国影响力最大的谈话节目,而崔永元似乎一夜之间也成了全国家喻户晓的节目主持人。

不得不说,真不知是《实话实说》成就了崔永元,还是崔永元成就了《实话实说》。1995 年,崔永元在《东方之子》两周年特别节目中策划主持了"做好事要不要回报"的一个谈话性节目,反响良好,也使节目策划人看到了崔永元身上与其他主持人不同的闪光点,为其量身打造了《实话实说》。节目采取了先"试播"的方式,因为制作团队无法预期这种新颖的谈话式节目与崔永元的形象及主持风格能否被大众所接受。

走"平民化"创作路线的《实话实说》选择了相貌平平的崔永元,但他的主持却成为节目成功的保障。许多观众都说崔永元像"邻居大妈的儿子",更喜欢称呼他为"小崔",这不仅是观众对崔永元主持风格的一种百姓化的概括,更体现出崔永元的亲切随和、幽默风趣已完全被观众认可。

与其他节目主持人相比,崔永元没有光鲜亮丽的服饰,没有背诵的稿件和提词器,没有站在演播室的中心或者远离观众的舞台上,没有眼睛一直盯着镜头,也没有霸占麦克风滔滔不绝,而是"从群众中来,到群众中去",衣着

---

① 中国广播电视年鉴编辑委员会.中国广播电视年鉴:1997[M].北京:北京广播学院出版社,1997:176.

朴素地站在观众面前近距离地沟通,在嘉宾和观众之间自由穿插,甚至坐在观众席上倾听嘉宾的观点,会用"哭笑不得"的眼神与在场的每一位来宾交流,随时发现场上嘉宾、观众的反映,以便及时发问、提示话题,引导流程、总结观点。从有声语言表达的角度来看,崔永元说话不紧不慢、音调平、吐字紧、声音扁,可以说毫无吐字发声的训练,但他不说套话,总是保持一种生活中聊天的真实而放松的状态,几乎从不使用书面语,而是使用最流行的口语,不时还抖出一个"包袱儿",引得现场哄堂大笑。而他的这种诙谐与幽默也总是高级的、自嘲的,因此从未惹人生厌,这使得再尖锐的话题也可以在一片和谐的氛围中深入探讨,让大家敞开心扉、畅所欲言,绝不是一笑了之。有时,他的一句精辟的总结、点评、串词总能一语道破天机。可以说,崔永元的形象在一定程度上改变了观众对主持人的固有观念,不仅增强了节目的互动性,也强化了主持人作为节目中心的观念。

实际上,《实话实说》历经了三任主持人。一是从开播到 2002 年 9 月的崔永元时期;二是和晶时期;三是阿忆时期。而让人印象深刻的、无法磨灭的依旧是小崔,他奠定了《实话实说》的主持风格,继任者们实在无法改变或是超越。

不仅是电视,广播中也出现了许多优秀的谈话节目,在全国产生了一定影响。如上海电台于 1992 年 10 月开办的直播新闻类谈话节目《市民与社会》,节目每次选择一个市民关注的话题,邀请党政领导、专家学者到电台直播室当嘉宾,与打进电话的市民和收音机旁的广大听众对话、讨论。节目在市民与政府之间架起了一座沟通的桥梁。时任上海市的主要负责人都曾经走进直播间与听众交流,在社会上产生了极大的反响。再如,北京电台于 1993 年推出的《人生热线》节目,主持人苏京平和专家学者一起,就婚恋家庭、心理健康、人际交往、生活烦恼、社会公德等话题,与听众探讨人生哲理,并开通热线电话,开展咨询服务,获得巨大成功①。谈话节目逐渐成为广播电视中常见的节目形态,优秀的谈话节目主持人也崭露头角。

---

① 赵玉明.中国广播电视通史[M].2 版.北京:中国传媒大学出版社,2006:407.

3.新闻节目直播化与策划类大型直播节目

在 20 世纪 80 年代的"短"与"快"的基础上,90 年代的广播电视新闻呈现出"新"与"多"的新样态。"本台刚刚收到的消息"从过去的一年仅几十次,发展为一种播发常态;加上传播技术的进步也为新闻"保鲜"提供了支持。

广播以"整点新闻"为特征的改革先于电视。早在 1980 年 1 月 1 日,央广就恢复了《全国各地人民广播电台联播》的直播样态。自 1988 年起,又在第一套节目中开始设置整点新闻,及时发布或追踪报道最新发生的新闻事件。1994 年,央广继续充实完善整点新闻滚动播出机制,"第一套、第二套设有的纯新闻节目,由 80 年代中期的 16 次增加到 21 次……到 1998 年,综合性新闻节目增加到 24 次"①。地方广播也开辟大板块直播与整点新闻播报,广州台甚至提出要"消灭昨日新闻"。

电视方面,从 1993 年 3 月 1 日起,央视除《新闻联播》外,其余新闻节目均采用直播形式。1995 年 5 月,其第四套中的《中国新闻》节目开始采用直播方式,每天滚动播出 8 次。同年 9 月,央视又将《晚间新闻》《体育新闻》《世界报道》三个节目合并为《晚间新闻报道》,其首任播音员为海霞,继任者是郭志坚,当时,因两位播音员的形象青春靓丽、大气端庄,播报方式亲切自然而受到了关注。1996 年 1 月 1 日,《新闻联播》恢复直播,由李瑞英、罗京首播,这标志着央视新闻节目全部实现直播。各地方电视台也陆续跟进,1990 年 10 月 1 日,浙江电视台推出"众安桥"等 7 个主持人直播栏目。1992 年 5 月 28 日,广东岭南电视台《全省新闻联播》开始直播,播音员关白桦、许江首播。1994 年 8 月 18 日,上海东方电视台《东视新闻》开始直播,播音员耿燕南、卜凡、王磊首播。

这一阶段"直播"的播音创作样态,在中国播音创作发展史上,某种程度上算是一种回归,但也意味着对播音员主持人又提出了新的更高的要求,毕竟此时的直播较彼时的直播已发生了巨大变化。新闻内容更加丰富、播发

---

① 徐光春.中华人民共和国广播电视简史(1949—2000)[M].北京:中国广播电视出版社,2003:383.

速度更加快捷、技术手段更加新颖,尤其在直播节目常态化的基础上,重大新闻事件的现场同步直播更加频繁,也成为这一时期的亮点。如 1997 年初,央视引进了移动卫星地球站,使现场报道不再限于一个地点,而可以做到多点异地同时直播。于是,当年的 3 月 9 日,康辉主持的多点现场直播报道《日全食彗星天象奇观》便拉开了新闻大型现场直播节目的序幕。这一年中大范围、长时间的重大新闻事件现场直播较多,因此被称为"新闻直播年"。其中,影响力最大的一次直播当属央视的"香港回归 72 小时报道"。

1997 年 6 月 30 日至 7 月 3 日,央视实现了 72 小时香港回归特别电视节目直播报道。"观众占有率达 89.9%,以至少高出其他媒介 66 个百分点的优势,无可争议地占据了主体媒介的地位。"①收视虽高,不过那是对播音内容而言;对于播音创作来说,确是挥之不去的"梦魇"。"早期的直播节目,播报类直播居多,事件类直播较少,但几乎都是'有稿'的,播音员主持人播出的内容必须按照审核好的稿件进行,需要尽量做到一字不差,话语权比较小。正因如此,1997 年,中央电视台直播香港回归过程中的冷场和尴尬至今让人印象深刻。"②由于对相关程序的估计和应变不足,对演播室主持人功能的认识、准备不足,加上对政治性重大直播的经验不足及自我限定,在驻港部队于落马洲口岸办理入关手续的过程中,演播室主持人出现"沉默"现象;在查尔斯王子和彭定康一行于添马舰举行告别仪式的过程中,演播室主持人和前方记者出现"失语"现象③。看来,央视大型新闻直播报道的首秀并不尽如人意,出现了一些始料未及的问题,也在历史中留下了难以抹去的遗憾。不过,对播音创作而言也积累了宝贵的经验:大型直播节目常伴有突发情况,播前准备固然重要,但也要求播音员主持人必须要有临场应变和发挥的能力。而更为重要的是,这种创作能力的释放,必须要从管理机制上给予较大的空间。之后,央视与央广舞刀跃马般地开始了一系列的大型直播。如

①　杨伟光等.新闻联播 20 年[M].北京:生活・读书・新知三联书店,1999:262.

②　喻梅.新中国播音创作简史[M].北京:中国传媒大学出版社,2016:159.

③　於春.中国电视节目主持三十年研究(1980—2010)[M].北京:中国传媒大学出版社,2012:23.

1997 年 10 月 28 日,央视与河南电视台联合现场直播黄河小浪底水利枢纽工程大坝合龙,历时 2 小时 20 分,胥午梅主持;11 月 8 日,央广与湖北人民广播电台合作直播长江三峡胜利实现大江截流,丁然、刘静主持,均取得了良好的播出效果。

1999 年,央视庆祝新中国成立 50 周年的报道可谓规模空前,效果显著。从 10 月 1 日 8 时 30 分到 12 时 15 分进行了 3 小时 45 分钟的大型直播报道,以天安门广场阅兵和群众游行活动为中心,分 5 个系统、33 个机位完整呈现庆典过程,综合运用演播室、专题和现场报道等手段,展现共和国 50 年的光荣历史,反映亿万人民的爱国情怀。同年,央视第一套节目从 12 月 19 日 9 时至 21 日 9 时连续 48 小时对"澳门回归"庆典及相关活动进行全程递进式的直播报道。这次报道以现场为主,辅以背景性的专题节目,以及时效性的滚动新闻,并随时插播重要消息。对播音创作来说,本次直播还"吸取了香港回归直播的经验教训,除了事先一些政策性的交代以外,节目赋予了主持人和嘉宾较为宽松的话语权,甚至还邀请了两位境外人士作为直播演播室的嘉宾。事实证明,主持人和嘉宾的交流串场,在澳门回归报道中起到了至关重要的作用,使报道连贯自然"①。在重大政治事件直播报道中采用外方嘉宾做主持,对央视来说尚属首次。

"实况转播"自 1949 年开国大典开始便一直受到瞩目。在电视媒体发展之后,广播电视合力,于 1984 年 10 月 1 日,由央广播音员葛兰、方明与央视播音员赵忠祥、邢质斌直播了新中国成立 35 周年国庆阅兵式。从那时起,较纸媒而言,广播电视报道视听兼具的优势更为凸显。而此时的"大型实况直播"又与以往不尽相同,"不再是单纯的实况转播,而是除实况外还有现场采访、背景介绍、专家评述等内容;既有记者在事发现场报道,又有演播室的主持人串联、主持、总揽全局"②。这对担当大型新闻直播报道的主持人提出了新的挑战:不仅要充分调动积极的话筒前、镜头前的状态,使语言表达鲜活灵动,还要时刻统领全局、八面玲珑、接受指令,以应对播出时的不同表现

①　喻梅.新中国播音创作简史[M].北京:中国传媒大学出版社,2016:159.
②　喻梅.新中国播音创作简史[M].北京:中国传媒大学出版社,2016:206.

形式及各种突发情况。总体来说,承担这样节目的播音员主持人必须具备较高的政治素质、新闻素质、心理调控能力以及业务水平;当然,充沛的体力往往也是其必备的条件之一。

(三)21世纪:创作的多维拓展

21世纪,新闻节目改革在继续向纵深化发展的同时,也更加注重多维化拓展。第一,融新闻性、趣味性、监督性于一体的民生新闻节目异军突起,从而培养了一批个性突出、风格各异的民生节目主持人;第二,播音员主持人开始走出直播间,来到新闻现场;第三,整点滚动直播已变为常态化,播音员主持人要做好随时随地直播甚至是大型直播的创作准备。

1.民生新闻节目的火爆与"民生新闻节目主持人"

随着传媒市场化的不断加快,传播理念也开始由传者本位向受者本位过渡。20世纪90年代以来,这种理念已经开始向各种节目类型渗透。从《生活空间》"讲述老百姓自己的故事",到《实话实说》"说出老百姓的心声",甚至《幸运52》等娱乐游戏类节目,均是围绕普通观众而展开。与此同时,"贴近实际、贴近生活、贴近群众"的"三贴近"原则的提出,使得"民生新闻"这一新形式应运而生。它不同于过去的"社会新闻",而是"在党的新闻政策指导下,更多、更贴切地关注民生民情的当代新闻,是以民众的日常生活为主要内容,以民众的人生诉求为基本出发点,以民众的生存状况为关注焦点,以民众的视角表现人文关怀的理念,从民众的生存空间开拓新闻资源的新概念新闻"①。简言之,民生新闻就是反映百姓生活的热点、难点、焦点问题,关乎民生、民情、民意的新闻。而"民生新闻"概念的提出,则是来自一个电视新闻节目——《南京零距离》。

2002年1月1日,由江苏省广播电视总台城市频道重点打造的《南京零距离》开播,它是全国第一个内容完全自采的大型新闻资讯类直播栏目。每天18:50到19:50播出,时长60分钟。它以南京市民作为第一收视群体和服务对象,以百姓的视角"零距离"地贴近人民群众的日常生活,开创了民

---

① 朱寿桐.民生新闻概论[M].北京:中国社会科学出版社,2006:4.

生新闻的先河。栏目包括社会新闻、生活资讯、读报、甲方乙方、小璐说天气、新闻调查、现场热线等板块。播出后,立刻受到观众的好评,被誉为"南京人的电视晚报"。据 AC 尼尔森公司对南京地区有线电视用户的收视调查,开播仅半年,《南京零距离》的周平均收视率就位居南京地区所有电视节目首位。这也是电视新闻节目第一次超越电视剧、综艺和益智节目,在排行榜上摘得桂冠①。从 2004 年 1 月 1 日起,《南京零距离》引入娱乐节目的互动模式,提升观众参与度,再次拉高了收视率。似乎也是在此时,"收视率"成了许多定位风格类似的新闻节目在晚间黄金时段中竞争的指标。有人认为,"收视率是万恶之源",而该栏目的主持人孟非则反对这一说法,"媒体的影响和主持人的成就都来自观众的遥控器,观众是媒体和主持人的衣食父母,当今哪一个主持大腕的产生不是收视率的产物? 政府可以给主持人行政级别和待遇(央视不是有很多司局级的主持人吗?),但给不了主持人在观众中的知名度、美誉度和影响力。否认收视率就是蔑视受众,这是很恶劣的认识"②。

《南京零距离》之所以能够取得较高的收视率、如此吸引观众,的确有其过人之处。首先,播音内容的"平民化",实现了节目与受众之间的零距离;其次,媒体态度"监督性",实现了新闻与事实真相的零距离;再次,孟非主持的"个性化",达到了对生活关照的零距离。"对于《南京零距离》来说,孟非是我们的核心竞争力。我们选择孟非是因为孟非身上体现了我们个性化生存的强烈诉求,更是因为孟非身上所透露出来的平民化的精神内涵,而这正是我们栏目的追求所需要的。"③

不可否认,《南京零距离》成功的同时,也成就了主持人孟非;而孟非的个性化主持也为节目增色,二者相互成就。电视虽视听兼备,但首先是视觉的艺术,所以孟非吸引观众之处首先是那标志性的光头,这在荧屏上极为罕

①　陆锡初.《南京零距离》是怎样实现"零距离"传播的[J].电视研究,2003(03):56.

②　孟非.略论当下电视新闻主持人生存现状:一个电视民生新闻节目主持人的思考[J].现代传播,2009(04):66.

③　景志刚.我们改变了什么?:《南京零距离》及其民生新闻[J].视听界,2004(01):10.

见。因为在过往的主持人选拔及评价体系中,这是不被接受的。曾经,《观察与思考》选拔主持人时,其中一位就是因为光头的原因没有被允许出镜。从这一点上来说,孟非是何等的幸运。除"发型"外,孟非说话时嘴角有些歪,但目光炯炯。每当到了新闻内容的题眼之处,眼睛一定会比平时"瞪"得更大。孟非在着装上与传统类型主持人也相距甚远,卸去了严谨的西装,换上了休闲服,甚至只是一件衬衫,显得如此亲民。在体态语方面,他也绝不端着架子正襟危坐在主播台上,而是以平等甚至"堆坐"的姿态拉近与观众之间的交流。正因如此,他被南京市民亲切地称为"市民的儿子"。

当然,主持人的成功不能仅靠副语言的装扮,更重要的还是其语言表达与主持功力。"一般情况下,中国的新闻节目主持人要做的事只是对着提示器,把一段段新闻口播稿播出去,因此,我们通常对新闻主持人的要求是形象是否端庄,语言是否标准,音色是否悦耳。'零距离'对主持人的选择要求不仅能播,更要能说(评说),播可以差些,普通话也可以不必多么字正腔圆,但必须能说,并且能说得精彩。因为,我们的主持人在节目的串连上要完成两项工作:第一是播每条新闻的口导,第二则是对重要的有特点的新闻事件进行点评。这种点评一方面从栏目角度的是形成栏目的新闻观点;另一方面从主持人的角度是为主持人提供一个说话的空间,一个表达思想的舞台。"①因此,孟非在《南京零距离》这样的新闻节目中并未采用通常的播报体,而是采用谈话体娓娓道来、边说边聊、随文释义。尽管语言的外部形式放下了姿态,但是其语言表达的内容却十分丰富、幽默诙谐、通俗易懂、夹叙夹议,往往结合新闻事件寓理于事,情理交融,在非刻意的"说教"之中使观众有所感悟,产生了别样的"润物细无声"的主持效果。特别在《孟非读报》子栏目中,孟非成功完成了传统主持人到新闻说书人的转变,在讲述新闻的同时,兼具辛辣的点评、冷幽默的讽刺,形成了鲜明的语言表达特色。有学者如此评价孟非,"他是《零距离》不可复制的民生符号。其'不可复制'性,就在于孟非作为一个个体所彰显出来的民生立场、人文情怀、媒体理性和个人话语方式,读报这个环节对信息的解读评价意义远远大于信息发布本身,

---

① 景志刚.我们改变了什么?:《南京零距离》及其民生新闻[J].视听界,2004(01):10.

因此这一环节在众多民生新闻的栏目中具有不可替代的唯一性"①。

不过,孟非曾坦言,"要让每个人都赞同你的观点就像想让每个人都喜欢你一样不可能"。同样,坊间也存在着对孟非的批评。总结起来,无非是"角度"与"深度"两个问题。首先说"角度"。有些观众尤其是被"批评"的人看节目后会质疑:孟非凭什么就这样说? 为什么就不从另一个角度考虑问题呢? 但孟非认为,若是如辩证法一般对任何事物做出矛盾两面性的分析,那样就不是在做媒体节目了。"如果我们在对任何事情发表看法时试图把所有人的好恶和利益都考虑进去,或者想取悦所有人的话,那我们就什么观点都不需要有了。而我一直认为媒体没有了观点,它的存在也就失去了意义。就是说,当学校违规补课时,我就不能说'其实学校也是好心';当医院误诊病情时,我就不能说'其实这对医院来说是难免的';当邮局延误邮件时,我就不能说'其实邮局也不想这样';当小偷偷自行车时,我就不能说'其实他们生活也挺不容易的'——我认为就'零距离'而言,它的角度应该就是'最广大人民群众利益'的角度,这也是党和人民对我们的要求!"②至于"深度"问题,有人评价孟非的评论太过蜻蜓点水,甚至肤浅,为什么不组织一个智囊团为其撰稿呢? "'零距离'这样一个新闻栏目要涉及的内容包括了政治、经济、文化、教育、医疗、交通、家庭等几乎所有领域,我从未敢想过要以一种专家、学者的形象出现在人们面前,因为我既无这样的外表也无这样的学识。事实是我们也没有寻找到这样一位无所不通的学者型主持人,我毫不怀疑我的领导们完全可以组织起这样一个为我撰稿的'智囊团',但我怀疑的是:如果这个'智囊团'一旦运转起来,把我突然弄得学术渊博、无所不通起来,我在观众面前的形象也就因此变得可疑了起来。其实'零距离'报道中涉及的很多问题究其根源都可以做出一篇'大文章'(这里恕我不便举例),但问题是有无必要和有无可能。我认为观众需要的也许是在一个小时的新闻节目里获取更多的信息,而不是学习更多的知识(学知识有其他的渠

---

①　于丹.孟非:不可复制的民生符号[J].中国广播电视学刊,2013(12):85.

②　孟非.角度与深度[J].视听界,2002(03):25.

道）。"①可见，针对"角度"与"深度"，孟非有着自己的理解，某种程度而言，也是其主持创作的理念与思想。

孟非走红后，全国地方台中的"光头"主持人开始频频出现。"本尊"孟非发出了无奈的感慨与质疑："他们很少知道本人的光头是因为遗传性脱发，属于无法补救才乐天安命的生理缺陷。这样的现象难道不是主持人选拔问题上的浮躁吗？如果仅仅是光头这个元素，你认为这种最低层次的新鲜感在观众中能维持几天？"②尽管其中也不乏优秀者，但多数是东施效颦、邯郸学步罢了，甚至"一些民生新闻主持人出现庸俗化、低俗化、'伪'平民化的现象。主持人如何巧妙地从纷繁复杂甚至'鸡零狗碎'中抓住问题的核心，如何通过'民生'的诸多个别去推动'国计'的总体态势，成为大众对电视民生新闻节目及其主持人所寄予的深切期待"③。

2.现场报道：播音创作空间的延伸

进入21世纪后，现场报道曾在汶川地震、奥运会等新闻事件的报道中发挥了巨大作用。使受众在第一时间、第一现场见证了新闻的发生过程。"当新闻发生时，我就在您身边"成了这一时期的口号。逐渐地，人们不再满足于事实的新鲜与丰富，还要身临其境地共情。因此，直播现场化成了新闻节目改革新的突破点，也为播音创作提供了新的发展空间。无论播音员还是主持人，在此统称为"现场报道者"，他们是新闻现场报道中的引路人，其"语言功力"更是决定报道成败的直接因素。"语言功力"非"语言能力"，可以概括为"观察力、捕捉力、理解力、感受力、表现力、鉴赏力、调控力、回受力。这些能力，归结为有声语言的驾驭能力，或统而言之：语言功力。"④语言功力在现场报道的不同阶段应体现为对新闻现场的观察能力、报道语言的感受

① 孟非.角度与深度[J].视听界,2002(03):25.

② 孟非.略论当下电视新闻主持人生存现状:一个电视民生新闻节目主持人的思考[J].现代传播,2009(04):67.

③ 於春.中国电视节目主持三十年研究(1980—2010)[M].北京:中国传媒大学出版社,2012:138.

④ 张颂.语言传播文论[M].北京:北京广播学院出版社,1999:20.

能力和有声语言的表达能力,它将决定报道者的报道水平。

然而,在实际创作中,却存在着几种语言功力缺失的现象:其一,现场描述不清。包括逻辑不清、语言含混等。其二,语言表达节奏和新闻现场节奏不和谐。现场平静异常,报道者却兴奋不已甚至语无伦次、声音走高;现场异常火热,报道者反而一脸镇静、蔫声细语,语速缓慢,给人一种"事不关己,高高挂起"的感觉。其三,不会"说"话。本是贴近性的民生新闻,但报道者却一板一眼不像说话,而是在"蹦字""背稿";本是庄重严肃的时政新闻,报道者的语言却非常随意。其四,名不副实。报道者事先背好一段开场白,现场报道如同走过场,语言千篇一律、味同嚼蜡。

探究现场报道者语言功力缺失现象产生的原因,可概括为:(1)"重文轻语"。除报道者受到先天条件的制约,背后隐藏的文化原因就是一直以来重文字、轻语言,重写作、轻说话,重编写、轻表达。加上一种误解,即把即兴口语表达单一地归结为思维敏捷的结果,而忽视口语表达的后天训练。(2)形式主义作祟。有的报道者只出于形式的需要,为了现场报道而现场报道,出个头尾,套用一下公式语言,中间部分和动态新闻报道没区别,语言样式也采用的是书面语。更有甚者,在错过了现场或没有预想的现场的情况下,采取一些消极的弥补性手段来制造假现场。从新闻的本质来说,这是不真实的,是对观众的一种欺骗。(3)对广播电视口语的误解。某些报道者的语言存在语音不准、用词不当、语法不通等现象,还美其名曰"口语"。现场报道的语言也应是前文所述的一种既来自生活又高于生活的"精粹口语"。

无论报道者在现场捕捉多少内容、感受多么独特深入,最终,还是要"形之于声"。如果这一环节出现问题,前面所做的一切努力都会付诸东流。因此,现场报道者有声语言表达应满足以下要求:第一,准确清晰。只有先让受众听清了说什么之后,方存在是否理解和认同的问题。尤其在新闻现场干扰较多的情况下,语言表达的清晰、准确显得尤为重要。其前提是吐字发音的准确清晰,以及更深层次的对事件本身描述的准确。过去,往往只强调了后者。第二,简洁流畅。如果报道者语言啰唆、磕磕绊绊,就会干扰事件本身。《新闻360度》某一现场报道记录如下:主持人水均益:"××,你好,把最新的情况给我们介绍一下好吗?"现场报道者:"好的,嗯,这个,叶利钦的这个棺椁呢,已经由仪仗队护送呢,嗯,来到了,嗯,已经到了新处女公墓。嗯,它是这样的,这个,这个,这个,今天呢,是俄罗斯的,这个,全国的哀悼日。它的这个哀悼活动呢,是从昨天的莫斯科时间的下午,嗯,四点半开始的。四,今,这个,四点半到今天上午的莫斯科时间,嗯,是中午十二点半的时间的时候呢,这段时间是莫斯科的市民呢,到这个,救世主大教堂。"这时,水均益打断了报道者的讲话,为其梳理解释。这么不简洁流畅的表达,如何让电视机前的观众接受有效信息? 第三,把握节奏。在现场报道中,应把握两方面的语言节奏:其一,节奏不等同于速度。所谓速度,有声语言中属音长问题,也有停顿数目多少和停顿时间长短的问题。速度是节奏的重要组成部分。但是,以速度代替节奏甚至等同于节奏,却是片面的。有时,为了体现现场的快节奏,报道者误以为要加快说话的速度,结果像"机关枪扫射",根本听不清在说什么。语言是为了传情达意,无目的性的快或慢都会影响信息的传递。其二,报道者语言的节奏要与现场及事件发展的节奏相协调,否则,正如上文提到的缺失现象的第二点,就是语言节奏与现场不和谐的具体表现。

正是由于现场报道对于"语言功力"有着极高的要求,因此,每当有较为重要的新闻事件需要现场报道时,首选均为播音员主持人,甚至还出现了以播音员主持人名字命名的子栏目。如央视于 2000 年 3 月播出的《小丫跑两会》,2006 年 4 月播出的《泉灵游台湾》,2006 年 9 月播出的《小萌探维和》,2007 年 4 月播出的《岩松看日本》,2012 年 3 月播出的《小撒探会》等现场报道可谓是给播音员主持人打开了一扇窗,提供了一个崭新的创作空间。

3.突发类新闻大型直播报道

20 世纪 90 年代,在面对重大新闻事件时,广播电视突破了单纯的实况转播,开始全方位、多点异地同步直播。除实况外,还有播音员主持人和记者在事发现场进行报道,又有演播室的播音员主持人根据事件进展驾驭节目总体进程、连线现场以及演播室访谈等。然而,这些大型直播多为事先有所准备的"策划类"报道,从内容上来看,绝大多数还是"任务性的、主题性的、应景性的、成就类的、发布类的和仪式类的直播,事件性的,尤其是突发事件性的现场直播屈指可数"①。这就直接导致了在面对 2001 年发生的"9·11"国际重大突发事件时,几乎毫无此类新闻报道经验的中国媒体几至集体性失语,令人遗憾的同时,也使所有的新闻人感受到了前所未有的危机与压力。该事件后,残酷的媒体现实,催使中国的广播电视开始在全天候直播常态化的基础上向随时随地应对突发性事件直播迈进。

以央视为例,为了给突发的新闻报道留出应急的播出窗口,开始着手策划专门的"新闻频道"。2002 年 9 月 2 日,中文国际频道率先实现"整点有新闻,次次有更新"24 小时整点播出的准新闻频道架构,而这种架构很快在伊拉克战争的报道中发挥了巨大作用。该频道《中国新闻》于 2003 年 3 月 20 日 10 时 41 分 40 秒第一时间播出了战争爆发的消息,并开始全程同步直播报道整个伊拉克战争,共用时 328 小时。首播当天发布 1450 条消息,滚动字幕 13400 条,而进入战争相持阶段后,又陆续赶制并播出 30 集系列专题片《伊拉克战事全纪录》。这是中国电视媒体第一次大规模直播一场不可预测过程和结果的新闻事件,正是这一"准新闻频道"的模式才实现了打通所有节目时段、随时更新事件进程的可能。而这一次的直播也成就了坐镇演播室主持的鲁健。该报道结束 20 天后,央视新闻频道于 2003 年 5 月 1 日开始试播,并推出了首个突发事件大型直播报道《抗击"非典"特别直播报道》,不间断递进播出 11 天,记者型主持人中的后起之秀王志、柴静等冒着被感染的危险深入疫区进行体验式报道,起到了及时传递真实消息、消除群众疑虑、稳定社会情绪的作用。

2008 年,中国广播电视应对重大(突发)新闻事件直播的能力经受住了巨大的考验,在广播电视发展史上留下了浓墨重彩的一笔。如 1 月的抗击冰雪灾害的报道,3 月的全国两会报道、奥运火炬境外传递报道,4 月的奥运火炬登珠峰的报道,5 月的汶川大地震报道,8 月的奥运会报道,9 月的神舟七号发射运行的报道,11 月的杭州地铁施工现场塌陷事故的报道,12 月的关于党的十一届三中全会召开 30 周年的报道。可以说,突发事件的报道雪中送炭、主题策划的报道锦上添花,各类直播基本已无须多加准备,可随时开

---

① 韩彪.现场直播新闻改革的标尺[M].北京:当代中国出版社,2007:37.

始"特别报道"。而其中,最令人印象深刻的、铭记于心的要数关于汶川地震的《抗震救灾、众志成城》大型直播报道。

2008 年 5 月 12 日 14 时 28 分 04 秒,一场突如其来的大地震令无数鲜活的生命片刻间消逝在了汶川这片土地上。央视新闻频道在震后仅 31 分 56 秒便展开对此事的报道,于 15 时率先播发字幕式滚动新闻并电话连线前方记者,15 时 20 分中断正常节目,推出抗震救灾特别报道《关注汶川地震》,于 22 时更名为《抗震救灾、众志成城》并开始与综合频道并机直播。此外,四川电视台、成都电视台等地方媒体也纷纷推出特别节目,形成一股万众一心的传播力量,用广播电视的图像与声音架起了灾区与外界即时沟通的桥梁。"截至 6 月 12 日,央视新闻频道覆盖全天的现场直播特别节目'抗震救灾、众志成城'已持续播出 466 小时 49 分,首播新闻 2687 条,专题节目 219 部。"①在这次突发灾难的报道中,中国媒体反应速度之快、信息之透明、直播时间之长、传播效果之佳,堪称中国电视发展史上的一个里程碑②。

在《抗震救灾、众志成城》特别节目中,央视新闻中心在第一时间调配主持人,分时段直播,白岩松、敬一丹、康辉、海霞、张羽、张泉灵、董倩、赵普、李梓萌等人轮番上阵,每日直播均超过 10 小时。尽管主持人都在超负荷工作,但依旧"营造出不同的主持特色,各具力度,基本实现了主持人之间良好的配合。另外,由于这次直播属于突发事件,有着许多的不确定因素,在把控现场的同时,无论是外景还是直播室现场,更考验主持人的能力。"③虽然主持风格各有不同,却均统一在同一种悲痛、沉重的情感基调当中。不过在把握情感输出具体的分量时,每位主持人不尽相同。

(1)赵普:"哽咽"惹争议

因参选《开心辞典》的"魅力新搭档"活动而入主《朝闻天下》的赵普,因在节目中的"哽咽"而引来争议。就是在他主持的几个小时内,遇难人数增

---

① 王晓真.与时间赛跑[J].中国记者,2008(07):25.

② 唐宁,金莉萍.第一时间 第一现场:以央视为例谈电视新闻直播[J].视听界,2008(4):47.

③ 於春.中国电视节目主持三十年研究(1980—2010)[M].北京:中国传媒大学出版社,2012:211.

加了10000多人,直播中的赵普难以控制自己的情绪。当说到"为什么我们总是会被这样的画面,被这样的声音感动,为什么我们总是看着看着就会眼含热泪……"此刻,他不由自主地低头哽咽,"因为我们爱这片土地,这片土地上的人们懂得相互关怀……"赵普再度低头,一度说不出话来。面对此情此景,有人认为赵普作为新闻播音员主持人缺乏专业素养,而更多的人则纷纷被其行为所感动,并截取了视频画面放到网上,大赞其"真性情",称赞他"是个称职的主持人"。一时间,"哽咽哥"也成了赵普在网络中的标签。事后,赵普对此并未多做解释。而时隔13年后的2021年5月12日,赵普在个人微博上分享了一个从未公开的幕后故事。地震报道时,赵普主持期间遇到一位年近七旬的地震局专家,对方突然失声啜泣,为特大地震没有被提前预报而感到羞愧。专家的情绪失控其实并没影响到赵普,反而是因对方自责让他为之震撼,也就有了"哽咽"的画面①。

"哽咽",在某种程度上讲也可算作一种语言表达的创作技巧,但前提是要看出自"真心"还是"假意",在讲求客观的新闻播音主持的创作中尤为慎用。尽管人们相信在汶川地震的报道中主持人的哽咽一定是真情实感、难以自控;而在当事人赵普眼中,对于这种为众人所知的哽咽是自我否定的,"当初所谓'一哭而红'的风评已然是侮辱";更为可怕的是,此时的广播电视"泛娱乐化"问题严重,即使是在新闻节目中,"后来,有好事者编排我'青海玉树哽咽''云贵旱灾哽咽',又封我为'哽咽哥''哽咽帝',开始娱乐之和消费之。纵然无稽,徒唤无奈"②。

在以往的播音主持创作中,尤其是在新闻节目中,播音员主持人始终被"教育"不应将个人的情感暴露在镜头前。或许因为赵普非科班出身,也就少了很多枷锁。要知道赵普所在的播音创作平台是"央视",当看见有播音员在镜头前"哽咽"后,地方台的播音员们在播音过程中也出现了"哽咽"甚

---

① 娱小煜.前央视主持人赵普回应离职原因,13年后谈汶川地震"哽咽"内幕[EB/OL].(2021-05-12)[2022-04-11].https://baijiahao.baidu.com/s? id=1699545168161784309&wfr=spider&for=pc.

② 赵普.赵普微博[EB/OL].(2021-05-21)[2022-04-11].https://weibo.com/zhao-pucctv? profile_ftype=1&is_ori=1#_0.

至"哭泣"的现象,这是在以往的新闻播音创作中未曾有过的。

(2)李小萌:采访后的"掩面而泣"

在《抗震救灾、众志成城》特别节目中,有一期采访报道是令人动容而难忘的。当时,白岩松坐镇演播室,播放了一条李小萌深入灾区采访的新闻片。内容是,李小萌在出离震区的路上偶遇了一位与她迎面而来、逆行入震区的大叔,由于他的"不走寻常路",新闻的敏感性促使李小萌立即上前采访。据了解,这位老乡是想步行回沙坝子的家,尽管房子已经都坍塌了,他也想取回山上的菜籽和家里能用的和能吃的东西,给政府减轻点负担。采访开始前,李小萌便帮大叔暂时卸下肩上沉重的扁担,担心这样谈话会使大叔消耗体力、过于劳累。从这一处细节,便能看出李小萌对采访对象带着一种"关怀"。另一处细节也显示出了她同样的情怀。由于灾害可能会引发传染病,因此,按照规定,所有人员都应佩戴口罩,采访人员也不例外。但见老乡没戴口罩(实际上周围的群众都没有佩戴或者搭在了下颚上),李小萌也摘了下去。尽管这样做有些不妥,不过从"人情味儿"上来说,似乎这样更彰显了与大叔谈话时的尊重与亲近。不过,李小萌始终没有忘记防止次生灾害发生的"红线",结束采访时还是奉劝大叔戴上了口罩。在与大叔攀谈的过程中,又来了几位与大叔相识的同村人。由于先前与大叔谈话时方言产生了沟通障碍,李小萌见其中一人普通话较好,便让他劝大叔不要回去了,因为路上余震不断,一直在垮石头。中年男子便用四川话给大叔"翻译"了起来。然而,奉劝完大叔要"珍惜生命"后,该男子转头向李小萌非常平静地说出的话,却令在场的李小萌和电视机前的观众动容,因为他的孩子、妻子、母亲在这次地震中都死了,原本幸福的四口之家就剩他一人了。明显感觉到此时的李小萌已经有些语塞了。而另一头,大叔还是执意想回去看看。李小萌也不再多劝,以免耽误大叔赶路的时间。于是,一边跑上去帮着大叔抬起扁担,一边嘴里再三叮嘱:"你小心点,口罩戴上。"大叔也特别质朴地对李小萌说:"谢谢你操心哦。"接下来的镜头,是一个人挑着扁担走向大山的背影。从大叔转身离去开始,画面持续了11秒时,忽然传来了李小萌抽泣的声音,反切李小萌的画面,她已经掩面而泣,那一刻,她其实不再像一个主持人、一名记者,更像是个孩子,哭声持续了17秒后,李小萌擦拭了眼泪,向着大叔相反的方向走去。

　　暂且不说镜头语言在此刻的助攻作用,就是从李小萌与震区老乡们朴实的对话与行为便可以感受到,地震给当地群众带来的重大伤害。而作为深入灾区采访的李小萌来说,此刻不是渲染这种恐怖气氛的时候,而是应该安抚这些受伤的心灵,将最真实的震区情况报道出去。新闻片的始终,都能够让人深深感受到李小萌为了强压内心的巨大悲痛的一种隐忍,甚至在有声语言表达上都不敢放声,似乎生怕惊扰到群山滚落石块、大地再次发生余震。直到最后一刻,作为一个"主持"但更是一个"人"的李小萌哭了,顷刻间让所有人看见了人性、良知、情感、责任,使人感同身受、感叹灾情,更加激发了抗震救灾的责任感与紧迫感。

　　赵普的哽咽和李小萌的掩面而泣,对广电新闻乃至整个新闻工作是具有标本意义的,是在特殊环境下,对人性、良知、真情、责任的极好诠释,是新闻工作职业道德的崇高体现;既以节目本体,又以自身形象,躬身为人民,真情担道义,更加有效地展现客观,感染受众;有力地展现和维护了"政治强、业务精、作风正、形象好"的新闻队伍形象①。

　　在直播节目中,主持人的情感会随着节目的进行而不断凝聚、增强,还会在特定情景、事物的刺激下爆发出来,形成激情。这种激情是感之于外、受之于心的积极反应。它明显地区别于为了打动受众而去煽情的虚情假意、矫揉造作。它是主持人与节目、与受众同呼吸、共命运、同喜同忧的真情流露。在直播汶川抗震救灾的过程中,赵普、宁远、陈鲁豫、白岩松、敬一丹、张泉灵、李小萌等著名节目主持人都出现了失控、哽咽、流泪的情况,观众没有嘲讽他们煽情,而是被他们的真挚、人性化所感动。网上也陆续出现了《记住这些在屏幕上流泪的主持人吧》《难忘! 抗震救灾直播中泪洒荧屏的十大主播》等帖子,他们也得到了许多网友的赞许和好评②。

　　(3)雷小雪:"即兴直播"获殊荣

　　汶川特大地震发生一个半小时后,在通信受阻、没有稿件、没有编排的

---

　　①　廖君福.赵普和李小萌流泪的标本意义[J].声屏世界,2008(06):69.

　　②　於春.中国电视节目主持三十年研究(1980—2010)[M].北京:中国传媒大学出版社,2012:211.

情况下,四川电视台《新闻现场》开启来自震区第一场电视新闻节目直播,正在当班的女主播雷小雪开启了"即兴直播"。这期节目也使她获得了中国播音主持"金话筒奖"的"电视主持作品奖"。按照"金话筒奖"当年的评选规则,需要候选人已从事播音主持工作 5 年以上,而雷小雪此时刚刚从事主播工作两年,经过评委会的商议,认为设置"金话筒奖"的初衷并非以年限为准绳,而是看播音员主持人的业务水平,尤其是作品或个人对于事业、社会所作的贡献,应该将此奖项颁给雷小雪,以彰显"金话筒奖"不仅具备专业性,更是有温度的、有人情味的。

"当时整个演播室的设备倒了一地,灯光也只剩下最后一盏,摇摇欲坠,我们的技术主管带着一名工作人员扶着那盏灯,开始了直播。"①据雷小雪回忆,直播过程中,余震还是不断,演播室晃得厉害,电话不通,网络不通,没有画面,没有编排,回来一个记者就赶紧拖到演播室来访谈,来汇总信息,就是这样一场原生态的直播,在当天下午给震区的人们带来了安定。后来,雷小雪经常被问到的一个问题是——"地震了,还跑回 17 楼直播,你就不怕死吗?"她的回答是:"老实说,真的没有时间去想这个问题。当你是一名新闻人,在那样的情况下,你就像是一名特勤消防兵,奔赴一线是你的天职,哪里会去想怕不怕死的问题。"②

突发性事件大型直播,由于事发突然、影响巨大、难以准备、难以预见,对坐镇演播室中的播音员主持人来说,无论是对体力、精力还是业务能力都是一种特别重大的考验,雷小雪面对这突如其来的挑战,面对巧妇难为无米之炊的窘境,面对不经意感受到的余震的心理压力,出色地完成了任务。

此次"汶川地震"的直播报道,彰显了播音主持工作的作用与社会责任。"在四川汶川发生大地震后,主持人一定程度上起到了'意见领袖'的作用,在较快的时间里开始了长时间的、连续不断的直播报道,对于人们了解地震

---

① 四川观察."金话筒奖"得主雷小雪记忆中的那一天[EB/OL].(2017-05-12)[2023-07-25].https://v.qq.com/x/page/b0502u359sv.html.

② 四川观察."金话筒奖"得主雷小雪记忆中的那一天[EB/OL].(2017-05-12)[2023-07-25].https://v.qq.com/x/page/b0502u359sv.html.

灾区的各种情况和救援行动、上情下达以及下情上达、发布权威的消息、辟谣、鼓舞全国人民抗震救灾的斗志、形成舆论导向等,发挥了重要的作用。汶川抗震救灾直播是我国电视新闻史上的一个重要事件,标志着我国电视传播进入了一个新的阶段。"①

4.《新闻1+1》与"主持人评论员"的出现

《新闻1+1》是一档深度时事新闻评论栏目,于2008年3月24日在央视新闻频道首播。栏目从时事政策、公共话题、突发事件等大型选题中选取当前最新、最热的新闻话题展开评论分析。栏目打破了传统的新闻评论方式,采用"1+1"即"一位主持人加一位评论员"双人谈话并同时进行"新闻+评论"的创作模式。值得被写入历史的是,该节目于2011年8月1日改版后,其主持人白岩松完成了从"主持人"到"评论员"的飞跃,这也是他个人在1996年《现代传播》第1期上发表的《我们能走多远——关于主持人话题的胡思乱想》一文中对主持人成长的目标期许。

无独有偶。在1994年第一版《中国播音学》的"评论播音"一章中曾有过这样一段充满期待的文字:"有一个新的趋势应该引起播音员的注意。当前我国基本采取作者写、播音员播的方式。但是我们不能排除作者写、作者播的广播电视评论员直接出面的方式。这种方式,在对稿件理解的深度和增强时效性上都有一定的长处,并使评论的传播方式更加多姿多采(彩)。但同时也出现了一个谁能当评论员的问题。评论员要求具备成稿(或者付诸文字,或是腹稿)和表达(原属播音员的工作)两种能力。也就是说,'评论员'的形式将来如果出现,其充当者不只是具有写作能力的人学会了播音技巧就可以做,也包括具有表达能力的人掌握了成稿能力也同样可以做。或者说,不是只能由谁来做,而是谁有能力谁就可以做。这才是最有利于事业的择人标准。如果能这样,即使这种新的方式不会取代目前的传播方式,但播音员不应被动地满足于自己狭小的天地,而是应该努力地提高,大胆地

---

① 於春.中国电视节目主持三十年研究(1980—2010)[M].北京:中国传媒大学出版社,2012:212.

进取。"①

中国广播电视改革在"自己走路"的进程中逐步实现了拥有"本台评论"的夙愿。然而,长期以来,评论员却仍以"特约"的方式出现;即使有隶属于某媒体机构的"本台评论员",但这些评论员仍是由资深的编辑或原本是平面媒体的报人所担当。那么,能否从自家播音员主持人的队伍中培养出既善表达又善成稿的"本台评论员"呢?答案是肯定的。参与创办《东方时空》《焦点访谈》《实话实说》等节目的孙玉胜就提出过"从名记者中培养名主持人,再由名主持人中培养本台评论员"的主张②。因此,由20世纪90年代《东方时空》开始,记者型主持人已经开始了主持人言论的尝试。而进入新世纪,民生新闻节目出现后,主持人三言两语式的点评串联甚至大段的评说更比比皆是,最为典型的要数当初《南京零距离》的主持人孟非。正如于丹所言:"孟非在屏幕上的功能已经在触及着主持人职业的边缘,更多时候担当了特约评论员的角色,呈现出双重甚至多重身份,在传递新闻事实的同时演绎新闻观点。某种程度上,看《南京零距离》'怎么说'比'说什么'更吸引受众,评价方式本身成为栏目卖点。"③然而,在泛娱乐化的时期以及省级媒体的创作平台上,"主持人"孟非可能成为"本台评论员"的路还是无法走向终点,直到《新闻1+1》的出现,白岩松终将"记者→主持人→评论员"这一初愿达成。

"本台评论员"的出现是播音员主持人培养体系成熟的一个标志。目前中国广播电视机构拥有本台评论员的并不多见,尤其是能够担当此任的播音员主持人更是凤毛麟角。那么,如何从播音员主持人队伍中培养出更多阅历丰富、积累扎实、知识渊博,言论独到的评论员,值得深入思考。

① 张颂.中国播音学[M].北京:北京广播学院出版社,1994:360.
② 於春.中国电视节目主持三十年研究(1980—2010)[M].北京:中国传媒大学出版社,2012:214.
③ 于丹.一种新闻态度的表达:《南京零距离》样本解析[J].中国广播电视学刊,2003(11):45.

二、社教服务类节目及其播音创作

党的十一届三中全会后,社教服务类节目开启新的发展与创作模式。首先在服务性上下大功夫,尽量贴近实际、贴近群众、贴近生活。播出百姓日常饮食起居所急需的、实用的信息,为大家提供方便与帮助的同时,也为工作节奏日益加快的生活增添趣味。

(一)20 世纪 70 年代末至 80 年代:"服务意识"

社教服务类节目的播音内容拥有与生俱来的、良好的受众基础。本阶段,社教服务节目大类中的对象性节目,如少儿、老年、青年、农业、军事等节目得到了进一步发展。在这些节目中,播音创作主体要对自身的角色定位有着准确清晰的判断,并抓住不同播音对象的收视特点,调整相应的语言表达方式。而这种语言表达方式上最初的改变要从《空中之友》与徐曼说起。

1.《空中之友》

20 世纪 80 年代,在"和平统一、一国两制"战略方针指导下,海峡两岸关系开创了历史性新局面。1981 年元旦,央广推出了一档以联络两岸感情、服务台湾听众为定位的节目《空中之友》。无论从播音创作内容还是播音创作形式上都发生了质的改变,并开创了"广播主持人节目创作"的先河。该节目主持人徐曼不仅成为第一位广播节目主持人,而且以其独特的有声语言表达样式开启了一个崭新的创作时代。

《空中之友》选择"播什么"要符合台湾听众的需要,这是对象性节目的特点;而"怎么播"则起到了更为关键的作用,这就是播音创作的魅力所在。《空中之友》开播前,对台广播的播音风格一直是爱憎分明、语气生硬、居高临下的;然而,随着《空中之友》的开播,这一切为之改变。

央广的对台广播,是 1954 年 8 月 15 日开始的,每天用普通话、闽南话、客家话播音 21 个小时,其中普通话播音由播音部承担。曾经的一个时期,在极左思潮冲击下,将台湾听众都当成了"改造对象",时刻注意划清敌我界限。声音形式上，强调的不是"亲切感"，而是"战斗性"，语气中充满训斥的口吻。据台湾同胞反映，他们"听不懂、不爱听、不敢听"。当时的对台广播可真是调子高八度，而效果却低八度，使台湾听众闻而生厌、闻而生畏。

播音创作不可避免地会受到党的方针、政策和宣传任务的影响。《告台湾同胞书》的发表，使对台广播的播音风格发生了根本性变化。《空中之友》在试办节目时首先就试验如何用生活中的语调说话，打破播音腔。对主持人语言表达的第一个要求，就是生活化，不要格式化①。因此，徐曼在《空中之友》开播时并未沿用传统播法，而是采取了一种"近距离、小音量、入话筒"的"交谈式"的主持方式。其声音特点是"甜、美、轻、软"，其语言表达通俗易懂、温文尔雅、讲求礼貌，让台湾同胞既能听得清楚明白，又感到热情、亲切、自然，以打消台湾同胞对大陆的疑虑和恐惧心理，使之愿意收听并能够接受。

语态上的此种改进在当时内地的广播界曾引起轩然大波，有人大呼："中国的播音风格被徐曼糟蹋了，我要为之一哭！"②但是，这种在大陆还一时无法被认可的语态却契合了台湾听众的心理期待。轻声细语、口语化的交谈，使听众感到主持人是彬彬有礼的朋友、热情友好的同事、体贴入微的亲人，使台湾听众产生了前所未有的亲切感和信任感。开播不到20天，节目组就收到台湾听众经美国寄来的信件，向徐曼表达敬意，之后信件数量与日俱增。其中，来自台湾的一位听众在信中谈到徐曼的播音时说："主持人以个人身份同听众交谈，无形中产生一种具体的人与人之间的亲近感，说话温文尔雅，给人一种美好的感觉，给人一种温情，自然而然地消除了电台与听众之间政治上的隔阂，产生了信任感。"③诚然，这种在主持创作中所产生的亲切感与信任感，政策与节目宗旨的理解是一方面，心里装着听众更是创作的情感依据。徐曼主持《空中之友》节目几十年，台湾听众成为她永远的牵挂。

---

① 于礼厚.主持人节目的特征：开办《空中之友》节目以来的实践心得[J].现代传播,1983(04):46.

② 于礼厚.主持人节目的特征：开办《空中之友》节目以来的实践心得[J].现代传播,1983(04):45.

③ 杨伟光."节目主持人"的形式好在哪里？[J].新闻战线,1985(02):38.

可见,徐曼所采用的这种声音形式和表达方式契合了台湾人民的收听习惯,由原本的"师生"之间的一对多,变为"密友"之间的一对一,对象感更强,传播方式更为融洽。这也证明了徐曼所选择的播音创作方式是正确的。她也逐渐树立起了"'甜而不腻、软而不喋、轻而不飘、美而不妖'的主持风格"①。

1981 年 9 月,对台广播部成立了专门的普通话播音组,徐曼的播音创作方式得到推广,对台广播的播音风格整体调整为:态度平易近人、感情真挚可信、语调亲切自然。

2.《为您服务》

1983 年 1 月 1 日,央视《为您服务》栏目固定了名称、播出时间及主持人,正式与观众见面。其创作宗旨是传播知识,启迪智慧,引导人们科学地生活;其播音内容上坚持立足于民众,努力反映人民群众日常生活中亟待解决的问题,当好观众的参谋。栏目采用"拼盘式"的结构,粗细相间、老小咸宜②。这是中国第一个电视主持人节目。

《为您服务》很快得到了观众的认可和喜爱。据统计,开播半年间,共收到全国观众来信 20248 封;仅 6 月一个月,就收到 7248 封,而其中有 3300 多封寄给沈力,占当月信件总量的近一半。沈力作为第一任主持人,为节目的主持风格奠定了和蔼可亲、平易近人、真诚朴实的基础,其最大的创作特点是服务意识强。"在《为您服务》这个节目开始的时候,那时候是带有开创性的,这一点沈力同志不管从电视播音和电视主持,在中国电视界里都带有开创性,而且树立了自己的风格,跟观众建立了非常好的关系,成为广大观众非常喜欢的、优秀的电视节目主持人。"③作为中国第一位电视节目主持人,也是曾经的第一位电视播音员,沈力对"主持人"有着自己的实践认知:主持

---

①　于礼厚.主持人节目的特征:开办《空中之友》节目以来的实践心得[J].现代传播,1983(04):44.

②　中国广播电视年鉴编辑委员会.中国广播电视年鉴 1986[M].北京:中国广播电视出版社,1986:430.

③　白谦诚,胡妙德.中国荧屏第一人:沈力[M].北京:中国广播电视出版社,1999:4.

人不应该高高在上,应该"是沟通节目与观众联系的一个桥梁,他既是栏目的代表人物,又是观众的朋友,有时他代表栏目讲话,有时又代表观众讲话。他像一条纽带,把屏幕内外紧紧地联接在一起,把时空拉到最短的距离,在节目中穿针引线,为节目增光添色。由于各类节目的性质、内容、形式不同,主持人在每个具体节目中的作用也有所不同。但总的说应该起到沟通思想、交流感情、承上启下、活跃气氛的作用"①。沈力的这种"服务意识强"的主持创作,是一种体现在身份、心态、语态三重转换之上,在当时无疑是领先的、富有开拓性的、符合时代潮流发展方向的②。

1996年,《为您服务》被《生活》栏目所取代,后者的主持人为赵琳与文清,同样名噪一时。2000年,《为您服务》重新开播,主持人为王小骞与肖薇。"新版的《为您服务》要求不同以前,无论形式、内容以及主持人的风格都要创造一种新的形式,但节目到底是什么样谁都不知道,一切都在摸索中,对主持人的要求就比较高,因为观众最终看到的是通过主持人传递的各种信息。录节目时,主持人手里有的只是编导提供的素材资料,说什么、怎么说都由主持人自己来把握。"③曾经,作为服务性节目的主持人更应该是观众的知心大姐甚至是老师,应具备知识性和内涵性,要避免家长里短。然而,这种"教育"的传播方式也在悄然发生着改变,"生活就是一个七日接着又一个七日",人们越来越意识到,生活中的鸡毛蒜皮的小事往往对一个家庭来说就是头等大事,这也使得服务类节目尝试着"家丑外扬"的表达方式。于是,新版的《为您服务》与以往的另一大不同是,采用了王小骞和肖薇共同主持的谈话型创作方式。两位主持人以"大姑子""小媳妇"一般的角色在上下句的话轮之间轻松闲谈,从"家事新主张""法律帮助热线""生活培训站""服务信息网"聊到"旅游风向标"。有学者这样评价她们两位的主持创作:"在荧屏上她们不是博学和厚重,不是新锐和另类,而是传递各种资讯,透着一

① 沈力.我怎样当节目主持人[J].当代电视,1987(06):15.

② 於春.中国电视节目主持三十年研究(1980—2010)[M].北京:中国传媒大学出版社,2012:20-21.

③ 於春.中国电视节目主持三十年研究(1980—2010)[M].北京:中国传媒大学出版社,2012:163.

股真情。"①

3.《七巧板》

固定播出的儿童节目从 20 世纪 80 年代中期开始在各家电视台出现,影响力最大的当属央视的《七巧板》栏目。它是专门为 0 至 6 岁学龄前儿童精心设计的,在游戏中认知、启智是其秉承的创作主旨。该节目原为 1981 年 6 月 4 日开播的《春芽》,当时未设固定主持人,反响平平。1985 年 6 月 1 日改名为《七巧板》,由 1984 年刚刚入台的鞠萍担任主持人。"鞠萍姐姐"也因此成为当时中国最著名的少儿节目主持人。

主持人首先是以外部形象示人。鞠萍之所以深受孩子们的喜欢,第一点就源自她青春甜美的形象。她将节目定位与自身形象特征巧妙融合,大大拉近了和小朋友之间的距离。再加上颜色鲜艳的着装,一种青春之感跃然于屏幕之上,使其主持充满活力、亲切自然。节目中,鞠萍和孩子们一起唱歌、跳舞、弹琴、做手工,语气中充满了耐心,神情中透露着关爱,与孩子们的言语交流中内含着启智与认知的引导。虽然以"鞠萍姐姐"相称,但她也像个孩子,充满童真,深受小朋友们的喜爱,甚至就连其短发的造型也成了一种流行。

单靠形象是不足以支撑主持创作的,鞠萍主持的成功还要得益于对儿童心理的良好把握。因为她毕业于北京幼儿师范学校,因此要比其他主持人更懂孩子。她可以在节目创作宗旨下,遵循幼儿的生理、心理发展特点,根据孩子们的兴趣爱好,也就是幼儿情趣,来吸引他们的注意,使其在愉悦的情绪下受到教育,在积极的状态下发展潜能。几十年来,鞠萍一直是中国少儿电视节目主持事业的标杆性人物,这股亲切温暖、热情洋溢的力量穿越荧屏,真真切切地走到了全国各地各民族小观众的身边。

1993 年,《七巧板》进行了大规模调整,加强了寓教于乐的形式,推出了卡通人、金龟子(刘纯燕)、河马牛等角色化的主持人。1999 年 6 月 1 日,《七巧板》成为大型儿童节目《东方儿童》的一个子栏目。2001 年,它从《东方儿

---

① 於春.中国电视节目主持三十年研究(1980—2010)[M].北京:中国传媒大学出版社,2012:164.

童》中再次独立出来,由月亮姐姐(王淏)以及贺斌主持。然而,不得不说,后期的节目主持可谓越来越幼稚化甚至低智化,这已经成为整个少儿节目主持目前的一种通病。生活中,成人与孩子的沟通从来不是拿腔拿调一般,可是在荧屏上却充满着嗲声嗲气、拖腔甩调的少儿节目主持人。每当见此,都不禁使人回忆起"鞠萍姐姐"最初在《七巧板》中的主持,自然清新、和蔼可亲,尤其是她与孩子平等交流的语态,值得回味与反思。

某种程度上讲,与后来主持人队伍中加入的越来越多的拥有财经、医学、体育、法律等不同专业背景的主持人相比,"鞠萍姐姐"可视为主持人专业化最初的有效尝试。而进入20世纪90年代,这种专业化更加细分,这就意味着仅有服务意识已远远不够,播音主持艺术的创作开始需要更为具有专业知识的播音员主持人了。

(二)20世纪90年代:"分众化"

20世纪90年代,从中央到地方,各级广播电台逐渐兴办了交通、教育、女性等系列频率;而电视台也增设了少儿、农业、法制等专门频道。在经历了"栏目时代"后,广播电视迎来了"频道时代"。而频道的分众化更使得对象性栏目蓬勃发展,如老年节目、女性节目、青少年节目等丰富多彩;在播音内容方面也有了进一步细分,法制类、交通类、音乐类、时尚类、旅游类、美食类等节目与日俱增。这些节目从特定领域与收视人群的具体情况出发,提供专业性的服务内容,满足了受众更深层面的需要。制作出了诸如《夕阳红》《半边天》《今日说法》《一路畅通》等经典的广播电视节目;同时,也涌现出了一批对受众心理把握准确并具有与播音内容相关专业背景的优秀的播音员主持人。在此,播音创作主体的"角色定位"问题被业界与学界正式提出。

1.《夕阳红》

央视科教部敏锐地觉察到中国社会人口老龄化的问题,创办了专门为老年朋友制作的杂志型栏目《夕阳红》,并于1993年10月22日开播。其创作宗旨是热诚为老年人服务,做老年人的知心朋友;以老有所学、老有所为、老有所乐、老有所养、老有所医为服务目的；按老年人的心理特点和审美情趣，选择其喜闻乐见的内容和形式，努力开拓老年人的生活空间，为他们提供一个轻松、活泼、新颖的收视天地。栏目设有《再回首》《心里话》等板块。每周一至周六在第一套节目首播，每次25分钟①。开播以来，始终陪伴在全国老年人身边，成为他们晚年生活中不可或缺的一部分。栏目组在策划阶段就下定决心要为这档新栏目起好的名字、编好的内容、建好的机制、谱好的主题歌，尤其要选个好主持人。"大家一致认为——沈力是第一人选。已入花甲之年的沈力，不负众望，以庄重文雅又从容，话语亲切又温情的特有风格，获得老年观众的欢迎，已成为《夕阳红》的象征，成为老年人的知心朋友。"②而且，沈力还贡献了栏目名称"夕阳红"。

在主持对象性节目时，一方面，主持人必须要牢牢把握住受众心理；另一方面，主持人还要认清楚自身的角色定位，这将决定如何与播音对象交流。就老年节目而言，主持人这一角色通常有两种身份：一种是"朋友"，另一种是"晚辈"。作为新中国第一位电视播音员、第一位电视节目主持人的沈力与当时的老年观众可谓同龄，因此，她将自己定位成老年人的"知心朋友"无可厚非。而对于其继任者男主持人陈志峰和女主持人黄薇来说，却刚到中年，若是让二位在老年观众面前扮老，以"知心朋友"的身份自居，显然不合适，甚至会引起老人们的反感。因此，两位较年轻的主持人必须找到适合自己的身份，才能与老年朋友合情合理地交流。在这样的思考下，陈志峰将老年观众看作"长辈"，尽管他为自己定下的主持风格的目标也是如沈力一般"走亲和路线"，但却要"行本色传达，'老吾老以及人之老'，要像对待自己的父母一样对待每一位老年观众"③。同样，黄薇也希望能够找到沈力的感觉，尤其是沈力的亲和力、细腻的主持风格以及体贴入微的话语；但现实是，黄薇不可能成为老年人的"知心朋友"，她便将自己视为老年观众的

①　中国广播电视年鉴编辑委员会.中国广播电视年鉴：1994［M］.北京：北京广播学院出版社，1994：169.

②　丁莉丽，尹力.一次成功的探索［J］.电视研究，1994（02）：36.

③　陈志峰.主持老年节目 阅读夕阳人：我是这样做《夕阳红》主持人的［J］.电视研究，2008（06）：45.

"亲闺女""好儿媳"①。

明确了角色定位,主持人在创作中会更好地获得对象感,也就能够自然地找到恰如其分的有声语言表达方式。"与老年观众交流需要语速舒缓,语调平和,表达清晰准确,把握好他们的收视心理节奏。与老年观众交流还需要有知识,因为观众的知识、阅历、经验都非常丰富,他们的人生观、价值观与当今的年轻人有着很大差异。他们不喜欢标新立异,而喜欢平和朴实。因此,主持人的着装仪表甚至发型都必须考虑到老年观众的审美习惯。"②渐渐地,陈志峰与黄薇树立起了自己的主持风格,虽然是以"晚辈"的身份主持,但绝不是卑躬屈膝地讨好,而是内蕴着嘘寒问暖的关切、诙谐幽默的逗趣、不厌其烦的叮嘱。归根结底,两位主持人是通过节目的主持令老年朋友们感受到这个社会对他们依旧重视,从未遗忘。

2004年,改版后的《夕阳红》迎来了主持人张悦,她和黄薇共同主持子栏目《家有妙招》。即将退休的张悦与广大的老年观众年纪相仿、阅历丰富,作为主持人的她更像是从他们中间走出的一员,如此自然;加上她曾经主持过《为您服务》,此次接手《家有妙招》理应轻车熟路。然而,面对轻松愉快、热情活泼的《家有妙招》,张悦在最初的创作中曾坦言"确实有点儿力不从心"。原因是,她依旧沉浸在过去对于她主持《为您服务》时的"这个主持人亲切温和、实在可信,同时又给人以优雅的美感"的评价之中,难以自拔。而《家有妙招》则需要她"热情而不失稳重,活泼而不失身份,有时候还需要夸张和渲染"。对于说话一板一眼、不紧不慢、毫无幽默感可言的张悦来说,这一次的主持创作令她手足无措。在最初录制的时候,一些搞笑的语言刚一出口,"我自己先起了一身鸡皮疙瘩,老觉得这些话从我嘴里说出来要多别扭有多别扭"③。但《家有妙招》节目恰恰需要主持人伶牙俐齿,反应机敏,能够快速组织语言,幽默调侃,甚至好多时候必须逆向思维,尤其在录制"小魔术"

① 代刚.黄薇:善良的女人最美丽[J].传媒,2002(06):50.
② 陈志峰.主持老年节目 阅读夕阳人:我是这样做《夕阳红》主持人的[J].电视研究,2008,(06):44.
③ 张悦.把心摊在阳光下[M]//赵化勇.与你同行:央视50位主持人献给建台50周年的心语.北京:中国广播电视出版社,2008:368.

的时候,黄薇的新式表达使张悦有些招架不住。"把话递给我,我想不到她会这样表达,就会接不上话。因为在这之前我从未尝试过这样的主持风格,这种类型的节目实在是我主持生涯中的一个盲点。"①面对新的创作挑战,是生存,还是毁灭?有时,主持人只能也理应适应节目去做出相应的调整。张悦开始认真回看每一期节目,找出问题所在,逐渐开始转变并去适应新的创作方式。"转变期间我也很矛盾,脑海里两个张悦经常拌嘴。一个张悦说要回到从前,以前那样'润物细无声'好;另一个张悦说,时过境迁啦,你的主持风格得适应新形势。"②调整之后,张悦和黄薇在主持《家有妙招》时一唱一和、轻松和谐,使节目变得更加生动活泼,在充满趣味性的同时又不失亲切感。

无论是沈力,还是陈志峰、黄薇与张悦都有较强的亲和力和人格魅力,使观众能够更好地融入节目,充分展现出符合老年人审美的主持风格,成了栏目的一个符号。单从主持人的言谈举止中就可感觉到晚年生活并不意味着夕阳已近、衰弱颓败、行将就木,而是"但得夕阳无限好,何须惆怅近黄昏"一般地充满生机与活力。可以说,《夕阳红》适时地迎合了"华发需求",在众多电视栏目中脱颖而出,开辟了电视老年媒介的先河。

2.《半边天》

凭借联合国第四次世界妇女大会在北京召开之机,1995年1月1日起,央视《半边天》栏目经过一个月的试播后正式与观众见面。栏目创作目的在于向国内外展示中国女性的风采、关注女性健康、维护妇女权益、倡导两性平等、促进社会和谐与家庭和睦。设有《女性·社会》等小栏目。在中国广播电视史上,曾有过诸多对象性栏目,而作为"半边天"的女性群体此前似乎从未被纳入专门的创作视野中,《半边天》栏目的出现无疑填补了一大空白。

随着节目收视率的高涨,主持人张越以其独特的外形和个性化的语言

---

① 张悦.把心摊在阳光下[M]//赵化勇.与你同行:央视50位主持人献给建台50周年的心语.北京:中国广播电视出版社,2008:369.

② 张悦.把心摊在阳光下[M]//赵化勇.与你同行:央视50位主持人献给建台50周年的心语.北京:中国广播电视出版社,2008:370.

表达声名鹊起。从声音与体态上来看,张越并不出众,高度近视、齐眉短发、个子不高、身材肥胖,说话粗声粗气,一副憨态可掬的模样。从性别的角度而言,张越应属一种"中性美"。这些,似乎与传统的女主持人的选拔标准相差甚远。在栏目开播之际,她曾这样预言自己的结局:不出三个月,肯定下岗!而结果预言落空了。其实,不难理解,张越的外形是一种通盘考虑之下的选择。女性会将其当作好闺蜜,男性会将其比作好哥们,男女双方也许都愿意和这样一位中性形象的朋友一诉衷肠。张越的主持大放光彩,更重要的还是她言谈举止上的干净利落,充满了才气与智慧。有学者曾这样评价张越的语言表达:"最大的特点是在文学性的甚至诗意的语言中渗透着思想的厚度和硬度。"①例如,"'背井离乡'这个词原本有一种感伤的味道,但如今这种味道已渐渐消失,我们越来越像一株盆栽,为了完成某种功能构成、某种景观可以随处迁移"。甚至说到美食的时候,都是这样的风格:"尽管你知道高压锅压熟的肉不如小砂罐煨热的肉香,可你还得用高压锅,因为这世界绝不会每天给你留时间,让你像《金瓶梅》中那样用一根一根柴禾将猪头烧得稀烂。"

的确,我们从张越的主持创作中可以处处看到她的才情。而自古以来,有才之人多"恃才傲物",尤其是在电视媒体最为鼎盛时期的央视担当主持人,其创作心态难能保持一颗平常心。对张越而言,在主持的创作道路上也经过了一番苦思挣扎、自我救赎。

刚主持《半边天》的时候,张越的表达细腻委婉,态度平和尊重,能够使嘉宾放松,讲出自己真实的人生感受,打动了无数观众。但逐渐地,张越被称为"鹰派"主持人,原因是,她开始沉醉于与嘉宾尤其是男嘉宾争辩的乐趣中。用编导的话说就是:"别让他们把你给灭了,一定要把他们给灭了。"在她主持的子栏目《谁来作客》中,方宏进、白岩松、冯小刚,甚至经历过不少战争与冒险、口才较好的新华社记者唐师曾,都被她凌厉的语言攻势"灭"过。其实,展现嘉宾的人性光辉和个人魅力才是谈话节目主持人最重要的责任;

---

① 俞虹.越界寻方圆:主人公·主持人·主编的三位一体:《繁花》的探索与证实[J].现代传播,2009(02):59.

显然,张越在创作的道路上开始与这一理念背道而驰了。可没想到节目播出后,观众似乎非常喜欢这样一个有个性、特别真实的主持人。不久她就获得了"每周折磨一个男人的女人"的谑称①。

那时,张越风光无限,出现在大大小小的节目中。然而,就在她如日中天的时候,她却做出了一个出乎众人意料的决定。1999 年,张越向《半边天》请辞。用她的话讲,似乎出名太快了,她自己已然不认识自己了。经过两年的蛰伏与思索,2001 年 1 月,张越重回《半边天》,主持以她名字命名的子栏目《张越访谈》。此时,她没有了以往的语速飞快、咄咄逼人,而是变得沉静、淡泊和朴素,伴随着采访的一次次深入,张越的话越来越少,态度也越来越谨慎,体验却越来越深刻。她曾在接受媒体采访时说:"媒体站在什么立场上,以什么样的胸怀对待他人的生命,是非常重要的事。"②她还举了一个例子:"记得有一次我在山里采访一位农村妇女,我问她你平时看电视吗? 她说电视很少看,有些节目不敢看。她说,那些节目我看了就活不下去。你看看人家都活成那样,我一看电视就觉得我不配活着。我想,我们的个别媒体怎么会势利到这种程度,让生活中那些有痛苦的人觉得自己如此失败,宣扬虚假的、光鲜夺目的所谓成功,吓坏了老百姓。而我认为,我们媒体应该放下功利,面对真实的人生、真实的事。媒体的善意,是面对生命的尊重和面对生命之上更高准则的敬畏。"③张越终于明白了,《半边天》节目的主持应该是体现出一种社会责任感与广大女性的立场,而绝非仅仅是站在那些成功女性的立场,更不是为了要"灭"谁。

正是在与普通女性交往的过程中,张越的内心与主持开始发生了质变。2009 年,作为纪念改革开放 30 年的特别策划,《半边天》栏目推出了以打工妹的打工史为内容的"繁花"系列纪实节目。尽管依然是"女性立场",但这一次,张越却将目光聚焦于生活在社会底层的打工妹的身上。这个节目充满了人情、人性、人文精神的印痕,获得了巨大成功。"而真正成就这一切的

---

① 王宇红.张越:活好你自己[J].语文建设,2000(11):50.
② 时统宇.张越:一位坚持媒体善意的主持人[J].青年记者,2009(10):85.
③ 时统宇.张越:一位坚持媒体善意的主持人[J].青年记者,2009(10):85.

关键在我看来是片中的主人公、主持人、主编合而为一的张越。她作为片中灵魂式的角色承担了起承转合与意义表达的任务,对节目的内容选择、整体风格、价值判断走向体现出了明显的影响力与控制力。"①

张越在《半边天·繁花》中以"主人公"的称谓出现,也许是在主持创作史上最早的一次"去主持人化"的尝试。

"主人公"显然是该片创作团队用心设置的一个角色,它消解了主持人特定身份给观众带来的思维定式,打破了主持人职业功能的局限。"主人公"虽然在称谓上淡化了主持人,但是其主持人符号不可能消失。因此,从片中可以看到,尽管主人公主观性的讲述方式被着意凸显着,然而片中的采访和评论密度很大,这可不是一个主人公应承担的。张越职业主持人的专业水准、个人化的语言表达、思维方式、采访风格、评论力度等,都以"主人公"的身份呈现在了观众面前。除了"主人公""主持人"的身份之外,张越的第三个身份是"责任主编"。主编承担着对节目走向的把控,其对事物的认知与判断、节目的理解与思考、审美的取向与趣味直接决定着节目的品质。《繁花》大胆的越界将主人公、主持人、主编三位一体化地实现了节目主旨的最大化表达也就是主编意图的最有效获得。张越与团队的实力、能力获得最佳契合这也从正面回答了主持人中心制的价值意义。"②

在这一档节目的创作中,张越也完成了由访问名流到聚焦平凡,由谈话向谈心转变,由单一女性视角向男女两性意识转变。相对于生活服务类节目其他主持时尚有余而个性不足,张越的主持绝对是一枝独秀,但也一定是带刺的玫瑰。

3.《今日说法》

1999 年 3 月,第九届全国人民代表大会第二次会议通过的《中华人民共和国宪法修正案》中第五条第一款规定:"中华人民共和国实行依法治国,建

---

① 俞虹.越界寻方圆:主人公·主持人·主编的三位一体:《繁花》的探索与证实[J].现代传播,2009(02):58-59.
② 俞虹.越界寻方圆:主人公·主持人·主编的三位一体:《繁花》的探索与证实[J].现代传播,2009(02):59.

设社会主义法治国家。"这是中国治国方略的重大转变。作为党和政府与人民群众桥梁的广播电视媒体,责无旁贷地承担起了法律知识普及的重任。各广播电视台纷纷开辟了专门的法制频道,一批优秀的法制类栏目应运而生。其中最具代表性的、影响力最大的要数央视的《今日说法》,与其一同为大家所熟知的还有一位主持界的新秀——撒贝宁。

　　既然节目叫《今日说法》,那该怎样去"说"呢? 最重要的一点是必须重于明辨其事,精于阐释其理,就实论虚,以凸显一个"说"字。诚如栏目口号所言,"法理不辩不明"①。这也在无形中为主持人的语言表达样式提供了"述"与"评"的方向。一方面,撒贝宁在主持过程中依靠自己的专业知识总是可以将观众所不熟悉的法律名词转化成通俗易懂的话语,甚至是生活中的大白话、家常话;另一方面,与"坐堂"的法律专家交流时,撒贝宁提问精辟,常会抓住案件最本质的信息和观众最想了解的内容。在嘉宾以专业术语解答后,又挑选其中观众可能不懂的部分进行解释。在这个"解码"的过程中,观众对撒贝宁的主持与二次点评产生了一种信任与依赖。

　　除了"述评结合"的特征外,撒贝宁的语言表达也是幽默风趣的。"法制节目不排斥轻松的一面,但再轻松也到不了娱乐的层面。普法的手段可以多种多样,可以编小品、带大家破案,这种轻松并不意味着娱乐,但可能达到娱乐的效果。法制节目与单纯的娱乐节目有着本质的区别,两者目的不同、底线不同。法制节目在追求轻松时,还要考虑到准确、严肃、真实,有严格的底线。而娱乐节目的底线则是不恶俗、不违反道德。法制节目的最终目的是普及法律知识,所谓娱乐只是一种手段。"②可见,在泛娱乐化的当时,撒贝宁还是把持住了"法律节目"该有的创作基调。相比于其他法制类节目中主持人所持猎奇的语气,撒贝宁在《今日说法》中的主持还是充满着人文关怀与法律理性的。

　　撒贝宁最初走上主持创作道路既是偶然,也是必然。那时,刚进入筹备

---

① 徐寿松.电视法制节目的五个问题[J].中国广播电视学刊,2001(3):11.

② 董岩.与"今日说法"一同成长:"今日说法"主持人撒贝宁访谈录[J].今传媒,2007(06):6.

阶段的《今日说法》栏目组到北京大学法学院选拔主持人,老师推荐撒贝宁试镜。"我穿上仅有的一套肥大的蓝西装,打了条红领带,急三火四地去试镜,像个傻女婿。那时夏天总在外面踢球,晒得又黑又瘦,像个猴子似的就'牵'来了。肖晓琳老师第一次见到我时,都不敢相信这是新招来的主持人。在演播室里,我结结巴巴地背了一段有关'企业破产'的毕业论文。编导急了:'停,停,这是招主持人,不是让你背论文来了。'然后,递给我一张报纸,'随便找一段,谈谈自己的想法。'于是,我就'美国一男孩因黑客被抓'一事,联想到北大的一个'邮件事件'说了一通。然后就回去等消息。两天后,接到了'尽早加入节目运作'的电话。"①从这段回忆看出,栏目组显然对于撒贝宁当时的着装与外形没有严苛的要求,更多的还是看中了他的专业知识背景以及对新闻事件的理解。

尽管撒贝宁被留在了栏目组,但其实来自创作上的挑战才刚开始。"我不是学播音的,不是学电视的,没有任何经验,一下子就被推到了最前面,面临着很大的困惑。"②尽管曾经有过校园文艺晚会的主持经历,但这与电视节目主持截然不同。刚开始主持《今日说法》时,撒贝宁不知该与嘉宾说什么、怎么说,一上去就围绕案子不知所云地东拉西扯,完全没有主题,一聊两个多小时,聊得摄像、导播昏昏欲睡。导播曾调侃他把《今日说法》都做成一台春节晚会了。而且,和众多主持新手一样,坐在演播室里,只要灯光一开,他便紧张得汗如雨下。撒贝宁坦言,从镜头前完全找不到感觉,到进入状态、基本称职、不紧张,大约用了一年的时间。

其实,对于初出茅庐的撒贝宁来说,找到自身的"角色定位"才是最难的。在这种专业性极强的社教服务类节目中,专业型的主持人往往承担的不再只是"声形俱佳"的主持人角色。很快,敏而好学的撒贝宁用扎实的法律知识让人们记住了这个既懂法又会说法的主持人,找到了除主持人之外

① 董岩.与"今日说法"一同成长:"今日说法"主持人撒贝宁访谈录[J].今传媒,2007(06):5.
② 董岩.与"今日说法"一同成长:"今日说法"主持人撒贝宁访谈录[J].今传媒,2007(06):6.

的在节目中的新的角色定位——法律引导者,即用自己的知识、观众的信赖,逐步引导观众走近法律,引导专家解答法律,引导节目的整个过程走向结果。可以说,撒贝宁在法律传播主体和传播受体两方面都成功扮演了引导者的角色,实现了双向引导,这样,他的定位就能保持绝对客观,又不会显得冷漠呆板。由于这种精准的定位,撒贝宁在不失法律威严和说法人的权威性的同时,也赢得了观众信赖,观众亲切地称他为"小撒",足见观众心目中对撒贝宁的定位的亲近程度。①

除了角色定位,撒贝宁认为一个法制节目主持人最重要的创作素养是感受力。"以前我会觉得宽泛的、原则上的'公平'最重要,现在逐渐觉得感受力才是关键。就是说,看到当事人生活时,尽管你无法参与,但作为主持人一定要有切身感受。……我们常提醒自己,不要过于情绪化,但这种感同身受的情绪会帮助你进入节目中。我有时做节目,常常鼻子很酸。人是情感的动物,主持人不是无动于衷、高高在上的玩偶。观众需要的是一个同呼吸、共命运的贴心人。与观众相距遥远,即使口齿再伶俐,表达再流畅,法律知识再丰富,也无济于事。"②

从《今日说法》的主持创作起步,"小撒"已然成为"老撒",不仅在社教服务类节目中,就是在新闻、文艺等多种类型的节目主持中同样有着不俗的表现。他总是给人一种才思敏捷、朝气蓬勃,又不失幽默,甚至自身带"梗"的屏幕形象。尽管现在的撒贝宁常在理性与感性、深沉与活泼中切换,偶尔显得有些违和,但仍不失为一名能力全面的优秀的节目主持人。

4.《一路畅通》

20世纪末,由于电视媒介的一时之秀,曾有过"广播将死"一说。有人称,是私家车保有量的骤增拯救了广播。无论这样的言论是否夸张,毋庸置疑的是车载广播的确成为这一时期广播媒体传播的主要途径。各地广播电台纷纷建立"交通广播"频率,在创办的众多交通节目中,北京交通广播的

---

① 岳婷婷.我国法制类电视节目主持人角色定位探究[D].开封:河南大学,2014.
② 董岩.与"今日说法"一同成长:"今日说法"主持人撒贝宁访谈录[J].今传媒,2007(06):7.

《一路畅通》可谓一枝独秀。

2000年1月1日,广播直播脱口秀节目《一路畅通》正式开播,播音时间为每天7:30至9:30以及17:00到19:00,即早晚交通高峰期。该节目拥有强大的号召力和良好的公众形象,集路况信息、新闻资讯、生活提示、话题交流于一体,以优质的播音内容、创新的节目理念,赢得了广大听众和业内同行的认可。2002年1月1日,改版后的《一路畅通》将直播间搬到了北京市交管局指挥调度中心,这代表了节目形态和话语方式的一次全新变革。

不同于电视节目主持创作的综合性,广播节目主持创作的核心就是主持人。作为节目的驾驭者,其语言特点和话语样态同节目的收听率息息相关,是节目的灵魂。最初,《一路畅通》采用一男一女相对固定的合作主持的方式,每对搭档都各有特色。主持人一直把自己定位为"听众生活中的有感情有个性的朋友,主持风格自然、亲切、流畅,在堵车的时候陪听众聊天、帮他们疏导'心路'"①。即使在拥堵的路上,《一路畅通》也能在节目中为车友们疏堵,真正做到"一路畅通"。

该节目主持人的语言表达风格在当年来看是前卫的、极具特点的。概括来说,最为明显的一点是:兴奋活泼。正如主持人王佳一所说:"一个天生的主持人在话筒前是无比兴奋的,灵感迸发的。"②这样堵车时不畅的心情也能够受到主持人热情的感染而变得积极阳光;也可以让不堵车时的心情更加自由畅快。另外,幽默风趣,捧逗结合,善用俏皮话。例如:"雪花飘满地,行车多注意。漫漫人生路,劝君多珍惜!"再如,根据雨天行车方法改编的数来宝"雨中行车有窍门,请听我来说分明。水位低于保险杠,车辆可以涉水行……",等等。

除主持人语言表达风格的特色外,主持人角色定位是留给我们的另一个思考。从《一路畅通》的主持人身上可以得出这样的答案:第一,主持人是"信息服务员"。他们收集信息、整理信息、发布信息,并通过和听众的互动,实现信息价值的最大化。第二,主持人还是"心理辅导员"。无论是听众在

---

① 王佳一.广播直播艺术[M].北京:华夏出版社,2011:16.

② 王佳一.广播直播艺术[M].北京:华夏出版社,2011:60.

交通不畅时,还是在心情不快时,主持人会调动所有能控制的因素去为受众的心灵层面服务,提醒、劝诫、安抚、鼓励,都是其心灵按摩的方式。第三,主持人又是"新闻评论员"。在《一路畅通》节目所提供的空间里,主持人会通过播报或者与听众互动的方式,将整合的信息再次创作,提出自己的观点也提供听众发声的平台,使大家在一种和谐共同认知的氛围下,传播积极向上的价值观。第四,主持人终是"个性主持人"。节目的风格、特点、灵性、魅力还是要来自不同性格、不同教育背景、不同世界观、不同修养、不同表达方式、不同健康水平的综合体——主持人。《一路畅通》的几位主持人,每个人都有自己的个性,或亲切,或活泼,或幽默……但都统一在一个基调下——热情真诚。有了这几个"人员"的角色定位,《一路畅通》的主持人给受众留下的印象是快乐、积极、贴心……他们不仅是听众的朋友,也像一张张闪亮的名片,成为北京交通广播的标志。

从《一路畅通》主持人的创作中,还可以真切地感受到主持人合作的和谐美感。如果说主持人与听众的沟通还带有一定的虚拟性,那么主持人与主持人的交流则完全是两个客观主体之间实实在在的碰撞了。直播中,两位主持人互为谈话对象,并在原则上区分主辅。广播和电视不同,广播节目主持人担负的任务更复杂,负责的业务更全面,凡事都需要亲力亲为。在没有较多时间去磨合、练习的情况下,双人合作主持的直播节目需要两个人默契地配合,甚至要"一个眼神就能改换方向,一句话就能心领神会"[1]。例如:

罗兵:这一大早说了好多好多事故信息了!

王佳一:最少有二三十人都受到事故的影响了!

罗兵:所以,朋友们路上开车一定要多加小心! 马上都要过节了,大家都得平平安安的嘛!

王佳一:是啊! 过节用车用得也多啊! 要确保它的健康啊!

罗兵:今天跟大家说的话题是《接站》,小小站台确实是人生舞台,上面充满悲欢离合。我们看看0615说的有趣的事情……

---

[1]　王佳一.广播直播艺术[M].北京:华夏出版社,2011:195.

在这段主持中,两位主持人能够互相补充,共同有效地推进节目,显得自然生动。诸如这样的例子在《一路畅通》中似乎是每时每刻都在发生着。他们在合作时语流顺畅、逻辑清晰、环环相扣,充分展示出了主持人合作之间的"和谐即美"。如果用当下的流行语来形容,"CP 感"十足。这种和谐来自两位主持人在节目以外相互沟通所达成的共识;也来自不计较工作多少与轻重的分工礼让;只有这样,才能出现台下磨合、台上应变的巧妙接引。听众听着舒服,主持人自己也能体会到工作和创作的快乐。

如果主持人配合不当,节目就会生硬、割裂,播出效果也就大打折扣。与《一路畅通》比较而言,广播节目中主持人合作方面常会出现以下问题:第一,过度生活化的语言交流。嘻嘻哈哈、语言肤浅,你挖苦我一言,我挤对你一语,说些浅薄无聊的笑话,根本不像在大众媒介中的谈话。这完全不是在主持,而是一种自我表现,会给人低俗、媚俗的感觉。第二,消极情绪影响对方。一位主持人进入了状态,侃侃而谈,而另一位还没有调整好自己的状态,不能积极配合对方,这样,就会影响对方,甚至是节目整体播出效果。例如,杭州交通经济广播的某一天的节目中,听众明显可以感受到女主持人疲惫的"被窝腔",男主持人当即直言不讳地"指责"了她(但实际是"小骂大帮忙",能够感受到男主持人的善意),女主持人也非常灵光地瞬间理解了男主持人的用意,坦诚地承认了自己还没有睡醒,立刻用"清嗓"的方式在话筒前重新"振奋"了起来。这是能够在节目中巧妙化解尴尬的一对,也能感受到两人战友般的"友谊"。但是,也有主持人被搭档"质疑"后,在直播中失去理智的。例如,2021 年 11 月 12 日上午,天津交通广播正在播出《红绿灯》节目,两位男女主持人在电波中谈论的话题是北京美食。结果因意见不合,在直播中发生了争吵,男主持人情绪失控,"砰"的一声摔门而出,直播中断。被网友戏称"乾隆白菜"事件。由此可见,直播时,搭档间的合作十分重要,彼此间的一句话,平时可以锦上添花,关键时刻更能雪中送炭,但绝不能是彼此挖苦挑事。

曾经,无论是业界还是学界都提倡播音员主持人应该是"杂家",而分众化传播开始后,对象更加精准、内容更加细化、频道更加专业,也使播音创作主体的队伍中开始出现专业型选手,而此"专业"并非播音主持艺术专业,而是其所从事播音创作内容领域的"专家"。也就要求,这一类播音员主持人不仅要有较高的有声语言表达功力,还要具备丰富而扎实的专业领域的知识,这样才能够在社教服务类节目的播音主持创作中,为受众提供权威、可靠、有效的"教育"与"服务"。除了上述为人所熟知的节目与播音员主持人外,在医疗类、财经类、时尚类、音乐类、文化类等节目中也已经出现了一些优秀的节目内容及专业型主持人,他们不仅了解所播领域的前沿发展动态,还善于将晦涩难懂的专业性术语转化为适合表达、便于普通观众理解接受的广播电视语言。用当下流行的话语来描述,播音员主持人的"内卷"也是从这一时期开始的。

(三)21世纪:"泛娱乐化"

兴起于20世纪90年代末的娱乐风,也在21世纪吹向了社教服务类节目。面对婚嫁、求职等困扰年轻人的新问题,《玫瑰之约》《非诚勿扰》《我们约会吧》《爱情连连看》《爱情保卫战》《百里挑一》以及《非你莫属》《职来职往》等一系列节目成为新的收视热点,尤其是"真人秀"元素的渗入使这些节目开始大行其道,呈现出一派"乱花渐欲迷人眼"的景象,使观众很难分辨到底是"服务"大众,还是"娱乐"大众,甚至每每爆出前来参与求职、交友的嘉宾是节目组花钱雇佣的,连其人设及生活经历都是按剧本所言。可令人费解的是,这种"愚弄"大众的行为在"泛娱乐化"的背景下反而引起了更高的收视率。在这些众多的真人秀式的社教服务节目中,若论影响力最大的一定是江苏卫视的《非诚勿扰》。

2010年1月15日晚9时10分,《非诚勿扰》在江苏卫视首播,并迅速开启了"霸屏"模式。其内容形式是24位单身女嘉宾以留灯、灭灯的方式来决定前来相亲的男嘉宾的去留,经过"爱之初体验""爱之再判断""爱之终决选""男生权利"等环节来决定男女嘉宾速配能否成功。有评价称,"如果仅仅把《非诚勿扰》视为相亲节目的'先驱',那就大大低估了该节目在中国电视史上更为深远的意义"①。

此处,不得不再提主持人孟非。他曾凭借主持《南京零距离》开启了民生新闻时代;他又将新闻人对当代社会婚恋家庭价值观念的探讨与思考注入《非诚勿扰》中,使一个"大型生活服务类节目"远远超越了"真人秀"的娱乐定位,开启了一种"寓教于乐"的主持创作新模式。尽管孟非每次在主持语中总要刻意强调自己在提供"服务",其价值观的引导和富有媒体责任感的点评也在贡献"社教",但在"娱乐"的渗透下,不得不说,孟非本人及其主持已然具备了"娱乐精神"。正如在第一期节目中,孟非介绍《非诚勿扰》时的开场白可是"冲关类交友节目",显然该栏目是将"游戏"与"服务"进行了整合。

当初,为《非诚勿扰》挑选主持人并非易事,因为它已远远超越曾有的生活服务类栏目,不仅具备真人秀的娱乐要素,而且场上价值观的讨论、碰撞又使其暗藏新闻节目的引导与说教。一方面,这个节目的舞台更像是一个社会大观园、人性大观园。参加节目的嘉宾可谓各行各业的都有。在节目中,观众看到的是众生百态。另一方面,节目实际上是借助交友的形式来形成对大家谈话的刺激,在现场产生各种观念价值的碰撞,激荡出思想的火花。② 面对这样的舞台与嘉宾,也许,主持人的人选非孟非莫属。制片人王刚坦言:"孟非是做民生新闻出身,从底层做起的,他对老百姓的疾苦特别明白,我们觉得,让这样一个主持人来主持婚恋节目才压得住,因为婚恋是一个特别复杂的话题,这里面一定牵涉到一些大家都很关心的问题。"③孟非也的确没有令人失望,他的新闻敏感性与媒体责任感对节目产生了质的影响。

孟非曾说,一个电视节目总有一个道义责任在,它应当体现一个主流媒体应该对社会承担的责任。秉持这样的创作思想与使命担当,加之民生新闻的主持经历,也就决定了孟非的主持语言必然会言之有物、言之有情、言

① 孙俨斌.孟非:开启中国电视的两个时代[J].传媒观察,2013(02):22.

② 赵允芳."这个舞台,更像是一个社会大观园!":江苏卫视《非诚勿扰》嘉宾主持、《老公看你的》主持人乐嘉访谈[J].传媒观察,2010(11):9-11.

③ 孙俨斌.孟非:开启中国电视的两个时代[J].传媒观察,2013(02):23.

之有理。不过,孟非还是掌控住了"话语权力"使用的分寸,把握好了主持人言语的分量,揣摩出了主持人在节目中的角色的定位,毕竟《非诚勿扰》欲呈现的是众说纷纭,而不是主持人及其所属媒体的一家之词。因此,孟非在《非诚勿扰》中的语言表达,"时而一语中的,言谈之间处处透着生活的智慧;时而风趣幽默,总能用三言两语就迅速拉近与嘉宾、观众的距离。他是温暖随和的'孟爷爷',更是值得信赖的'非哥',独特的主持风格让他自成一派,备受人们的喜爱"[①]。

例如,当见到男嘉宾被伶牙俐齿、语气尖锐、观点偏执的女嘉宾问得一时语塞时,孟非会挺身而出为其解围,送上一段价值观的表述,还不失幽默感。

女嘉宾:我跟上一任分手的话,不单只是我把他拉黑,共同好友一块拉黑。

孟非:跟他生活在同一个城市里的那些市民没有受连累吧。

(观众笑)

孟非:(转向男嘉宾)她可以这样生活是她的事,你也可以像你那样地生活,没有谁对谁错的,只有合适不合适。……(对女嘉宾)你不要把话说得狠到你掌握着宇宙的真理,不是这样的,每个人生活方式不一样。

面对不尊重单亲妈妈的男嘉宾时,孟非会仗义执言,将男嘉宾毫不留情地"请"下舞台。

女嘉宾:我就想问,什么叫"道德败坏"?什么叫"原汁原味"?请你帮我解释一下。

男嘉宾:是15号吗?我的眼睛不太好。

---

①　李雪昆.孟非:"是观众用遥控器留下了我"[N].中国新闻出版广电报,2022-08-10(007).

孟非：你的问题可能不在眼睛上……

男嘉宾：你可以再重复一下吗？

其他女嘉宾：不要重复了，让他走吧！

孟非：我觉得没有必要了。

男嘉宾：我一定能要回答这个问题。

孟非：差不多了，就到这了，好吧？！

男嘉宾：我反对！

孟非：你反对什么？

男嘉宾：我不想话没讲完就这么离开。

孟非：什么时候结束，这个台上我说了算！

男嘉宾：是吗？

孟非：是！

女嘉宾拒绝只为她一人而来的男嘉宾的理由只是"害怕谈恋爱"。这种不真诚的理由使得孟非一时无法按捺自己，尽管孟非无奈地称尊重她的选择，但还是情绪激动、语重心长地发表了一番肺腑之言。

孟非：不是说你一定要跟他走，你不跟他走一点事儿都没有。这个节目播出之后，人家会提出什么疑问？"我是害怕。"你说害怕跟人谈恋爱，你害怕你来干吗？！所以这个话你要想清楚（再说）。你哪怕说，我对你没有感觉，我未来想象中的那个男朋友不是你这样，我觉得这是一个诚实的一个一个（激动得重复）态度，但你说我害怕开始谈恋爱，你让人怎么想这个话？

在这样的时刻，似乎又见到了《南京零距离》中的孟非，不过在某些观点上又区别于新闻节目中的言论。孟非是这样解释的："我们只是多提供了一些思考的角度和看问题的方式，而不是轻易下结论。……在一些可讨论的领域，当某些会引发碰撞的生活方式和态度在这个节目中呈现的时候，我们可以通过平等讨论,积极引导。"①其实,从上文最后一个例子中,细品孟非的语言表达,如果从传统意义上的播音主持的规范来说,是达不到标准的。比如,有些字音的准确性、有些表达的含混,有些情绪激动时的重复……但是,不难发现,孟非都是带着真实的情感在表达,使观众很难不被其所感染,就连被他"批评"的女嘉宾都在场上为其拍手称赞。

　　一句话凝结成一个话题,再上升到一个社会问题,一个新闻节目主持人,赋予了社教服务类节目不同于以往的形式与内容,在服务、教育的基础上加入了"娱乐"的元素。这就是孟非具有新闻视野又夹杂娱乐元素的社教服务主持,可谓"独树一帜,娱乐的同时,通过睿智、平衡和理性的点评加深了节目的内涵"②。正如孟非所言:"有人认为娱乐就一定是浅薄的。难道具有娱乐气息的东西它就一定不可以高级点吗？或者它就一定不能多承载一点内容和东西吗？"③孟非和《非诚勿扰》的出现给泛娱乐化的媒体带来一股清风,给那些声称无法"寓教于乐"的媒体制作人、主持人上了一课。孟非也因此得到了业界与学界、百姓和政府的认可和赞赏,获奖无数。曾经,金鹰奖最佳主持人颁给了孟非,使他成为该奖历史上第一个非央视的主持人。而在首届中国播音主持"金声奖"的评选中,孟非依然榜上有名,他在获奖感言中表示:"我的人生选择了主持人这份职业,观众用遥控器选择了我的节目,我将会永远珍惜这份选择。因为没有观众就没有我们。"④现如今,孟非也一直在尝试跳出自己的"舒适圈",近年来又尝试了《点赞！达人秀》《90婚介所》《出发吧！老孟》等众多在主题立意和内容表达上更为年轻态的作品,在不断突破边界的变化中,拥抱更广阔的受众,发出属于新时代的"金声"⑤。

---

① 高慎盈,黄玮,刘璐.应当明白"我是谁":对话主持人孟非[J].新华月报,2012(11):49.

② 孙俨斌.孟非:开启中国电视的两个时代[J].传媒观察,2013(02):22.

③ 高慎盈,黄玮,刘璐.应当明白"我是谁":对话主持人孟非[J].新华月报,2012,(11):48.

④ 王倩屏.首届"金声奖"颁奖典礼在京举行,孟非等20人获奖[EB/OL].(2022-08-09)[2022-08-09].https://ent.ifeng.com/c/8ILJSLqwxnj.

⑤ 李雪昆.孟非:"是观众用遥控器留下了我"[N].中国新闻出版广电报,2022-08-10(007).

毕竟,像《非诚勿扰》这样的节目与孟非这样的主持还是少数;试想,当社教服务类节目都需要"娱乐"时,也可见媒体之间"收视率"的竞争也越来越白热化。在这种泛娱乐化的背景下,经商业化的助推,媒体也变得愈发浮躁,并将观众带入了一个全民娱乐的"集体狂欢"之中,尤其是无止境的、无差别的甚至是无底线的"真人秀"节目在使媒体获得巨额利润的同时也丧失了很大一部分公信力。这种博人眼球的"狂欢"之后带来的是更多空虚、浮躁,甚至"娱乐至死"的恐慌。因此,媒介环境亟须整治。2010 年以后,国家广电总局关于"反三俗""限娱令"等相关规定的出台,开始力求遏制并扭转这种娱乐乱象的局面。

三、文艺类节目及其播音创作

这一时期,广播电视文艺类节目在专场录像、专题节目、文艺专栏、电视音乐(戏曲)艺术片、综合性文艺晚会、评奖竞赛活动等内容的基础上,又新注入了娱乐性、趣味性更强的综艺娱乐节目。创作思维与制作方式的改变,对播音创作主体及其创作也提出了新要求;他们不仅要进行综艺娱乐新闻的播报、访谈明星艺人、主持驾驭节目、组织现场互动,还要参与表演、歌唱及游戏等活动;他们不但要形象气质出众、多才多艺,还要具备一定的艺术文化修养,能够将自身作为一个娱乐元素融入节目中,带动录制气氛,提升播出效果。

(一)20 世纪 70 年代末至 80 年代:综艺节目及其主持创作的兴起

从 1978 年起,央广一些传统的文艺栏目如《星期音乐会》《京剧选段》《小说连续广播》《阅读和欣赏》等相继恢复播出。进入 20 世纪 80 年代,广播文艺节目开始努力"自己走路",播音创作内容与形式变得更加丰富多彩,有声语言表达的艺术性也有了更多的展现,尤其是以央广的《今晚八点半》节目为代表的主持人节目创作更是新颖别致。

1.《今晚八点半》

1987 年元旦,央广第一个文艺综合性主持人节目《今晚八点半》开播,由雅坤、贾际等人主持。每天 20∶30 播音一次,每次 55 分钟。主持内容在传播信息和知识的同时,以听众点播为主,涉及音乐、戏剧、曲艺、文学、电影剪辑、人文知识等多种形式,融欣赏性、知识性、娱乐性、服务性为一体。节目最大的亮点是一改过去"我播你听"的创作模式,鼓励听众参与,可以来信点播自己喜欢的文艺内容。据开播当年年底统计,该节目共收到来自全国乃至世界 13 个国家和地区的听众来信 10 万余封,其中不乏对节目、对主持人的赞美之词。在谈及节目受到欢迎的原因时,节目负责人郝小明曾直言:"听众承认我们的节目,首先是因为承认了两位主持人。"①的确,雅坤与贾际在节目中的主持可谓是亲切明快、落落大方、平易近人;热情而不造作,诚恳而不讨好;有涵养而不故作谦虚,知之甚多却不卖弄,说理透彻但不居高临下,体现出了一种落落大方的风范。

新颖的节目形式、丰富的文艺内容,对主持人的语言表现力和节目驾驭能力提出了更高的要求。其中,最主要的特征之一就是通俗易懂、亲切自然的"口语化"表述。以下是《今晚八点半》1992 年播出节目中的一段主持词:"乍一看,你还以为在你面前的这位就是电影演员陈佩斯。不但鼻眼酷似,就连那寸草不生的秃脑瓢也是一样的锃光发亮。只是比起陈佩斯来,形体上他整个小了一'码'。也只有从那深邃的目光和眼角微翘的鱼尾纹,你会发现他已知天命。他就是马季的第十位弟子,相声演员刘喜尧。"以上这段主持词,说的全是"大白话",播音员就好像坐在听众的对面唠家常,充分体现了"家庭艺术"的特点,叫人觉着那么亲切,那么舒坦②。从以上这段主持词来看,能够明显发现与以往播音稿的不同。这种表述方式更加"适听",更符合广播语言的要求。

文艺性节目,除了需要主持人具有一定的语言表达能力外,还要有较好的语言感受力与感染力,能够在主持节目的过程中穿针引线的同时以情动

---

① 文璐."今晚八点半" 五亿共此时:关于广播赢得受众的探讨[J].中国记者,1990(04):17.

② 孔德明."上口" 和"入耳":增强广播电视语言的适听性[J].语文建设,1993(01):25.

人、以情感人。欲呈现出这般效果,主持人往往还应具备一定的文学、艺术修养,才能够把握节目内容,妙语连珠,驾驭节目进程。雅坤、贾际二位主持人充分展示了较高的创作水平,并且以亲切、自然、活泼的风格打动了听众。一位老听众是这样形容主持人的语言表达的:"主持人娓娓道来的话语像是自家人的家常话,听起来入耳入心,既像数九严冬里温烫的一壶烧酒,又似三伏酷暑中沏泡的几盏酽茶。节目进行中也间或穿插一些幽默笑话、诗词歌赋和常识性的知识,往往引人无限遐想,令人欲罢不能。"①

以主持人的形式替代播音员的播音,对改变央广文艺节目在听众中的形象有重要意义。虽然对一些节目来说,仍需要播音员的朗诵、播讲,但总体而言,文艺节目的播音要更加接近听众、接近生活、亲切自然、平易近人,而不应当居高临下、面孔严肃,可敬而不可亲;也不应当阿谀讨好、嬉皮笑脸、小家子气。这种创作标准尺度的拿捏对曾经习惯了播音的播音员来说,想要改变实属不易。正如雅坤所说:"我原是搞播音的,一下子坐到话筒前当主持人,开始怎么也丢不掉那种干巴巴的播音腔。准备了好几个月才算进了'角色'。慢慢地,我就不觉得是在主持节目啦,而是在与意念中的千百万听众聊天、拉家常。再后来,这也成了我生活中的一部分,一天不聊就难受。"②应该说,从一般的播音调子到播讲主持人是一个转变,而从播讲主持人到编采主持人又是一个更大的转变。从对一个名副其实的综合性文艺节目主持人的要求看,要实现关于后者的转变并不是轻而易举、一蹴而就的。要做这样一个主持人,首先应取得定稿人的资格,对文艺广播所涉及的方方面面应具有相当的驾驭能力。在政策方面,必须在把握党的总的方针政策的前提下,把握文艺总的方针政策以及各个领域门类的具体方针政策。这样才能确定节目的方针,把握好节目的方向;才知道宣传什么,提倡什么,什么问题讲到什么程度。作为国家电台文艺节目的主持人,这种"喉舌意识"不仅应该具备,而且应该增强。在具体业务方面,因综合文艺节目涉及

---

① 李浩.怀念《今晚八点半》[J].社会福利,2012(08):51.

② 文璐."今晚八点半" 五亿共此时:关于广播赢得受众的探讨[J].中国记者,1990(04):17.

广泛,要求主持人应了解古今中外文学艺术史的发展状况,每一阶段和时期的代表作品、代表人物及其艺术风格,以及文艺理论各种流派的观点和发展动向。对各流派理论,主持人应有研究,并有真知灼见。由此而来是要求有比较高的鉴赏水平,能够对各类作品作带有理论色彩的分析和评价,而不仅仅是直观感觉。有了这样程度的鉴赏水平,才不至于把好作品说成是次作品,而把不好的视为上乘之作。在活动能力方面,主持人应该是一个社会活动家、出色的组织者,应熟悉文学艺术界各个领域的各种人物,熟悉他们的成就和个性,具有把这些知名度较高的一批人物团结在电台和节目周围的能力。在学识上,他们应有共同语言,不能"一问三不知"。在采访业务方面,应是一名训练有素的记者。对节目主持人来说,语言表达的流畅、文思敏捷和应变能力是不为过分的要求。在这个基础上还应要求有个人语言的特色,例如幽默、诙谐、风趣等。①

在实施精办名牌节目战略的部署下,继《今晚八点半》后,央广于1992年1月又推出了《音乐天地人》《海外乐坛》《空中大舞台》三大文艺节目板块。其间,几乎所有的省级广播和大部分市级电台均开办了此类板块式的综合性文艺节目,无一例外,也均选择了主持人节目的创作方式,在广播界风靡一时。

2.《春节联欢晚会》

在电视文艺节目及其主持创作方面,除延续各类文艺活动转播外,也开始设置一系列常规文艺节目及固定的节目主持人。1984年,央视开始相继开办《艺苑之花》《音乐与舞蹈》《曲艺与杂技》《戏曲欣赏》《百花园》《电视剧场》《文艺天地》《旋转舞台》《短剧与小品》等文艺专栏,令人耳目一新。同时,一些地方电视台对在播的文艺栏目的内容与形式开始不断翻新,主持人的选择便是推陈出新的元素之一,如天津电视台《曲艺大观园》就聘请了相声表演艺术家马三立先生作为主持人。该台为了加强文艺宣传,又在1986年开办了全国首家电视文艺台。次年,湖南电视台文艺台也宣告成立。这些专门频道的建立对文艺节目播音主持创作的发展起到了助推作用。而

---

① 熊生民.《今晚八点半》漫笔[J].现代传播,1987(04):48-49.

这一时期,值得载入史册的是电视综艺性文艺晚会的异军突起,其中最引人注目的当数央视的《春节联欢晚会》及其主持人人选。

"春晚"是春节联欢晚会的简称。央视春晚是中国规模最大,也是全球收看人数最多的电视节目。其雏形可追溯到 1961 年 8 月 30 日这一天。当晚 20 时,"笑的晚会"在北京电视台(央视前身)大演播室开始直播。晚会播出后,观众写信大加赞扬并要求再办。于是,1962 年 1 月 20 日 20 时整,导演王扶林一声令下:开始! 一把折扇出现在镜头前,上书四个大字:笑的晚会。相声演员马季表演了开场节目《笑一笑》。坐在观众席上的年轻播音员赵忠祥乐出了声。"当时我的感觉,就像足球学校的一个年轻运动员看马拉多纳一样。"赵忠祥这样评价这台"最早的春晚"。① 1979 年除夕,央视又重新开始播出带有春晚性质的"迎新春文艺晚会"。到了 1983 年,首届现场直播形式的春节联欢晚会在央视正式播出。从此,每年农历除夕北京时间 20时,春晚都会准点在央视播出,节目时间持续 4.5 小时,直至凌晨 1 点。

"春晚"这个神奇的舞台见证了无数人的一夜成名,主持人也位列其中。时至今日,每年春晚主持人的人选依然是坊间谈论的话题。在春晚之前,中国还没有专门的"晚会主持人"一说,他们更多地被称为"报幕员"。通常的表达是:"下一个节目是由×××为您带来的歌曲《×××》,欢迎他为大家演唱。"简单、实用,但也枯燥、无味。这种创作形式首先是由于技术原因——无法在节目直播中上字幕所造成的。直到 1983 年春晚的异军突起,总导演黄一鹤首次引入"主持人"概念,由其串场而不是报幕,并大胆地邀请了相声演员姜昆、马季,喜剧演员王景愚,电影演员刘晓庆担任主持人,且一律互唤"同志"的称谓,不同于今天的语境②。而赵忠祥则仅致开幕词。

作为"主持创作"在春晚的第一次登台亮相,自然有很多尝试。最引人关注的是 3 个方面:第一,由于春晚最初的形式是"茶座式联欢会",因此,主持人常常是那个烘托气氛、鼓励大家上台表演节目的人,而他(她)自己也要被大家"起哄"表演节目。所以,1983 年春晚的主持,延续了第二届《笑的晚

① 徐天.1962:中国"春晚"诞生秘事[N].文摘报,2013-02-09(05).
② 郭镇之.从服务人民到召唤大众:透视春晚 30 年[J].现代传播,2012,34(10):9.

会》的传统,由相声、喜剧或电影演员担当,不同于以往的简单报幕,而是以"从群众中来,到群众中去"的新颖、幽默的主持方式灵活地串联了整台晚会。如果用当下的流行词来形容,就是"沉浸式"主持。从此,这种以喜剧类语言节目演员为主体的主持方式被沿用了多年,直至1991年的春晚才真正由专业主持人挑起大梁。不过,上述组合形式至今依然活跃在荧屏上。第二,主持人在大型主题晚会中是否可以夹带"儿女私情"?在首届春晚上,作为主持人之一的刘晓庆在直播过程中面对全国的观众向自己的父母拜年曾引起不小的争议,甚至一度被视为"自由化"的表现。时移势迁,此处可不必再去探讨这一问题,毕竟是"首届",此举亦可看作是主持人个性化表述的一次尝试。第三,作为"联欢会"的首届春晚尚未被提升至"仪式化""新民俗"的高度,因此,主持人在晚会开始时的出场还没有隆重的仪式感,更没有完整的集体亮相,而是随节目的行进陆续出场,既零散又恣意,尤其是在除旧迎新的零点报时之际,也未见针对主持人的出场设计,使得这一特殊时刻没有得到更好的烘托与渲染。尽管留有遗憾,但当年晚会播出后,4位主持人的表现立即引起了强烈的反响并获得极大的好评,他们分工合理、连珠合璧,更是由此奠定了中国综艺节目主持人之后十多年的风格基调。

黄一鹤这样描述当初设置主持人的初衷:首先,主持人在节目中是编导者的代言人,直接用语言完成晚会主题的升华和点睛,而主持人这种人性化的符号也使得单个、零散的节目具有了凝聚性,主持人相当于整台节目的黏合剂。其次,主持人是节目进行中的情感催化剂。像春晚这样的综艺晚会不同于电影、电视剧可以用完整的篇幅来讲述一个故事,但是编导者对于单个节目的罗列并不是简单地排列和堆砌,看似无关联的节目之间实际上凝聚了编导者独具的匠心。主持人在其中承担的一个重要责任就是推动情感流动的进程。再次,因为电视节目和观众之间的感情交流并不是单向的无反馈的交流,所以主持人也是观众意见的代言人,而正是这种桥梁的作用令优秀的主持人被观众看作朋友和知己。从整台节目来看,主持人就像是一艘船的导航员,引领观众在不同节目和不同艺术样式中穿行,并且完成节目由感性层面到理性层面的过渡与提升①。

从 1983 年到 2012 年,春晚的主持创作风格可分为三个阶段。1983 年至 1990 年,为萌芽探索阶段,主要由本台播音员负责开场致辞,文艺界人士担当串场主持。由于主持人职业多样、更换频繁,也因此以不拘一格、形态多样的创作方式著称。不过,主持环节已基本确定,包含开场词、中场串词、朗读观众来电以及零点钟声贺词等。1991 年至 1999 年,是稳定成熟阶段,主持人几乎均由台内专业主持人担任,赵忠祥与倪萍成为核心人物。主持创作的专业水平大幅提升,语言表达逐渐丰富,尤其是在介绍节目的时候,已不再生硬地说出"下一个",而是通过介绍更多的背景信息,传递出情感态度与价值观念。2000 年至 2012 年,是创新求变阶段,周涛、朱军、李咏、董卿成为登台频次最高的主持人。主持风格变得更加轻松自然,节目串词开始贴近"唠家常"。尤其是李咏更为突显,从语言、装束到台风、外形具有极高的辨识度,似乎成了春晚的另一个标签。

其中,具有里程碑意义的当属 1991 年春晚。在 1991 年的春节晚会上,电视台专业主持人首次取代相声演员、电影演员,担纲整台晚会的主持重任。今天重新观看当年的那台春节联欢晚会,导演们在主持人使用上的探索意味仍清晰在目。4 位主持人分别是赵忠祥、倪萍、张宏民、李瑞英,另外由李扬、鞠萍、宋世雄、阚丽君担任嘉宾主持。在分工方面 4 位总主持人以报幕为主,语言规范、简练,不逾矩亦不出彩,相反是嘉宾主持语言方式更加活泼、自然,承担了更多的功能作用,如李扬为动物表演中的小动物拟人化的配音、鞠萍和李扬间的轻松调侃,都很好地舒缓了观众的情绪,有效地调节了气氛。这几位嘉宾主持人的主持风格、语言运用更加贴近观众,与 4 位总主持人形成反差。但是总主持人和嘉宾主持在整台节目中分工合理、亦庄亦谐、相映成趣,共同携手完成了主持任务。中国电视综艺节目主持人的队伍建设开始走向崭新的阶段。

然而,好景不长。自 20 世纪 90 年代中期开始,春晚对于节目主持人的

---

① 周涛.春节联欢晚会节目主持人的角色定位与传播理念[D].北京:中国艺术研究院,2008.

使用从过分依赖转向了另一极端——"淡化主持人",即着眼于节目的内在情感、逻辑线的编排和结构,削减主持人出场次数,严格把关串联词内容,不再完全依赖主持人串联整台晚会。语言内容"被"极其精练,常是"两句半"式的主持。例如,"男主持:春节是阖家团聚的时刻。女主持:在此,我们向节日期间坚守岗位的朋友们拜年!男主持:下面请欣赏……节目"。由于春晚"寸时寸金"的特殊性,在一个相当长的时间里,春晚导演把主持人出镜时间长度和语言压缩到了极其简化的程度,使得主持语言缺乏生动的魅力,更是失去了从起式的铺垫、细致的描绘到转折的妙趣,以及收尾处的中心意义的归拢,主持人成了晚会功能表述的单纯传声筒,似乎又回到了"报幕员"时代,只不过比那时多了一种虚假的交流而已。主持人尽管依旧是春晚中的重要角色,但是给观众的感觉是面目模糊的,没有留下深刻印象,以至于这种语言表达样式现如今还被年轻一代的喜剧创作者制作成笑料。从90年代后期开始,随着观众欣赏水平的提高,对春晚的不满和诟病越来越多,春晚的导演和主创人员将目光聚焦在每一个节目的精品化生产和对于节目内涵的深入挖掘上。在这种思想指导下,主持人的作用被重新思考和定位,主持人被当作节目重要的组成部分"融"入其中,而不仅仅是报幕员或者是舞台迁换道具时填充时间的工具①。

值得一提的是,春晚的节目主持人在享受着万众瞩目的同时,也要承担着极大的创作压力。这种压力从彩排时就已经开始了。春晚的6次彩排没有一次一样的,春晚一遍一遍地彩排,主持人的主持词同样要随之一遍一遍地修改,在直播过程当中,都在不停地改。比如一个节目演完后,应该是21点36分02秒,结果结束时是21点38分02秒,长出两分钟来,怎么办?主持人压缩台词把时间抢回来。朱军对每年春晚的劳累刻骨铭心,甚至偶尔会做个梦,"说直播了,话筒找不着了"。有时,睡到早晨六七点的时候,他突然从床上蹦起来,穿上衣服就往外蹿,以为是晚上六七点,8点那边就直

---

① 周涛.春节联欢晚会节目主持人的角色定位与传播理念[D].北京:中国艺术研究院,2008.

播了①。

时至今日,春晚已然成为一种新民俗,每年除夕夜,华夏儿女在世界的各个角落都不约而同地关注着央视春晚,已不再是欣赏节目那么简单,而是一种凝聚人心、寄托美好的仪式。而主持人也不同于以往的"司仪",更能将晚会所承载的内涵融会贯通于节目之间。无论是"强化",还是"淡化",主持人也如同除夕那顿饺子,得有,否则春晚也就不再被视为春晚。

(二) 20 世纪 90 年代:综艺节目及其主持的娱乐化进程

与广播节目的创作相比,电视综艺节目在这一阶段的发展可谓后来居上。20 世纪 90 年代初,《综艺大观》《正大综艺》《曲苑杂坛》等栏目相继在央视开播,对人们舒缓压力、愉悦情绪、开阔视野具有重要作用。从 1993 年起,央视又创办了《东西南北中》《九州戏苑》《地方文艺》《每周一歌》《中国音乐电视》等一系列高品位、高水准的新栏目。90 年代中后期,在央媒将综艺节目做大做强的同时,拥有更为宽松创作空间的地方媒体则开始了娱乐化的尝试,以《欢乐总动员》《快乐大本营》等为代表的一批新形式的综艺节目出现在屏幕上。同时,也培养了如倪萍、杨澜、李咏、李湘、何炅等为人们所熟知的综艺、娱乐节目主持人。

1.《综艺大观》

1990 年 3 月 14 日,综合性文艺栏目《综艺大观》在央视开播,可谓顺应时代,恰逢其时。该栏目设立了《开心一刻》《天南地北》等不固定的子栏目,汇集了小品、相声、演奏、歌舞等丰富的艺术元素,以全新的样式、丰富多彩的内容、观众参与的创作手法和现场直播的形式火遍大江南北,平均收视率高达18%,相当于每次播出都有约 2 亿人次收看,刮起了一股综艺浪潮②。该栏目先后由王刚、成方圆、倪萍、周涛、曹颖等主持,而最令人难忘的一位是倪萍。曾经,当倪萍宣布不再主持《综艺大观》而由周涛接任时,坊间还掀

---

① 易立竞.朱军和《艺术人生》的更年期[J].南方人物周刊,2010(39):29.

② 中国广播电视年鉴编辑委员会.中国广播电视年鉴:1991[M].北京:北京广播学院出版社,1992:277.

起过一番周涛能否胜任主持的质疑之声。仅从这一点也似乎能够看出，观众对倪萍主持的认可度。

倪萍形象大气，而且具备专业表演基础，这与综艺节目主持的创作形式一拍即合。她在节目中用山东方言"播报"的《天气预报》令人捧腹大笑、记忆犹新。从倪萍出版的一些著作来看，她还拥有一定的写作功底，可为其有声语言表达助力。从行为举止和着装风格来说，倪萍质朴素雅，就是在这一份平淡中内蕴着端庄贤淑、落落大方的韵味。从有声语言表达方式来看，倪萍总是能够将生活口语提炼为主持词，既妙语连珠，又通俗易懂、内涵深刻、感人至极；而声音里似乎也总是带着微笑，即使在动情时，也是"含泪的微笑"。总体而言，倪萍将观众接地气的审美追求与自身的外形特征和内在涵养巧妙地结合，形成了倪萍式的独特的主持风格。

在主持创作的过程中，倪萍不仅善于控场，而且勤于互动，应对突发情况更是手到擒来。而在控场、互动及救场这些环节中，她的创作始终伴随着一个字——"情"。似乎每一期《综艺大观》在使人放松、欢笑的同时，倪萍又都会让人落一次泪。例如：面对失聪的表演者，她说："朋友们，这些孩子听不到掌声，但是他们有一双明亮的眼睛，请观众们把手举得高些，告诉孩子们，我们爱他们！"面对现场在座的观众母子，她说："这位妈妈，我们都为你自豪，有这么好的儿子真幸福啊！小伙子，孝敬老人是受人们尊敬的，我们都应该向你学习。"面对地震中出生的孩子，她说："来，震生，阿姨抱抱，咱们转过脸来，让坐在电视机前的爷爷奶奶看看，瞧，得到你们捐助的小震生长得多好，多健康！来，给捐助你的亲人们鞠个躬，告诉他们，我会使劲长，将来好报答他们。"[①]言语过后，现场和电视机前的观众总是眼睛湿润甚至热泪盈眶。上述三例均为倪萍的"即兴口语表达"，最能真实地反映出她作为一个主持人在本能的情况下的表现。可见，倪萍的口语表达总是会带着细腻的情感输出，用现在的流行语来讲，就是常常在节目中"上价值"。

"感人心者，莫先乎情。"正如前文中黄一鹤导演所言，综艺节目主持人是"节目进行中的情感催化剂"。然而用情多了、时间久了，也有人开始质疑

---

① 倪萍.我常常觉得自己不会说话[J].语言文字应用,1997(04):23.

倪萍"煽情"、批评她在"表演"。许多年过去了,再看倪萍后期的主持,还有她常引用的"姥姥语录",不难发现,倪萍就是一个感情绵密的人,尤其是跟着姥姥长大的她,从小就受到最为淳朴的"老一辈"情感的熏陶,常"上价值"也就不足为怪。另一方面,倪萍善于表露情感,她在成为节目主持人之前是一名演员;或许正是演员出身,才使人疑惑她的"情"是否是在"演"。易于"动情",对于演员和综艺节目主持人来说都很重要;然而,不同的是,演员可以将这种情绪在规定情境内充分释放,合情合理,而主持人的创作似乎是在一种"生活空间"内的"与人分享",必须要将这种情感的准确性即分寸感把握好,"过"与"不及"都会给受众带来违和感。观众对主持人的过往经历和真实想法无从知晓,只会对其主持与言语的表达感到突兀、疑惑甚至拒绝。

从倪萍的主持创作中可以感悟到,"动情"与"控制"是主持人必须处理好的一对矛盾。动情与否,涉及主持人在创作中有无真情实感;控制优劣,关系到情感分寸的把握。主持人缺乏情感,其创作会因"寡情"而与节目及受众心理不协调,不能与受众共情;但若是主持人失去控制,情感过于浓烈甚至是自我宣泄,又会因为分寸不当而导致"煽情",使受众对主持人情感的真实性存疑,认为主持人在"煽情"、在"表演",从而产生抵触心理。因此,调节好动情与控制的关系,应是主持人业务能力的体现,也是节目主持创作的重点与难点。

与倪萍的风格不同,周涛作为《综艺大观》的第二任主持人选择了与其年龄更相适应的清新、淡雅、亲和的主持风格,并且勇敢地进行一些极限运动的尝试,如蹦极、大象按摩等,从而打破了电视节目主持人只是旁观介绍者的定式,让主持人和节目有了更深层次的关联。周涛曾说,主持人应该"生活"在节目中,而不应是附着在节目上的简单符号①。

2.《正大综艺》

本阶段,除《综艺大观》外,另一个带有"综艺"二字的栏目《正大综艺》也走进了观众的视野,并与《综艺大观》一同在第十届全国电视文艺"星光

---

① 周涛.春节联欢晚会节目主持人的角色定位与传播理念[D].北京:中国艺术研究院,2008.

奖"评选中获得了"优秀栏目奖"。

从 1990 年 4 月 21 日起,由央视和泰国正大集团联合制作的综艺益智类栏目《正大综艺》于每周六 19 时 30 分在第二套节目中开播,包括《世界真奇妙》《五花八门》等组成部分。它不仅是第一个外资介入、第一个以企业冠名,更是国内第一个连版式一同引进的电视栏目,在中国电视发展史上具有里程碑式的意义。其创作理念强调观众的参与和互动,通过猜谜的形式向观众介绍世界各地的风光、名胜、习俗以及妙趣横生的事情。观众由单纯的接受者变为节目的主体,是综艺节目娱乐化进程中的又一突出做法。不仅把观众请进演播室的看台,有些观众还成为游戏的参与者与嘉宾联合作战,成为主角,提升了观众对节目的关注度①。而对于播音主持创作来说,《正大综艺》也同样值得被写入历史。尤其是在电视节目搭档主持方面,可以说,该栏目磨砺出两种男女合作主持创作的新模式。

第一种合作主持的创作模式:相声演员+主持人。

姜昆与杨澜是《正大综艺》最初的一对主持人。前者是已经主持了七届春节联欢晚会的身经百战的相声演员,而后者是刚从英语系毕业的主持新秀。二人合力打造了一种主持模式:"通常是杨澜开始说一个话题,然后姜昆在后面补充,两个人交替用语言把节目贯穿在一起。姜昆以幽默为主,而杨澜以机敏、清纯为主。这种相声演员和主持人搭档的组合迅速风靡全国。"②然而,本应"三分逗七分捧"的创作规律到了这对主持搭档的手中,作为"逗哏"的姜昆,可是没少帮助"捧哏"的杨澜。"杨澜以一个没有任何电视主持经验的刚刚毕业的大学生的水平为起点,能得心应手,站稳在屏幕上,姜昆功不可没。"③

杨澜刚主持《正大综艺》时曾受到过一些批评,有的甚至是尖锐的。"杨澜的聪明才智和整体素质是大家所公认的,但是,她也自知语言是不行的,

---

① 成锦艳.从审美走向娱乐:以《正大综艺》为例看综艺节目的娱乐化流变[J].今传媒,2013(04):88.

② 於春.中国电视节目主持三十年研究(1980—2010)[M].北京:中国传媒大学出版社,2012:54.

③ 赵忠祥.岁月随想[M].上海:上海人民出版社,1995:69.

她感到主持实践当中的最大困难是语言,这是有自知之明的。"①面对质疑,杨澜自己也开始疑虑是否有从事主持创作的能力。作为合作伙伴,姜昆鼓励她说:"你应该放弃想讨好所有人的想法。先做你自己,然后再考虑那些批评有没有价值。有些人眼中的你的缺点,恰恰就是你的特点。中国看过的从一个模子里铸出来的人太多了,你别迫不及待地再去加入那个行列。"②就这样,在姜昆的鼓励下,杨澜开始在《正大综艺》的主持过程中探索自己的主持方式。

第二种合作主持的创作模式:"老"+"少"。

由于姜昆的离组,杨澜与中国第一位电视男播音员、主持界的前辈赵忠祥组成了一对新搭档。"在此之前,中国还没有一个年轻女主持和一个上了岁数的男主持搭档主持的先例。但杨澜的机敏活泼和赵忠祥的持重稳健相得益彰。"③其实,赵忠祥与杨澜这对"老少组合"在创作的协调性上也经历了一段磨合期,并非从一开始就合作得如此默契、协调。仅从赵忠祥一方就存在着诸多顾虑。第一,赵忠祥并不习惯合作主持,尽管他有过这样的经历,但也是完成各自的主持词,不用如此交流。第二,面对要接手别人已有的主持创作模式,赵忠祥认为实在困难。"姜昆与杨澜合作一年,这个节目已经搞得不错,我再努力也不可能模仿他们的模式。这就给我带来了难点。我的年龄、性格、过去主持节目的风格,都与他们已形成的风格产生反差。"④第三,赵忠祥更多的担心则是来自他身上已有的"光环","万一合作的结果不成功,那我就惨啦。当时年届半百,没有时间再让我打翻身仗"⑤。

然而,作为一名优秀的主持人,一向热衷挑战的赵忠祥还是接过了话筒。摆在他面前的首要一关,就是要改变《正大综艺》原来主持的快节奏,

---

① 姚喜双,苏海珍.话筒前的人生:著名播音艺术家林如和她的播音生涯[M].北京:中国广播电视出版社,2000:206.

② 杨澜.凭海临风[M].上海:上海文艺出版社,1997:56.

③ 於春.中国电视节目主持三十年研究(1980—2010)[M].北京:中国传媒大学出版社,2012:54.

④ 赵忠祥.岁月随想[M].上海:上海人民出版社,1995:71.

⑤ 赵忠祥.岁月随想[M].上海:上海人民出版社,1995:71.

"过快的节奏有时令人觉得浮躁,而当时社会上的一种浮躁之风也令我担忧。我如接手,我要让《正大》先静下来。"①从节奏入手,他认为:"节奏不仅体现在速度中,也体现在气度上。一味快并非节奏,一个劲地慢也不是节奏。动静之间,快慢之间,张弛之间,都充满了节奏,充满了气度。这一切处理得当就会变为构成大器的神韵。"②赵忠祥就这样将原来最不利于自己创作的弊端,变成了一种独特的创作个性,不失为一个优秀的创作者。调整之后,赵忠祥与杨澜,一老一少,一个沉稳、一个热情,一个洞察世态而成熟稳重、一个涉世未深而理想单纯。于是动与静,热与冷,快与稳,亢奋与凝重,好奇与练达,浪漫与现实,奔放与徐缓,探奇与思索,坦率与含蓄,形成了二人分工合作的定位格局,既各具特色,又相辅相成、和谐统一。

1994 年,杨澜辞别《正大综艺》后,该栏目的主持人几经更选,程前与袁鸣、张政与王雪纯、林海与吉雪萍等搭档主持。虽然也是延续了"一男一女"的合作模式,但却没有了"一逗一捧"的诙谐幽默,也失去了"一老一少"的动静结合,"始终没能超越赵忠祥、杨澜共同主持的黄金时期,他们是《正大综艺》历史上最为辉煌的主持人搭档,也成为中国电视节目主持史上的经典样式"③。

3.《快乐大本营》

中国广播电视节目的嬗变离不开时代背景的变迁。20 世纪 90 年代,改革开放已十来年,社会发生了翻天覆地的变化,在快节奏的生活与工作中,人们需要寻找一种自我放松的方式来缓解心理焦虑,由此,不用费脑思考的游戏性娱乐节目备受视听者的追捧。继《综艺大观》《正大综艺》等节目之后,北京电视台于 1994 年 11 月推出了《午夜娱乐城》拉开了娱乐节目创作的大幕,但真正引起业界对综艺娱乐节目争相追捧的当属湖南卫视于 1997 年 7 月 11 日推出的一档游戏类娱乐节目《快乐大本营》,呈现出了综艺节目的一种最新的表现形式。而该节目的主持人李湘、何炅也成了一代年轻人

---

① 赵忠祥.岁月随想[M].上海:上海人民出版社,1995:71-72.

② 赵忠祥.岁月随想[M].上海:上海人民出版社,1995:72-73.

③ 於春.中国电视节目主持三十年研究(1980—2010)[M].北京:中国传媒大学出版社,2012:56.

所追星的对象。

作为一档周播棚内综艺娱乐节目,《快乐大本营》是中国电视综艺节目史上少有的常青树,自首播至停播长达 24 年,曾一度牢牢占据周末黄金档的收视首位。《快乐大本营》是一个融知识性、趣味性、参与性于一体的大型综艺栏目。节目以邀请国内外人士(主要是演艺界明星)及协作单位人员组成龙、虎、狮、豹 4 队,通过各类积极、健康的游戏进行现场竞技为总体格局。其间穿插各类文艺节目表演及支持嘉宾热线抽奖,为观众传递欢乐、愉悦情绪。栏目播出以后在全国产生了较大影响,开播一年之内,全国已有 43 家各地电视台前来学习取经。每天栏目组要收到寄自全国各地的信件数百封①。毫不夸张地讲,该栏目曾为湖南卫视成为"快乐中国"第一电视综艺娱乐品牌立下了汗马功劳,同时发掘培养出了李湘、何炅、李维嘉、谢娜、杜海涛、吴昕等为人所熟知的综艺娱乐节目主持人。对于主持创作的发展而言,《快乐大本营》更是开启了主持人明星化、艺人化、群体化等一系列模式的探索。

从以主持人为核心、明星为嘉宾的板块节目设计,到主持人带队、百姓为主角的游戏竞技,再到"无门槛"的主持人 PK、选秀活动。如同《快乐大本营》找到了流量密码一样,几位主持人也在这一栏目的发展进程中,找到了属于各自的风格,如李湘的"靓"、何炅的"暖"、维嘉的"帅"、谢娜的"疯"、海涛的"憨"、吴昕的"乖"。然而,"大本营"又将个性鲜明的主持人个体巧妙地融合在一起,由二人"搭档式"到三人"协作式",再到多人"群体式",形成了一股"快乐旋风"席卷中国,不失为一种主持人协同创作模式的典范。

(1)"铁三角":共治一炉,又各有火花

从《快乐大本营》的身上似乎第一次感受到了主持人的选择对节目的重要性。作为该节目首位女主持人,刚从"北广"毕业不久的李湘绝对给人耳目一新的感觉。在开播第一期的节目中,她那一袭明黄色的短裙让人眼前一亮、尽显青春时尚,使得旁边本来是"撑场面"的男主持人李兵黯然失色。搭档之间,甚至舞台上下的年代感凸显。"那时候她有种既清纯又灵动的美,正所谓'浓妆淡抹总相宜'(淡妆浓抹总相宜)。在大本营开播时李湘的

---

① 汪炳文.且话《快乐大本营》[J].当代电视,1998(09):20.

宣传片:柔顺黑亮的头发直齐腰际,双手合十放在脸颊的一边,用清亮的嗓音告诉大家——'快乐大本营,天天好心情',着实让许多家庭很快喜欢上她和她主持的《快乐大本营》。"①

节目播出不久,李湘"快人快语"的性格特征及其主持风格就跃然于荧幕之上。据何炅回忆:"有一次直播的时候,男嘉宾和女嘉宾都不愿意先上'火线冲击',互相推托,男的说'女士优先',女的说'男士先冲',相持不下之际,我不知道怎么办才好,只见李湘'脾气来咯哒'(长沙话),把火线棒往女嘉宾手里一塞,说:'我们先来就先来!谁怕谁呀,上!'难题化解,我愣愣地看着李湘,心里感叹:'佩服!佩服!'"②生活中的李湘也是如此"快人快语"。何炅还记得第一次主持节目时李湘给予他鼓励的场景:"远远见一个女孩一甩长发,过来与我握手。'你好,我是李湘,我们还是老乡呢!'……李湘一句话消除了我的陌生感,她又用第二句话给《大本营》定了性,让我也宽了心:'这个节目就是玩儿,别紧张,怎么轻松怎么来。'接着把一个话筒往我手里一搁:'你的麦(麦克风的简称),咱们上了,没事,你跟着我,错了有我呢!'我不禁在心里暗自叫好。这个女孩身上全无时下流行的矫揉造作之气,干净利落,热情大方,舒服!"③

正所谓"风格即人",或许正是李湘快人快语、热情开朗的性格与"天天好心情"的《快乐大本营》的节目个性如此契合,才被选中作为主持人。不过,鉴于游戏类节目的特征,李湘还必须有一个"对手"或一个"伙伴"与她共同主持。从第二期开始到1998年3月,李湘与电台节目主持人黄海波有过8个月的合作,后海波因自感不适应主动离开。随即,充满青春活力的24岁的何炅加入了《快乐大本营》。何炅不仅机智风趣,语言表达能力也极强,更加善于调动节目现场气氛。然而,两个彼此性格相像的主持人合作时,争抢话筒的问题也随之出现了。"刚开始的时候我和李湘的配合有不协调的地方,两人有时有些抢话,但随着时间的推移、彼此了解的深入,我们的合作可

① 王云峰.《快乐大本营》:开全国娱乐节目先河[J].当代电视,2008(11):11.

② 何炅.炅炅有神:我是这样长大的[M].海口:海南出版社,1998:71.

③ 何炅.炅炅有神:我是这样长大的[M].海口:海南出版社,1998:70-71.

以说越来越默契。……我一直觉得在我们的磨合过程当中，李湘所做出的努力大过我很多。……在我们两人的主持风格有冲突的时候，她默默地做了一些让步与调整，而这些让步对一个业已形成自身主持风格并已为观众接受与喜爱的主持人来说是多么不容易！"①好在李湘与何炅巧妙地化解了"一山怎容二虎"的难题，在二者彼此的磨合下，两个人的主持可谓珠联璧合。

《快乐大本营》之所以能够成功，原因之一就是十分重视并聚集了优秀的人才。为了给李湘选好一个搭档，节目组制片人汪炳文不惜到北京"海选"出何炅。并且，在得知星期五播出与何炅的工作时间有冲突时，为了让何炅能主持节目，台里居然冒着收视率下降的危险，将直播时间调到了周六。事实证明，何炅也没有令节目组和观众们失望。而当《快乐大本营》姊妹篇《快乐新战线》需要选主持人的时候，汪炳文又将橄榄枝抛向了李维嘉。"他们坦诚地邀请我加盟《快乐新战线》并承诺我他们会尽量满足我的要求"②，维嘉也步入"快乐"阵营，由此形成了早期的"'铁三角'：李湘掌握大流程，何炅搞气氛，维嘉做外景主持，创造了节目几年的'黄金期'"③。

看惯了李湘与何炅搭档主持的观众一时难以接受这个新成员，甚至认为维嘉是多余的存在。殊不知，维嘉在"浙广"科班毕业后就加盟了比湖南卫视还要前卫的湖南经视，策划主持了街知巷闻的时尚节目《时尚传播》。何炅对他印象是："不是外出采访，就是窝在机房里剪片子，接到他的电话也是兴致勃勃地告诉我又发明了一种新的编片子的方法，'巨漂亮！'然后就每周末看到他光鲜耀眼地在荧屏里介绍各类时髦玩意，一时间成为时尚界的带头人，威风无双。"④可见，维嘉也并非徒有其表。

为何曾经的"时尚先锋"在变为"快乐先锋"之后，会变得少言寡语呢？"原本我和李湘的搭配有不合理的地方，我们俩都属于话特别多的主持人，

① 何炅.炅炅有神：我是这样长大的[M].海口：海南出版社，1998：72.

② 李维嘉.快乐先锋[M].海口：海南出版社，2001：40.

③ 余长新.一个超稳定综艺节目的新陈代谢：从系统论角度看《快乐大本营》[J].艺海，2020（03）：65.

④ 何炅.快乐如何[M].长沙：湖南文艺出版社，2000：84-85.

都需要一个相对话少的搭档。"①试想，《快乐大本营》已经有了李湘与何炅两位互相抢话的"话痨"，维嘉的"冷幽默"倒是使"铁三角"更加巩固，而不是进入新一轮的争抢。维嘉这一种"冷幽默"的主持风格，从他与何炅共同主持的《快乐大本营》姊妹篇《快乐新战线》中就已经显现。由于维嘉与何炅的外形极为相似，他们需要加以区分。"我们决定大幅度削弱两人的相同点，把两人放在不同的角度，展开极具张力的拉锯似的主持。在气质上，维嘉突出'冷面笑匠'的冷幽默和灵感火花，我强调'热情小子'的活力形象和整体节奏感，并且让我们俩永远在一种较量的状态，不是各带一队打擂台，就是双方施展才艺较高低。经常在台上舌剑唇枪，争得不亦乐乎，有时候甚至会相互调侃到对方要急得跳起来。"②这样一来，原本认为二人是双胞胎的观众，一下子记住了两个主持人不同的个性。也许，正是在这段经历中尝到了甜头，维嘉在正式入主《快乐大本营》时，延续了这一风格。另外，当维嘉走入李湘与何炅这对搭档中间时，他必然需要找到自己合适的位置——他更像场上的"第三人"，或可以成为李湘的同盟"反对"何炅，或可以成为何炅的兄弟"欺负"李湘，或可以旁观者清一般地"公平执法"。就这样，"铁三角"制造出了一种主持创作中的平衡美学。

李湘、何炅、维嘉在执掌舞台时不过是刚刚大学毕业的无名小卒，但是在他们的身上散发着"初生牛犊不怕虎"的青春光芒。这种热情、活泼、松弛、大胆的主持力量使《快乐大本营》成了年轻人向往的"动感地带"。不得不说，他们所在的创作平台赋予了几位主持人巨大的创作空间。该节目制片人汪炳文曾说，《快乐大本营》的一个特点就是"有很多毛病"，这样的表述不乏幽默感，但的确也说明了一个问题——他们做节目的观念极度宽松，能以一颗平常心把别人往往认为是"毛病"的东西化为鲜活力，正可谓"化腐朽为神奇"。看来，以往那种在节目中"怕出错"的心理和屏幕前要"一本正经"的方式，已经从某种程度上成为一个制造虚假、呆板的根源。所以《快乐大本营》的编导能自豪地说：中央电视台的直播都很紧张，而我们就像"玩

① 何炅.炅炅有神：我是这样长大的[M].海口：海南出版社,1998:72.

② 何炅.快乐如何[M].长沙：湖南文艺出版社,2000:86.

儿"似的①。艺术创作的起源存在着"游戏"之说,也许正是在这样一种轻松的创作氛围中,主持人的个性才得以彰显,也是在这样一种游戏对抗下,激发了主持人协同作战的意识。

(2)"快乐家族":形散而神聚

《快乐大本营》的主持人团队曾经历过数次变迁。最初,李湘和李兵、李湘同黄海波主持,均因后者不适应综艺节目而夭折。1998 年,何炅加入栏目,与李湘组成"金童玉女"(当时在影视娱乐圈极为流行的一个词)。1999 年,李维嘉作为外景主持人加入《快乐大本营》,二李一何的"铁三角"模式初步确立。2002 年,谢娜以"叶子"的身份加入大本营。而直到李湘于 2004 年 11 月正式离开"快本"后,三去三留的谢娜在 2005 年终于入主《快乐大本营》,在经历了"快乐三人主持人 PK 淘汰"的"自相残杀"之后,划定了此后 10 余年,何、李、谢为主的主持基本格局。2006 年,杜海涛、吴昕因"闪亮新主播"的选秀胜出而开始主持《快乐大本营》。几番"新陈代谢"后,终于形成了相对稳定的"快乐家族"——一个由五名主持人组成的"主持群",不仅成为节目独有的品牌,更探索出了一种主持人群体协同创作的新概念。

对"主持群"较早的理论释义为:"由三个或三个以上特点鲜明的主持人按照特定规律组合在一起的一种形式。按照这个定义,主持群中的主持人不是随便几个主持人共同站在一个舞台上就可以了,主持人是特定的,他们(在)主持群中扮演的角色是特定的,其分工和配合应该符合一定的规律。"②在分工方面,有研究者将"快乐家族"中特定角色的分工阐释为:指挥者、喜剧者、貌美者、普通者、天真者,对应着"快乐家族"中的何炅、谢娜、李维嘉、杜海涛、吴昕③。而在组成结构方面,有人称"快乐家族"类似一个传统的中国家庭式的"垂直结构":何炅是家庭中的长辈,拥有最大的决定权;谢娜、李维嘉是第二代,是长辈决策的主要执行者;吴昕、杜海涛则是第三代,

① 游洁.电视娱乐本性的回归:从《快乐大本营》说起[J].现代传播,1999(03):90.

② 陈昌辉,王梅.综艺节目中主持群的分工与配合:以《剧风行动》主持群为例[J].新闻爱好者(理论版),2008(08):122.

③ 范雨竹.传播学视野下的内地综艺节目主持群现象探究[D].重庆:西南大学,2011.

活泼可爱,有时也淘气惹事①。也有人认为"快乐家族"是一人为主、两两成组形成的"同心圆结构":何炅作为"当家主持"把握全场,"闪亮新主播"杜海涛、吴昕配合何炅组成新版"娱乐三剑客"逐渐融入节目,经验丰富的维嘉、谢娜则组成"嘉娜评审团"随时插科打诨,热闹气氛②。无论是"垂直结构"还是"同心圆结构",在"快乐家族"主持人群中,每一位主持人分工明确,都有属于自己的特色和功能。显而易见,节目主持上是以何炅为主,他是整场节目的掌舵人,其他主持人辅助完成主持。经过一段时期的磨合后,每一位主持人都在节目中找到了属于自己的风格与定位。总之,无论个性如何、分工如何、地位如何、结构如何,"快乐家族"的成员们都心往一处想、劲往一处使,那就是要给观众带去欢笑。

除了五位主持人的语言及主持风格搭配上体现着"和谐即美",在性别设置、服饰搭配、高矮胖瘦、学识背景等方面也都体现着个性与共性的统一,达到了一种 1+1+1+1+1>5 的主持传播效果。以"家族"成立当年 2005 年为例,《快乐大本营》在全国 31 个城市收视份额达到了 3.61%,在湖南卫视所有自办栏目排名中仍然位居第一,在全国同时段排名第五。全年播出 52 期节目,有 8 期节目在全国的市场份额超过 5%,有 36 期节目在全国的市场份额超过 3%。③ 尽管成绩的取得并非依赖于主持人一环,但不可否认的是,"快乐家族"的确给行将就木的《快乐大本营》带来了新的生机。

从单人主持到双人搭档,再到多人协作,主持群的出现有其合理性,也有其巨大的优势,不仅可以使主持人之间优势互补、以老带新,还可以满足不同观众对主持人的审美需求。自"快乐家族"之后,又出现了《天天向上》的五人组"天天兄弟",《智勇大冲关》的六人组"智勇家族",《挑战麦克风》的三人组"挑战家族"等,嘉宾似乎不再是主角,反而是主持群成员彼此之间互动更引人关注。这种新的主持群模式将既有的传统的僵硬、呆板的模式进行了解剖,刺激了观众新的审美情趣。这些主持人在舞台上收放自如,或

---

①　范雨竹.传播学视野下的内地综艺节目主持群现象探究[D].重庆:西南大学,2011.

②　肖琳芬.《快乐大本营》改版研究[D].长沙:湖南大学,2007.

③　王云峰.《快乐大本营》:开全国娱乐节目先河[J].当代电视,2008(11):13.

分工明确,或高度参与节目,主持人与主持人之间有了更多的互动表演。对于受众,看到的也不再是严肃、机械的配合关系,而更像是几位好朋友玩在了一起,不仅能活跃现场气氛,使观众极易被现场情绪同化,同时将受众心绪也从远观欣赏转为全情参与,沉醉在快乐之中①。

4.《幸运52》

1998年11月22日,《幸运52》悄无声息地开播了。唯恐引进的节目形式因水土不服遭"毙",栏目的播出时间被特意选择在了多数观众熟睡的星期日早上7时15分。然而,《幸运52》的收视率却出乎意料地一路飙升。该节目是央视购买的英国ECM公司娱乐节目 *GO BINGO* 的本土化制作,剔除了原有的"博彩"成分,形成了"寓教于乐"的益智游戏类节目。其形式是由现场选手竞猜和场外家庭观众参与两部分组成,融入服务经济、贴近生活的特点,不仅具有扣人心弦、层层递进的精彩比赛,而且还开辟了电话竞猜热线等多种渠道,使场内场外观众都有公平均等的参与节目、赢得幸运大奖的机会。当几乎所有的综艺娱乐节目都将嘉宾的位置留给明星时,《幸运52》却邀请普通百姓担当选手。虽先后经历了7次改版,但平民化的视角贯穿始终。在央视出现这种纯娱乐化的节目是前所未闻的,所以在某种意义上来说,它成了央视试水娱乐的开端。

节目在"本土化"移植的过程中,主持人的选择自然成为其中一个重要考量元素。英国ECM公司的专家对选拔主持人提出两点要求:第一,一定要活跃,要得开;第二,只要他一出现,现场节奏完全由他把握,谁都挡不住②。最终,央视主管与英国专家在近百名的候选人中,不约而同地挑中了"摇摇晃晃、张牙舞爪"的李咏。

不可否认,《幸运52》的大放异彩离不开李咏个性化的主持创作。可以说,《幸运52》造就了李咏,李咏"风格"了《幸运52》。而这种"风格"既体现在有声语言表达上,也体现在夸张的副语言及独特的外形特征上。

对于广院播音专业科班出身的李咏来说,语言表达自不在话下。在主

---

① 范雨竹.传播学视野下的内地综艺节目主持群现象探究[D].重庆:西南大学,2011.

② 李咏.咏远有李[M].武汉:长江文艺出版社,1999:144.

持《幸运52》之前,无论是新闻播报、现场报道,还是影视配音,他都能驾驭得游刃有余。然而,李咏与总撰稿人关正文仔细推敲过后却达成了一个共识,李咏的主持语言表达要设定一个另类的标准:"这个标准就是——有话不好好说。怎么个意思? 打个比方,武松不说武松,非说是'潘金莲她小叔子'。"①为了不好好说话,李咏在家里做足了功课,专门买了一本《中国歇后语大全》,认真背诵、仔细研读。另外,李咏还总结出一条规律:"话要有趣,要学会断章取义,正话反说,形成反差,让听者有联想,越想越乐。"②从这些"诗外"的"功夫"来看,李咏所有的插科打诨看似无意,实则用心。

李咏的造型似乎与"有话不好好说"的标准异曲同工,在众多央视节目主持人中,可称得上是不折不扣的另类。这样做无非是为了吸引观众的眼球,"为了赚取收视率……我决定闪亮登场,于是就有了后来那个被王朔评价为'穿得像18世纪法国皇宫里看大门'的李咏。……我完全没有感知到环境对主持人着装的限制和要求,纯粹本着自己审美诉求和习惯,很不规范地登上了历史的舞台"③。一头漂染着时髦色彩的齐肩卷发,一身夸张花哨的礼服,一脸丰富多变的表情,一副潇洒不羁的派头,暂且不论是否被人认可,但至少首先令人眼前一亮。在"注意力"逐渐缺失的时代,李咏的外形确实先吸引了一部分人的目光。李咏自我设计的一些手势也为他打上了特立独行的标签。节目中,李咏出题前或公布答案后,对着镜头击出一拳或扔出手卡的标志性动作,也成为观众心中不可磨灭的经典造型。要知道,过去的主持人谁敢在舞台上扔手卡?! 定会被人诟病为不尊重观众的。但这些浮夸的体态语从李咏身上发出,却演变成了节目品牌的符号。

之所以选择这样的有声语言、副语言以及外形设计,归根结底是李咏内心的"只要给我合适的土壤,我就娱乐至死"的创作理念使然。"其实我自己心里也一直有个口号——娱乐娱乐。听起来跟'寓教于乐'差不多,意思可

①　李咏.咏远有李[M].武汉:长江文艺出版社,1999:145.

②　李咏.主持人在节目录制时的即兴发挥[J].视听界,2007(06):81.

③　李咏.咏远有李[M].武汉:长江文艺出版社,1999:160-161.

差远了去了。……甭管多'益智'的题目,我都提倡娱乐包装,有话就是不好好说。"①李咏说:"以往的文艺娱乐节目,编导比较注重人的情感,以情拉动收视,比如讲一个动人的小故事什么的。现在,处在快节奏下的人们,本身压力就很大,人们太需要在欢乐中发自内心的放松。这档节目真的是没有跟谁较真,辨出个谁是谁非来,电视台都把姿态放下了,主持人也没有把自己当回事,观众也就没大没小,大家不都是图个轻松快乐嘛。于是,谁都会把自己抛进去。每到节目精彩之处,我先'疯'了,一蹦三尺高,语无伦次,观众一看我都这样,他们还闲着干吗?也开始撒欢地'疯'吧。大家都觉得从里到外透着一种平等,因此特别开心。"②李咏这么说,也是这么做的,他从来不会"说教"一些价值观,但又在欢笑中将温暖传递。尽管他嘴上时常挂着"将娱乐进行到底",在心底却始终牢记:"不管怎样,我很清楚,节目属于人民。任何时候我都必须一屁股坐在老百姓的立场上,这是一个大众娱乐节目主持人的职业道德。"③

在艺术创作领域中,常将某种前卫的创作风格称为"先锋艺术""实验艺术",从这一点来看,李咏主持的《幸运52》何尝不是主持创作中的"先锋"与"实验"呢?他自诩是CCTV的"娱乐底线",也自觉肩负起探底的使命。"《幸运52》开播以后,我一直为一个问题苦恼:到底'耍'到什么程度合适?我尽说大实话,但是这么多年了,观众习惯了'规范'的电视语言,实话怎么实说,才能让他们既能接受,又爱听?比如我能说自己脸长,那叫自嘲,能不能也拿别人的长相开涮?比如我管自家老婆叫'糟糠',能不能管别人家老婆也叫'糟糠'?最担心的是一路奔着'通俗'去了,万一没搂住呢?再有,站在堂堂CCTV的舞台上,我张牙舞爪,奔走呼号,飞卡片,送大奖,'耶!'……不规范里透着规范,还是挺新鲜。"④既然是"先锋",是"实验",这样的创作必然会遭到争议。随着节目影响力的加大,从台内到坊间对李咏的主持风

① 李咏.咏远有李[M].武汉:长江文艺出版社,1999:169.
② 张仕勇,王琰.李咏:"另类"主持"多情"人[J].新闻爱好者,2003(6):32.
③ 李咏.咏远有李[M].武汉:长江文艺出版社,1999:157.
④ 李咏.咏远有李[M].武汉:长江文艺出版社,1999:150.

格的争议也与日俱增,有人对李咏夸张甚至"嬉皮笑脸"的方式不接受。2000 年初,一次央视专门针对《幸运 52》召开的"闭门"研讨会上,央视前副总编陈汉元与前总编室主任庞啸为李咏的主持风格争得不可开交,前者主张支持,后者则执言"枪毙"。在观众之间,对于李咏的喜好也是褒贬不一,喜欢的将其捧上天,讨厌的将他踩入地,针锋相对、尖锐直白。但作为一个创作者,李咏顶住了压力,依然保持了自己的"咏式"风格,为观众送去欢乐。"一个主持人没有争议,只能说明他没个性,老少咸宜;要么就是他装——见了小孩装嫩,见了老人装乖,不男不女所以男女通吃。所以,我特别享受'备受争议'。你争故我在!"①

有媒体称,李咏把中国电视带到了全民狂欢的娱乐新纪元。2003 年,蒙代尔品牌实验室对电视节目主持人身价的评估,李咏位居首位,身价过亿,此后六年蝉联榜首。也由此激起对于主持人品牌价值的思考。"最佳游戏节目主持人""年度最佳主持人""年度最佳娱乐节目主持人""最具品牌价值主持人"等来自业界、学界、民间、官方各大奖项均被李咏收入囊中。甚至,美国《纽约时报》于 2006 年 1 月 21 日破天荒地在国际版面刊出对李咏的大篇幅专访,耐心分析他的主持还有他的"身价"②。而面对李咏的天价身价,小崔依然发出了"不过如此"的调侃:"5 亿? 他值吗? 干脆把自己卖了得了。"李咏自己也自找歧义地对峙媒体:"你拿 50 元来我就和你换!"无法兑现的几个亿,也许只是在"泛娱乐化"的阶段主持人参与的一场游戏而已。不过,品牌价值在一定程度上的确反映了市场、受众对主持人及其主持创作的认可态度,由此,学界也开始了一轮关于主持人品牌价值的研究。

(三)21 世纪:综艺节目及其主持创作的多元发展

20 世纪 90 年代中后期掀起的综艺风,在 21 世纪更加强劲,而且朝向更

---

① 李咏.咏远有李[M].武汉:长江文艺出版社,1999:156.

② JIM YARDLEY. A TV 'King' Pushes the Limits, Flashily but Gently[EB/OL].(2006-01-21)[2022-06-20].https://www.nytimes.com/2006/01/21/world/asia/a-tv-king-pushes-the-limits-flashily-but-gently.html.

为多元化挺进。借着《幸运52》的势头,央视于2000年7月7日开播了集趣味、益智、知识、惊险、幽默于一身的《开心辞典》,从普通百姓中选拔参与节目的选手,将网络与电视两大媒体巧妙结合,扩大了与观众互动的空间。用主持人王小丫的"请听题"和"恭喜你,答对了"的主持话语,将全国电视观众参与智力竞赛节目的热情燃至新的高度。与李咏的插科打诨不同的是,想要做个"慈眉善目的考官"的王小丫恨不得将写有答案的电脑转个方向给观众,而且她在每次公布答案之前总是会善意地问一句:"您确定吗?"据王小丫本人讲,其实,她主持时心里在说:"来吧,这里的灯很亮,这里的考官会笑。"①一时间,此类知识问答的综艺娱乐节目也开始遍地生花。

在众多热热闹闹的益智游戏类节目的围攻下,就在2000年即将结束时,一个"用艺术照亮生命,用情感温暖人心"的《艺术人生》誓要扛起将娱乐品位提升的责任。这档节目豪华的嘉宾阵容及节目策划似乎再也无法复制。

《艺术人生》是央视于2000年12月22日晚9点在综艺频道播出的一档谈话类节目。显然,它并不是简单的综艺娱乐式访谈,而是一档有文化内涵、情感深度和人文关怀意识的谈话节目,让众多德艺双馨的艺术家与观众一起品读艺术与人生。该节目似乎在"温暖"中很快找到了差异化的存在,引媒体风气之先。节目不仅访谈单独的明星个体,还常以"温暖""背影""铭记""致青春""同学会"为策划主题,全方位地展现了中国文艺界最具影响力、最温暖人心的人物、作品和事件,弘扬文艺领域的正气,鼓励文艺领域的创新,是寓教于乐的典范之作,"给中国电视树立了一个非常宝贵的本土的具有原创意义的电视品牌"②。就是这样一个需要在静谧空间里品读百味人生的谈话类节目,似乎很难想象如何与一位"春晚式"大型舞台主持人相联结。然而,如人生充满了惊喜与意外一样,主持人朱军随着《艺术人生》走进了人们的视野,成为大众茶余饭后的"谈资"。既有褒奖,也有批评。"喜

① 王小丫.十年[M]//赵化勇.与你同行:央视50位主持人献给建台50周年的心语.北京:中国广播电视出版社,2008:266-267.

② 朱冰坚.坚守卓越品质 创新引领突破:CCTV《艺术人生》开播六周年研讨会综述[J].现代传播,2007(02):139.

爱和讨厌朱军主持的人几乎一样多，前者的代表是家庭妇女，后者的代表是网络青年。煽情的丰盈与智力的缺乏是《艺术人生》的软肋，而知识结构与娱乐精神的欠缺则是朱军的软肋。"①

《艺术人生》刚开播时，如同呱呱坠地的娃娃，无论如何哭泣，仍是叫好声一片。致力于主持人节目研究的吴郁教授曾评价："这样真实感人的真情互动，不是赚人眼泪的一瞬即逝的悲情，她充满阳光，催人向上。艺术和人生的'真、善、美'，观众与嘉宾的真情互动是《艺术人生》一道独特的风景线，她无须口口声声叫人'锁定频道'，却能令人感动、回味。"同时，吴郁还赞誉道："主持人朱军富于艺术气质，既是明星们的熟人，也是观众的老朋友，主持《艺术人生》这样的谈话节目，他悉心地对自己从心理到语言，从形体到用声的状态都做了调整。每次策划会，朱军都讲出自己对嘉宾的感受，提出上场切入的点子，与制片人及编导们认真深入地讨论磨合，于是他离观众近了，平易、随和、松弛、自然，亲和力加强了。"②

尽管播出频道是"综艺"，但身处在国家电视台这一创作平台，就决定了朱军的主持创作方式必须是：有严肃也有幽默，有持重也有活泼。也就是说，朱军既无法像普通综艺娱乐访谈节目那样放得开，又不能像新闻访谈节目这般严肃。如何解决这一创作矛盾呢？很明显，朱军是从被访问对象一方着手。见到同辈的、亲密熟悉的文艺界朋友时，朱军显得更加放松、自然、活泼；遇到年长的、德高望重的老艺术家时，他又显得那么严肃、谦虚、拘谨，甚至如孩子一般的羞怯。不得不说，朱军对自身角色意识拿捏的尺度是恰到好处的。毕竟，朱军的创作经验及生活阅历十分丰富，否则真难以招架这些重量级的嘉宾。而朱军主持的火候得当，也体现在驾驭节目进程上。由于节目组会广泛而充分地搜集嘉宾的资料，常会准备意想不到的"礼物"、设置出乎意料的"环节"，正是朱军对这些"关键点"的精准把握，使每一期《艺术人生》都在这种主持控场的节奏中走向高潮。首期节目在央视综艺频道收视排行榜中位列第二，第二期便排名第一。用原制片人王峥的一句话来

① 易立竞.朱军和《艺术人生》的更年期[J].南方人物周刊,2010(39):24.
② 吴郁.真情互动《艺术人生》[J].电视研究,2001(08):63.

说,《艺术人生》没有成长期,一开播就直接进入了成熟期。

或许是"揠苗助长"用力过猛?不久,《艺术人生》的内容制作连同朱军的主持创作遭到了俗套与陈旧的质疑。"《艺术人生》所表现出来的所谓发乎于自然的'情'本身就值得怀疑,它不可能不带上表演的成分。""主持人朱军有一些问题问的意图很明显,连观众都看得出来他是想往某个煽情点上靠。什么事一做'过'了就拙了,所以朱军是否可以点到为止?""一是'煽情'的度没把握好;二是'煽情'成为一种带有太强的技术手段而使节目有变味的倾向。"①的确,批评之声非空穴来风。为了达到"寓教于乐"的目的,《艺术人生》总是通过主持人向嘉宾问出童年的不幸、学艺的艰辛、生活的不易、爱人的支持、遇挫的苦痛……主持人朱军完全在以"上帝视角"引导着嘉宾走向动情,尤其是节目尾声留给现场观众提问的环节,似乎成了大型"表白"现场。为表达对嘉宾的喜爱,"粉丝"要么当场献艺,要么送上亲手制作、饱含真情的礼物,常是一派艺术家与群众热情相拥的煽情场景,节目至此才算达到高潮;此等良机不容错过,朱军定要湿润着眼眶贡献一段总结性的话语,极具教育意味。其实,"寓教于乐"本没有错,这也是我国文艺创作的优秀传统,关键是在创作中不能为了"寓教于乐"而"寓教于乐",带着此等功利心难以创作出好的作品。暂且不论受众媒介素养的提升,就是在生活中聊天,人们也能够分辨出提问者是无意、善意,还是故意。不过,由于此时"娱乐化"程度的加深,朱军的"煽情"没有如当年质疑倪萍"煽情"时成为主持人创作的心理包袱,竟然成了一个喜剧"包袱",登上了 2005 年春晚小品的舞台——"套近乎,忆童年,拿照片,把琴弹,只要钢琴一响,就让你哭得没个完"——就这么被巧妙地化解了。然而,网络上对于朱军主持的质疑之声却没有一笑而过。诸如"朱军口误称毛岸青为'家父'""朱军被周润发玩残""朱军与港台艺人'鸡同鸭讲'""朱军该下课,谁还需要艺术人生?""朱军又口误了"的帖子比比皆是。这些可都是直指其创作水平及能力的问题,杀伤力远大于"煽情"。一时间,"朱军和《艺术人生》,成了中国最受争议的主持

---

① 陈旭光,刘海英,常青青,等.见仁见智的《艺术人生》[J].中国电视,2005(02):39.

人和节目之一"①。而面对这些网络上的批评,朱军尽管选择了不解释、不回应,时不时还会在自己的节目中自嘲,但心中也是五味杂陈:"有时候觉得委屈,有时候觉得警醒。也许吧,这本来就是我们该承受的。"②

围观的人边看边骂,边骂边看。也许,这就是进入网络时代接收习惯开始的前奏,偏偏让朱军赶上了。考虑受众需要是必然的,但主持人是否要一味地去迎合网友的评价呢?与人"实话实说"的是小崔、"1+1"的是老白,而朱军呢?坚守住那份"温暖"也许足矣。至于扛起央视娱乐大旗的重任,还是交给李咏好。

2003年10月26日,央视推出由李咏主持的平民选秀节目《非常6+1》,电视选秀节目开始走进观众的视野。2004年,湖南卫视《超级女声》与东方卫视《我型我秀》相继开播。之后,《快乐男声》《加油!好男儿》《舞林大会》《天天向上》《我爱记歌词》《中国达人秀》《一站到底》《中国好声音》纷纷登场,湖南卫视、东方卫视、浙江卫视、江苏卫视等开启了逐鹿中原的收视大战,先锋官均为各色娱乐选秀节目。央视也制作出主题更为宏大的《梦想中国》《星光大道》《赢在中国》等节目。各级创作平台根据自身的媒体定位,八仙过海、各显神通,掀起了一股全民选秀、全民真人秀的娱乐浪潮。

广播自然不甘错过娱乐这班快车,各家电台开始纷纷开播娱乐脱口秀节目,与电视恰恰相反,这直接导致曾经在音乐广播出现时的"去主持人化"发生逆转。的确,娱乐脱口秀,主持人不脱口来秀,节目该如何进行呢?!这一时期影响力较大的是《海阳现场秀》,该节目于2011年1月12日起在央广文艺之声上线,当时名叫《给力十七点》,是国内广播节目中罕见的一档新闻娱乐脱口秀栏目。其内容以当天或热点新闻娱乐话题为对象,由男女主持人搭档进行幽默的点评与调侃。每次节目开始,主持人海阳都以类似于单口相声表演的形式热场,常把自己塑造成亲和却又不乏小缺点、愤世嫉俗的小人物。他每次都会将开场秀中准备好的段子以自嘲的形式套用在自己或

① 易立竞.朱军和《艺术人生》的更年期[J].南方人物周刊,2010(39):26.

② 朱军.大恩不言谢:央视50年和我的15年[M]//赵化勇.与你同行:央视50位主持人献给建台50周年的心语.北京:中国广播电视出版社,2008:380.

编辑身上,从而产生许多意想不到的笑料,使观众产生亲近感,成为上班一族在回家途中的情绪解压器。对于娱乐脱口秀的主持人而言,"秀"更要体现的是在一种扎实的语言基础和舞台功力下对于整体局面的控制力,要幽默却不流俗,要有品质,有风格。如何更好地拿捏这种幽默感的分寸,需要具备一种综合能力[①]。一时间,这种轻松有趣的娱乐脱口秀节目在广播中风生水起,使老广播的主持创作又焕发出新的活力。

值得一提的是,这一阶段还涌现出了"体制外"的制作方式,产生了凤凰、光线、阳光等传媒集团,制作出了由杨澜主持的《杨澜访谈录》、由李静和戴军主持的《超级访问》、由李霞与索妮主持的《娱乐现场》等节目,这些节目都成了一代人的记忆。

这一时期,看似综艺娱乐节目及其主持创作十分红火,但也暴露出了许多问题。对于节目本身而言,多是国外制作形式的复制,有的甚至有版权纠纷,缺少"创造",甚至内容低俗;对于主持创作而言,主持人过度的娱乐化也出现了语言不规范、缺乏知识底蕴、脱离群众、绯闻不断……长此以往,中国广播电视的原创力会受到极大损害,这对于一个国家的文化产业有百害无一利。2011年10月24日,国家广电总局下发了《关于进一步加强电视上星综合频道节目管理的意见》[②],提出从2012年1月1日起,34个电视上星综合频道要提高新闻类节目播出量。同时对部分类型节目播出实施调控,尤其对形态雷同、过多过滥的婚恋交友类、才艺竞秀类、情感故事类、游戏竞技类、综艺娱乐类、访谈脱口秀类、真人秀类等类型节目实行播出总量控制,以防止过度娱乐化和低俗倾向。因此,该意见也被公众普遍称为"限娱令"。诚然,这不仅是对节目的管控,对作为节目元素之一的主持人及其创作来说,要求是一致的。主持人应该也必须以身作则,在创作的过程中,坚定文化自信,树立正确的价值观,引导节目正确的审美导向,在语言表达、主持风

---

① 贾际.中国脱口秀节目主持人成功的要素[J].中国广播电视学刊,2012(07):53.
② 广电总局下发加强电视上星综合频道节目管理意见[EB/OL].(2011-10-25)[2023-07-27].https://www.gov.cn/jrzg/2011-10/25/content_1977909.htm.

格、服饰妆容等方面,均要坚决抵制炒作炫富享乐、绯闻隐私、负面热点、低
俗的、无底线的审丑等泛娱乐化倾向,从而形成良好的娱乐主持创作氛围,
为下一时期文艺节目及其播音主持创作的真正复兴指引了方向。

第六章　社会主义新时代的播音创作

（2012—2023）

2012 年 11 月 8 日，中国共产党第十八次全国代表大会在北京召开，标志着中国特色社会主义进入新时代。参与本次会议报道的包括播音员主持人在内的中外记者高达 2700 多人，超过与会代表 400 余人，在党代会的报道史上尚属首次。

正是以此次会议为起始点，播音艺术创作也进入了社会主义新时代的发展阶段。其间，中国的媒体环境发生了日新月异的变化，媒体融合、人工智能……无不推动着广播电视事业的发展，从而影响着播音艺术的创作。尤其是，人工智能跨行联姻给播音创作带来了前所未有的机遇与挑战，"人工智能语音""AI 合成主播"成为播音创作的聚焦点与新转向。着眼于新时代背景下的播音艺术创作，其新闻播音风格守正而创新、文艺播音则彰显出强大的文化自信，社教服务播音却因自媒体的影响而陷入无尽的寂寥。播音艺术创作如何在新时代有效传承、跨越发展，成为时代之问。

这一时期的播音创作主题是：为实现中华民族伟大复兴的中国梦而服务。

第一节　播音创作内容新转变

播音创作若要在新时代取得进一步发展，其播音内容就必须结合时代、媒介、技术等新变化以及受众的新需求进行调整与创新。

　　首先,对新闻类节目而言,依旧坚持导向为魂,做大做强正面报道,尤其是"走基层、转作风、改文风"成了新时代开局之年广播电视新闻改革最醒目的话语。2012 年上半年,中央广播电视总台①(后简称"总台")派出近 400 多路报道团队、2000 多人次记者、播音员主持人,足迹踏遍 31 个省市区的上百个县市乡村。将话筒与镜头对准百姓,播报来自基层的各种真实境况的声音,受到了广大群众的普遍欢迎。群众是否满意,是衡量新闻工作的根本标准。"走转改"使这一新闻本性得以理性回归。其次,对社教服务类节目而言,公众号、短视频等新媒体播出平台的出现,使其受到了极大的影响。而上一时期异常火爆的婚恋交友类真人秀节目也无法再吸引受众的眼球,更是在"限娱令"出台后逐渐淡出了黄金时段。再次,对文艺类节目而言,播音内容发生了转变。习近平总书记于 2013 年 12 月 30 日指出:"要系统梳理传统文化资源,让收藏在禁宫里的文物、陈列在广阔大地上的遗产、书写在古籍里的文字都活起来。……讲好中国故事,传播好中国声音,阐释好中国特色。"②讲话醍醐灌顶,使广播电视文艺工作者们在阳春白雪与下里巴人之间、在复制国外经验与深挖本土文化内涵之间找到了平衡点与突破口。一批优秀的文艺节目相继推出,受到了群众的喜爱。综上所述,这一时期,新闻节目与文艺节目的播音内容的转变成为亮点。

一、新闻节目及其播音创作:守正创新

　　在新媒体尚未大行其道时,广播电视新闻节目曾是人们获取讯息的重要渠道。时至今日,在受众心里依旧具有较高的地位,尤其在面对来源不明

---

　　①　中央广播电视总台(China Media Group,简称 CMG),是中华人民共和国的国家广播电视媒体机构、国务院直属正部级事业单位,由中央电视台、中国国际电视台、中央人民广播电台、中国国际广播电台组成,由中共中央宣传部领导。对内保留原呼号,对外统一呼号为"中国之声"。

　　②　中共中央文献研究室.习近平关于社会主义文化建设论述摘编[M].北京:中央文献出版社,2017:201.

的消息时,大家还是会选择传统媒体来验证新闻的真伪。然而,传统媒体绝不能守株待兔,播音内容及其传播方式必然要与时俱进、要创新,要主动拥抱新媒体;但是,要注意的是,这种创新应是守正而创新;也就是说,必须在坚持和确保创作方向、创作道路、创作内容等正确的基础上的一种形式和方法的创新,并不是改变了播音创作性质与播音创作主体角色身份的基因突变。总台央视推出的《主播说联播》《国际锐评》等正是这种较为有代表性的创作作品。

(一)《主播说联播》

为了顺应时代发展,秉承媒介融合的理念,总台于 2019 年 7 月 29 日在新媒体平台上线了一档由《新闻联播》播音员们出镜的全新的短视频栏目《主播说联播》。该节目采用竖屏的拍摄与制作模式,其播音内容主要结合当天重大事件和热点新闻,用通俗化甚至网络化的语言传递主流声音。因接地气的播音风格,有人称《新闻联播》不一样了,转型了;其实,这显然是张冠李戴、以偏概全。尽管使用同一班底,但实际上是联播节目组在新旧媒体不同播出平台上的两个节目。播音员为了适应节目风格和创作平台的变化理应调整出的一种新的创作状态。不过,倒是可将同一播音创作主体的有声语言及副语言的表达进行对比,便可明显感受到在传统媒体与新媒体两个不同播出平台上创作的异同。

1.语言表达的突破

40 余年来,《新闻联播》的播音自成一种风格,被称为"联播体"。"国脸"们的语言表达业务扎实,吐字准确清晰,发音字正腔圆。《新闻联播》在起初入驻短视频平台时就十分网感化地介绍自己为"41 岁""摩羯座",用年轻人易接受的言语和文化进行表达,拉近了与网络受众的距离,又让传统受众感受到了不同的变化。当一句"快手的老铁们,你们好!"从一本正经的播音员李梓萌口中说出时,的确让人又惊又喜。这段《主播说联播》进驻快手的第一个短视频在 1 小时内的播放量就达到了 5400 万。而在抖音的"新闻联播"账号上,由康辉做开场白的短视频,同样使用了"打脸、粉了、硬核、怼人"等网络流行词汇。该段视频点赞量高达 1752.3 万。经过 3 天传播,全网播放量超过 1 亿次,点赞量超 600 万①。

除了在播音语言的选择上出现了网络用语外,《主播说联播》还存在人称的转换。《新闻联播》是以第三人称的视角对新闻进行客观播报,而在《主播说联播》中则更多运用的是第一人称"我"的视角在讲故事、"说"新闻,仅是人称的转换就可以使受众产生强烈的交流感。

总而言之,从 2019 年 7 月开始,以康辉为代表的《新闻联播》的播音员们,在《主播说联播》中一改文风,采用权威媒体鲜有的网络用词,如"粉联播您有眼光""该高大上绝不低姿态,该接地气也绝不端架子",甚至搭配了网络化 BGM(背景音乐),一下子吸引了年轻群体的关注和追捧。通过《主播说联播》这个节目,《新闻联播》也在短视频平台上获粉无数。

2.副语言的多样化

《新闻联播》的播音员们在使用副语言时相对其他新闻节目来说,更为谨慎。体态端庄是显而易见的,着装以简单大方为主。头部与肢体从不轻易晃动,面部表情也不会夸张多变。只有在副语言上做减法,表达时才会给人以权威性、稳重感、可信度。然而,新媒体平台创作,讲求沉浸式体验、人格化设置,这使得《新闻联播》的播音员们在副语言的创作上有了较大的发挥空间,在播报时更有了道具、音效和图表等辅助元素。例如:

在表情方面。曾有人评价《新闻联播》的播音员们不会笑。《主播说联播》让播音员们从"符号"回归到"人",他们有了人格化的形象,会根据不同的解说内容附带上一定的面部表情,从而使自己的表达更加具有感染力②。甚至,不仅有了"表情",还有了"表情包"。

在体态语方面。或许是为了标榜节目的权威性而非个人行为,《主播说联播》在 2019 年刚"上新"时,还无法摆脱《新闻联播》的影子,无论是演播室

---

① 金辉.播音主持副语言创新研究:以《主播说联播》为例[J].西部广播电视,2022,43(10):165.

② 金辉.播音主持副语言创新研究:以《主播说联播》为例[J].西部广播电视,2022,43(10):165.

布景还是坐姿均与《新闻联播》相同。而从 2021 年 8 月开始,播音员们多采用站立式播报,肢体语言运用得更加频繁,并不仅局限于抬起手臂、开合双手,还加入了"比心""拥抱""守护"等网络流行手语。

在服饰方面。与《新闻联播》一贯穿着的主播装不同,《主播说联播》中播音员的服饰常会使观众眼前一亮,如消防服、雪地服、志愿者服等。通过这种服饰搭配的方式进行讲述,不仅给广大观众留下了深刻的印象,更利于节目的沉浸感与代入感。

在道具及特效使用方面。传统的《新闻联播》的播音中,播音员几乎从来没使用过道具。而在《主播说联播》中,播音员常会拿着如稻穗、吉祥物等道具进行新闻的描述。另外,节目还善于运用音响、图表做加持,配合着主播的有声语言及副语言表达。

《主播说联播》是融媒体背景下央视的大胆创新,这并非说央视的播音员主持人没有"触网"经历,但直到《新闻联播》作为中国最具影响力的电视节目,进驻短视频平台,才标志着主流媒体的"破圈"之旅正式开启。

(二)《国际锐评》

20 世纪 60 年代,中苏两国间有过一场关于"主义"的论战,留下了经典的广播评论播音作品"九评"。时隔近一个甲子,面对中美贸易摩擦,总台央视呈现了具有典型融媒时代特征的电视评论播音作品"四评"。

2019 年 5 月 13 日,播音员康辉在《新闻联播》中铿锵有力、自信十足、立场鲜明地播报了题为《中国已做好全面应对的准备》的"国际锐评"。随后,《新闻联播》于 2019 年 7 月 25 日至 27 日又连续播发了由康辉播音的《究竟谁在全球到处欺侮恫吓他人?》与《美国是全球合作发展的绊脚石》,以及由刚强播音的《美国应该先治治自己的"人权病"了》三篇"国际锐评"。播出后,在社交媒体上形成了舆情热点,连续三天登上微博热搜。数据显示,"荒唐得令人喷饭"("二评")阅读量 6.5 亿次,评论 9 万条;"央视批美国怨妇心态"("三评")阅读量 4.7 亿次、评论 18.7 万条;"新闻联播揭美国遮羞布"

（"四评"）阅读量 1.5 亿次、讨论 9 万条①。在这"四评"的播音创作中，康辉与刚强以尖锐、犀利又不乏网络幽默的刚性评论话语，展现了国际竞争中的中国的坚定立场、大国态度。在金句频出的同时，赢得一致好评。

分析央视"四评"作品，我们可以明显地感受到其播音创作的特征十分鲜明。

第一，"三性三感"在播音创作过程中被展现得淋漓尽致。"三性三感"是播音创作的显著特征，包括规范性、庄重性、鼓动性、时代感、分寸感、亲切感。在"四评"的播音创作中，语用特征上体现了很强的时代感和分寸感，播音员主持人语言表达中紧扣时代，把握当下大众的心理，语言逐渐平民化，新鲜跳跃，同时很好地把握稿件所要表达的内容和节目现场的气氛，起到极强的引导作用。从规范性和鼓动性方面来看，这次《国际锐评》播音语用的转变，也凸显了精英文化与大众文化融合，它的传播效果，更是展现了有理有节、幽默反讽的交际性和批判性相融合的话语，更具传播力。尽管稿件中的措辞具有网感化，但在表现出强烈的亲切感的同时，又不失央视大台重点新闻节目的庄重性。

第二，评论性播音语言十分贴近生活。如"二评"中的"令人喷饭""搅屎棍"，"三评"中的"羡慕嫉妒恨""怨妇心态""卑鄙勾当""小人之心度君子之腹""满嘴跑火车"，"四评"中的"唾沫横飞""遮羞布""裸奔""恍如隔世""美国噩梦""选择性色盲""撒谎不脸红""自黑""滑稽戏演员""谈资中的笑料"等充满了歇后语、网络用语的表述，增强了评论播音中政治话语的贴近性。与以往政治话语刻板、官方的特点相比，这样接地气的表达方式，使普通民众能够快速对政治议题产生共鸣。

第三，"内在语"的表达恰切。在"四评"的播音文稿中不乏隐喻的使用，如"一评"是由 330 个字组成了 8 句话，每句话都有多个隐喻交织在一起，实际上"有 31 个隐喻表达，平均每 11 个字出现一个隐喻，以此构成了 8 个隐喻丛，助燃了以理性说服为特征的时事评论"。这些隐喻"是评论者有目的的

---

①　姚文华.央视《新闻联播》硬核评论带来的舆论狂欢研究：以国际锐评三次登上微博热搜为例［J］.新闻论坛，2019（05）：88.

选择与构建,是锐评的助燃剂,催化了评论的'燃'力"①。国际锐评作为政治语篇,旨在表达立场、以理服人,评论的撰写者让隐喻融在其中,而播音员则需要利用内在语等播音语言表达技巧将这些暗藏在文字稿件中的密码一一完美地展现出来。

第四,不能在否定高调门的时候,取消新闻播音的鲜明立场和刚健风格。"四评"的前三评均由康辉播音,而最后一评则是由刚强播音。对比来看,能够明显感受到康辉的语调要高于刚强。暂且不论两位播音创作主体在创作风格上的个人差异,客观来讲,虽然同样具有立场,但可以明显地感受到,康辉的播音更有气势,而刚强的却略显平淡。在播音界一味降调的同时,这次的创作验证了一点,播音,尤其是评论播音的高调绝不可被完全否定。

第五,副语言的合理使用彰显了立场与态度。例如,在"一评"《中国已做好全面应对的准备》中,康辉腰杆笔直、挺胸而微微抬头,这与平时播音"收下巴"的体态略有不同;再加上"一评"中康辉的三次撇头,两次点头……这些副语言在表情达意的同时,均彰显出了中国人民的自信心理与立场态度。而在《究竟谁在全球到处欺侮恫吓他人?》与《美国是全球合作发展的绊脚石》中,康辉的体态则恢复前倾,表达出一种诚恳交流的姿态。

接下来,再以由康辉播音的"一评"——《国际锐评:中国已做好全面应对的准备》为例,体会上述的创作特征。

> 康辉(体态上,挺胸、头微抬,与平时"收下巴"略不同):
>
> 本台刊播《国际锐评:中国(阳平"国"字的高升调型被加以凸显,其作用将主语突出)已做好全面应对的准备》。(关键词提取:中国应对准备。语意明晰)
>
> //锐评指出,对于美方发起的贸易战,(语气由亲切开始转换为庄重,并逐渐强硬)中国早(加重音量并延长音长)就表明态度:不愿(头向

① 张志慧.以喻为剑 震撼人心:5月13日《新闻联播》国际锐评"有目的隐喻"探究[J].台州学院学报,2020,42(04):59.

其右侧一撇)打,但也不怕(头再次向右侧一撇,幅度较前一次加大)打,必要时不得不(比"愿"与"怕"更重,同时采用了"憋气"的气息处理方式,利用"不"的爆破音喷口而出。意为"忍无可忍")打。面对美国的软硬两手,中国也早(加重并延长,但较开篇第一个"早"的语气不同。前者是略显"无奈",后者是"自信的微笑")已给出答案("给出答案"运用了点头加以强调):谈(配合着"谈"字的调型走势,下巴也随之上扬,表现出一种自信的体态),大门敞开;打(一般性文章的表达,上声常在语流中被处理为"半上"、调值变为211,但在此处,"打"在重读的同时将上声214归音到位,双重加重,可见决心),奉陪到底。(语气再次转换,自信十足)经历了5000多年风风雨雨的中华民族,什么样(词的轻重格式采用了重中重,语气自信中又吐露着不屑)的阵势没见过?!在实现民族复兴的伟大进程中,必然会有艰难险阻甚至("甚至"以"点头"的体态表现出早有心理准备;同时,"必然……甚至"的过程中伴随着自信的微笑)惊涛骇浪。美国发起的对华贸易战,不过是(语速放慢,声调不高,表现出"微不足道")中国发展进程中的一道坎儿,没(头第三次向右侧一撇,幅度较前两次都大)什么大不了,中国必将坚定信心、迎难而上,化危为机,斗出("斗"采用重轻的格式,突出了一个"斗"字)一片新天地。

　　//无论外部风云如何变幻,对中国来说,最重要(伴随着深度的点头,以表示强调的加强)的就是做好自己的(一语双关,指南打北,弦外之音其实提醒的是美国)事情,不断深化改革,扩大开放,实现经济高质量发展。(语气缓和)美国下一步是要谈,还是要打,抑或是采取别的动作,中国都已备足了政策工具箱,做好了/(此处有一个小停顿,同时利用张口动作补气,为后面一句补足气力)全面应对的准备。(转换语气,充满自信)这正如习近平主席所指出,中国经济是一片大海,而不是一个小池塘;狂风骤雨可以掀翻小池塘,但不(利用爆破音的喷口,加强了否定语气)能掀翻大海;经历了无数次狂风骤雨,大海依旧(延展音长的方式,强调语气)在那儿!(斩钉截铁、干净利落地收尾)

新闻类节目是宣传思想和舆论的主阵地,是党和人民的喉舌。新闻节目主持人作为一种重要的社会角色,有一套与地位、身份相配备的规范和模式,报道话语就是其中一种。他们以语言为媒介,传递主流信息的重要话语角色,他们的一言一行代表着国家形象和国家意志,不论哪种模式的话语,也不论媒体时代如何变革,新闻类节目主持人的话语角色和言语行为在大方向上是不可动摇的。全媒体时代的变革,使得人与人之间传递消息的方式、内容更加多样化。《新闻联播》不仅在文风上有所创新,主播康辉、刚强发挥自身专业,利用幽默风趣的言语,播报得铿锵有力、态度鲜明、张弛有度、跌宕起伏,尽显大国风范,也唤起了广大民众的群体认同感①。

二、文艺节目播音创作:文化自信

曾有一段时期,严肃的、高雅的文化表达方式常被认为是不食烟火、曲高和寡的;所以,作为大众文化载体的广播电视文艺节目尤其是综艺娱乐节目毅然自以为是地走向了另一个极端,一味地去制造低级趣味,还美其名曰是迎合受众的需要。其实,受众的审美情趣并非如此廉价,只是内容的生产者们、文化的传播者们没有找到合适的话语表达方式,缺乏文化自信、缺乏自我认知。2013年暑期,河南卫视的《汉字英雄》、央视的《中国汉字听写大会》两档文化类综艺节目相继开播,掀起了汉字书写的热潮,由此引发出关于文艺节目如何传承中华历史文化的议题,尤其是《中国汉字听写大会》首播后,相关话题旋即登顶至新浪微博电视节目话题排行榜第一位,超越了《中国好声音》《快乐大本营》等多档时下热播的综艺娱乐节目。一时间,从中央到地方再到网络视频平台,一批优秀的文化类综艺节目跃然于屏幕之上,也由此涌现出了一类"文化类节目主持人"。

(一)文化类综艺节目的突围

2014年10月15日,习近平在文艺工作座谈会上指出:"衡量一个时代

---

① 张伟英.广播电视新闻评论的播音艺术特征:以中央广播电视总台国际锐评为例[J].中国广播电视学刊,2020(02):61-62.

的文艺成就最终要看作品。推动文艺繁荣发展，最根本的是要创作生产出无愧于我们这个伟大民族、伟大时代的优秀作品。没有优秀作品，其他事情搞得再热闹、再花哨，那也只是表面文章，是不能真正深入人民精神世界的，是不能触及人的灵魂、引起人民思想共鸣的。文艺工作者应该牢记，创作是自己的中心任务，作品是自己的立身之本，要静下心来、精益求精搞创作，把最好的精神食粮奉献给人民。要坚持以人民为中心的创作导向。"①而央视推出的《中国诗词大会》与《朗读者》正可谓是这样的优秀作品，在一众泛娱乐化节目的纷扰喧嚣中成功突围。

1.《中国诗词大会》

《中国诗词大会》是国家语言文字工作委员会与总台推出、由央视第十套节目科教频道自主研发的原创文化类电视节目。2016 年 2 月 12 日至 2016 年 4 月 15 日播出了第一季。此后，2017 年至 2021 年，又相继推出了第二季至第六季，以及《2022 中国诗词大会》和衍生节目《中秋诗会》等。

节目以"赏中华诗词、寻文化基因、品生活之美"为创作宗旨，通过对诗词知识的比拼及赏析，分享诗词之美，感受诗词之趣，从古人的智慧和情怀中汲取营养，涵养心灵。以文化竞技加真人选秀的方式，用经典诗词做考题，开启了全民传统文化大复习时代。节目中，"主持人董卿以敏锐的触角和对传统文化深入的理解，通过诗一般的语言向受众展示了中华民族五千年文化精髓，同时也展示了主持人的文化传播功能，而如此强大的文化传播功能与主持人担负的文化责任及其文化形象紧密相关。主持人只有不断强化文化传播责任，努力构建文化传播形象，才能更好地担当起文化传播的功能"②。

2.《朗读者》

"无声的文字，有声的倾诉。"2017 年 2 月 18 日，原创大型文化类季播节

---

①　中共中央宣传部.习近平总书记在文艺工作座谈会上的重要讲话学习读本［M］.北京:学习出版社,2015:7-8.

②　王瑜.文化传播:文化类电视节目主持人的使命与担当:以《中国诗词大会》主持人董卿为例［J］.电视研究,2018(09):30.

目《朗读者》在央视第一套节目中首播。每期节目有一个主题词,邀请社会各界有影响力、有特殊贡献、有高尚品德和特殊人生经历的嘉宾来讲述与主题有关联的故事,朗读经典文学作品,弘扬社会主义核心价值观,让经典文字穿越时空同受众产生共鸣,激发人们对经典文学和传统文化的关注与热爱。

《朗读者》在主题及内容上有效地缓解了大众在碎片化的信息时代所患有的一种"文化焦虑",真正做到了将生命之美、文学之美和情感之美完整地融合。在《朗读者》受到广泛关注的同时,其主持人董卿再一次以得体大方的装束、广征博引的谈吐,向观众展示了一个温婉知性的主持人形象,赢得了观众的好评,更完成了其主持职业生涯的一次华丽转身。董卿不仅由晚会类节目主持人被成功定义为文化类节目主持人,更是成为策划人、制片人甚至经理人。

以上两个文化类综艺节目的现象级作品均离不开董卿精彩的主持,其创作特征可概括如下。

第一,"腹有诗书"的文化内蕴。董卿从小便热爱并熟读诗词歌赋,后攻读了古典文学硕士和艺术硕士两个学位,长期保持着阅读习惯。因此,她的开场语、主持词总是富有文艺气息,尤其是对经典文学的引用。如在《朗读者》第一期的开场语中,董卿先后引用了《诗经》《罗马假日》《红楼梦》等经典作品中的语句来阐释主题词"遇见"。如果说开场语是主持人创作前的案头准备,那么在节目中的即兴口语表达就是其文化底蕴的最直接的显现。董卿在主持《中国诗词大会》与《朗读者》时,经常会用脱口而出的诗句串场、点评、救场。有些诗句并不常见,董卿也可以信手拈来。这较为深厚的文化底蕴,使其在节目中作为文化传播者的主持人形象令人信服。

第二,"气自华"的体态展现。《中国诗词大会》第二季的一位选手曾这样评价董卿:"美人当以玉为骨、雪为肤,芙蓉为面、杨柳为姿,更重要的是以诗词为心,我认为您是我心目当中的标准的美人,您美得清新隽永。"①想必

---

① 《中国诗词大会》第二季第五期[EB/OL].(2017-02-02)[2023-07-24].https://www.yangshipin.cn/#/video/home? vid=&cid=eoa1baojx7n2dik.

这绝不是一句谬赞，董卿在主持过程中举手投足之间所散发出的优雅的气质的确与以上两个节目的格调相吻合。而这种气质绝不是俯视嘉宾与受众的，在《朗读者》第一期中，董卿在舞台上半跪在许渊冲老先生的身边采访的一幕令人印象深刻。总之，董卿以得体大方的装束、广征博引的谈吐，向我们展示了一个温婉知性的主持人形象，赢得了各界观众的掌声和好评①。

第三，深厚的主持功力。在《中国诗词大会》与《朗读者》节目中，可时刻感受到董卿精湛的主持技巧，这得益于她丰富的创作经验。她不仅连续主持了10年央视春晚，也几乎主持过所有形式的综艺节目。无论是在语言表达、嘉宾访谈、驾驭节目、即兴发挥等方面，均有不俗的表现。她总是能够有效地将选手、嘉宾、受众、节目四者联系起来，实现"传必求通"的效果，也使文化内容在一种极度和谐的气氛下走出象牙塔，飞入寻常百姓家。就像董卿自己所言："主持这样一档节目，是二十一年主持生涯积累的结果。"

第四，文化自觉与使命担当。回顾《朗读者》的制作初衷，董卿说："央视作为国家电视台，也到了一个扛起文化大旗，承担起文化传播职责和使命的时候"，而"作为一名主持人必须具有文化自觉，才能真正承担这个责任。"②董卿就是这样一位具有文化自觉的主持人。她的主持创作在满足接受主体文化需求的同时，也通过文化类电视节目向受众传播社会主流价值观，弘扬了中国传统文化，彰显了媒体工作者的责任感。

俗话说，"花无百日红"。对于一个女性主持人，尤其是综艺节目女主持人来说，往往创作的生命力并不会太持久。较那些年近不惑还在节目中卖萌装嫩的女主持人来说，董卿这次的"文化"转型，可谓是完美蜕变，更是在国内掀起了一股"文化型节目主持人"的热潮，应视为主持人职业生涯规划的经典案例。

（二）综艺娱乐节目的"去主持人化"

媒介融合与收视竞争在影响着综艺娱乐节目的生产、制作及传播模式

---

① 李新玉.《朗读者》：真人秀中的成功突围[J].传媒与教育，2017（02）：74.

② 王瑜.文化传播：文化类电视节目主持人的使命与担当：以《中国诗词大会》主持人董卿为例[J].电视研究，2018（09）：30.

的同时,也改变着播音主持创作的样态,呈现出"去主持人化"的现象,具体表现为两种形式:其一,职业主持人创作的"边缘化"与"隐性化";其二,非职业主持人创作的"跨界化"。

1.职业主持人的"边缘化"与"隐性化"

自 2012 年起,中国电视传媒业对于"制播分离"采取了"取其精华,去其糟粕"的态度,各大卫视借鉴国外的节目样态,本土化改造后续写着娱乐节目的热度,尤其是真人秀节目进入了黄金机遇期。也是从这时开始,综艺娱乐节目主持人开始被"边缘化",甚至完全"隐性化"。

2012 年 7 月 13 日,浙江卫视播出的《中国好声音》可谓是"职业主持人'边缘化'的开端"①,该节目主持人华少虽被冠以"中国好舌头"之名,但实际上,这"美名"与表达深度毫无相关。一方面,如机关枪扫射一般的语速不仅毫无美感可言,更显示不出对赞助商的半点尊重;当然,这不是华少的本意,其实,后期"抽帧"的特技就可以解决的节目时长问题完全没必要非让主持人如此展现伶俐的"口条";另一方面,节目中与选手的大部分访谈均由"导师"与"学员"自行完成,似乎主持人的创作又回到了报幕的时代,职业主持人真的开始被"靠边站"了。

也许是认为"边缘化"对于综艺节目"去主持人化"的程度还不够,各家卫视又开启了主持人"隐性化"创作的尝试,以湖南卫视的综艺节目最为明显。从 2013 年 10 月开始,在《爸爸去哪儿》中,科班出身的主持人李锐以"村长"的身份引导、串接节目。再如,在《向往的生活》中,何炅作为"家人"之一;在《明星大侦探》中,撒贝宁作为"玩家"之一;在《乘风破浪的姐姐》中,沈梦辰、吴昕均作为"姐姐"之一,等等。在以上这些节目中,主持人的身份被重构,不再是处于主导位置,而是成为"CUE②"流程以及播报赞助商广告词的角色。曾经,在节目中,主持人被凸显地推到驾驭整个节目进程的高

---

① 葛勇,陈睿琪.跨界主持:再造综艺节目生产与传播新模式[J].中国电视,2021(05):77.

② 该词属网络流行词,经常被用在综艺节目当中,指点请对方接话、表演交接转换的意思。

台上,而现在则被安插在更为隐蔽的衔接、暗示节目走向的角落中。原来是主持节目、参与游戏,现在变为直接体验。也有研究者称,这仍是主持人的艺人化。实则不然!我们在这些节目中,能够非常明显地感受到,这些"隐性化"的主持人不是"艺人"的角色,而是带有任务的"潜伏者",仍是以"主持人"的身份在节目中带节奏。一句话,艺人嘉宾可以主持人化,但是主持人很难艺人嘉宾化。

如果在一个节目中,连"隐性化"的主持人在节目中出现都被视为是多余的、违和的存在,那么,该节目就真的可以做到完全"去主持人化"了。2014年10月10日,《奔跑吧,兄弟》在浙江卫视播出;2015年6月14日,同为户外竞技真人秀节目《极限挑战》在东方卫视播出。在这两个节目中,提示流程的任务由总导演担当,口播冠名商广告则由嘉宾艺人直接完成。主持人已然完全消失,却毫不影响节目进程,令人唏嘘。随后,在一些综艺娱乐节目中,开始处处可见"召集人""讲解人""文化发起人""青春逐梦人""王牌特工""青春合伙人",唯独不见"主持人"。

曾经的一段时期内,由于极其强烈的学科专业性与不可替代性,播音员主持人常被视为拥有某种语言表达技能的"特殊人才"。他们必须要通过语音发声、逻辑表达、业务训练等十分完整、系统的培养与训练,还要经历大量的一线创作实践才能够胜任这一岗位。而现如今,传统媒体的播音员主持人正在经历一场史无前例的从业危机,"去主持人化"的现象已成大势所趋。无论是电视,还是广播,播音员主持人在节目中的作用不断减小,"呈现出角色淡化、话语泛化、形象隐匿等一系列去职业化的表征与事实,并在综艺节目领域表现得最为突出。现阶段的播音员主持人已不再是节目叙事的固定搭配与稀缺要素,播音主持创作的工作职责与媒介角色逐渐扩散、弱化。"①

2.非职业主持人的"跨界化"

2013年1月18日,湖南卫视播出了《我是歌手》节目,四季的主持人分别有胡海泉、张宇、古巨基、孙楠、李克勤、何炅和汪涵等。除了后两位是职

---

① 王秋硕.融媒时代广播电视播音主持创作互联网化的表征与进阶[J].当代电视,2021(05):97.

业主持人外,其余均为歌手。2014 年 1 月 3 日,江苏卫视推出大型科学竞技真人秀节目《最强大脑》,主持人是来自复旦大学的教师蒋昌建。2015 年 4 月 25 日,东方卫视开播的《欢乐喜剧人》的主持人是相声演员郭德纲。2021 年 10 月 17 日,江苏卫视开播的文化访谈类节目《似是故人来》的"文化发起人"王晓辉是中国网总编辑。有研究者曾以湖南卫视、浙江卫视、东方卫视、江苏卫视 2019 年至 2021 年播放量排名靠前的 31 档电视综艺节目作为研究样本,统计得出:"职业主持人"有 20 余人,"跨界主持人"有 70 余人。研究表明,在这些热播的电视综艺节目中,"采用'跨界主持'方式的节目数量远高于其他模式的节目,完全由职业主持人主持的综艺节目不足 30%。"① 在不同类型的节目中,"跨界主持"从功能上大体可分为执行者、指导者、体验者、倡导者。执行者指在电视综艺节目中以接收、执行、完成节目组特定任务为主的主持群体;指导者指在综艺节目中协助指导他人实现目标的主持群体;体验者指在综艺节目中亲身体验某种行为、活动的主持群体;倡导者指在综艺节目中对于某种行为、活动发起意见或建议,并且帮助人们从事这一行为的主持群体。②

"跨界主持人"在综艺节目中的普泛化,正是基于受众的个性化喜好、需求和体验。他们一般都是某一领域的名人,其号召力与影响力远超一般主持人。"跨界主持人"的加入打破了常规主持人作为叙事主体的一般设定,以不特定人称的叙事方式搭建"去中心化"的虚拟交流空间。明星偶像的全媒体话语优势往往更能满足节目的利益诉求。"职业主持"与"跨界主持"之间的话语权结构重组,拥有符号象征资本的明星以"主持人"的形态出现,逐渐成为综艺节目获取市场、增强吸引力的常态化方式,这正是跨界主持热潮的主要原因所在③。

---

① 葛勇,陈睿琪.跨界主持:再造综艺节目生产与传播新模式[J].中国电视,2021(05):76.

② 葛勇,陈睿琪.跨界主持:再造综艺节目生产与传播新模式[J].中国电视,2021(05):77.

③ 葛勇,陈睿琪.跨界主持:再造综艺节目生产与传播新模式[J].中国电视,2021(05):78.

回首百年,在广播刚刚诞生时期,"游艺界"的艺人客串甚至担当主持人的现象并不少见。自1980年诞生广播电视主持人至今也已40多年,综艺节目中主持人客串现象一直普遍。从曲艺演员到流量明星,"跨界""出圈"的非职业主持人的强化,职业主持人的弱化,已成为事实。

第二节　播音创作语言新表达

播音艺术创作是把文字语言转化为有声语言,或是将内部语言外化为有声语言,所以说,播音创作语言就是创作主体创造性劳动的最终体现,而语言表达就是创作的核心。从播音语言的发展来看,它具有一定的稳定性,也带有明显的阶段性。不同的时代会选择不同的播音语言与表达方式,这便是播音艺术创作与生俱来的鲜明而强烈的"时代感"的体现。在网络文化与新兴媒体的影响下,广播电视的播音语言出现了网感化的倾向,并开始了大刀阔斧的创作尝试。这种顺势而为之下,也需要自我的重新审视与反思。播音创作主体必须要转换语言在新时代、在融媒环境中的艺术化表达,但并非一味地迁就而无底线地拉低创作标准,而应该继续规范播音语言、锤炼"语言功力"、提升语言表达的感染力,拉近与受众尤其是新生代视听者的距离,这样,才能在守住阵地的同时而继续前行。

一、再谈创作语言的规范化

语言表达的规范化是播音艺术创作从诞生之日起就在讨论的问题。为何如此简单的一件事却难以坚守呢？因为,播音语言与生活语言缺乏距离感,常会导致二者的混淆。但凡具有广泛群众基础的生活语言有一点风吹草动都会影响到播音语言。过去的一段时期内,播音员主持人语言不规范问题主要表现在两个方面:方言化(包括港台腔)与洋泾浜化。尽管上述两种腔调已不再是当下某些播音员主持人所跟风模仿的,但英文、韩文、日文等外来语与字母词在播音语言表达中却依然存在。英文自不必多言,不胜枚举;而诸如韩文"欧巴""撒浪嘿"、日文"酱""达咩"等也开始充斥着人们的视听。

早在 2000 年 10 月 31 日通过的《中华人民共和国国家通用语言文字法》的第十二条中就规定了:"广播电台、电视台以普通话为基本的播音用语。需要使用外国语言为播音用语的,须经国务院广播电视部门批准。"同时指出,"汉语文出版物中需要使用外国语言文字的,应当用国家通用语言文字作必要的注释",但并未对广播电视等媒体中的外来语和字母词的注释方式方法作出明确要求。通常,播音员主持人在创作时会自觉加以补充说明或解释。

2010 年 3 月和 4 月,国家广播电影电视总局就出台相关文件并下发通知,要求各级各类广播电视播出机构在使用中文进行播音、播报的节目里,在非外语频道和非外语类节目的播音主持节目中,不得随意使用外语词汇或外语缩略词(主要是英语词汇或缩略词)。尽管起到了一定的规范作用,但还是无法完全消除这一播音语言的使用乱象。

2013 年 12 月 31 日,国家新闻出版广电总局发出通知,要求广播电视节目规范使用通用语言文字,在推广普及普通话方面起到带头示范作用。通知指出,规范使用、推广普及国家通用语言文字是贯彻落实《中华人民共和国国家通用语言文字法》的基本要求,是树立文化自信、提高文化软实力、增强中华民族凝聚力的重要内容。广播电视作为大众媒体和主流媒体,播音员主持人和嘉宾作为公众人物,必须在推广普及普通话、规范使用通用语言文字方面发挥积极的示范和表率作用。同时,要求播音员主持人除节目特殊需要外,一律使用标准普通话。不得模仿地域特点突出的发音和表达方式,不使用对规范语言有损害的俚语俗词等;用词造句要遵守现代汉语的语法规则,避免滥用生造词语和不规范网络用语;要规范使用外国语言文字,不在普通话中夹杂不必要的外文。

2014 年 1 月,广电总局又再一次强调禁止在汉语普通话节目中夹杂不必要的外文。然而,时至今日,除了央广央视这样的国家级创作平台,或者说,时政类新闻节目的播音执行得较好以外,地方各台以及非时政新闻类的节目执行的情况仍不容乐观。一些人认为,播音员主持人在普通话节目中使用一点外文词汇有什么可大加指责的呢？这不是小题大做吗？改革开放不是已经几十年了吗？怎么还这么观念陈旧、封闭保守呢？言外之意，他们认为在汉语普通话节目里夹带一些外语词汇或外语缩略语，就是开放包容、开拓创新、融入世界的"正义之举"。于是人们发现，在一些访谈类、娱乐类、参与类等节目的主持当中，诸如"OK""Logo""Hello""Bye-bye"等外语词汇随处可见；"NBA""WTO""PK""PS""Wi-Fi""CEO"等英语缩略词不绝于耳。分析播音员主持人在节目中随意夹带外文的情况，其原因大致有以下几种：有的是为了显示自己的高学历或留学经历；有的是娱乐性、互动性、直播类节目不受约束，可以随意发挥；有的则可能是崇洋媚外的心理在作祟；等等。这些创作主体并没有意识到，在汉语普通话里随意夹带外文词汇的现象，会对普通话的规范性、严整性、纯洁性造成破坏，对民族自豪感、文化自信产生不利影响。在世界各国的汉语热越来越强劲、我国优秀文化越来越受到各国政府和民众认可和推崇的情况下，应当给这种随意夹带外文词和外语缩略语的主持现象泼一泼冷水：在非对外广播的各类汉语普通话节目里，应该规范、优雅地使用汉语普通话进行播音和主持，在坚定语言自信、文化自信、民族自信等方面，不辱使命、不负重托，发挥出播音主持人员应有的表率作用①。

不过，有一点是值得肯定的：进入新时代后，播音主持创作中的"港台腔"现象已大为减少，甚至港台的艺人想要在内地的文艺舞台和综艺节目中参演、主持，都要积极地学习普通话。例如在《开播！情景喜剧》中，几位来自 TVB 的演员一直在为自己说不好普通话而道歉，同时，私下努力学习普通话②。而"洋泾浜"式的表达也在逐渐消逝，不仅艺人的名字中带有英文的都恢复了其中文名字，还有一些过去在广播电视中的表达"go,go,go"，现在也改成了"冲冲冲"……这样不是也能表达出该有的意思吗？不得不说，只有

---

① 尹常林.播音主持不可随意夹带外文词[J].中国广播电视学刊,2020(06):125.

② 《开播！情景喜剧》第 1 期"尚导渴望挖掘喜剧灵感"[EB/OL].(2022-05-23)[2023-07-23].https://v.youku.com/v_show/id_XNTg3MTYwMjQzMg = =.html? spm = a2h0c.8166622.PhoneSokuProgram_1.dselectbutton_37&showid=edcb65ca1f5d4143bceb.

播音员主持人的内心充满了"文化自信",才能真正带来语言上的自信。

改革开放后,随着国际交流的增多、外来文化的输入,许多场合中英文混杂,外语词、字母词乱用,客观上是可以理解的,但究其深层原因,实际上是对民族语言的轻视和文化自信的缺失。而今,许多中国专有名词被录入英语词典,字母词有了规范的中文译名,国际中文教育的影响日趋广泛,这些都彰显了语言文字工作在规范社会语言应用、构建健康和谐的语言生活中所发挥的重要作用①。不仅这些新的外来语、字母词有了汉语归宿,而且世界上很多国家的人都在学习普通话;若此时,作为信息的传播者、文化传承者、普通话推广者的播音员主持人还要逆行倒施,夹杂着"方言化""洋泾浜化"的表达,实在是让人不可接受的。播音语言,既要回念历史、直面现实、拥抱未来,又要坚守包括语言在内的中华民族文化的独立精神,绝不能误入浅见薄识、崇洋媚外的创作歧途、狭小空间。需要提醒的是,传统媒体几乎都是专业传播者的传播。一些非专业人员的介入也是通过"专业许可"后进入的。而网络时代的语言传播将不再是专业传播者的专利,成千上万的网民也可以个体的方式介入传播②。因此,播音语言规范化也面临着新的挑战。但有一点必须达成共识,即便是在新旧媒体融合的当下,具有网感化的播音语言同样要在恪守规范性的同时来完成融合。

2021 年 11 月 30 日,国务院办公厅发布了《关于全面加强新时代语言文字工作的意见》③,"推进语言文字规范化、标准化"仍是总体指导思想之一,明确了"到 2025 年,普通话在全国普及率达到 85%"的目标,并且强调要加大行业系统语言文字规范化建设力度,强化广播影视等领域语言文字监督检查,并且将这项事业提升到一个"事关国民素质提高和人的全面发展,事关历史文化传承和经济社会发展,事关国家统一和民族团结"的新高度。因

---

① 姚喜双.语言文字是文化自信的源泉[N].光明日报,2020-08-22(12).

② 张颂.广播电视语言艺术:中国广播电视语言传播研究[M].北京:北京广播学院出版社,2001:224.

③ 国务院办公厅.关于全面加强新时代语言文字工作的意见[EB/OL].(2021-11-30)[2023-08-18].https://www.gov.cn/zhengce/content/2021-11/30/content_5654985.htm.

此，在捍卫汉语普通话规范性的过程中，播音员主持人必须从以上三个"事关"的格局来承担责任使命，加强自身的文化自觉与自信，恪守语言表达的道德底线，推广并维护广播电视播音语言的规范性。

二、有声语言表达的网感化

2023 年 3 月 2 日，中国互联网络信息中心（CNNIC）发布了第 51 次《中国互联网络发展状况统计报告》。报告显示，截至 2022 年 12 月，我国网民规模达 10.67 亿，互联网普及率达 75.6%，人均每周上网时长 26.7 个小时，其中农村网民规模为 3.08 亿，城镇网民规模为 7.59 亿①。面对如此庞大的数字，毋庸讳言，迅速崛起的网络新媒体创作平台及其所营造的全新的传播生态环境，在一定程度上，压缩了播音主持创作的传统空间，但同时也开拓了创作内容多元化发展的新兴领域，开启了网络化表达的可能性与可行性。传统的广播电视节目及其播音主持创作在这一过程中，也在不断与时俱进，尤其是对播音语言有了更进一步的要求。正如《关于进一步规范播音员主持人职业行为和社会活动管理的意见》中所言："群众在哪里，阵地就在哪里。"媒体的融合发展，使当下的受众更愿意从各种网络平台、移动客户端获取资讯。这也要求新时代的播音员主持人应具备符合现代传播特性的新的创作方式，语言表达的"网感化"正是这一创作趋势的构成要素，也是播音创作特性"时代感"的最新呈现。

所谓"网感"，并不是具有严谨定义的学术名词，而是业内约定俗成的形象说法，考量的是从业者对互联网传播规律、平台角色定位、社会心理痛痒、用户获知习惯等多方面的洞察。现如今，关于网感的要求也水涨船高。受众不再满足于"有了就行"，还包含着分量、分寸与个性的三重期待②。每一种媒介形式的出现，都会作用于人类的思维、社会的风气以及文化的风向，

①　中国互联网信息中心.第 51 次《中国互联网络发展状况统计报告》[R/OL].（2023-03-02）[2023-08-01].https://www.cnnic.cn/n4/2023/0303/c88-10757.html.

②　王昱.读懂"网感"一词里的期待[J].青年记者,2020(32):1.

从而影响整个社会的话语形态。"网感"文字和亲和幽默的话语形态契合新媒体时代应运而生,主流平台逐渐意识到往日高位传播姿态的距离感和话语风格的生硬单一,而逐步尝试降格话语姿态以抹平传播位差①。受新媒体浪潮裹挟的央视新闻,近些年来其话语姿态一直在不断调整,播音语言表达也日趋"网感化"。例如,朱广权向观众表忠心:"地球不爆炸,我们不放假;宇宙不重启,我们不休息";海霞向香港警察直抒胸臆:"刘 Sir,我们挺你!"传统媒体的主流话语呈现出极具"网感化"的倾向,从而获得了愈加广泛的关注与认同。

"语言表达网感化的内核是在创作准备阶段培育互联网思维,路径是在创造展开阶段积极化用具有社交感、认同感、日常感、场景感、草根感的话语呈现样态,包括并不限于在有声语言层面对网络词汇、流行语言的正确使用以及在无声非语言层面对点赞、比心等肢体动作及相关微表情的恰切使用。"②也就是说,播音语言的网感化不是单纯地加几个网络用词、几个手势那么简单,应该是一种符合融媒时代特征的"接地气",而这种"接地气"并不意味着就是说大白话,它同样需要有内容、有深度、有美感的遣词造句。这也是播音员主持人在语言表达形式上区别于网红主播之处。如在《谢谢你,为湖北拼单》的网络公益带货直播中,朱广权与李佳琦首次破壁合作主持,网友还为这个奇妙组合起了一个网感化的名字——"小朱配琦"。开播后,朱广权首先附上一段精彩的开场白:"烟笼寒水月笼沙,不止东湖与樱花。门前风景雨来佳,还有莲藕鱼糕玉露茶,凤爪藕带热干面,米酒香菇小龙虾。守住金莲不自夸,赶紧下单买回家。买它、买它就买它,热干面和小龙虾。"头一句引用了唐代诗人杜牧的名篇《泊秦淮》的首句,确定了网络直播间语言表达美感的基调;而后,朱广权并没有继续曲高和寡,话锋一转,用其惯用的似打油诗一般的"段子"将湖北的特产介绍一遍,既简洁明了,又逸趣横

---

① 于淼.主流话语的"网感"传播策略研究:以《后浪》《主播说联播》《共青春》等为例[J].云南艺术学院学报,2023(02):62.

② 王秋硕.融媒时代广播电视播音主持创作互联网化的表征与进阶[J].当代电视,2021(5):98.

生;最后,巧妙地加入了搭档李佳琦经典的直播间标识语"买它",不仅使李佳琦倍感亲切,又使语言转瞬回至网络语境当中。再比如,2014 年元旦,《新闻联播》结尾,康辉说:"2013 就是爱你一生,2014 就是爱你一世,那就让《新闻联播》和您一起传承这一生一世的爱和正能量吧!"这样的网感化的语言,营造出了温馨的话语氛围,表达堪称上乘。

由此可见,网感化的语言表达并非拉低了创作标准,而是在形式与内容的双重层面上对播音主持创作提出了新的要求。但要注意,节目属性差异决定了播音员主持人对语言表达网感化的处理要各得其宜。一方面,在新闻节目中,播音主持创作位于新闻生产的终端,播音员主持人应以互动化的观点言说为突破口,推进语言表达网感化。观点言说须具有个人风格与交互色彩,要正确、巧妙地用好新兴的话语样态与内容意涵,建构亲切交流的互动场域,凝结互联网化的视听效果。朱广权的"段子式"播报是典型范本,同样,《主播说联播》无疑也是新闻播音主持语言表达网感化的先行者,以《康辉的 Vlog》为代表的层出不穷的各类型新闻式的 Vlog 则成了这一趋势的主阵地。另一方面,在综艺节目中,主持人应以规范化的即兴口语为突破口,优化语言表达网感化。娱乐性拓宽了综艺节目的创作空间,互联网化的话语形态成为即兴口语素材,也带来了语言表达的失范危机与失语症候。尤其一些主持人刻意制造互联网的"快感机制",罔顾有声语言的审美价值、文化属性与社会责任。建构网感化的即兴口语,亟待在言之有物、言之有理、言之有序、言之有情、言之有趣的传统诉求层面融入互联网基因;同时,在语音学的范畴坚守普通话的规范性,在使用各类网络流行语时注重语法、修辞、逻辑、意涵等方面的规范性。违反规范性所涉及的"港台腔""方言土语""洋泾浜化"与网络用语还是有不同之处的。这是保证综艺节目主持人的语言表达网感化不脱轨、不偏航的创作基石①。

播音语言的网感化创作也非肆无忌惮。在一些新媒体个体传播的"口中",我们既"看"到了极具个性的消息传递,也"看"到了直抒胸臆的"真

---

① 王秋硕.融媒时代广播电视播音主持创作互联网化的表征与进阶[J].当代电视,2021(5):98-99.

言";有热点、难点、疑点的讨论,也有几近歇斯底里的发泄;有真诚的呼唤,也有骗人的谎言。穿梭其间就像逛自由市场,我们一方面为琳琅满目的"商品"和摩肩接踵的"热闹"而兴高采烈;另一方面又时时提醒着自己要提防小偷、骗子、假货和假币①。因此,这种网感化的播音语言,也同样应该发展成为一种具有权威性、真实性、可信性的创作语言,也应该是规范化、标准化的,更应该是以人为本、可亲可近、兼具审美情趣及品位的。显然,只有在这样的前提下培育网感化的成长空间才是行之有效的创作策略。

2012 年以前,广播电视媒体对网络用语在播音语言中的使用远没有如今这般宽容,甚至是被禁止的。而在党的十八大的宣传中,"给力""厉害了,我的国"等一系列网感化的热词占据了主媒重要版面后,网络用语在播音语言的使用中也变得频繁起来。这正是随着网民的增多、传播平台的转移,播音语言系统不断更新的结果。在延安时期,播音语言曾经倡导"口语化",而新媒体语境下的播音语言的"网感化"在没有违反规范性的前提下其实是汉语系统内部的新陈代谢,也可被视为播音语言更接近于受众需求的再一次"口语化",只是这一次的口语化进程不是朝向百姓的生活用语,而是网民的网络用语。其实,有些生动形象的网络词汇在甄别后,是可以运用到播音艺术创作中的,这样做可以适当拉近与受众尤其是成长于网络时代的年轻受众的距离,体现出一种时代语言的特征。

三、电视体育解说的诗意化

广播中的体育赛事解说始于 20 世纪 50 年代初,并迅速以其独特的魅力征服了听众。以画面为主要视听元素的电视出现后,对体育解说创作提出了新要求。作为新中国第一代广播体育解说员(也是播音员)的代表,张之为此曾进行过探索、尝试与建议:"已经能从屏幕上看清楚的活动,不用多做解说。对于电台广播的描绘动作的解说,觉得啰唆,甚至感到干扰画面……

---

① 张颂.广播电视语言艺术:中国广播电视语言传播研究[M].北京:北京广播学院出版社,2001:225.

我为电视转播解说的中美兰(篮)球赛、中罗足球赛,都是按少叙述、多评论、经常穿插背景材料的原则来进行的,同志们反映这样做是对头的。由于电视体育转播的领域比较广,项目更多,在解说中更需要评论性的内容,所以电视解说是难以由一两个解说员包办的,它需要有更多的运动员和教练员来担任评论员。"①这样的创作思路及解说员队伍建设理念在当时来说是高屋建瓴的,甚至延续至今。尽管体育解说在广播与电视中存在一定差异,不过在 20 世纪 80 年代以前,二者通常是联合转播,共用一套解说词。而随着电视机的普及,电视以其声画兼收的优势迅速占领了体育赛事实况转播的高地,其解说的媒介特征愈加明显,解说员队伍也逐渐发展壮大。

我国电视体育解说的创作可分为四个发展阶段:第一阶段,是由广播体育解说转向电视体育解说的探索阶段。最具解说风格的创作主体是宋世雄与王泰兴,人称"北宋南王"。第二阶段,是电视体育解说创作迅速提升的阶段。以孙正平、韩乔生、蔡猛等解说员为代表人物。其中,韩乔生还被冠以"大嘴"的雅号。第三阶段,是电视体育解说创作的成熟阶段。张之曾经的设想也在这一时期得以充分实现。涌现出了一支以黄健翔、张斌、刘建宏、段暄为代表的专业队伍,"这支队伍创新发展了多种风格的电视体育解说及评论模式"②。第四阶段,是电视体育解说守正创新的阶段,以贺炜、陈滢为代表的一批极具"诗意"解说和评论的创作主体纷纷"出圈"。他们不仅专业,而且具备高学历、多学科的背景,并赋予了体育赛场风卷云涌氛围之外的诗情画意,也加强了解说信息共享以外的情感传递与审美愉悦。

创作中,每一代解说员的语言及其表达均与所处的时代特征与媒介环境息息相关。在以声音为主导的广播鼎盛时期,张之曾将"评书"引入解说;在泛娱乐化的背景下,韩乔生将"段子"带入解说;在"意见领袖"的媒介主张中,张斌等人又将更多感性的"评论"贯穿解说;而在文化自信的新时代,贺炜等解说员从中外文化中汲取养分将"诗意"融入解说。"虽然这场比赛 C罗 25 分钟因伤离场,但是他的战友们将这艘没有船长的船开到了终点。"

---

① 张之.球赛实况转播札记[J].现代传播,1980(2).44-45.
② 黄启兵.论电视体育解说的传播艺术[D].厦门:厦门大学,2002.

2016 年 7 月,有着"足球诗人"美誉的解说员贺炜用诗意化的解说,为勇夺欧洲杯的葡萄牙队送上了祝词;似乎,他同他的解说员战友们也开启了这艘"诗意化"解说的大船。时隔五年,2021 年 7 月,总台央视的体育解说员们在东京奥运会的赛场上用更具中国古典韵味的诗意解说,俘获了亿万观众的心,不仅带来了如沐春风一般的赛场信息、激动人心的比赛成绩,更是在国际舞台上树立了中国良好的大国形象。例如:

"除却君身三重雪,天下谁人配白衣。"

当杨倩获得射击女子 10 米气步枪金牌,为中国代表团获得首金时,解说员于嘉称赞道:"除却君身三重雪,天下谁人配白衣。"此句出自黄启远所写《听雪楼诗笺》中的《白衣胜雪》,意思是:"若是你也不着白衣了,那么天下之人还有谁配穿这一袭白衣呢?"比赛中、领奖时的杨倩,正是身着白衣。这句解说,既烘托出了她的优雅从容,又表达了对她深深的赞美。

"一剑光寒定九州。"

在击剑女子组重剑个人赛决赛中,孙一文多次平局,最终"一剑封喉"。解说员邵圣懿美誉道:"一剑光寒定九州。"该句来自古龙名著《三少爷的剑》中"一剑光寒十九州",亦可追溯至晚唐僧人贯休《献钱尚父》中的"一剑霜寒十四州"。因"九州"可引申为"天下",用其取代"十九"或"十四"更显大气。这句解说,将击剑选手的飒爽英姿体现得淋漓尽致,尤其是在僵持不下之中一剑定乾坤时,此句再应景不过了。

"老骥伏枥志在千里,旭日东升未来可期。"

当庞伟与姜冉馨夺得 10 米气手枪混合团体冠军时,央视解说员朱晓雨动情地赞叹:"一个是老骥伏枥志在千里,一个是旭日东升未来可期。"前半句出自曹操的四言乐府诗《龟虽寿》,比喻有志向的人虽然年老,仍有雄心壮志;而"旭日东升"出自《诗经·邶风·匏有苦叶》,形容朝气蓬勃的景象。庞伟是奥运会"四朝元老",而"00后"的姜冉馨则是首次登上奥运赛场。此二句形容两人,十分贴切。

"雏凤清于老凤声。"

当张家齐和陈芋汐以领先对手52.98分的优势锁定女子双人十米板跳台冠军时,解说员张萌萌颂扬道:"雏凤清于老凤声。"该诗句出自李商隐的《韩冬郎即席为诗相送一座尽惊他日余方追吟连宵侍坐裴回久之句有老成之风因成二绝寄酬兼呈畏之员外》(其一),用以形容青出于蓝。在这场最大年龄差超过20岁的竞赛中,16岁的陈芋汐和17岁的张家齐虽然脸庞上还带着稚嫩,夺冠的身影却是无比豪迈,让人感叹"梦之队"后继有人。

"一棹逍遥天地中。"

当女子四人双桨组合陈云霞、张灵、吕扬、崔晓桐,让中国队时隔13年再次登上奥运赛艇的最高领奖台时,央视解说员刘星宇感慨道:"(姑娘们)多了一些'一棹逍遥天地中'的潇洒!"这句诗出自张治国的《七律·泛舟洞庭湖》,后半句是"浮沉烟浪自从容",意思是,在天地间划动双桨徜徉在水面,任由波浪翻滚,我仍从容自在。用在此时,将划桨的意境和夺冠的心情表现得相得益彰。

"少年负壮气,奋烈自有时。"

当孙颖莎在乒乓球女单决赛中获得女单银牌时,解说员高菡以"少年负壮气,奋烈自有时"作为鼓励。此句出自李白的《少年行二首》(其一)。诗中,李白将荆轲身上所焕发出来的豪情壮志,注入自己的精神世界中,凝结成一种昂扬奋发的豪情与坚定的人生信念。这种精神与最终获得银牌的孙颖莎,可谓浑然天成。

"功不唐捐,玉汝于成。"

当苏炳添在男子 100 米半决赛中以 9.83 秒刷新亚洲纪录,成为首位晋级奥运会百米决赛的中国运动员时,解说员邵圣懿用两个成语慨叹道:"功不唐捐,玉汝于成。""功不唐捐"指所下的功夫、付出的努力都不会白费,必然是有所回报。这个成语最早源自佛经"福不唐捐"之语。而"玉汝于成"的意思是锻炼你,直至使你成功,出自北宋张载《西铭》。从第一次跑进 10 秒,到跑进奥运决赛,苏炳添一次次跑赢了时间。解说,可谓恰到好处。

此外,还有"拓马长枪定乾坤""丈夫未可轻年少""小荷才露尖尖角""百舸争流,气吞万里如虎;一骑绝尘,尽显中国速度""激气已能驱粉黛,举杯便可吞吴越""仰之弥高,钻之弥坚""虎啸风生,龙腾云起""胸有惊雷而面如平湖",等等。

可见,诗意化的体育解说并不是有意哗众取宠,而是"结合紧张的比赛氛围,诠释运动员的个人特点,同时体现中国文化,引发国人共鸣,实现共情式传播"[①]。以上,仅仅是东京奥运会中国体育解说员诗意化解说的一个缩影,诸多精彩佳句不胜枚举,不得不令人感叹,播音语言所营造出的意境之美与传递出的无限力量。而在 2022 年北京冬奥会上,这样具有诗意的解说创作再次上演。在 2 月 4 日的开幕式上,解说便已开始处处浸润着诗意。例如,"东风随春归,发我枝上花。大年初四,正值立春,来自全世界的朋友如约而至,仪式前表演以一种中国人独有的方式展现海纳百川、载歌载舞的大美中国"。再如,"一座北京城,两圆奥运梦,三区晴雪盼,四面八方朋,五环聚健儿,六祝赛功成,七项激战酣,八方捷报声,九门同期盼,十方和平钟"。又如,"漫天雪花,飘飘洒洒。每一朵雪花,都在讲述一个冰雪故事。冰面如镜,映照大千"。在 19 个比赛日中,体育解说员们用如此浪漫的播音语言架

---

① 孙倩倩,李鹏.2022 年北京冬奥会"中国式浪漫"解说词的对外传播研究 [EB/OL].（2023－05－02）[2024－07－30].http://link.cnki.net/doi/10.26914/c.cnkihy.2023.015696.

起空中桥梁,用话筒前高水平、诗意化的解说,向全世界展现了新时代蓬勃发展的中国,向自己的国民传递着极强的民族文化自信。

本届冬奥会上,在众多体育解说员中,最为"出圈"的一位莫过于央视的陈滢。在花样滑冰男子单人滑比赛中,当中国选手金博洋创造其自由滑个人赛季最高分、总分名列第九而泪洒赛场时,陈滢赞叹道:"我生来就是高山而非溪流,我欲于群峰之巅俯瞰低矮的沟壑。我生来就是人杰而非草芥,我站在伟人之间,藐视平庸的懦夫。这种信念足以支撑选手度过人生中一个个至暗时刻。金博洋,战胜了金博洋!"如同这样史诗一般的语言,在陈滢的口中汩汩流淌,一时间,被观众及网友称为"神仙般"的解说。这种充满诗意的解说在赞颂、勉励中国队员时屡试不爽,似乎陈滢与她的同事们找到了"流量密码",那么,在解说外国运动员的表现时,这种解说模式是否也同样适用呢?

对体育报道而言,从本国家、民族、地区乃至小团体的利益出发而进行的以本区域和组织的报道为核心,维护局部利益、带有地域偏见的报道被称为"家里人"现象。而在参与各种体育报道的媒介中,又以体育解说的"家里人"现象的影响最为广泛①。在本届冬奥会上,陈滢似乎突破了"家里人"的解说模式,将中文优美的辞藻献给了日本花样滑冰选手羽生结弦,用"时光作渡,眉目成书,幸得识卿桃花面,从此阡陌多暖春""容颜如玉,身姿如松,翩若惊鸿,婉若游龙"等富于诗意的解说,生动地描绘了该选手在冰场上的动作表现,给观众们留下了深刻印象。不过,陈滢的解说似乎又陷入另一种模式下的"家里人"解说。"面对自己喜爱或经常解说的个体或团队,解说员往往会使用更多的话语篇幅,会更多地站在这一方的立场上,为受众提供'家里人'的解说模式。"②这样一来,一直以解说羽生结弦而获得"流量"支持率先"出圈"的陈滢,也招来了非议,尤其是,在2月10日冬奥会花样滑冰男子单人滑比赛中,羽生结弦在挑战最高难度的阿克塞尔四周跳而落地摔

---

① 何塞·安东尼奥·哈乌吉雷.游戏规则:部落[M].安大力,译.北京:新华出版社,2004:37.

② 魏伟.电视体育解说的"家里人"现象和公正立场研究[J].电视研究,2012(02):51.

倒无缘奖牌时,陈滢解说中的"守一座守不住的城,打一场打不赢的仗。把自己所有的荣耀、所有的辉煌,放在历史的车轮之下,其志凛然"这段话的出处问题在观众和网友中产生了极大争议。

梅益曾指出:"解说要做到客观公正与适度倾向性结合。"①而体育解说员在客观公正立场原则的基础上采取适度倾向的主要理论依据,是解说员与受众之间身份认同的互动。一旦受众接受或部分接受这种身份认同,那么解说员的解说便不会成为公众议论的话题;反之,倘若解说员的解说违背了社会中普遍承认的身份认同规则,就有可能成为社会热门话题。当年黄健翔"解说门"事件之所以广遭非议,一个重要的原因在于解说员喊出了与赛事本身缺乏直接关系的非理性话语,这显然大大超出了多数受众对适度倾向的容忍度②。好在陈滢并没有"失声、失态、失礼、失常"③;好在新时代的国人已经树立了足够的民族自信,也具备了一定的媒介素养,使得此事并未发酵。不过,这也为解说员们再次敲响了警钟。体育解说中坚持公正立场原则与适度倾向的把握永远不能缺位。否则,即使再浪漫的诗意化解说也无法挽回过失。

总之,2021年东京奥运会和2022年北京冬奥会的解说,或可被称为一场诗意化的文学语言鉴赏会,也使人们意识到,体育解说已不再局限于解释、评价、补充赛场信息和背景内容,而是开始内蕴更多的价值观念、文化象征与情感共鸣;不仅刻画突出运动员的特点、营造激烈的比赛氛围、传递场上的优秀战绩,更可以传播优秀文化,提升民族自豪感,形成对国家形象的再塑造。由此,体育解说员在新时代的培养与教育问题也再次被提出。

---

① 宋世雄.宋世雄自述:我的体育世界与荧屏春秋[M].北京:作家出版社,1997:293.

② 魏伟.电视体育解说的"家里人"现象和公正立场研究[J].电视研究,2012(02):51-52.

③ 央视体育节目主持人、解说员、评论员张斌评价"解说门"之语。

第三节　播音创作主体新挑战

"媒介即讯息。"人类只有拥有了某种媒介之后,才有可能从事与之相适应的传播和其他社会活动,其最重要的作用是影响了人类理解和思考问题的习惯。传统的广播电视所传播的内容为人们提供的是一种线性思维方式和非此即彼的简单判断方法,那么,植根于此地而进行创作的播音创作主体的创作思想、理念、技法也会不由自主地受到影响。然而,随着时代的改变,当人们开始运用新的媒介技术进行传播时,也便出现了新媒体甚至是融媒体播音主持艺术创作及与之相对应的"道"与"技"。为顺应这种媒介融合发展和受众需求的变化,播音主持艺术创作必须做出调整,归根结底,需要的是人的改变,即播音创作主体的改变。也只有在创作者本身随着时代、行业、科技、艺术本体的升级进步做出变动之后,方能生发出如何继承与发展的新的思考。

一、对播音创作主体的行为规范和管理

据统计,2012 年全国在编播音员主持人共计 28164 人①,这一数字是1984 年(118 人)的近 239 倍。可见,播音创作主体数量增长速度之快。播音员主持人已然形成了一个较为庞大的群体,且其中不乏具有一定话语权力的人。在新时代,这支队伍需要凝心聚力、加强管理。在鼓励播音员主持人积极创作的同时,也要对其创作及日常行为加以指导与约束。

---

① 中国广播电视年鉴编辑委员会.中国广播电视年鉴:2013[M].北京:中国传媒大学出版社,2013:521.

(一)《关于进一步规范播音员主持人职业行为和社会活动管理的意见》

2022年1月25日,中央宣传部办公厅、国家广播电视总局办公厅联合印发《关于进一步规范播音员主持人职业行为和社会活动管理的意见》(以下简称《意见》),明令指出,各播出机构应明确要求播音员主持人不得参加有损媒体形象、自身形象的组织和活动,不得利用职业身份和个人知名度谋取不当利益,不得在公开场合发表不当言论、做出不当举止等,引导他们主动接受社会监督,更加自觉地弘扬职业精神、恪守职业道德。

《意见》从"聚焦政治素质培养""加强职业道德建设"等9个方面内容来规范播音员主持人的职业行为与社会活动,概括如下。

第一,提出要通过加强播音员主持人的"政治素质培养"来提升自身判断力,教育引导播音员主持人认真学习贯彻习近平总书记关于宣传思想工作的重要思想,切实增强"四个意识"、坚定"四个自信"、做到"两个维护",不断提高政治判断力、政治领悟力、政治执行力,始终牢记肩负的政治责任,坚定政治立场,增强政治敏锐性,努力做到善于从政治上分析问题、处理问题,稳妥把握职业行为和社会活动。第二,要引导播音员主持人"加强职业道德建设"。把职业道德建设作为立身之本,自觉抵制名利诱惑和低俗庸俗媚俗,净化"交际圈""朋友圈",始终珍惜荣誉、谦虚谨慎、爱岗敬业,塑造良好公众形象,做德艺双馨的新闻工作者、文艺工作者。第三,各播出机构应"明确审批管理要求",要对播音员主持人参加社会活动制定规章制度,明确管理原则和审批流程。对于播音员主持人参加私人活动,各播出机构要加强日常教育,做好事前提醒,切实消除各类风险隐患。播音员主持人参与广告代言、商业推广、网络带货等各类商业活动,须经所在播出机构批准,新闻栏目播音员主持人参加此类活动要从严把关。对参加各类活动时因自身言行不当造成负面社会影响的播音员主持人,视情节轻重及时给予相应处理。第四,各播出机构要把播音员主持人的线下影响力延伸到线上,不断提升主流媒体在网络空间的影响力、公信力。第五,要"严格持证上岗规定",不仅是对台内播音员主持人严格管理,还要对节目中的嘉宾以及合作节目中的播音员主持人一视同仁。第六,特别强调了要综合考虑播音员主持人专业素质和社会形象,认真审核把关播音员主持人在节目中的言行举止,不给有丑闻劣迹、违法失德等问题的人员提供出镜发声渠道。第七,各级宣传部门、广播电视行政部门、播出机构要针对播音员主持人的工作特点,研究开展系统性增强"脚力、眼力、脑力、笔力"教育实践,深入开展马克思主义新闻观、文艺观教育。各播出机构要经常性安排播音员主持人走出演播室、直播间,对每年度深入基层的时间、频次作出明确要求,教育引导播音员主持人始终坚定人民立场、坚守人民情怀。各播出机构要组织播音员主持人多参与社会公益活动,积极履行社会责任,树立良好社会形象。第八,广播电视行政部门要加大对播音员主持人持证上岗和执业注册、变更注册、执业资格注销工作的监督检查力度,发现问题及时处置,对造成恶劣社会影响的追究当事人责任,对管理制度不健全、管理不力的单位追究相关负责人责任。第九,要发挥行业组织作用。各级广播电视协会、网络视听协会、播音员主持人委员会和新闻界、文艺界道德委员会等行业组织,要加强对播音员主持人的思想品德、职业道德、社会公德教育,通过发倡议书、评选表彰、树立典型,引导广大从业者为公众树立好榜样。①

《意见》对一段时期以来播音员主持人队伍中出现的问题进行梳理,并且做出相应的管理,加强了播音员主持人的思想品德、职业道德、社会公德,推动了形成良好行业风气。

(二)《网络主播行为规范》

播音员主持人显然与网络主播并非同一概念。不过,依据上述《关于进一步规范播音员主持人职业行为和社会活动管理的意见》中的内容:"播出机构要把播音员主持人的线下影响力延伸到线上,对播音员主持人通过网

---

① 中央宣传部办公厅 国家广播电视总局办公厅印发《关于进一步规范播音员主持人职业行为和社会活动管理的意见》的通知[EB/OL].(2022-01-26)[2022-09-20]. http://www.nrta.gov.cn/art/2022/1/26/art_113_59409.html.

络平台开展网络直播的,要教育引导他们努力熟悉网络传播规律、提高网络舆情意识,走好网上群众路线,做网络空间正能量的传播者。"基于这样的倡导,将国家广播电视总局、文化和旅游部于 2022 年 6 月 22 日印发的《网络主播行为规范》(以下简称《规范》)简述如下。

《规范》共分 18 条。第一条对"网络主播"概念作了阐释,明确指出:"网络主播"是指通过互联网提供网络表演、视听节目服务的主播人员,包括在网络平台直播、与用户进行实时交流互动、以上传音视频节目形式发声出镜等人员。此外,结合当前新技术发展,《规范》还将虚拟主播列入了参照执行的范围,可谓紧跟时代。第二条至第十三条规定了网络主播应当坚持的正向行为规范和要求,包括遵守宪法和法律法规,维护国家利益、公共利益和他人合法权益;坚持正确政治方向、舆论导向和价值取向,树立正确的世界观、人生观、价值观,积极践行社会主义核心价值观;坚持以人民为中心的创作导向,反映时代新气象、讴歌人民新创造;坚持健康的格调品位,自觉摒弃低俗庸俗媚俗,抵制破坏网络表演、网络视听生态的不良行为;保持良好声屏形象,表演、服饰、妆容、语言、行为、肢体动作及画面展示等要符合大众审美情趣和欣赏习惯;依法履行纳税义务;规范使用国家通用语言文字;学习掌握从事主播工作所必需的知识技能;自觉反对流量至上、畸形审美、"饭圈"乱象、拜金主义等不良现象。第十四条列出了网络主播在提供网络表演和视听节目服务过程中不得出现的行为,共计三十款,为网络主播从业行为划定了底线和红线。第十五条至第十八条,规定了网络主播出现违规行为将会受到何种处理,以及对行业主管部门、平台和经纪机构以及行业协会分别作出了相应规定。同时,对向上向善、模范遵守行为规范的网络主播,应鼓励网络表演、网络视听平台和经纪机构对其进行正向激励。①

《规范》的出台对建立健全网络主播信用评价体系、进一步完善行业规范和自律公约、探索建立平台与主播约束关系机制有重要意义,同时,为传

---

① 国家广播电视总局 文化和旅游部关于印发《网络主播行为规范》的通知[EB/OL].(2022-06-22)[2022-09-20].http://www.nrta.gov.cn/art/2022/6/22/art_113_60757.html.

播媒体播音员主持人从事网络视听节目创作提供了参考依据。

二、播音创作主体 IP 化

由于受到"制播分离"与播音创作主体"艺人化"倾向的影响,在上一历史阶段,曾出现湖南、浙江、江苏等卫视的主持人试水影视歌三栖领域,也有诸如文清、赵琳等央视主持人辞职并转型演员做专职艺人的现象发生,但这仍属个别现象。不过,从 2012 年开始,王凯、马东、崔永元、白燕升、柴静、刘建宏、张泉灵等一大批著名的央视播音员主持人相继递交辞呈,似乎开启了播音创作主体离职的热潮。见到昔日优秀的播音员主持人纷纷跳槽、转行,"传统媒体衰落论"与"播音主持专业将亡"等说法甚嚣尘上。其实,谈及这一话题,不得不感慨历史总是惊人的相似。当电视作为新媒体出现时,有人曾预言报纸、广播将死,可结局是这些昔日的旧媒体并没有被电视"拍死在沙滩上",而是寻找到了时代的新支点,继续前行。这一次,电视也被列入旧媒体的行列,与报纸、广播一同被推上了绞刑架。然而,事实上,旧媒体并未轻易言败,也在积极寻找与新媒体融合发展的新路径——播音创作主体 IP化——就是"出圈"的有效途径之一。不得不说,这一创新理念,"在价值观引领、优质内容保证、人性化温度的杠杆作用下,实现了'粉丝流量'到'信任存量'的变现,有效反哺平台机构的可信度、品牌影响力及社会和经济收益"①。

(一) 播音创作主体 IP 化的探究

IP 是一个英文缩写词,在不同行业中可代表不同的意思。目前,国内对 IP 的释义存在三种,即 Intellectual Property(知识产权),Internet Protocol(网际互联协议),Influential Property(影响力资产)。

第一种释义,"Intellectual Property"作为"知识产权",最早由 17 世纪中

---

① 罗令辉.中央广播电视总台主持人记者 IP 化的探索与实践[J].视听界,2022 (01):15.

叶法国学者卡普·佐夫提出,后被比利时著名法学家皮卡第所发展,将其定义为"一切来自知识活动的权利"。20世纪70年代初,该词被引入中国,命意为"作为财产的智力成果",即"知识产权",更多的是代表智力创造如发明、文学和艺术作品等著作的版权。现如今,IP在互联网界又成为流行语,可理解为所有成名文创(文学、影视、动漫、游戏等)作品的统称;同时,进一步引申来说,IP也可以是一款能带来效应的产品,可以是人,可以是物,也可以是"梗"或"现象"。总之,此IP能够仅凭自身的吸引力,挣脱单一平台的束缚,在多个平台上分发内容并发挥效应,获得流量。第二种释义,"Internet Protocol",是指以网络技术为主体进行的网络互连协议。第三种释义,"Influential Property",是指个人借助新媒体,通过特定内容的创造,坚持长时间高频率规律化的有效输出,形成了一种意识占有权,进而引来了流量,吸引了众多支持者,形成了个人影响力①。这一诠释实则可被视为对第一种"知识产权"释义的再解读,不过却有时代新意。

显然,作为一个传播思想与情感的播音员主持人的IP应更接近于"知识产权"。然而,"国外并没有这样使用IP(Intellectual Property,'知识产权'的英文缩写)一词,中国才用这个概念来指那些具有高专注度、大影响力并且可以被再生产、再创造的创意性知识产权。这词突然一下变得这么流行,显然与互联网环境有着密切的联系"②。其实,播音创作主体的IP到底为何物,又该如何对播音员主持人进行IP化打造?并没有权威人士给出具体答案,毕竟这也只是网络时代的一个流行词、新产物。不过,我们还是可以真切地感受到在播音主持创作领域中涌动着的某种新力量、新变化。是否可以认为,在融媒体时代,播音员主持人IP化,可以涵盖一种内容生产的知识产权,也可以是具有互联网交互性的思维模式,更可以是具有粉丝流量跨平台创作的影响力甚至成为推动一个产业模式的一部分。也许,该如何为播

① 王颖.王光宗:新世纪IP的重新定义,必须引起所有人重视![EB/OL].(2021-09-05)[2022-10-03].https://www.zgceo.cn/index.php? m=home&c=View&a=index&aid=9093.

② 尹鸿,王旭东,陈洪伟,等.IP转换兴起的原因、现状及未来发展趋势[J].当代电影,2015(09):22-29.

音创作主体 IP 化下一个科学的定义并不重要,毕竟它仍在野蛮生长,而重要的是,变革已至,我们该如何应对。在谈及播音员主持人 IP 化这一论题时,白岩松说:"主持是技术,人是内容。"技术指的是对新媒体的驾驭能力,或者说是驾驭新媒体传播的能力,而"人"则是由两个层面构成的:"第一个层面是主持的这个人是不是一个有人格魅力、有人生阅历、有人性的观察力、有人际沟通力等很多个'力',还包括有人群中的定力、强大的心理抗压等能力的人。第二个层面非常重要,除了'人'是内容外,还包括为人服务。受众是人,只有提供他们需求的东西,走进他们的内心,才可能被他们接受。"[①]

　　播音员主持人自我 IP 化的尝试曾经受到所在媒体的限制甚至是批评;现在,"出圈"似乎成了播音员主持人与其所属平台共同期待的;甚至,连一直谨慎保守的央视也开始了播音员主持人 IP 化的尝试:"他们推出康辉、朱广权、撒贝宁等央视名嘴,通过全新风格的新媒体品牌《主播说联播》打造'国家队主持人' IP,受到粉丝的热捧,直接带动了《新闻联播》直播收视的提升。2020 年疫情期间,'主持人国家队'开启直播带货模式,为武汉助力,战绩相当出色。仅'五一'央视抖音直播间 3 个小时直播,成交额就高达 5 亿元,吸引了超过 1600 多万人次在线观看。不得不说,名主持相比纯粹的网红,对粉丝有更大的吸引力和号召力,也让众多传统广电媒体看到了主持人 IP 蕴藏的市场价值。"[②]

(二)播音创作主体 IP 化的内涵

　　播音创作主体 IP 化与曾经的播音员主持人艺人化、明星化、品牌化是存在差异的,与所谓的网红、带货主播更是有天壤之别。首先,并不是具有知名度的播音员主持人就天然拥有了 IP 属性。IP 化播音员主持人的影响力构建更多是依靠绝对垂直领域深化的原创内容,并且其自身具备独立的创意内容生产能力,人格化、个性化、差异化的个人魅力,同时要了解互联网创

---

①　高贵武,林小榆.中国主持传播研究:2020[M].北京:中国传媒大学出版社,2020:4.

②　杨华.城市广电主持人 IP 化路径初探[J].中国广播电视学刊,2022(03):130.

作手段与传播方式。其次,"流量变现"是对播音员主持人 IP 化的另一种误解,那不过是播音员主持人 IP 化的一个较为低级的副产品。真正具有 IP 属性的播音员主持人,可以成为一个品牌,甚至引申出一种产业模式并成为产业化的支点。有研究者将其定义为:"拥有了一定数量的粉丝受众,能够依靠自身积累的优势条件从多平台出发,进行二次开发的内容产品,从内容的生产到吸引受众的关注以及其影响力,逐渐转变为一个完整的运营过程称为 IP 化。"①

诸多研究认为,前文所提及的央视"国家队"是播音员主持人 IP 化的先行者。实则不然,他们只是由于所在平台的影响力或可被称为推波助澜者。这些央视的播音员主持人仍非一个媒体平台所打造的产品,仅是一种媒体的商业或公益行为。哪怕是 IP 属性呼声最强的央视主播朱广权,也只能算是语言表达具有了一定个人风格而已。真正论及播音创作主体 IP 化的自我觉醒,实际上,这股浪头早在 2012 年时就已开始积蓄力量,反倒是以从央视"出圈"的罗振宇(罗胖)、王凯(凯叔)、马东、樊登四者最具 IP 化的特质。通过这几位从传统媒体最高创作平台央视"出圈"的过程来看,可清晰地解析出播音创作主体 IP 化的更为深层次的内涵。

1."互联网思维"——播音创作思想的再思考

"美是理念的感性显现",创作技巧与创作方式一定会受创作主体内心思想与创作理念的支配。播音员主持人 IP 化的首要路径就是要自我建立"互联网思维",从而在这样的视域下进行创作,而这种"熟悉又陌生"的思维正是传统媒体播音员主持人最欠缺的。那么,到底何为"互联网思维"呢?

早在 2011 年,李彦宏首次提出"互联网思维"这一概念,以此建议即使不从事互联网行业的人们,也要从互联网的角度去思考问题;2012 年,雷军再次提及"互联网思维"并总结为"七字诀"——"专注、极致、口碑、快";2013 年,央视《新闻联播》头条播出《互联网思维带来了什么?》,讲述"互联网思维"给传统行业带来的巨变;其间,自媒体人也开始更加频繁地提到要用"互联网思维"来生产制作传播内容。就这样,"互联网思维"开始向传媒

---

① 张砥.浅析 IP 与个人 IP 的内涵[J].新闻研究导刊,2017,8(21):116.

行业渗透。

2014年8月18日,习近平总书记主持召开了中央全面深化改革领导小组第四次会议,审议通过了《关于推动传统媒体和新兴媒体融合发展的指导意见》并发表讲话,他强调"要遵循新闻传播规律和新兴媒体发展规律,强化互联网思维"以推进媒介融合发展的思路①。这为中国广播电视事业带来了重大影响,牵动着广电人对其发展动向的思考。一时间,"互联网思维"成了当年传媒业界与学界关键词的榜首。然而,业界的第一反应既不是讲话中强调的最终目标,也不是实现这一目标的理论前提——"遵循新闻传播规律和新兴媒体发展规律",更忽略了实现"形成现代传播体系"这一目标的指导思想——"强化互联网思维",而是"传媒股利好上涨"、中央圈定的"新型媒体集团"谁将入围等利益方面的考虑②。也正如后续在播音员主持人IP化进程中,传统媒体更注重的依然是底层逻辑"变现",而非播音员主持人的培养与发展。不过,学界倒是对"互联网思维"为何物,产生了浓烈的研究激情。

据知网数据统计,仅2014年,在"新闻与传播"和"戏剧电影与电视艺术"中,以"互联网思维"为主题的论文数量为300篇,占所有"互联网思维"相关论文总数的五分之一。有学者认为,"互联网思维"就是用互联网的传播特征(即时传播、海量传播、平等和互动交流、充分运用大数据和云计算、用户体验等)来思考媒介,并能够即时甚至提前筹划,满足公众多样化和个性化的信息需求。③ 也有学者提出,"互联网思维"的核心逻辑就是"互联互通",互联网为我们带来的最大改变就是把过去相对割裂的、局部的、分散的社会资源通过互联互通形成了新格局,并由此带来了一系列社会规则和运作方式的深刻改变。④ 还有学者总结了构成"互联网思维"的三大重点思维:

① 习近平:共同为改革想招 一起为改革发力[EB/OL].(2014-08-18)[2023-07-29].https://news.12371.cn/2014/08/18/ARTI1408357507924778.shtml.

② 陈力丹,熊壮.2014年中国广播电视研究的十个关键词:上[J].声屏世界,2015(01):15.

③ 陈力丹.用互联网思维推进媒介融合[J].当代传播,2014(06):1.

④ 喻国明,姚飞.强化互联网思维推进媒介融合发展[J].前线,2014(10):54-56+58.

第一,以用户体验为核心的逻辑的"用户思维";第二,重视网络平台分享机制的"社会化思维";第三,从抽样调查转向全样本分析的"大数据思维"①。然而,"互联网思维"仍处于讨论与发展之中,尚无确切定论。

其实,"互联网思维"就是一种观念、一种方法论,提出者也并未将其视为学术概念,可取之处或许是"为我所用"。以 2012 年 12 月在优酷上线的自媒体知识脱口秀节目《罗辑思维》为例,其主持人是刚刚辞去央视《对话》栏目制片人的罗振宇。开播后,《罗辑思维》迅速在创新创业、社会历史、互联经济、新闻传播等领域畅谈见解、制造了许多现象级话题,圈粉无数。其创始人罗振宇正是运用"互联网思维"开启了一场"自由、连接、实验"的传统媒体人 IP 化觉醒的进程。"自由"即罗振宇反复推崇的"U 盘化生存"和"匠人精神"。在他看来,个体和自由的价值至高无上,而日新月异的互联网变革为自由提供了可能。"连接"则是罗振宇对互联网思维本质的概括。连接的原点是与节目内容相辅相成的"魅力人格体",连接的纽带是"魅力",由此产生的信任与爱正是连接的驱动力和黏合剂。"实验"是罗振宇作为一个科班出身的传播专家,以"第一个吃螃蟹"的人的心态,要帮一代媒体人和相信互联网必将大规模改变这个世界的人,去试水、探路,尝试另一种个体生存和媒体生态的可能。可以说,罗振宇深谙互联网思维与营销之道,为打造一个"魅力人格体"而构建了一个"全媒体、全平台、全方位"的产品体系。②

除罗振宇外,王凯、马东、樊登均是从传统媒体中走出,又兼具了"互联网思维"的传统媒体人,并且善于运用其中所蕴藏的逻辑分析融媒时代的特点并制作、主持互联网化的节目内容,从而率先成功"破圈"。像罗振宇等新媒体的主持人,无论在社会知名度还是影响力方面,都大有盖过央视主持人的势头,也重新改写了既有的主持传播格局③。

---

① 付晓光.互联网思维下的媒体融合[M].北京:中国传媒大学出版社,2017:3.

② 李成.几个火爆自媒体"火"在哪里(之二):"罗辑思维"的运行逻辑和想象空间[J].中国记者,2014(03):100-101.

③ 高贵武,刘娟.新媒体环境下的主持传播格局演变[J].国际新闻界,2016,38(03):13.

2.魅力人格+优质内容+持续生产——播音创作主体的再思考

曾经，传统媒体的播音员主持人以"声""形"来面对受众；现今，新媒体领域则崇尚创作主体的"人格化"，这正是互联网时代体验经济所推崇的"情感"价值超越"功能"价值的关键所在。与此同时，媒体整个产业链的价值枢纽已发生改变，由传统媒体"内容+渠道"改为"魅力人格体+运营平台"。因此，塑造"魅力"的"人格体"对于播音创作主体 IP 化进程来说显得至关重要。

仍以《罗辑思维》为例，"制造一个叫罗胖的人格最重要，因为这是所有价值的积累点"①。于是，罗振宇以"有种、有趣、有料"为宗旨，以"死磕自己，愉悦大家"为口号，"从今往后，我就是你身边的那个读书人"，向受众推荐书目和传递知识，从而塑造清晰的人格。"音容笑貌、举手投足"的直观可感更利于打造"魅力人格体"。不仅在视频网站上发表独特言论，就连微信，罗振宇也选择发语音而非文字（当时微信流行公众号文字），因为"语音所包含的人格的要素比文字要好得多"②。2022 年 12 月 21 日，罗振宇赴 10 年之约，他每日坚持发送一分钟语音的公众号栏目"罗胖语音"说："今天，是我发这个罗胖 60 秒的第 3652 天。10 年届满，决定达成，就此打住。"为何一个持续输出的简短而有价值的内容创作要终止呢？其解释是"要保持自己的开放性"，也是为了下一个 10 年再上路。一年 365 天，每天 1 分钟，"死磕自己"，听起来就十分励志。更何况真的坚持了 10 年呢？这不仅打造了一个完美的"魅力人格体"，更是一段优质内容的持续输出。

播音创作长期为人所诟病的是"照本宣科""见字发声"，尽管后续在有稿播音的基础上衍生出了"无稿播音"的主持，也很难摆脱读别人所写稿件的质疑。而对于具有 IP 属性的播音创作主体来说，仅有"人格体"还不够，"魅力"何来呢？首先其自身就应该是一个优质的内容生产者，而且"需要持续输出原创内容，是一种价值观、人生观的沉淀"③。当后续的"得到 App"

---

① 余明阳,薛可.中国品牌报告[M].上海:上海交通大学出版社,2018:248.
② 余明阳,薛可.中国品牌报告[M].上海:上海交通大学出版社,2018:247.
③ 杨华.城市广电主持人 IP 化路径初探[J].中国广播电视学刊,2022(03):131.

"时间的朋友"一个又一个新的内容产品出现时,人们才恍然大悟,加上"罗辑思维""罗胖语音""启发俱乐部""得到同学节"等。原来,罗振宇是在打造一个更庞大的 IP 宇宙。

毕竟,罗振宇在成为播音创作主体之前是一位制片人,如果说他是借助新媒体从幕后走到台前的播音创作主体 IP 化的"擦边球"的话,那么,2012年,曾主持《挑战主持人》的主持人马东宣布从央视辞职,加盟爱奇艺担任首席内容官一职,开始主持爱奇艺独播的中国首档说话达人秀《奇葩说》,并且开始建立内容矩阵,开启了他作为传统媒体节目主持人 IP 化的进程。2015年 9 月 16 日,马东创办的米未传媒宣布成立,马东任创始人,连续制作并主持了《乐队的夏天》《一年一度喜剧大会》等。2013 年 11 月,曾经在央视主持《12 演播室》等节目的樊登,创办了"樊登读书会"。随后,《樊登讲论语》在优酷独家上线,系统阐释《论语》的 264 章节。2014 年,主持人王凯(凯叔)可是典型的"北广"播音专业科班出身,也走出了一条自我 IP 化的转型道路。据王凯讲,最初改编《西游记》时,他为此用了 3 年时间,撰写了 70 万字。2019 年,"凯叔讲故事"儿童内容创作文字量累计超过 700 万字。从以上可以看出播音创作主体 IP 化最为明显的一个特质——必须是优质内容的持续生产者。这不同于传统媒体时代"内容为王"的节目制作方式,因为在融媒体时代的内容是人们动动手指便能够通过网络等多种渠道廉价、海量获取的,因此内容本身已不具过多价值,而是将其再度整合与解读的创作者以及如何进行艺术传播的方式更具欣赏性。所以说,罗振宇等内容的生产者既是"知识""故事""欢笑"的搬运工,又在过滤掉无用的信息并创造性地整合、解析、应用,持续不断地为渴望获取知识的受众提供被称为"干货"的优质内容。

由此,播音员主持人若想激发出潜在的 IP 属性,第一,要找准自身的内容定位,心无旁骛地专注于自己擅长的垂直领域。第二,所创作的内容要独具价值,可能是讯息、知识、意见、服务等,但一定是所谓的无水分的"干货",受众觉得内容"有用"才能认同,从而激发"一键三连",获得流量。第三,形成"人格化""个性化"的较为独特的表达风格与话语体系,甚至有意无意地制造"流行语""梗"等,使自己具有较高的辨识度。第四,最重要的一点,是内容创作点要引起受众的情感共鸣,从而产生互动和更多的分享。第五,形成一种产业模式,甚至是全商业开发。以上,也是播音员主持人 IP 化与曾经的主持人明星化、品牌化或者网红化的区别所在。

3.供养主+合伙人+分享者——播音创作对象的再思考

互联网思维之下,播音创作对象也被称为"用户"。如果说以前在创作时,要对播音对象有所考量,那么,在融媒体时代则是要完全以用户为核心,用户"体验"极为关键。将用户的主观感受作为思考的出发点,强调所设计的产品在视听感受、舒适性、界面布局、互动设置,甚至点击、输入等方面给用户提供最优质的服务。而这种创作中的用户思维内蕴了精确的服务姿态,即主动针对用户需求调整产品。从编导主体,转向用户主体①。

以马东与其主持的《奇葩说》为例,互联网思维的"用户"特征十分明显。《奇葩说》这档真人秀采用的是主持人、选手、受众等多人合力创造内容的创作模式。受众与选手从被主持人提到的"内容",变为主动参与节目生产的用户,其地位与作用同主持人同等重要。多方参与内容生产使节目的信息源极大扩充,节目的观点市场变得十分繁荣,这时就需要把关人对这些庞杂的信息进行处理和筛选。主持人作为意见领袖,以其本身更有远见的洞察力和积累时间更长的用户群,更容易受到用户的信赖。于是,主持人成为节目的把关人,并且会与受众和选手一起为节目创造内容。功能和地位的相似,使主持人成为用户中的一员,具备了用户的属性②。

与传统媒体的播音员主持人因首位、因平台、因颜值、因节目等而获得影响力的单向途径不同,在新媒体平台上,播音创作主体若想获得流量从而建立自身的 IP 属性,除了上述持续输出的优质内容之外,更要与受众、与粉丝加强双向的情感培植,才可能获得更多影响力的积蓄,并不是哪一方的自作多情。若过去是对播音对象在"质"与"量"上的设想,那么现在就必须是从目标对象出发,满足其需求,甚至要将受众拉入自己的创作圈,成为"合伙人"。"在社交媒体成熟之后,互联网的内容传播有别于人际传播和组织传

---

① 付晓光.互联网思维下的媒体融合[M].北京:中国传媒大学出版社,2017:3.

② 李桃.网络主持发展史[M].北京:科学出版社,2018:85.

播。社会化思维要求我们重视网络平台的分享机制。从单次传播,转向二次传播。"①过去,受众可能是点播者、反馈者、参与者、互动者;而此时,同为内容的创造者、传播者,甚至是供养者。

2013 年,罗振宇在微博发起了一项会员和铁杆会员募集活动,前者需交会费 200 元,后者 1200 元,罗本人没有承诺任何回报,但 5500 个会员名额却在 6 个小时内宣告售罄。160 万元通过支付宝、银行等多个渠道汇入指定账号,甚至活动截止后也还有人试图继续汇款,罗的团队不得不发微信劝阻。2013 年 12 月 27 日,《罗辑思维》在名为"史上最无理的会员招募"的第二次社群招募中,一天便轻松募集 800 万元。两次会员招募,共有近 3 万会员贡献了近千万元会费收入,并有人给予"罗辑思维"1 亿美元的估值。2015 年10 月 20 日,《罗辑思维》在其公众号上宣布 B 轮融资已经完成,目前估值13.2亿元。从 2012 年 12 月 21 日创建的罗辑思维,短短三年不到的时间里,已经估值超过 10 个亿②。尽管有人评价,"罗胖向左,樊登向右",但是在"用户供养"这一层面上,是一致的。官方数据显示,樊登读书目前有超过6200 万个用户。在接受《每日经济新闻》采访时,樊登表示,樊登读书 2020年营收 10 亿元左右,主要收入来源于会员付费③。据"凯叔讲故事"官网称,截至 2022 年,凯叔讲故事 App 总用户超 6000 多万。尽管看似马东的"米未"是制作单位,可是其生产的哪一个优质内容不是与爱奇艺等平台的"用户"相连,而且同样是付费观看?因此,将"用户"称为"供养主",绝非过其其词。

过去,也有钟爱节目或者播音员主持人的热心听众、观众写信、打电话来对其进行反馈,而现如今,有了网络之后,在"连接"的基础上可构建一个"自由人的自由联合",即互联网社群并由此派生更多的想象空间和价值生

---

① 付晓光.互联网思维下的媒体融合[M].北京:中国传媒大学出版社,2017:3.

② 李忻融.社群的力量到底有多值钱? 罗辑思维估值 13.2 亿现身说法[EB/OL].(2015-10-21)[2023-07-21].https://www.jiemian.com/article/410976.html.

③ 佘晓晨.樊登读书改名为"帆书",十年知识付费走向"去樊登化"[EB/OL].(2023-02-24)[2023-07-31].https://www.jiemian.com/article/8959945.html.

长点;①在传统社会被闲置、被轻视、被忽略的"一盘散沙"式的各种资源和相关要素由于互联网的互联互通而被激活,成为现在和未来社会可以创建的种种新的价值、新的力量和新的社会结构②。如罗振宇曾经就认为《罗辑思维》不仅仅是一个脱口秀、一个自媒体,更是一个有灵魂的知识社群,是一帮自由人的自由联合。这并不只是一种盈利方式的创新,更是为了找到"爱智求真,积极上进,自由阳光,人格健全"的同道中人,为其社群寻找志趣相投者。③ 而他则作为这个社群中的魅力人格体,是为社群中的大众所接受的、所喜爱的,是一个和网友们绝对平等的灵魂人物。在《罗辑思维》的社群中,虽然主持人是灵魂人物,但是网络受众才是产生智慧的基础与保障。在这个"社群"中,他能感觉到的是,在如今这个陌生人社会中,再多的财富或者再高的地位都不如爱你的人重要,"有人爱"才是我们生活在这个世界上的终极追求,这句话道出了自媒体主持人的生存之道。作为自媒体主持人,只有拥有值得被爱的才华与人格魅力,其所经营的自媒体节目才能顺利而长久地运营。这使人很容易想到当年《挑战节目主持人》的竞赛口号"不比谁更聪明,也不比谁更漂亮,就比谁更讨人喜欢"。而此刻,再来细品这句话,"喜欢"也便有了新的含义。不过,在融媒体时代,这种"爱"是双向的情感奔现,正如罗振宇讲,如果说每个自媒体和用户之间的距离有100步,那么主持人可以完成99步,最后这一步不是主持人不愿意走,而是不能走。因为自媒体主持人和受众都拥有选择的权利,主持人必须用这最后一步去筛选自己的受众,受众也需要用这最后一步去选择自己所爱的主持人,主动地向主持人靠拢,这体现了自媒体节目中人的主动性与自由性④。

　　总之,播音员主持人 IP 化重新定义了播音创作主体的内涵与外延。新时代的播音员主持人不再是也不能是"传声筒""肉喇叭",必须跳出传统广播电视合围下的"魔圈",成为融媒体环境中的实践者、探索者与先行者。播

---

　　① 余明阳,薛可.中国品牌报告[M].上海:上海交通大学出版社,2018:247.

　　② 喻国明,姚飞.强化互联网思维推进媒介融合发展[J].前线,2014(10):54-56+58.

　　③ 李成.几个火爆自媒体"火"在哪里(之二):"罗辑思维"的运行逻辑和想象空间[J].中国记者,2014(03):102.

　　④ 李桃.网络主持发展史[M].北京:科学出版社,2018:77.

音员主持人 IP 化所带来的,不仅是播音创作主体创造力的提升、自身思想及创作观念的转换,也不只是开辟了新的创作平台、寻求到了流量的增长及变现,而是面对媒介融合发展的又一个百年开始的机遇与挑战所做出的大胆尝试,以及对创作主体的培养、管理等所提出的新思考。

三、来自"人工智能"的挑战

早在 2000 年 4 月 18 日,世界首位虚拟主播阿娜·诺娃(Ana Nova)就出现在网络视听者的面前。她是一个只有头部的二维动画女性形象,拥有甜美的声线且略带大西洋中部口音,可以根据新闻脚本迅速生成视频,并可 24 小时持续播报。尽管看上去有些奇怪,但她犹如一颗璀璨的明星,引起了世人的瞩目。CNN 将其描述为"一个可播报新闻、体育、天气等的虚拟播音员,堪比一个真实的有血有肉的主持人"①。继阿娜·诺娃后,世界各国的虚拟主播也纷纷登场,如中国的 Gogirl、言东方和伊妹儿,美国的 Vivian,韩国的丽丽等,令人目不暇接。2021 年,国家广播电视总局发布的《广播电视和网络视听"十四五"科技发展规划》中指出:"推动虚拟主播、动画手语广泛应用于新闻播报、天气预报、综艺科教等节目生产,创新节目形态,提高制播效率和智能化水平。"②一时间,虚拟播音主持成为广播电视领域新的发展方向。

(一)"复活"李易——人工智能艺术语言表达的首秀

央广已故播音员李易浑厚而沉稳的声音,几乎是一段时期内央广和央视标志性的台声符号。李易的声音也被整个业界与学界难得一致地公认为"大气"的声音,是具有中国气派的声音。这样的声音尤其适合大制作的纪录片解说,其作品也是数不胜数。令人扼腕痛惜的是,2013 年 7 月,李易因

---

① 相芯科技.AI 虚拟主播简史[EB/OL].(2019-05-28)[2022-10-15].https://ishare.ifeng.com/c/s/7n1sDF2QcvI.

② 广播电视和网络视听"十四五"科技发展规划[EB/OL].(2021-10-20)[2022-10-15].http://www.nrta.gov.cn/art/2021/10/20/art_113_58228.html.

病早逝。尔后，广告片、纪录片等一众导演们试图寻找一个能够替代李易的声音，可始终未能遂愿。而随着人工智能技术的逐渐成熟，"复活"李易的声音成为一种可能。2015年，纪录片《创新中国》在央视播出，大家再一次听到了那个久违的声音，该片的解说正是人工智能技术合成的李易的声音，其效果可谓惊为天人。"李易老师多年的好友朱军、沙桐等都觉得不敢相信自己的耳朵，几乎是完美复原李易老师的声音。"①央视《新闻直播间》栏目当天也以《人工智能"复活"配音大师"好声音"》为标题进行了报道，立即引起播音主持业内与学界一片哗然，"播音员主持人是否会被人工智能所取代"成了一个热议话题。

　　在"复活"李易声音的过程中，《创新中国》的声音制作人王同坦言曾走入一个"误区"。最初，他总是追求"是不是"或"像不像"李易的声音，无法自拔，这就给技术人员提出了难题。"过去我天天跟播音员说片子，你可以把这个重音强调在某个音上，但是这回没法可说，你无法去控制一台计算机。"尤其是许多"弦外之音"，对计算机来说更无法理解。"它最多去理解字面，但它能不能在自然流畅说出来之外，还带有艺术感染力？带有某些字的重音强调？带有一些节奏的联动或者起伏？这对于我们来说，非常非常有挑战。"②后来，该片总导演史岩提出，试想李易还健在，《创新中国》在解说上需要一些气质上的改变，作为播音员的李易一定会接受的，而且会根据导演的要求、片子的特点在声音表现形式上做出相应的调整，而不是每部片子的解说都千篇一律。这一说法是正确的。对于播音创作主体而言，在创作一部新作品时，不可能完全复刻上一部，一定是在此时、此地、此情、此景之下的"这一个"，是为创作。这种艺术创作理念同样适用于"复活"李易，这又何尝不是一项艺术创作呢？"复活"李易，绝非"复制"李易，思想转换后，

---

①　刘璐，张玉.著名播音员离世5年后 声音在央视纪录片"复活"［EB/OL］.（2018-06-24）［2022-10-15］.https://news.sina.com.cn/c/2018-06-04/doc-ihcmurvh3537515.shtml.

②　刘璐，张玉.著名播音员离世5年后 声音在央视纪录片"复活"［EB/OL］.（2018-06-24）［2022-10-15］.https://news.sina.com.cn/c/2018-06-04/doc-ihcmurvh3537515.shtml.

"是不是"或"像不像"就没那么重要了,而如何让人工智能语言表达的意思准确,说得"有人气"则更为要紧。"最后其实就是拿李易老师的声音特点、吐字发音以及断句模式结合我脑子当中对李老师的熟悉,捏出了一个是李易又不是李易老师的声音来。"①也许,这就是艺术创作中的"熟悉的陌生人",而复活后的李易的声音也是一件技术的艺术品。

"复活"李易的声音,在中国播音创作发展史中必然留下了浓墨重彩的一笔,是里程碑式的事件。人工智能曾经被认为只能完成一些简单的信息流的输出,其语音播报明显带有机械感——生冷、僵硬、卡顿甚至语义不明。然而,这一次,经过技术人员与媒体制作人员的共同努力,人们看到了人工智能还可以挑战带有温度的艺术语言表达,震惊四座。不过,技术人员坦言,如果李易的纪录片解说是一座珠穆朗玛峰,AI技术合成的声音表达就是站在半山腰上。声音艺术和技术的完美结合,当下的人工智能确实还达不到。然而,"这可能是一个方向,至少我们迈出这一步,看到未来能不能让人工智能和影视创作有更深度的结合。它让我们有这个动力去朝山顶攀登"②。的确,方向正确、动力十足之后,人工智能将在播音主持创作的道路上开启一段新的征程。

(二)虚拟播音员走上新闻主播台

2018年是划时代的一年。全球人工智能主播的发展于这一年进入了虚拟化、数字化的"AI合成主播"阶段。2018年5月2日,以播音员康辉为原型打造的虚拟主播"康晓辉"亮相央视,与江凯共同主持了《直播长江·安徽篇》,正式拉开了虚拟主播创作的大幕。同年11月7日,新华社发布了以新闻主播邱浩为原型的"全球第一个全仿真智能虚拟主播"——"新小浩"。

---

① 刘璐,张玉.著名播音员离世5年后 声音在央视纪录片"复活"[EB/OL].(2018-06-24)[2022-10-15].https://news.sina.com.cn/c/2018-06-04/doc-ihcmurvh3537515.shtml.

② 刘璐,张玉.著名播音员离世5年后 声音在央视纪录片"复活"[EB/OL].(2018-06-24)[2022-10-15].https://news.sina.com.cn/c/2018-06-04/doc-ihcmurvh3537515.shtml.

"新小浩"与他之前的虚拟主播,包括同年出生的"康晓辉"已截然不同,他是通过语音合成、唇形合成、表情合成等技术,克隆出的具备和真人一样播报能力的"AI 合成主播",不仅神情语态生动自然,更具备了数据处理和深度学习的能力。因此,他才被称为"全仿真智能"的虚拟主播。这一形象的推出,在国际上引起了巨大的轰动。《参考消息》援引外媒报道称:"中国的新闻主播可能面临一些新的竞争——人工智能机器人在播报新闻时可以模仿人的面部表情和举止。"①

2019 年 2 月 19 日,新华社又推出了全球首个 AI 合成女主播"新小萌",从过去的"坐着播新闻"升级成结合肢体动作的"站立式播报"。

经过几次迭代更新,新华社于 2020 年 5 月 21 日推出了全球首位 3D 版 AI 合成的新闻主播"新小微",并在全国两会开幕前夕进行了新闻播报首秀。她是以新华社播音员赵琬微为原型,基于多模态识别及生成、实时面部动作生成及驱动、迁移学习等多项人工智能前沿技术打造的新型虚拟主播。与"新小浩""新小萌"相比,"新小微"在高度还原真人发肤的形象基础上,其立体感、灵活度、可塑性、交互能力等多方面均有大幅跃升。在其播报新闻时,可根据播音内容,做出各种更接近于真人的姿态、生动的面部表情以及适合的发型与服饰,若是再配以标准的播音腔,与真人播报的相似度极高。同时,她还具备多机位多景深、360°任意视角展现的能力。随着 3D 虚拟新闻场景的不断拓展,"新小微"也将走出演播室,在不同场景中更好地呈现新闻。

除新华社、央视推出的人工智能虚拟主播外,其他媒体也纷纷推出了各自的新员工。如《人民日报》的新闻主播"果果"(2019 年 6 月 20 日),东方卫视二次元虚拟新闻主播"申芃雅"(2020 年 1 月 8 日),《广州日报》的"小温"(2020 年 5 月 22 日),《光明日报》的"小明"(2020 年 9 月 7 日),《每日经济新闻》的"N 小黑"与"N 小白"(2021 年 12 月 20 日),AI 虚拟气象主播

① 佚名.外媒关注新华社 AI 主播上岗:可 24 小时不间断地播报新闻[EB/OL].(2018-11-10)[2022-10-16].https://news.sina.com.cn/c/2018-11-10/doc-ihmutu-ea8783584.shtml.

"冯小殊"（2022年2月7日）,《山东新闻联播》的首个超写实数字主播"海蓝"（2023年1月13日）,等等。虚拟主播作为人工智能技术在新闻播音领域应用的一种新形态,已成为各家媒体的标配产品,正加速向全国铺开。

(三)虚拟主持人智能交互的提升

现实中,主持创作通常比播音创作更具互动性。同样,较虚拟播音员"被"输入文本进行播报而言,虚拟主持人在主持节目或与真人搭档主持时的"交互性"则须更强。尽管这曾是一个技术难题,不过,随着科技的发展,虚拟主持人如今也可以"听人话""说人话"了。

2019年,央视在其网络春晚上首次推出了以撒贝宁、朱迅、高博、龙洋4位主持人为原型的虚拟主持人"小小撒""朱小迅""高小博""龙小洋"。晚会中,真人主持人和各自的"另一个我"之间的精彩互动,成了整场晚会的亮点。

2021年4月,央视频第一位虚拟主持人"央小天"正式上线,有网友认为其形象酷似央视主持人尼格买提。2021年9月4日,虚拟主持人"梅涩甜"在腾讯新闻平台上主持了全网首个虚拟人脱口秀节目《梅得说》。2021年9月17日,芒果TV推出了其平台的首个虚拟主持人"YAOYAO",并在当天与主持人共同主持大会。2021年10月2日,湖南卫视数字主持人"小漾"正式揭开面纱。2021年10月13日,北京广播电视台发布了以主持人徐春妮为原型打造的中国首个广播级智能交互——真人数字人"时间小妮"。2023年8月15日,山东广播电视台超写实男性数字主播"岱青"正式亮相,并在山东卫视文化综艺类节目《国学小名士》中与观众见面。这位俊朗、阳刚、表情丰富的男性数字主持人"岱青"立下豪言壮志,要玩转元宇宙,引领广电领域掀起一股时尚数字风潮。这种具有"互动主持"能力的虚拟主持人在广电视听领域迎来了主场。

随着三维立体、语音合成、动作传感等技术的发展,虚拟人的表情、声音、动作等外在形式可以制作得跟真人无差,甚至更加完美。而且,"气味模拟技术已成为可能,也就是说,从技术理论上讲,交流双方不仅能互见其人、互闻其声,还能互嗅其味"。与生活中真正的面对面交流相比,目前唯一的瓶颈就是无法用触觉感觉对方。不过，这一技术的研发早在 20 年前似乎就已经初露端倪："全球大约有数十名科学家正在研制电脑程序，配合视频眼镜和特制的电子触觉手套，可让人们与虚拟人物发展浪漫情缘。"[1]有理由相信，未来的视听者们如果想和自己喜欢的主持人在网上握手，也不会是异想天开的事。

从狭义上讲，这部《百年中国播音创作发展史》并不应包括虚拟播音主持的"创作"，但是，这一技术和现象的出现，确实给现实中的播音主持工作带来了极大的影响。与其说是对行业的挑战，不如说是对人的挑战。虽然，对普通受众而言，虚拟播音员主持人所带有的"恐怖谷效应"难以同"声形俱佳"的真人相媲美，然而，受众是极其善变的，况且从历史的角度来看，我们不能轻言科技无法达到，只能说：一切皆有可能。

假设在下一个百年，或者并非那么遥远，出现了能够交流情感的人工智能播音员主持人，加之其自持的随时在线、无处不在、不知疲倦、失误率低、学习力强甚至无不良嗜好、永不塌房等特点，那时，真人播音员主持人还会存在吗？

---

① 陈月华,谷光琳.互联网传播中的主持人与受众[J].电视研究,2003(05):54.

参考文献

一、专 著

[1]钱穆.中国历史研究法[M].北京:生活·读书·新知三联书店,2005.

[2]梁启超.中国历史研究法[M].北京:中华书局,2009.

[3]陈望衡.艺术创作美学[M].武汉:武汉大学出版社,2007.

[4]陈望衡.中国古典美学史:上、下卷[M].南京:江苏人民出版社,2019.

[5]张法.西方当代美学史:现代、后现代、全球化的交响演进[M].北京:北京师范大学出版社,2019.

[6]赵玉明.中国广播电视通史[M].2 版.北京:中国传媒大学出版社,2006.

[7]赵玉明,王福顺.广播电视辞典[M].北京:北京广播学院出版社,1999.

[8]上海市档案馆,北京广播学院,上海市广播电视局.旧中国的上海广播事业[M].北京:档案出版社,中国广播电视出版社,1985.

[9]谢鼎新.民国广播事业史研究[M].北京:团结出版社,2021.

[10]陈尔泰.中国广播之父:刘瀚传[M].北京:中国广播电视出版社,2006.

[11]陈尔泰.中国广播史考[M].北京:中国广播电视出版社,2008.

[12]陈尔泰.中国广播发轫史稿[M].北京:中国广播电视出版社,2008.

[13]迈克尔·克雷斯科.广播入华史研究[M].高国庆,等,译.北京:九州出版社,2022.

[14]何贻谋.广播与电视[M].台北:三民书局,1978.

[15]任白涛.综合新闻学[M].上海:商务印书馆,1941.

[16]市川勘,小松岚.百年华语[M].上海:上海教育出版社,2008.

[17]李勇军.图说民国期刊[M].上海:上海远东出版社,2010.

[18]张颂.播音创作基础[M].3版.北京:中国传媒大学出版社,2011.

[19]金家凤.中国交通之发展及其趋向[M].南京:正中书局,1937.

[20]王崇植,恽震.无线电与中国[M].上海:文瑞印书馆,1931.

[21]高国庆,侯博.民国时期美国广播播音译著研究[M].北京:九州出版社,2020.

[22]史斌.电报通信与清末民初的政治变局[M].北京:中国社会科学出版社,2012.

[23]交通部、铁道部交通史编纂委员会.交通史电政编:第四章[M].南京:交通部总务司,1936.

[24]王东杰.声入心通:国语运动与现代中国[M].北京:北京师范大学出版社,2019.

[25]吴永贵.民国出版史[M].福州:福建人民出版社,2011.

[26]彭吉象.艺术学概论[M].北京:北京大学出版社,1994.

[27]金重建.播音创作主体论[M].北京:中国广播电视出版社,2008.

[28]江苏省地方志编撰委员会.江苏省志·广播电视志[M].南京:江苏古籍出版社,2000.

[29]汪学起,是翰生.第四战线:国民党中央广播电台掇实[M].北京:中国文史出版社,2017.

[30]彭乐善.广播战[M].北京:中国编译出版社,1943.

[31]张小航.抗战八年广播纪[M].重庆:重庆出版社,2015.

[32]祝捷.中国播音主持评价体系发展研究[M].北京:中国广播电视出版社,2013.

[33]郭哲."中广"六十年[M].台北:"中国广播公司",1988.

[34]吴道一."中广"四十年[M].台北:"中国广播公司",1968.

[35]赵玉明.中国现代广播史料选编[M].汕头:汕头大学出版社,2007.

[36]赵玉明,艾红红.中国抗战广播史料选编[M].北京:中国广播影视出版社,2017.

[37]姚喜双,苏海珍.话筒前的人生:著名播音艺术家林如和她的播音生涯[M].北京:中国广播电视出版社,2000.

[38]赵凯.上海广播电视志[M].上海:上海社会科学院出版社,1999.

[39]赵新娜,黄培云.赵元任年谱[M].北京:商务印书馆,2001.

[40]苏金智.赵元任学术思想评传[M].北京:北京图书馆出版社,1999.

[41]王文利.中国广播电视学术研究史稿(1920—2011)[M].北京:新华出版社,2013.

[42]徐卓呆.无线电播音[M].上海:商务印书馆,1937.

[43]高国庆.中国播音学史研究[M].北京:九州出版社,2016.

[44]徐学铠.广播常识[M].南京:国民图书出版社,1947.

[45]钱刚.旧闻记者[M].上海:上海书店出版社,2008.

[46]中国文化建设协会.十年来的中国[M].上海:商务印书馆,1937.

[47]哈艳秋.中国新闻传播史研究[M].北京:中国广播电视出版社,2005.

[48]胡耀亭,陈敏毅.中国国际广播电台发展史[M].北京:中国国际广播出版社,2011.

[49]行政院新闻局.广播事业[M].南京:行政院新闻局,1947.

[50]胡道静.新闻史上的新时代[M].上海:世界书局,1946.

[51]《中国共产党简史》编写组.中国共产党简史[M].北京:人民出版社,中共党史出版社,2021.

[52]吴少琦.东北人民广播史:1945.8—1949.9[M].沈阳:辽宁人民出版社,1991.

[53]申启武,安治民.中国广播研究90年[M].广州:暨南大学出版社,2010.

［54］张颂.语言传播文论:第3集［M］.北京:中国传媒大学出版社,2006.

［55］黑格尔.美学:第一卷［M］.北京:商务印书馆,1979.

［56］列夫·托尔斯泰.艺术论［M］.丰陈宝,译.北京:人民文学出版社,1958.

［57］中国社会科学院新闻研究所编.中国共产党新闻工作文件汇编:上卷(1921--1949)［M］.北京:新华出版社,1980.

［58］中央人民广播电台研究室,北京广播学院新闻系.解放区广播历史资料选编(一九四〇——一九四九)［M］.北京:中国广播电视出版社,1985.

［59］北京广播学院新闻系播音专业七四级工农兵学员.为革命播音:献给基层广播站播音员［M］.北京:［出版者不详］,1976.

［60］张颂.中国播音学［M］.北京:北京广播学院出版社,1994.

［61］张颂.中国播音学［M］.2 版.北京:北京广播学院出版社,2003.

［62］张颂.朗读学［M］.北京:北京广播学院出版社,2000.

［63］张颂.朗读美学［M］.北京:北京广播学院出版社,2002.

［64］北京广播学院新闻系.中国人民广播回忆录:第三集［M］.北京:北京广播学院出版社,1990.

［65］中国广播电视学会史学研究委员会,北京广播学院新闻传播学院新闻系.延安(陕北)新华广播电台回忆录新编［M］.北京:中国广播电视出版社,2000.

［66］温飚,吕佩浩.温济泽百年诞辰纪念文集［M］.北京:中国社会科学出版社,2014.

［67］周迅.大海的一朵浪花:孟启予的广播电视生涯［M］.北京:中国广播电视出版社,2008.

［68］周迅.记者的战斗生涯:杨兆麟的不平凡经历［M］.北京:中国广播电视出版社,2008.

［69］北京广播学院新闻系.中国人民广播回忆录:续集［M］.北京:北京广播学院出版社,1986.

［70］杨兆麟,赵玉明.人民大众的号角:延安(陕北)广播史话［M］.增订版.北京:中国广播电视出版社,2000.

［71］林青.中国少数民族广播电视发展史［M］.北京:北京广播学院出版社,2000.

［72］姚喜双.中国解放区新闻播音语言规范［M］.北京:语文出版社,2007.

［73］齐越.寄语青年播音员［M］.北京:北京广播学院出版社,1986.

［74］齐越,沙林.情系七彩人生［M］.北京:经济管理出版社,1993.

［75］齐越.献给祖国的声音［M］.北京:中国广播电视出版社,1991.

［76］杨沙林.用生命播音的人:忆齐越［M］.北京:中国广播电视出版社,1999.

［77］齐越奖励基金办公室.永不消逝的声音:缅怀齐越教授专辑(一)［M］.北京:北京广播学院出版社,1997.

［78］北京广播学院新闻系.中国人民广播回忆录:第四集［M］.北京:中国广播电视出版社,1995.

［79］黄达强.中国国际广播回忆录［M］.北京:中国国际广播出版社,1996.

［80］左漠野.当代中国的广播电视:上、下［M］.北京:中国社会科学出版社,1987.

［81］新华社通讯史编写组.新华社通讯史:第一卷［M］.北京:新华出版社,2010.

［82］北京广播学院学报编辑部.播音创作漫谈［M］.北京:内部出版物,1979.

［83］祁芃.播音主持心理学［M］.北京:北京广播学院出版社,1999.

［84］赵玉明.风范长存:左荧纪念文集［M］.北京:中国传媒大学出版社,2005.

［85］北京广播学院新闻系.中国报刊广播文集:一［M］.北京:内部出版物,1980.

［86］姚喜双.播音风格探［M］.北京:中国文联出版公司,1992.

［87］姚喜双.播音学概论［M］.北京:北京广播学院出版社,1998.

［88］中央人民广播电台台史编写组.中央人民广播电台台史资料汇编

（1949—1984）[M].北京：内部出版物,1985.

[89]广播电影电视部政策研究室,《当代中国的广播电视》编辑部.梅益谈广播电视[M].北京：中国广播电视出版社,1987.

[90]郝时远,杨兆麟.梅益百年纪念文集[M].北京：社会科学文献出版社,2014.

[91]喻梅.新中国播音创作简史[M].北京：中国传媒大学出版社,2016.

[92]张颂.播音主持艺术论[M].北京：中国传媒大学出版社,2008.

[93]张颂.情声和谐启蒙录：张颂自选集[M].北京：北京广播学院出版社,2004.

[94]马玉坤,高国庆.张颂学术年谱[M].北京：九州出版社,2018.

[95]白谦诚,胡妙德.中国荧屏第一人：沈力[M].北京：中国广播电视出版社,1999.

[96]陆锡初.中国主持人节目学[M].北京：中国广播电视出版社,2014.

[97]常江.中国电视史（1958—2008）[M].北京：北京大学出版社,2018.

[98]赵化勇.中央电视台发展史（1958—1997）[M].北京：中国广播影视出版社,2008.

[99]赵忠祥.岁月随想[M].上海：上海人民出版社,1995.

[100]吕大渝.走进往事：一位共和国第一代电视播音员的自述[M].北京：中国文联出版社,1999.

[101]岳淼.中国电视新闻节目发展史研究[M].厦门：厦门大学出版社,2009.

[102]付程.播音主持教学法十二讲[M].北京：中国传媒大学出版社,2005.

[103]沙莲香,陈亚兰,郑为德.传播学：以人为主体的图像世界之谜[M].北京：中国人民大学出版社,1990.

[104]俞香顺.传媒·语言·社会[M].北京：新华出版社,2005.

[105]于根元.播音主持语言研究十篇[M].北京：中国经济出版社,2006.

[106]姚喜双,郎小平.方明谈播音[M].北京：中国广播电视出版

社,2000.

[107]广播出版社编辑部.话筒前的工作:全国播音经验交流会材料选编[M].北京:广播出版社,1983.

[108]刘淮.齐越和他的播音生涯[M].北京:中国国际广播电台出版社,1993.

[109]吴为章.广播电视话语研究选集[M].北京:北京广播学院出版社,1997.

[110]舒云.开国纪事[M].北京:人民日报出版社,2014.

[111]杨正泉.新闻背后的故事:我的亲历实录[M].北京:新世界出版社,2008.

[112]北京广播学院新闻系.中国人民广播回忆录[M].北京:北京广播学院出版社,1983.

[113]宋世雄.宋世雄自述:我的体育世界与荧屏春秋[M].北京:作家出版社,1997.

[114]徐光春.中华人民共和国广播电视简史(1949—2000)[M].北京:中国广播电视出版社,2003.

[115]吴郁.当代广播电视播音主持[M].2版.上海:复旦大学出版社,2014.

[116]俞虹.节目主持通论[M].修订版.北京:中国广播电视出版社,2004.

[117]李桃.网络主持发展史[M].北京:科学出版社,2018.

[118]陈醇.陈醇播音文集[M].北京:中国广播电视出版社,2007.

[119]仲梓源.听君细陈 如饮甘醇:陈醇播音艺术研究[M].北京:中国书籍出版社,2021.

[120]老舍.老舍文集[M].北京:人民文学出版社,1981.

[121]陈松岑.语言变异研究[M].广州:广东教育出版社,1999.

[122]中国广播电视协会播音主持委员会.中国播音主持文集[M].北京:中国广播电视出版社,2008.

[123]杨波.中央人民广播电台简史[M].北京:北京广播学院出版

社,2000.

[124]於春.中国电视节目主持三十年研究(1980—2010)[M].北京:中国传媒大学出版社,2012.

[125]杨伟光,等.新闻联播 20 年[M].北京:生活·读书·新知三联书店,1999.

[126]朱寿桐.民生新闻概论[M].北京:中国社会科学出版社,2006.

[127]张颂.语言传播文论[M].北京:北京广播学院出版社,1999.

[128]张颂.语言传播文论:续集[M].北京:北京广播学院出版社,2002.

[129]张颂.播音语言通论[M].北京:北京广播学院出版社,1994.

[130]韩彪.现场直播新闻改革的标尺[M].北京:当代中国出版社,2007.

[131]赵化勇.与你同行:央视 50 位主持人献给建台 50 周年的心语[M].北京:中国广播电视出版社,2008.

[132]王佳一.广播直播艺术[M].北京:华夏出版社,2011.

[133]杨澜.凭海临风[M].上海:上海文艺出版社,1997.

[134]何炅.炅炅有神:我是这样长大的[M].海口:海南出版社,1998.

[135]李咏.咏远有李[M].武汉:长江文艺出版社,1999.

[136]曾志华.中国电视节目主持人文化影响力研究[M].北京:北京大学出版社,2009.

[137]中共中央文献研究室.习近平关于社会主义文化建设论述摘编[M].北京:中央文献出版社,2017.

[138]中共中央宣传部.习近平总书记在文艺工作座谈会上的重要讲话学习读本[M].北京:学习出版社,2015.

[139]张颂.广播电视语言艺术:中国广播电视语言传播研究[M].北京:北京广播学院出版社,2001.

[140]张德胜,武学军.体育解说评论[M].武汉:华中科技大学出版社,2017.

[141]何塞·安东尼奥·哈乌吉雷.游戏规则:部落[M].安大力,译.北京:新华出版社,2004.

[142]高贵武,林小榆.中国主持传播研究:2020[M].北京:中国传媒大学出版社,2020.

[143]付晓光.互联网思维下的媒体融合[M].北京:中国传媒大学出版社,2017.

二、期 刊

[1]范本中.谈播音教育与娱乐[J].湖北民教,1937,1(9):7.

[2]胡道静.上海广播无线电台的发展[J].交通职工月报,1936,4(7):56.

[3]金康侯.中国播音协会之兴替[J].无线电问答汇刊,1932(19):361-362.

[4]曹仲渊.三年来上海无线电话之情形[J].东方杂志,1924,21(18):49-66.

[5]T.C..新闻的侵略[J].向导周报,1924(71):569.

[6]曹仲渊.吾国无线电之建设事业[J].广东建设厅公报,1927(特刊):10-20.

[7]赵君豪.记申报播音[J].无线电问答汇刊,1932(19):357.

[8]朱其清.上海广播无线电现状[J].电友,1926,2(8):6-9.

[9]朱其清.无线电之新事业[J].东方杂志,1925,22(6):69-85.

[10]朱其清.沪上广播无线电事业概论[J].电友,1925,1(6):4-6.

[11]朱其清.论吾国无线电事业[J].太平导报,1926,1(40):50-54.

[12]郭镇之.民营广播电台的商业性质[J].现代传播,1982(04):27-33.

[13]朱时宇.兴盛、改良与管理:20世纪20至30年代上海民营广播中的娱乐节目[J].新闻与传播研究,2020,27(05):111-125.

[14]马芳踪.万仰祖与上海电台[J].上海滩,1993(3):35.

[15]中央广播事业管理处.中央广播无线电台管理处招考报告员简则[J].广播周报,1935(17):31.

[16]中央广播事业管理处.本处招考国语英语报告员揭晓[J].广播周报,1935(23):14.

[17]中央广播事业管理处.中央广播事业管理处招考播音技术补充人员简则[J].广播周报,1936(91):24.

[18]中央广播事业管理处.本处录取技术播音人员名单揭晓[J].广播周报,1935(99):11.

[19]龙伟.新的"明星":民国广播播音员的职业生态与社会生活[J].新闻与传播研究,2013,20(04):78-89+127.

[20]周天籁.报告小姐(一):各方面颇为注意[J].大声无线电半月刊,1947(2):19.

[21]刘作楫.记老马(播音员生活)[J].广播周报,1947(239):16.

[22]佚名.各电台被选举报告员姓名一览表[J].广播无线电,1941(9):33.

[23]凤雏.上海空中情人:唐小姐新婚燕尔[J].上海特写,1946(3):7.

[24]唐霞辉.这些美丽忧伤的过去[J].播音天地,1949(6):6.

[25]王文利.民国时期广播研究的历史演变及特点[J].中国科技信息,2010(17):157-158.

[26]鹗.听众所需要的是什么[J].广播周报,1934(6):29-30.

[27]黄锦云.广播生活内幕[J].广播周报,1947(217):17.

[28]素英.余音袅袅:华东女报告员唐霞辉[J].影舞新闻,1936,2(1):14.

[29]佚名.唐小姐讲夫妇之道[J].无线电特刊,1940,1(1-12):210-211+436.

[30]吴庆棠.春申何处唐小姐[J].新闻记者,1989(06):37-41

[31]佚名.唐小姐的情书[J].万象,1941,1(1):84-101.

[32]麦格风.万仰祖·赶三关[J].大声无线电半月刊,1947(5):3.

[33]西平.播音员一字评(续):万仰祖:"净"[J].播音天地,1949(3):1.

[34]彭望立.万仰祖和他的空中书场[J].上海滩,1992(12):43-44.

[35]胡福贤.访上海台的"阿富根":万仰祖[J].广播电视杂志,1981(6):17-18.

[36]汤笔花.我如何投入播音圈[J].大声无线电半月刊,1947(6):9.

［37］星芒.理想中的播音员［J］.广播周报,1946(201):6-7.

［38］陈沆.播音技术:播音员应具备的基本条件［J］.影音,1947,6(1、2):17-20.

［39］陈沆.播音技术:编排播音节目与节目之延请［J］.影音,1947,6(3、4):35-36.

［40］陈沆.播音技术:漫谈广播［J］.电影,1947(1、2):11-12.

［41］赵元任.矫枉过正的国音［J］.广播周报,1934(1):15-19.

［42］赵元任.国语语调［J］.广播周报,1935(23):15-18.

［43］赵元任.全国转播中央广播电台节目对于促进国语统一的影响［J］.广播周报,1936(91):19-20.

［44］传音科.小言(续)［J］.广播周报,1935(66):6.

［45］林云陔.公牍公用:播音台加入国语播音案［J］.市政公报,1930(360):99-100.

［46］赵元任.广播须知［J］.播音教育月刊,1937,1(7):145-150.

［47］徐树华.美国早期广播播音研究概述［J］.中国广播,2011(09):87-91.

［48］传音科.小言［J］.广播周报,1935(65):7.

［49］佚名.广播新闻的编辑和报告［J］.广播周报,1946(198):11-12.

［50］周汝杰.提供几个普通的错误贡献给播音同志参考［J］.大声无线电半月刊,1947(7):11.

［51］俞子夷.谈广播节目［J］.中国无线电,1934,2(9):384.

［52］陈沆.播音技术:播音剧与舞台剧［J］.影音,1947,6(5、6):57-59.

［53］吴侍中.广播无线电播音者与收音者应有之道德［J］.无线电问答汇刊,1932(广播特刊):362-363.

［54］陆伯英.关于广播娱乐节目之见解［J］.广播周报,1934(9):28.

［55］陆以振.对于广告播音之我见［J］.广播周报,1934(9):26-28.

［56］中央广播事业指导委员会.教育节目材料标准［J］.广播周报,1937(136):35-36.

［57］中央广播事业指导委员会.已审播音稿本一览［J］.广播周报,1937

（122）:24-26.

[58]佚名.无线电报告员联合会[J].无线电,1936,3(10):83-84.

[59]佚名.转播柏林世运会节目[J].无线电,1936,3(7):19.

[60]佚名.世界运动会之广播[J].无线电,1936,3(7):68.

[61]胡润桐.德国世运会无线电转播设备之概况[J].中国无线电,1937,5(12):559-561.

[62]佚名.点滴[J].无线电杂志,1936,11(3):6.

[63]佚名.如何增强国民体格[J].广播周报,1936(100):19.

[64]潘启元.广播人物素描[J].广播周报,1946(203):16-17.

[65]佚名.听众意见汇集统计报告[J].广播周报,1946(213):18.

[66]靳迈.在重庆广播日本投降的消息[J].世纪,1997(5):57.

[67]徐瑞璋.50年前的红色电波:忆延安新华广播电台[J].党史纵横,1991(04):14-16.

[68]刘辰莹.她从人民广播的原点走来:访人民广播第一代播音员萧岩[J].中国广播,2010(12):37-39.

[69]钱家楣.陕北战争时期播音工作的片断回忆[J].现代传播,1980(3):6-9.

[70]费寄平.播音基础理论探讨[J].现代传播,1980(1):34-38.

[71]姚喜双.新闻播音语言规范研究的奠基之作:读齐越《十天播音工作个人总结》[J].现代传播,2007(03):80-82.

[72]姚喜双.新闻播音语言规范的奠基性文献:析《口播经验》和《播音经验》[J].现代传播,2006(04):72-73.

[73]胡耀亭.张纪明同志谈延安时期日语广播编辑工作[J].国际广播,1994(5):45-46.

[74]胡耀亭.延安日语广播是有效果的:赵安博同志的回忆[J].国际广播,1994(3):27-28.

[75]毛动之.关于延安台开设日语广播的回忆[J].国际广播,1994(2):46-47.

[76]尤华骏.身伴话筒写春秋:记我国第一位英语播音员魏琳[J].中国

广播电视,1982(4):18-19.

[77]郭镇之.延安(陕北)台的《对国民党军广播》[J].新闻研究资料,
1983(05):103-106.

[78]温济泽.瓦解敌人军心的"重型炮弹":淮海战役中毛泽东广播稿播
发亲历[J].秘书工作,2012(06):44-45.

[79]齐越.播音是创造性的艺术活动[J].广播业务,1963(10、11):21
-23.

[80]夏青.谈逻辑重音、逻辑顿歇和语调[J].广播业务,1960(12):28
-32.

[81]姚喜双.梅益谈播音[J].现代传播,2002(05):56-57.

[82]郑伟.张颂谈播音学术发展源流[J].现代传播,2013(12):137-138.

[83]张颂.广播电视与语言文字规范化:兼谈克服"口语至上"倾向[J].
语文建设,1993(10):24-26.

[84]齐力.现代汉语规范问题学术会议概况[J].科学通报,1955(12):
58-61.

[85]王松茂.从汉语规范化谈到广播语言[J].广播爱好者,1956(1):10
-12.

[86]叶圣陶.广播工作跟语言规范化[J].广播爱好者,1955(1):4-5.

[87]叶圣陶."上口"和"入耳"[J].文字改革,1960(5):2.

[88]叶圣陶.文稿的挑选和加工[J].广播业务,1963(5):10-11.

[89]佚名.校友谈广播:记校庆座谈会和学术报告会[J].北京:北京广播
学院学报,1979(2):51-52.

[90]张颂.谈谈播音的降调问题[J].北京广播学院学报,1979(12):37
-41.

[91]林兴仁.试析"文革"广播体[J].现代传播,1989(Z1):100-105.

[92]陈松岑."文革"语体初探[J].中国语文,1988(3):207-214.

[93]王炳炎.球赛时应有人当场讲解[J].新体育,1951(10):39.

[94]中央台对少年儿童广播部.小喇叭[J].广播业务,1960(12):19-20.

[95]石丸.令人鼓舞的良好开端:谈节目主持人主持专题节目[J].现代

传播,1981,(04):33-35.

[96]杨伟光."节目主持人"的形式好在哪里？[J].新闻战线,1985(02):38-39.

[97]于礼厚.主持人节目的特征:开办《空中之友》节目以来的实践心得[J].现代传播,1983(04):42-48+78.

[98]李东.走出"魔圈":主持人与播音员语言特征辨析,兼与张颂教授商榷[J].中国广播电视学刊,1993(02):47-52.

[99]王旭东."播音员涵盖主持人"论略[J].现代传播,1991(01):104-116.

[100]金涛.节目主持人与播音员的异同[J].新闻战线,1992(06):36-37.

[101]张颂.还是先说两句[J].中国广播电视学刊,1993(04):60-62.

[102]张颂."播音腔"简论[J].现代传播,1989(01):68-72.

[103]铁城,赵忠祥,林如,等.节目主持人五人谈:认识危机 迎接挑战[J].现代传播,1994(02):43-47.

[104]高国庆.播音主持语言不规范问题刍议[J].中国广播电视学刊,2014(08):66-68.

[105]张颂.关于规范意识的思考:语言传播杂记之二十五[J].现代传播,2001(04):51-52.

[106]老舍.关于文学的语言问题[J].文艺月报,1955(04):66-71.

[107]张颂.关于语言传播规格的思考:语言传播杂记之二十九[J].现代传播,2002(02):77-78.

[108]冯广艺,张春泉.和谐社会与和谐语言建构[J].湖北社会科学,2006(04):50-52.

[109]曾致.播音与主持浮躁心态的表现及其整治[J].中国广播电视学刊,2000(07):37-40.

[110]曹璐.个性表达的本色与超越:万峰主持风格解读[J].视听纵横,2008(4):27-28.

[111]赵欣.播音主持专业出版的特色发展之路[J].现代出版,2013

（03）:48-51.

[112]张颂.主持人大赛随想[J].青年记者,2001(02):46-48.

[113]张颂.关于声形俱佳的思考:语言传播杂记之二十六[J].现代传播,2001(05):58-59.

[114]王云峰.《快乐大本营》:开全国娱乐节目先河[J].当代电视,2008(11):11-13.

[115]罗昕,宋子超,唐苗.综艺常青树:湖南卫视原创节目《快乐大本营》艺术魅力探析[J].湖南大众传媒职业技术学院学报,2012,12(02):5-10.

[116]马玉坤.规矩定方圆 管理促发展:播音员主持人职业资格考试的意义[J].中国广播电视学刊,2014,(8):71-73.

[117]芦巍.《新闻联播》对于传媒语言表达的示范意义[J].现代传播,2012(05):86-87.

[118]叶子.遵循规律,发挥优势,办好电视新闻[J].现代传播,1983(03):25-31+24.

[119]白岩松.我们能走多远:关于主持人话题的胡思乱想[J].现代传播,1996(1):39-45.

[120]陆锡初.《南京零距离》是怎样实现"零距离"传播的[J].电视研究,2003(03):56-57.

[121]孟非.略论当下电视新闻主持人生存现状:一个电视民生新闻节目主持人的思考[J].现代传播,2009(04):65-67.

[122]景志刚.我们改变了什么?:《南京零距离》及其民生新闻[J].视听界,2004(01):8-10.

[123]于丹.孟非:不可复制的民生符号[J].中国广播电视学刊,2013(12):85-86.

[124]沈力.我怎样当节目主持人[J].当代电视,1987(06):15-17.

[125]俞虹.越界寻方圆:主人公·主持人·主编的三位一体:《繁花》的探索与证实[J].现代传播,2009(02):58-59.

[126]时统宇.张越:一位坚持媒体善意的主持人[J].青年记者,2009

（10）：85.

[127]徐寿松.电视法制节目的五个问题[J].中国广播电视学刊,2001（3）：8-11.

[128]文璐."今晚八点半"五亿共此时:关于广播赢得受众的探讨[J].中国记者,1990（04）：15-17.

[129]孔德明."上口"和"入耳":增强广播电视语言的适听性[J].语文建设,1993（01）：25-27.

[130]熊生民.《今晚八点半》漫笔[J].现代传播,1987（04）：45-51.

[131]郭镇之.从服务人民到召唤大众:透视春晚30年[J].现代传播,2012,34（10）：7-12.

[132]易立竞.朱军和《艺术人生》的更年期[J].南方人物周刊,2010（39）：24-29.

[133]倪萍.我常常觉得自己不会说话[J].语言文字应用,1997（04）：21-23.

[134]游洁.电视娱乐本性的回归:从《快乐大本营》说起[J].现代传播,1999（03）：88-91.

[135]吴郁.真情互动《艺术人生》[J].电视研究,2001（08）：62-63.

[136]黄馨茹,海阳,弓健,等.转型中的广播人[J].青年记者,2016（04）：41-43.

[137]贾际.中国脱口秀节目主持人成功的要素[J].中国广播电视学刊,2012（07）：52-53.

[138]张志慧.以喻为剑 震撼人心:5月13日《新闻联播》国际锐评"有目的隐喻"探究[J].台州学院学报,2020,42（04）：59-63.

[139]张伟英.广播电视新闻评论的播音艺术特征:以中央广播电视总台国际锐评为例[J].中国广播电视学刊,2020（02）：61-62.

[140]王瑜.文化传播:文化类电视节目主持人的使命与担当:以《中国诗词大会》主持人董卿为例[J].电视研究,2018（09）：30-31.

[141]葛勇,陈睿琪.跨界主持:再造综艺节目生产与传播新模式[J].中国电视,2021（05）：76-79.

[142]王秋硕.融媒时代广播电视播音主持创作互联网化的表征与进阶[J].当代电视,2021(05):97-100.

[143]尹常林.播音主持不可随意夹带外文词[J].中国广播电视学刊,2020(06):125.

[144]王昱.读懂"网感"一词里的期待[J].青年记者,2020(32):1.

[145]张之.球赛实况转播札记[J].现代传播,1980(2):39-49.

[146]魏伟.电视体育解说的"家里人"现象和公正立场研究[J].电视研究,2012(02):50-52.

[147]尹鸿,王旭东,陈洪伟,等.IP转换兴起的原因、现状及未来发展趋势[J].当代电影,2015(09):22-29.

[148]杨华.城市广电主持人IP化路径初探[J].中国广播电视学刊,2022(03):130-132.

[149]孔令顺,宋彤彤.从IP到品牌:基于粉丝经济的全商业开发[J].现代传播,2017(12):115-119.

[150]陈力丹.用互联网思维推进媒介融合[J].当代传播,2014(06):1.

[151]喻国明,姚飞.强化互联网思维推进媒介融合发展[J].前线,2014(10):54-56+58.

[152]李成.几个火爆自媒体"火"在哪里(之二):"罗辑思维"的运行逻辑和想象空间[J].中国记者,2014(03):100-102.

[153]高贵武,刘娟.新媒体环境下的主持传播格局演变[J].国际新闻界,2016,38(03):6-19.

[154]陈月华,谷光琳.互联网传播中的主持人与受众[J].电视研究,2003(05):53-54.

三、报　纸

[1]佚名.本馆无线电话报告新闻[N].申报,1924-05-14(13).

[2]微言.聆余漫谈(三):国内播音界之现状[N].申报,1933-11-04(14).

[3]吴淞亚.无线电话聆曲记[N].申报,1924-06-18(18).

[4]芳芙.无线电话[N].申报,1925-05-27(本部增刊1版).

[5]张芝.从民营电台到人民电台[N].文汇报,2009-10-27(11).

[6]佚名.征求电台报告员[N].申报,1935-05-06.

[7]佩昔.播音者[N].申报,1935-05-13(增刊).

[8]赵玙,蔡闯.张颂:"我要尽心尽力送你们一程"[N].光明日报,2012-12-06(13).

[9]佚名.调查播音人员完竣[N].申报,1937-01-22(16).

[10]茅盾.对于时事播音的一点意见[N].救亡日报,1937-08-28(4).

[11]葆真.指导全国广播电台播送节目办法之公布[N].申报,1937-02-01(5).

[12]佚名.世运会今日开幕吾国中央电台今日起播大会消息[N].申报,1936-08-01(18).

[13]佚名.昨日午后四时希特勒宣告世运会开幕[N].申报,1936-08-02(17).

[14]佚名.中央社特派员播送世运消息[N].中央日报,1936-08-03(4).

[15]佚名.冯有真报告第三日详情[N].中央日报,1936-08-05(4).

[16]佚名.冯有真的广播报告富有章回小说意味[N].中央日报,1936-08-06(4).

[17]佚名.我国篮球失败后各队员痛哭流涕[N].中央日报,1936-08-09(4).

[18]佚名.邯郸广播电台 深受全国赞扬:订出奋斗目标再提高一步[J].人民日报,1947-03-14(1).

[19]佚名.为促进汉字改革、推广普通话、实现汉语规范化而努力[N].人民日报,1955-10-26(1).

[20]佚名.努力推广普通话[N].人民日报,1956-02-12(1).

[21]赵淑珍,崔鲜疆,齐越,等.读者来信[N].人民日报,1953-01-15(2).

[22]梅莹,耿俊伟,靖咏安.李肇星:"你们千万别说'我 out 了'"[N].楚天金报,2014-05-15(1).

［23］姚喜双.语言文字是文化自信的源泉［N］.光明日报,2020-08-22(12).

［24］赵忱,孙艳梅.张颂:谁说播音无学?［N］.中国文化报,2004-01-31(T00).

［25］李雪昆,孟非:"是观众用遥控器留下了我"［N］.中国新闻出版广电报,2022-08-10(007).

［26］徐天.1962:中国"春晚"诞生秘事［N］.文摘报,2013-02-09(05).

四、学位论文

［1］李煜.国民党广播研究(1928—1949)［D］.北京:中国传媒大学,2008.

［2］郑伟.中国播音学学术发展研究［D］.北京:中国传媒大学,2012.

［3］韩静.建国前中国播音研究史论［D］.开封:河南大学,2009.

［4］喻梅.新中国播音创作史论［D］.北京:中国传媒大学,2009.

［5］肖琳芬.《快乐大本营》改版研究［D］.长沙:湖南大学,2007.

［6］岳婷婷.我国法制类电视节目主持人角色定位探究［D］.开封:河南大学,2014.

［7］周涛.春节联欢晚会节目主持人的角色定位与传播理念［D］.北京:中国艺术研究院,2008.

［8］范雨竹.传播学视野下的内地综艺节目主持群现象探究［D］.重庆:西南大学,2011.

［9］黄启兵.论电视体育解说的传播艺术［D］.厦门:厦门大学,2002.

［10］邵玉潇.央视春晚主持话语转型研究(1983—2020)［D］.保定:河北大学,2021.

后　记

忽然，想起了毛泽东的《卜算子·咏梅》——

"风雨送春归，飞雪迎春到。已是悬崖百丈冰，犹有花枝俏。俏也不争春，只把春来报。待到山花烂漫时，她在丛中笑。"

或许，词中所描述的情景，在经过了"二度创作"之后，正是我此刻内心最大的感受。想想这几年，新兴媒体可谓"犹有花枝俏"，而传统广播电视行业的时运却日趋下降，播音主持作为其中一环，何尝不是与其共享着"风雨"、砥砺着"飞雪"？面对着"悬崖百丈冰"，为了再待"山花烂漫时"，播音主持艺术的从业者、教育家、研究员四处寻找解除危机的方法与路径。其实，答案就在那些过往的史料中，如同躲在花丛中一样，她早已对你微笑，只需你的一次回眸。"让历史告诉未来"正是这本书的出发点和落脚点。

诚然，写作的过程是艰难的：一方面，来自心理上的折磨。正是由于学这行、干这行、教这行、研这行，才会时而悠然自得，时而兴高采烈，时而黯然神伤，时而愤然作色，胸中涌动着的情感如同过山车一般起落不定。

从小，祖母家中的"半导体"是我儿时最好的伙伴，几乎每日都抱着它入眠。里面传出的相声、评书、广播剧、电影剪辑，还有《小喇叭》《阅读和欣赏》……便是童年最好的娱乐时刻。也许这正是一粒种子，给它一束阳光，自会开花。23 年前，当我"误入"播音主持的殿堂时，它不过是新闻学下设的一个方向，渐渐地，它成长为一类专业、一门学科。眼见它起高楼、宴宾客，我也成了一名受益者。可曾想，暴风雨来得太急、太过猛烈，这楼，如今似乎已是摇摇欲坠。面对新媒体的冲击，我也曾痛心疾首。而正是在撰写这部《百年中国播音创作发展史》的过程中,我,完成了自我救赎。是啊,历史不会随便出新、随意推陈,一定是符合历史逻辑的将会出现,不合发展规律的将被碾压。马克·吐温曾说:"历史不会重演,但总会有惊人的相似。"的确,百年前,广播也是作为新媒体而横空出世;半个多世纪前,电视又是作为新媒体而"出头露面"。谁也不知道下一个"新媒体"又将在历史的哪一处节点与我们相见。所以,不必惊慌,新媒体来了?上车便是。历史,何尝不是冬去、春归,一代新人换旧人的周而复始。此刻,我已释怀。

另一方面,着实本人的能力有限。多希望这本书能够相对客观、全面、系统地描绘出一幅中国播音艺术创作的百年画卷。然而,还是留下了些许遗憾,或需在此说明。

第一,关于史料的问题。终于理解了何谓"海量"、何为"碎片"。有时,为还原一个历史片段,几天几夜,在多少史料中苦苦寻来,还要将其拼接勾连,方能复原出历史的真容,但依旧难免有所疏漏。第二,关于分期的问题。写史,必然离不开这一话题。动笔之初,高国庆老师曾一再叮嘱,要从专业史、行业史的角度来聚焦"播音创作"并作历史分期,本人谨记;同时,我也参考了中国革命史、中国共产党党史与中华人民共和国史的分期模式,对百年中国播音创作的分期做了新的尝试,也期与同行探讨。第三,关于典型的问题。本书多以"中央三台"的播音代表人物及作品为撰写依据和研究样本,而实际上,1978年后,一些省级台的创作可谓各领风骚,但考虑其影响范围及力度,不得已做出取舍。第四,关于评价的问题。尽管本书是一本"发展史"而非"史研究",本人依然在客观陈述历史的过程中,情不自禁地做出了个人的解读。虽然力有未逮,但绝非纸上谈兵,切实结合本人一线创作经历而发言。第五,关于范畴的问题。由于写作篇幅、时限甚至新冠疫情等原因,不忍将电视片解说、港澳台地区的播音主持等内容暂舍。至于播音创作中存在着的广播剧、影视配音等,应属表演学,理应不在此列。经过初稿后的大量删减,从60余万字精简到如今的体量。虽有留恋,但确实看上去清爽许多。只得安慰自己,任何事没有完美,著书也是如此。本就是一部遗憾之作,只求落在书中的史料能够相对准确、真实、完整。

特别感谢国庆老师给了我如此珍贵的一段科研经历!4年前,也是他指引我走上了学术研究的道路。从"编著"到"译著"再到"专著",是他一路的提携与鞭策,使我迅速成长甚至原地起飞。虽然我并不是一个天资聪慧的学生,但至少勤奋而知不足。十分感谢九州出版社的各位编辑在本书成稿过程中审读书稿所付出的辛劳,也要感谢在我的播音主持艺术学习、从业、教学之路上,给予我指导与帮助的所有老师、前辈们,这本书中不仅有别人的历史,还有我们的故事。最后,尤其要感谢我的家人对我著书的理解与关爱,而我却从未能很好地陪伴。

掐指算来,此事已二年有余,尽管我做不到"志存高远,甘于寂寞",但多少个昼夜,独处一室,面对汗牛塞屋甚至残损模糊的史料,笔耕不辍、深居简出。好在,"知之者不如好之者,好之者不如乐之者"。的确,热爱使人着魔,我会不遗余力地去探索、追求,并从中得到快乐。

我深知,这部《百年中国播音创作发展史》还存在诸多不足,权当是一位曾经的播音学子、创作者,现如今的教书匠的百年献礼。礼虽薄,但内含一颗拳拳赤子之心。

"一百年后,没有你,也没有我",但希望,播音仍在。

罗景昕

2023 年 9 月 1 日于杭州